本书为国家社科基金重大项目

"越南汉字资源整理及相关专题研究"（17ZDA308）阶段性成果，

获得郑州大学高层次人才科研经费出版资助。

汉字文明研究·文集之五

# 东亚汉字和汉字词研究

何华珍 ◎ 著

中国社会科学出版社

**图书在版编目（CIP）数据**

东亚汉字和汉字词研究 / 何华珍著 . — 北京：中国社会科学
出版社，2024.1

ISBN 978-7-5227-2926-8

Ⅰ.①东… Ⅱ.①何… Ⅲ.①汉字－研究 ②汉语－词汇－
研究　Ⅳ.① H1

中国国家版本馆CIP数据核字（2023）第 242612 号

| | | |
|---|---|---|
| 出 版 人 | 赵剑英 | |
| 责任编辑 | 宫京蕾　周怡冰 | |
| 特约编辑 | 郭　佳 | |
| 责任校对 | 闫　萃 | |
| 责任印制 | 郝美娜 | |

| | | |
|---|---|---|
| 出　　版 | 中国社会科学出版社 | |
| 社　　址 | 北京鼓楼西大街甲 158 号 | |
| 邮　　编 | 100720 | |
| 网　　址 | http：// www. csspw. cn | |
| 发 行 部 | 010-84083685 | |
| 门 市 部 | 010-84029450 | |
| 经　　销 | 新华书店及其他书店 | |

| | | |
|---|---|---|
| 印刷装订 | 北京君升印刷有限公司 | |
| 版　　次 | 2024 年 1 月第 1 版 | |
| 印　　次 | 2024 年 1 月第 1 次印刷 | |

| | | |
|---|---|---|
| 开　　本 | 710×1000　1/16 | |
| 印　　张 | 26.25 | |
| 插　　页 | 2 | |
| 字　　数 | 457千字 | |
| 定　　价 | 148.00 元 | |

凡购买中国社会科学出版社图书，如有质量问题请与本社营销中心联系调换
电话：010-84083683

# "汉字文明研究"成果系列出版前言

　　东汉时河南人许慎说："盖文字者，经艺之本，王政之始，前人所以垂后，后人所以识古。"这里的"文字"后来称"汉字"。汉字是传承发展到当代的中华优秀文化之一。作为内涵丰富的符号系统，汉字承载着数千年的历史文化、民族智慧；作为交流思想信息的重要工具，汉字也是国家管理和社会生活必不可少的。中央号召发扬传统优秀文化，实施文化强国战略，汉字举足轻重。

　　河南是汉字的发源地，有着丰富的原始材料和悠久的研究传统。可以说，第一批汉字材料，第一部汉字学著作，第一本汉字教科书，第一位汉字学家，第一位书法家，第一位汉字教育家，第一位汉字规范专家，都出自河南。汉字作为中华文明的重要标志，极具创造性和影响力，应该成为河南得天独厚的优势品牌。"汉字文明"的传承发扬需要"许慎文化园""中国文字博物馆"之类的物质工程，也需要学术研究及学术成果，还需要汉字教育和传播。郑州大学作为河南的最高学府，责无旁贷应该承担起传承和发展汉字文明的历史使命。该校领导眼光宏大，志向高远，批准成立了"汉字文明研究中心"，并在规划和实施"中原历史文化"一流学科建设中，把"汉字文明"定为研究方向之一。

　　汉字文明研究中心自2016年9月成立以来，在学校领导和学界同仁的支持鼓励下发展顺利。现已由专职和兼职（客座）人员共同组建起研究团队，并已陆续产生成果。为了及时推出中心成员取得的研究成果，本中心拟陆续编辑出版"汉字文明研究"成果系列。"汉字文明研究"范围极广，包括而不限于汉字本体（形体、结构、职用）的理论研究，汉字史研究，汉字学术史研究，汉字与汉语的关系研究，汉字与民族国家的关系研究，汉字与泛文化关系研究，跨文化汉字研究（汉字传播、域外汉字、外来文化对汉字系统的影响、汉字与异文字比较等），汉字教学与汉字规范研究等。这么多五花八门的成果如果按照内容分类编辑出版，命名将十分繁杂，且不易各自延续。因此，拟采用最简单的形式分类法，论文集编为一个系列，包括本中心主办的会议论文集、本中心成员（含兼职）个人或集体论文集、本中心组编的专题论文集等，统一按照"汉字文明研究·文集之N＋本集专名"顺序出版；著作和书册编为一个系列，包括本中心成员（含兼职）的专著、合著、资料整理、工具书、主题丛书、教材等，统一按照"汉字文明研究·书系之N＋本书专名"顺序出版。

"汉字文明研究"成果系列由中心主任李运富教授主编，编辑委员会负责推荐和审定。各文集和书系的作者或编者皆独立署名，封面出现"汉字文明研究·文集之N"或"汉字文明研究·书系之N"字样，扉页印编辑委员会名单。"文集"与"书系"设计风格大体一致。

希望本中心"汉字文明研究"硕果累累。

汉字文明研究中心　李运富

# 目　录

# 21世纪以来中国文字学研究述要[*]

21世纪以来，随着汉字文化圈国家文化交流的深化和拓展，出土文献和域外汉籍不断涌现，研究者接触到更加丰富多元的文字材料，而文字学资料的丰富又为汉字学理论的探讨和汉字史的梳理奠定了坚实的基础。

本文从古文字、近代汉字、汉字理论三个方面对21世纪以来中国文字学研究成果择要评介。古文字主要是秦始皇统一文字以前的古代汉字。近代汉字是秦汉以后形成的以隶书和楷书为主体的汉字书写符号系统。汉字理论涉及汉字起源、汉字性质、汉字构形、汉字发展和汉字传播等多方面内容。

## 一 古文字研究

近年来，古文字研究日益繁荣，成果丰硕。在大陆，复旦大学、吉林大学、清华大学、中山大学、安徽大学、首都师范大学均为古文字研究的重镇，拥有一批卓有成就的学者，如裘锡圭、李学勤、曾宪通、黄德宽、林沄、吴振武、黄天树、刘钊、徐在国、陈伟武、陈剑等。在港澳台地区，饶宗颐、沈培、朱歧祥、蔡哲茂、季旭升等在甲骨学、简帛学、古文字学等方面亦颇有建树。下面我们以文字载体为区分标准，参以时代，对古文字研究概况分类叙述。

### （一）甲骨文

1. 著录类

新出殷墟甲骨、各地馆藏甲骨和民间甲骨的收集整理工作丰富了甲骨文研究资料。如中国社会科学院考古所《殷墟花园庄东地甲骨》（2003）、《殷墟小屯村中村南甲骨》（2012）收集了殷墟新出土的甲骨。郭若愚《殷契拾掇》（2005）收甲骨900片，不少为第一次刊印。

---

[*] 本文是在"二一世纪以降の中国文字学研究概要"日文版基础上修改而成，原载《日本语学》［日本］2018年第2期，日文版，署名何华珍著/王丽娟（译）。

中国社会科学院甲骨学殷商史研究中心等《旅顺博物馆所藏甲骨》（2014）对各地馆藏甲骨进行了整理收集。郭青萍《洹宝斋所藏甲骨》（2006）、中国国家博物馆《中国国家博物馆馆藏文物研究丛书·甲骨卷》（2007）、濮茅左《上海博物馆藏甲骨文字》（2009）、段振美等《殷墟甲骨辑佚——安阳民间藏甲骨》（2008）、台北史语所《史语所购藏甲骨集》（2009）、宋镇豪《张世放所藏殷墟甲骨集》（2009）对一些流存于民间的甲骨进行汇集与研究。

自王国维后，甲骨缀合工作突出。如蔡哲茂《甲骨缀合续集》（2004）、《甲骨缀合汇编》（2011），黄天树《甲骨拼合集》（2010）、《甲骨拼合续集》（2011）、《甲骨拼合三集》（2013），林宏明《醉古集——甲骨的缀合与研究》（2011）等。

值得注意的是，科技手段的进步有力推动了古文字的保护和研究工作。如曹玮《周原甲骨文》（2002）根据周代甲骨的放大照片，对前人已考释的300片甲骨进行了再次考释。李钟淑、葛英会《北京大学珍藏甲骨文字》（2008）收集了3000片商代甲骨，并以原骨照片、拓本、摹本三个方面的资料对其文字进行核验。濮茅左《殷商甲骨文》（2014）以上海博物馆所藏甲骨为基础，收录其中70片重要甲骨的彩色照片、拓片、释文，同时附有其他一些代表性的甲骨形制图版。张德劭《甲骨文考释简论》（2012）首次利用计算机数据库的技术，以多样的视角展现了百年甲骨文考释的面貌。

2. 研究类

张世超《殷墟甲骨字迹研究》（2002）从字迹角度对甲骨进行研究。季旭升《甲骨文字根研究》（2003）把甲骨文分到最小成文单位，得字根485个。陈婷珠《殷商甲骨文字形系统再研究》（2010）涉及甲骨文的形体和结构研究。王蕴智《殷商甲骨文研究》（2010）融甲骨文的发掘和著录成果、甲骨学研究于一体，并结合各类典型片和古文字构形方式加以阐发。

此外，朱歧祥《甲骨文字学》（2002）、赵诚《甲骨文字学纲要》（2005）皆属概括性著作，对20世纪以来甲古文字学的相关研究成果进行了整理。

3. 工具书类

蒋玉斌《新出甲骨文编》（2007），沈建华、曹锦炎《甲骨文字形表》（2008），刘钊等《新甲骨文编》（2009）、李宗焜《甲骨文字

编》（2012）等皆属文字编性质工具书。马如森《殷墟甲骨文实用字典》
（2014）主要对文字的结构和意义进行说明。于省吾《甲骨文字释林》
（2009）汇集多方考释成果。宋镇豪、段志洪《甲骨文献集成》（2001）
堪称世纪性编次的大型甲骨文献资料文库。

### （二）金文

1. 著录类

21世纪以来学界对金文的关注也有所提高。刘雨等《近出殷周金文集
录》（2002）、《近出殷周金文集录二编》（2010）补充了1000多件《殷
周金文集成》漏收的拓片；中国社会科学院考古所《殷周金文集成（修订
增补本）》（2007）在此基础上又做了进一步补充。钟柏生等《新收殷周
青铜器铭文暨器影汇编》（2006）所收材料下限至2005年，同时附有释
文、器影等。山东省博物馆《山东金文集成》（2007）收录山东省青铜器
铭文拓本约1021件（含铭文摹本）。刘彬徽、刘长武《楚系金文汇编》
（2009）对楚系金文器物、铭文、释文、图像进行介绍，并附有字表、
索引等。于省吾《双剑誃吉金图录》（2009），容庚《海外吉金图录》
（2012）、《颂斋吉金续录》（2012）收录了诸多古代青铜祭器，并作相
关考释。吴镇烽《商周青铜器铭文暨图像集成》（2012）共35卷，著录
16704件拓片；《商周青铜器铭文暨图像集成续编》（2016）继续补充订
正。孙合肥《安徽商周金文汇编》（2016）对学界新公布铭文资料及前人
误收、漏收铭文资料进行全面整理。

2. 研究类

陈昭容《秦系文字研究：从汉字史的角度考察》（2003）、黄静
吟《楚金文研究》（2011）、苏辉《秦三晋纪年兵器研究》（2013）、
董珊《吴越题铭研究》（2014）等著作丰富了国别金文的研究。张再兴
《西周金文文字系统论》（2004），罗卫东《春秋金文构形系统研究》
（2005）、张晓明《春秋战国金文字体演变研究》（2006）、柯佩君《西
周金文部件分化与混同研究》（2011）、王兰《商周金文形体结构研究》
（2013）、杨秀恩《春秋金文字形全表及构形研究》（2014）都从构形角
度研究金文。

3. 工具书类

容庚《金文编》（2009）收录大量殷周时期和秦汉时期的金文拓本
和摹本。继容庚《金文编》之后，董莲池《新金文编》（2011）广泛吸收

新成果，是对商周金文字形的一次全面整理。刘郴辉《楚系金文汇编》（2009）、孙刚《齐文字编》（2010）、张守中《中山王璺器文字编》（2011）侧重汇集地域金文。曹锦炎《鸟虫书字汇》（2014）收录了铸或刻在兵器和钟镈上的铭文。陈初生《金文常用字典》（2004）、白川静《金文通释》（2005）对金文的构造、意义进行了解释。索引类有张亚初《殷周金文集成引得》（2001）、张懋容《青铜器论文索引》（2005）、刘雨《商周金文总著录表》（2008）。另外，刘庆柱等《金文文献集成》（2006）在"文字学研究"部分收录新中国成立以来金文相关的研究成果。中国社会科学院考古研究所等《殷周金文集成释文》（2001）是大型铜器铭文摹本、拓本汇编。

## （三）简帛

### 1. 著录类

《中国简牍集成》（2001）以图文形式囊括了近代简牍发现百年间国内发掘并发表的全部简牍，是为集大成者。其余著录主要集中在楚简，如湖北省文物考古研究所等《九店楚简》（2000）、湖北省博物馆等《长沙楚墓》（2000）、河南省文物考古研究所《新蔡葛陵楚墓》（2003），陈伟等《楚地出土战国简册（14种）》（2009）、马承源《上海博物馆藏战国楚竹书（一—九）》（2001—2012）、曹锦炎《浙江大学藏战国楚简》（2011）、武汉大学简牍帛书研究中心等《楚地出土战国简册合集（一）·郭店楚墓竹简》（2011）、李学勤《清华大学藏战国楚简（壹—柒）》（2010—2017）、湖北省文物考古研究所等《天门彭家山楚墓》（2012）、武汉大学简帛研究中心等《楚地出土战国简册合集（二）·葛陵楚墓竹简　长台关楚墓竹简》（2013）等。

### 2. 研究类

简帛研究，大多是基于文字考释的校读注解，如李家浩《江陵九店五十六号墓竹简释文》（2000）、刘信芳《包山楚简解诂》（2003）、彭浩《江陵九店六二一号墓竹简释文》（2000）、刘钊《郭店楚简校释》（2005），李零《郭店楚简校读记》（2007）、陈伟《新出楚简研读》（2010）、刘信芳《楚系简帛释例》（2011）、单育辰《楚地战国简帛与传世文献对读之研究》（2014）。

### 3. 工具书类

李守奎等《包山楚墓文字全编》释字准确、字样处理独到、有字必录、附有辞例。李学勤、沈建华《清华大学藏战国竹简文字编（壹—叁）》（2014），按《说文》部首编排，并附拼音和笔画索引。白于蓝《简牍帛书通假字字典》（2008）、《战国秦汉简帛古书通假字汇纂》（2012）、刘信芳《楚简帛通假汇释》（2011）为通假字字典。索引类有徐在国《楚帛书诂林》（2010）、张显成《秦简诸字索引》（2010）。

其他古文字整理研究，亦有不少成果，如高明《古陶文汇编》（2004），周晓陆《二十世纪出土玺印集成》（2010），周宝宏《古陶文形体研究》（2002），徐宝贵《石鼓文整理研究》，赵平安《秦西汉印章研究》，周波《战国时代各系文字间的用字差异现象研究》（2012）等。

## 二　近代汉字研究

"近代汉字"这门学科在蒋礼鸿、郭在贻、张涌泉等先生的倡导下，越来越受到学术界的重视，形成了一支强大的研究队伍，已取得了重大的成就和突破。

### （一）碑刻

1. 著录类

近年来，学界对碑刻文献做了一系列整理工作，如赵超《汉魏南北朝墓志汇编》（2008）、毛远明《汉魏六朝碑刻校注》（2008）、王靖宪《中国碑刻全集》（2010）、王烨《中国古代碑刻》（2015）、朱巍《太仓历代碑刻》（2017）。

2. 研究类

毛远明《汉魏六朝碑刻异体字研究》（2012）、《汉魏六朝碑刻异体字典》（2014）对汉魏六朝碑刻异体字进行了全面的汇集、整理和研究，是汉魏六朝碑刻异体字的代表性成果。刘元春《隋唐石刻与唐代字样》（2010）、郭瑞《魏晋南北朝石刻文字》（2010）、李海燕《隋唐五代石刻文字》（2011）均以石刻字形为对象，从字形的传承与变异、构件分析以及唐代汉字规范等角度进行了研究。

3. 工具书类

臧克和《汉魏六朝隋唐五代字形表》（2011）以汉魏六朝隋唐五代石刻简牍为材料，按书体、时代编排，汇聚异体字样。秦公、刘大新《碑别字新编（修订本）》（2016）在原书基础上进一步增订，所录别字采自碑、碣、墓志、摩崖、造像、石经等。台北《异体字字典》集说文释形、正字音义、形体资料、字形收录、扩充附录为一体，多年来不断进行内容修订和系统调整，成为海内外近代汉字研究的重要参考。

## （二）写本、刻本

### 1.俗字、疑难字研究

近代汉字以楷字为大宗，研究主要集中于俗字和疑难字方面。张涌泉《汉语俗字研究》，1995年初版、2010年增订，是汉语俗字研究的必读书；《汉语俗字丛考》（2000）考释《汉语大字典》与《字海》中的俗字，纠正了二书中许多错讹；《敦煌俗字研究》（2015）论述全面，创见迭出，对文字学研究、敦煌文书校读、大型字典编纂等，具有重要的参考价值。

黄征《敦煌俗字典》（2005），收释敦煌写本中的异体俗字，是目前使用较为广泛的一本敦煌俗字字典。曾良《敦煌文献字义通释》（2001）、《敦煌文献丛札》（2010）、《明清小说俗字研究》（2017）对敦煌文献和明清小说中的一些词语和俗字讹字等做了梳理、考证。方孝坤《徽州文书俗字研究》（2012）涉及徽州文书俗字的整理和研究，并附俗字表。温振兴《影戏俗字研究》（2012）对清至民初时期影戏抄本俗字进行系统整理和研究。

除俗字外，考释疑难字成为近代汉字研究的一个重要内容。杨宝忠《疑难字考释与研究》（2005）、《疑难字续考》（2011），综合运用文字学、训诂学、文献学、语音学等知识，对辞书中出现的疑难字进行考释，总结考辨规律，沟通字词关系，创获甚丰。

### 2.字书研究

在《玉篇》系字书研究方面，朱葆华《原本玉篇文字研究》（2004）对原本《玉篇》残卷中的合并字、新增字、异体字、反切用字所体现出来的六朝时期的常用字情况及"字类说"进行了专题研究。臧克和《中古汉字流变》（2008），荟萃了《说文解字》《原本玉篇残卷》《篆隶万象名义》《宋本玉篇》等重要字汇的全部形音义信息，并与魏晋南北朝隋唐五代石刻等实物用字进行系统比较，补具了六朝到唐宋之际汉字发展重要历史时段的楷字传承变异线索。再如，刘中富《〈干禄字书〉字类研究》（2004），探讨了《干禄字书》正、通、俗字的原则和标准，然后利用汉代至唐初石刻用字材料逐一例证。郑贤章《〈龙龛手镜〉研究》（2004）对该书进行了综合研究，尤其是对书中出现的俗字进行了汇考。张青松

《〈正字通〉异体字研究》（2016）在构形分析的基础上，从学术史的角度对书中异体字的训释情况进行分析评价。邓福禄、韩小荆《字典考证》（2007）主要对《汉语大字典》和《中华字海》两书的错误和缺失进行考辨和纠正。

3. 佛经音义文字研究

佛教音义是解释佛典字音、字义专用书的通称。其广征博引，搜罗丰富，保存了大量亡佚资料，同时亦是俗字研究的宝库。韩小荆《〈可洪音义〉研究——以文字为中心》（2009）考释了七百多个疑难俗字，并编制了异体字表。陈五云等《佛经音义与汉字研究》（2010），主要论述了写本、刻本等诸多版本的佛经音义对于近代汉字研究的价值。梁晓虹《日本古写本单经音义与汉字研究》（2015）以日本石山寺本《大般若经音义》《四分律音义》《大般若经字抄》等古写本经书为研究对象，对其中的俗字、异体字进行了分析研究。郑贤章《〈新集藏经音义随函录〉研究》（2007）介绍了研究材料的基本情况与价值，并对书中的俗字进行了专门研究；《汉文佛典疑难俗字汇释与研究》（2016）对汉文佛典中的疑难俗字进行考释，对其产生原因、历史与现状等做了系统论述。

此外，2001年1月1日，《中华人民共和国国家通用语言文字法》开始实施，中国的语言文字工作步入法制化轨道。2013年6月5日，国务院公布《通用汉字规范表》，王宁《〈通用汉字规范表〉解读》（2013）作配套释读。另外，在该表研制过程中，学界对相关问题进行了全面深入的研究，成果主要有史定国《简化字研究》（2004）、张书岩《异体字研究》（2004）、厉兵《汉字字形研究》、李宇明《汉字规范百家谈》（2004）。

## （三）域外汉字研究

在汉字域外传播研究方面，陆锡兴《汉字传播史》（2002）、董明《古汉语汉字对外传播史》（2002）、王锋《从汉字到汉字系文字——汉字文化圈文字研究》（2003）对汉字在周边国家和地区的传播及发展进行综合性探索。近年，对日本、韩国、越南等汉字圈域外汉字的研究，越来越受到学界关注。

1. 日本

何华珍《日本汉字和汉字词研究》（2004）从中日文化背景的异同出发，研究日本国字、简体字、俗字之源流，探究中日近现代汉字之传承与变异。王晓平《从〈镜中释林实集〉释录看东亚写本俗字研究》（2008）

从日藏汉籍角度切入对东亚写本俗字进行研究。刘元满《汉字在日本的文化意义研究》（2003）、《汉字在日本》（2008）从文化的角度展现出日本汉字的特点，为学界研究提供了新的视角。洪仁善《战后日本的汉字政策研究》（2011）从语言学角度分析战后日本的汉字政策，这是研究日本汉字的重要收获，也是研究日本汉字的重要参考。潘钧《日本汉字的确立及其历史演变》（2013）从新的角度对日本汉字发展史进行了较为全面的总结，客观分析了日本汉字背后的各种社会文化现象。笹原宏之《汉字的现在》（2015）比较了中日汉字的区别，客观描述了日本汉字现在的生存状态，并且以"从海外看汉字的现在"的视角阐述了"汉字文化圈"的汉字生存现状。臧克和《日藏唐代汉字抄本字形表》（2016）取材于唐代以真实用笔抄写并保存下来的中土缺失、日本所藏国宝级重要文献，将所有字形图片按时代先后排列，方便学界使用。

2. 韩国

王平《韩国现代汉字研究》（2013）基于"中韩通用汉字数据库"，从字量、字种、字形等汉字属性进行了量化统计与分析。王平、（韩）河永三《域外汉字传播书系（韩国卷）》（2013）选取了韩国朝鲜时代（1392—1910）具有代表性的汉字字典四种、韵书一种、蒙求课本三种进行系统的整理和研究，是域外汉字研究的重要参考。吕浩《韩国汉文古文献异形字研究之异形字典》（2011）、《韩国汉文古文献异形字研究》（2013）二书在所搜集韩国汉文古文献异形字基础上，从异形字的角度进行了系统深入的研究，阐述了"构件""构件变体""准构件"等相关理论。黄卓明《朝鲜时代汉字学文献研究》（2013）全面搜集、整理和研究了朝鲜时代留下的汉字学研究资料，对汉字文化圈内跨国别的汉字小学类文献研究具有参考价值。

3. 越南

赵丽明《汉字传播与中越文化交流》（2004）是关于汉字传播与中越文化交流国际学术研讨会论文集。刘玉珺《越南汉喃古籍的文献学研究》（2007），是一部文献学研究的重要著作，书中列举了越南刻本中自创的俗字。范宏贵、刘志强《越南语言文化探究》（2014）立专章对越南使用的中国俗字、方言字以及越南的喃字等问题进行探究。谭志词《中越语言文化关系》（2014）介绍了汉字在越南的传播和汉语汉字对越南语言文字的影响。2017年5月由浙江财经大学主办，郑州大学和越南汉喃研究院协办的"东亚汉籍与越南汉喃古辞书国际学术研讨会"，是关于越南汉字传播研究的一次重要会议。何华珍、阮俊强主编《东亚汉籍与越南喃古辞书研究》（2017）一书，为本次会议的论文集，内容涵盖越南汉字研究的诸多领域。

## 三 汉字理论研究

### （一）汉字构形学

刘钊《古文字构形学》（2011）较早提出"构形学"这一概念，并以"谱系"概念分析古文字构形，力求以发展演变的动态眼光考释古文字。王宁《汉字构形学导论》（2015）提出了适用于古今各种体制的汉字结构分析、系统描写的普遍原理和可操作的方法，自汉字存在和发展的诸多现象中提炼规律，为汉字创建科学的基础理论。

### （二）汉字发展史

裘锡圭《文字学概要（增订本）》（2013）结合传世文献与出土文字资料及考古发现，全面讨论了有关汉字的性质，汉字的形成、发展、演变，汉字结构类型，文字假借，文字分化与合并，字和字的形音义关系以及汉字整理和简化等问题，分析深入论证严谨、见解深刻而多有创意，对汉字学的研究和教学做出了重大贡献。

黄德宽《汉字理论丛稿》（2006）开展了形声结构等汉字构形方式的研究；较为系统地考察了汉字的发展，还对汉字与中国文化传统的关系做了深入探讨。其《古汉字发展论》（2014）立足于汉字理论与汉字发展研究的学术前沿，从形体、结构、字用等多维视角考察了各阶段汉字的发展演变。在进行断代文字的全面调查、静态描述、深入阐释的同时，重视汉字发展的前后关联、动态比较、历时分析，形成科学的汉字发展理论体系，是中国文字学研究取得的突破与创获。

王贵元《汉字与出土文献论集》（2016）中有关汉字理论和汉字发展史的研究，立论新颖，材料充实，方法细密，对有关汉字构形的发展阶段的论述精义颇多，为汉字发展史的研究提供了有力的佐证。

李运富《汉字学新论》（2012）、《汉字职用研究》（2016）对"汉字三要素说"批判性地继承和发展，提出了"汉字三平面"理论，展示了多年研究成果。"三平面说"突破了以往跨学科的、庞杂的和虽属本体但片面薄弱的汉字学体系，既立足本体，又全面周到。其中，"职用"是"三平面说"形成的关键和重点，亦是汉字的本质属性。从职用平面的理论出发，对汉字和它们所记录的语言成分之间的关系进行了考辨，厘清了汉字在使用过程中的发展变化。该理论为汉字学研究开辟了新方向，提供了新视角，增加了新内容。张素凤《汉字结构演变史》（2012）就以该理论指导，对汉字结构变化情况进行了历时研究。

臧克和主编"中国文字发展史"丛书，包括刘志基《商周文字卷》（2015）、朱葆华《秦汉文字卷》（2015）、王平、郭瑞《魏晋南北朝文字卷》（2015）、臧克和《隋唐五代文字卷》（2015）和王元鹿等《民族文字卷》（2015），明确以汉字字形为研究对象，立足于出土文献与实物用字，辅以数据库进行数量统计与分析，所获结论屡有新见。

梁春胜《楷书部件演变研究》（2009）把楷书部件放到整个汉字形体源流演变的大背景中去，力求对于楷书部件的源流演变做出更加精确的描述，同时对于楷书部件的演变途径和演变规律进行深入探讨，总结楷书部件演变的通例，推动汉字发展史研究。

## 四　今后的课题

综上所述，21世纪以来的中国文字学研究成绩斐然。当下，我们应在既有成果基础上，着力从研究材料的发现、研究方法的创新、理论研究的完善等诸方面拓展深入，不断推动中国文字学的进一步发展。

（一）大力发掘新材料，尤以宋元以来民间文书、少数民族汉字文献和域外汉籍为主，可以用"近""少""外"来概括。

（二）在汉字研究方面，字形是本体信息。字形整理是汉字研究的基础，也是新世纪成果最丰硕的领域。今后的汉字研究要处理好几个关系：一是共时的断代研究和历时的演变研究相结合。在字形整理上，加强汉字在断代点式研究基础上形成纵向线性汉字发展通史研究的历时景观。二是研究线索上，从单线走向综合研究。在汉字历时演变规律的探求上，分形体、结构、字用多维角度研究，有利于从各个角度全面、系统展示汉字的发展面貌。这种形、构、用的综合研究成果，也为文献的散逸、正伪研究提供文字学角度的支撑。三从研究的分期上看，古文字研究一向是文字研究的起点和源头，今后要厚古不薄今，加强近代汉字的研究，因为近代汉字是上溯古文字下贯现代汉字的津梁。

（三）在汉字本体研究的同时，分汉字系统、语言系统及语言外的历史学、文化学系统三个层次来丰富汉字学研究的广度和深度。

（四）加强基于东亚背景的域外汉字整理研究，探究日本、韩国、越南汉字变迁史。汉字曾经是汉字文化圈的"书同文"，研究东亚汉字共同属性、勾勒出其发展轨迹的重合部分，挖掘其接受汉字、衍生"国字"的共性基础；同时加强日、韩、越所具个性的国别比较研究。

（五）研究方法上，构建集资料贮存、多路径检索为一体的历代字料数据库，实现资源共享。在大数据基础上进行统计分析。汉字文献的整理和研究，逐步走信息化研究道路，实现人文科学性的结合，保证结论的全面、系统、客观、准确。

（六）完善汉字学相关理论研究。材料、理论和实践，从来都是互相补充、相互作用的，这已为无数前贤的研究所证明。"古""近""少""外"新材料的不断呈现将为汉字理论研究提供更新的角度和更完备的研究材料和条件。同时理论研究也在不同材料的检验中修正、创新和完善，如汉字构形、职用等理论对少数民族汉字和域外汉字的解释力方面还有待深入研究和开拓。

# 参考文献

裴锡圭：《文字学概要（增订本）》，商务印书馆2013年版。

王宁：《汉字构形学导论》，商务印书馆2015年版。

黄德宽：《古汉字发展论》，中华书局2014年版。

张涌泉：《汉语俗字研究（增订本）》，商务印书馆2010年版。

李运富：《汉字学新论》，北京师范大学出版社2012年版。

杨宝忠：《疑难字考释与研究》，中华书局2005年版。

王贵元：《汉字与出土文献论集》，中国社会科学出版社2016年版。

刘钊：《新甲骨文编（增订本）》，福建人民出版社2014年版。

臧克和：《中国文字发展史》，华东师范大学出版社2015年版。

毛远明：《汉魏六朝碑刻异体字典》，中华书局2014年版。

郑贤章：《汉文佛典疑难俗字汇释与研究》，巴蜀书社2016年版。

曾良：《明清小说俗字研究》，商务印书馆2017年版。

陆锡兴：《汉字传播史》，语文出版社2002年版。

［日］笹原宏之：《汉字的现在》，南京大学出版社2015年版。

潘钧：《日本汉字的确立及其历史演变》，商务印书馆2013年版。

王平：《韩国现代汉字研究》，商务印书馆2013年版。

何华珍、［越］阮俊强：《东亚汉籍与越南汉喃古辞书研究》，中国社会科学出版社2017年版。

中国台湾《异体字字典》（第六版）（http://dict.variants.moe.edu.tw）。

# 中日汉字词研究的回顾与展望[*]

众所周知，日语中使用大量的汉字词。这些汉字词，有的是音读，有的是训读，有的是音训混读。[①]而从其来源看，有的是从中国借入的汉籍词汇、佛典译词，或者传教士新词；有的是日本人利用汉字创造的"和制汉语"，包括纯汉文或变体汉文中的日制汉字词，以及幕末明治时期译介西学的日制新词。[②]本文所言日本汉字词，即指以汉字为表记的古今日语中出现的所有汉字词汇，无论是音读还是训读抑或音训混读，也无论是源自中国还是日本自造，更无论是古代汉字词还是近现代汉字词。[③]以下从中日古代汉字词和中日近现代汉字词两个研究领域，对中日学界的研究历史和现状进行简要梳理，以供参考。

## 一 中日古代汉字词研究

### （一）日本的古代汉字词研究

日本学界，关于古代汉字词的研究，首先表现在古辞书及近现代大型辞书编纂方面，如《新撰字镜》（892）、《倭名类聚抄》（934）、《类聚名义抄》（1081）、《色叶字类抄》（1180）、《聚分韵略》（1307）、《倭玉篇》（1440）、《下学集》（1444）、《文明本节用

---

\* 本文原载《国际汉语史研究》（第一辑），厦门大学出版社2023年版，署名何华珍/丁鑫美。

① 日语词汇，可以从不同角度进行分类。从词的来源角度，大致分为和语词、汉语词、外来语词、混种语词四大类。和语词，指日语中的固有词汇，一般是训读。汉语词，指从中国借入的古汉语词汇以及日本人利用汉字创制的词汇，一般是音读。外来语词，是指来自西方语言的外语词汇，现代日语外来词一般用片假名书写。混种语词，是指由和语、汉语、外来语三种词种混合组成的词汇。本文所言古代与近现代概念，只是大致分别而已，西学东渐之后的中日欧语言文化交流，主要发生在近现代；传统的汉字汉籍对日本产生重大影响，主要发生在明治维新之前，特别是唐宋元明等古代时期。

② 参见陈力卫《和制汉语の形成とその展开》，汲古书院2001年版，第3—4页。

③ 参见何华珍《日本汉字和汉字词研究》，中国社会科学出版社2004年版，第204页。

集》（1474）、《日葡辞书》（1603）、《和尔雅》（1694）、《和汉三才图会》（1713）、《言海》（1889）、《日本大辞书》（1892—1893）、《大汉和辞典》（1955—1960）、《时代别国语大辞典》（1967、1985）、《日本国语大辞典》（1972—1976）、《广汉和辞典》（1981—1982）等。这些辞书形成庞大的不同类型的日本汉字词语料库，据此可以追踪汉语词汇在日本传承和变异的轨迹，也表现了日本历代学人对于汉字词的汇集与整理。

从日本学者对古代汉字词的专门研究来看，主要从国语学视角展开，成果十分丰富。山田孝雄《国语の中に於ける汉语の研究》1940年初版，1958年修订版，从宏观和微观角度研究日本汉字词的特点、类型、流变、状态等，基本展示了日本汉字词的整体面貌，是研究日本汉字词的奠基之作，在学术界产生广泛而深远的影响。佐藤喜代治《日本の汉语》（1979），是继《国语の中に於ける汉语の研究》之后研究日本汉字词的又一力作。该著作根据日本历史分期，将日本汉字词分为古代汉字词、中世汉字词、近世汉字词、近代汉字词，对100多个汉字词的产生、发展和变化做了详尽考述。继之，佐藤喜代治主编了《讲座日本语の语汇》1982—1983年出版，包括《古代の语汇》《中世の语汇》《近世の语汇》《近代の语汇》《现代の语汇》《方言の语汇》《语志》等，对日本词汇史进行断代研究。1996年，佐藤喜代治还主编了《汉字百科大事典》，除汇集大量的日本汉字资料外，收有"和制汉语一览""明治初期の汉语一览"，以及汉字词研究文献索引等。佐藤喜代治的一系列著述，有力推动了日本传统"汉语"史的系统研究，达到中日词汇研究的新高度。柏谷嘉弘《日本汉语の系谱》出版于1987年，《续 日本汉语の系谱》出版于1997年，从理解的汉字词和表现的汉字词立论，选取代表性中日汉字文献以及日本古典文学作品对汉字词进行系统的调查分析，为研究汉字词在日本的传承与变异提供了丰富语料。陈力卫《和制汉语の形成とその展开》（2001），全书分6章对古今日制汉字词进行历时研究，宏观与微观结合，理论概括与个案探源兼顾，是日本词汇史研究的重要著作。

日本的古代汉字词研究，除国语学者外，还有一支古典文学队伍特别是和汉比较文学队伍。他们在研究上代汉文学时，十分重视与中国文献比较，几乎一词一语都要从中国汉文献中寻找出处，此即小岛宪之倡导的以出典论为中心的和汉比较文学。其中许多学者，汉文学、文献学、传统小学、兼而治之，成果卓然，如神田喜一郎、小岛宪之、川口久雄、藏中进、松浦友久、后藤昭雄、植木久行、河野贵美子等。因此，许多古典汉文学的校注类著作，蕴含丰富的词汇史研究信息，是日本汉字词研究不可忽视的重要领域。

### （二）中国的古代汉字词研究

国内学界在进行文献语言研究时，不仅重视出土文献和传世文献，同时关注域外文献，倡导"三重证据法"。王力、江蓝生、黄德宽、蒋绍愚、张涌泉、蒋冀骋、方一新、王云路、李运富、秦礼君等，十分重视日本汉字词在中古近代汉语研究中的应用，特别重视日本学者语言研究成果的借鉴。俞忠鑫《中日汉字词比较研究》①《中日韩汉字词比较研究导论》②等论文，倡导汉字文化圈汉字词比较研究。汪维辉重视"域外借词与汉语词汇史研究"相结合，认为"域外借词是汉语词汇史研究的一大宝库，值得深入开掘。汉语词汇史、方言词汇和域外借词三者结合起来研究，大有可为，前景广阔"。③王勇首倡中日书籍之路研究，主编《中国典籍在日本的流传与影响》（1990）、《中日汉籍交流史论》（1992）等，撰著《东亚文化环流十讲》（2018）等。他在论及东亚汉字词时指出："日本学者曾建议编一部《汉词大全》，将中国、日本、朝鲜、越南各国习用的汉字词组尽数网罗，再分而释之，如'东京'一词，中国释'洛阳（或开封）'、日本释'江户'、越南也有同名都市。此案别出心裁，如果大功告成，既可饱览中国文化之广被四邻，又可领略周遭民族的刻意创新。"④

目前，汉语学界在《新撰字镜》《倭名类聚抄》《类聚名义抄》《怀风藻》《菅家文草》《敕撰三集》《入唐求法巡礼行记》《参天台五台山记》《入明记》等文献语言研究方面，已取得不少成果。白化文《入唐求法巡礼行记校注》（1992）、《参天台五台山记》（2008）、《行历抄校注》（2003）等，为研究日人汉文语言文字提供了便于利用的基本文献，揭示了中日汉字词比较研究诸多标本。董志翘撰写了不少关于日本汉字汉语研究的论文，出版了《中古近代汉语探微》（2007）、《汉语史研究丛

---

① 俞忠鑫：《中日汉字词比较研究》，载《汉字书同文研究》，文化教育出版社2004年版。
② 俞忠鑫：《中日韩汉字词比较研究导论》，载《韩国研究》，杭州大学出版社1995年版。
③ 汪维辉：《域外借词与汉语词汇史研究》，《江苏大学学报》（社会科学版）2009年第1期，第62—68页。
④ 王勇：《中日关系史考》，中央编译出版社1995年版，第74页。

稿》（2013）、《文献语言学新探》（2020）等文集。其专著《〈入唐求法巡礼行记〉词汇研究》（2000），对《入唐求法巡礼行记》的词汇进行了鉴别，对新词新义的来源、形成及其类型进行了共时的描写及历时的探究，新见迭出，在中日语言学界产生重要影响。① 王丽萍继《新校参天台五台山记》（2009）出版之后，撰著《成寻〈参天台五台山记〉研究》（2017），其"典籍篇"第三章对《参天台五台山记》有关汉字词汇进行了中日语言比较研究，颇有创获。② 陈小法《明代中日文化交流史研究》（2011）下编第十章以入明僧策彦周良的日记《初渡集》为例考察了中日词义变化与成因，揭示了日本汉籍中词汇传承与创新模式。③ 张磊《〈新撰字镜〉研究》（2012），主要从文献学和语言学视角对《新撰字镜》展开研究，充分揭示《新撰字镜》对于汉语史研究的价值。④ 姚尧《日本中古汉文文献的语言特点及其在近代汉语词汇研究上的价值》一文指出，平安时代的日本汉文文献对近代汉语词汇史研究有着重要的价值，其中出现的大量近代汉语新词新义用例，可与中国相应时代语料相印证，为词汇研究和词典编撰提供丰富佐证。⑤

　　周一良在研究魏晋南北朝史、中日文化关系史时，关注中日词汇形义关系，时有卓见。⑥ 王晓平主要从事中日文学比较研究，出版《中日文学经典的传播与翻译》（2014）等著作，发表《日本汉文古写本的词汇研究——以〈东大寺讽诵文稿〉为例》（2020）等论文，在东亚写本文献、域外汉字、域外汉文词汇等研究领域取得令人瞩目成果。⑦ 马骏《日本上代文学"和习"问题研究》（2012），对日本人撰写的汉诗文中所包含的日语式表达习惯进行了深入研究，语料丰富，考证细密，是汉字词域外变异研究的代表性成果。⑧ 冯良珍《变体汉文文献中的词义异变举要》

① 董志翘：《〈入唐求法巡礼行记〉词汇研究》，中国社会科学出版社2000年版。
② 王丽萍：《成寻〈参天台五台山记〉研究》，上海人民出版社2017年版。
③ 陈小法：《明代中日文化交流史研究》，商务印书馆2011年版。
④ 张磊：《〈新撰字镜〉研究》，中国社会科学出版社2012年版。
⑤ 姚尧：《日本中古汉文文献的语言特点及其在近代汉语词汇研究上的价值》，《中国语文》2018年第3期。
⑥ 周一良：《魏晋南北朝史札记》，中华书局1985年版；《中日文化关系史论》，江西人民出版社1990年版。
⑦ 王晓平：《中日文学经典的传播与翻译》，中华书局2014年版；《日本汉文古写本的词汇研究——以〈东大寺讽诵文稿〉为例》，《中国文化研究》2020年秋之卷。
⑧ 马骏：《日本上代文学"和习"问题研究》，北京大学出版社2012年版。

（1999），考察了日本早期最有代表性的两部"变体汉文"文献中词义异变的现象，分析了这些与汉语原意不尽相同的用法所产生的原因，归纳出了异变的三种类型，指出这些异变后的词义，有的一直沿用下来，形成了一些日语汉字词语与汉语词语不同的发展轨迹。[①]张愚《日本古文献中的汉字词汇研究》（2020），遴选了"无心""等""安乐""利益""迷惑""无惭"等具有代表性的汉字词汇，对其在中日文献中的使用情况进行了详尽考证，梳理和描述了各个汉语原词作为借词在古日语中的发展过程及其演变机制，对中日语言接触与汉字词汇的传播影响进行考察，探索了新的研究模式。[②]

　　总之，在中日古代汉字词研究方面，日本学者多偏重于汉语传入后的语词变化研究，中国学者则多从古汉语词汇史角度进行探源研究，贯通源流的综合研究显得薄弱。即便是从域外文献的开发利用来看，语言学界仍存在一些问题。正如姚尧所言，"目前被中国语言学研究者利用的域外汉文文献，仅限于日本圆仁《入唐求法巡礼行记》、圆珍《行历抄》、朝鲜时代汉语教科书和日本江户明治时代汉语教科书等寥寥数部，这座巨大宝库的价值仅被发掘了冰山一角"，"中国语言学界对这类文献尚未有足够认识，更谈不上全面利用"。[③]可见，学界对日本古代汉籍的重视程度亟待提高，需要进一步发掘富有价值的代表性语料，全面整理并充分利用以研究汉字词在域外的流播与发展，为汉语词汇史研究拓展新领域。

## 二　中日近现代汉字词研究

### （一）日本的近现代汉字词研究

　　日本明治维新之后的近现代汉字词汇研究，日本学界在辞书编纂、新词研究、词汇与文化交流等方面，论著迭出，不胜枚举。[④]

---

① 冯良珍：《变体汉文文献中的词义异变举要》，《中国语文》1999年第3期，第207—214页。
② 张愚：《日本古文献中的汉字词汇研究（日文版）》，上海交通大学出版社2020年版。
③ 姚尧：《日本中古汉文文献的语言特点及其在近代汉语词汇研究上的价值》，《中国语文》2018年第3期，第369—381页。
④ 参见佐藤喜代治《汉字百科大事典》，明治书院1996年版；李汉燮《近代汉语研究文献目录》，东京堂出版2010年版。又见，沈国威《近代中日词汇交流研究》第三章对近代新词研究历史进行了系统梳理，特别是日本近代新词研究，从国语史、洋学史、英学史、中日词汇交流史、人文领域其他学科等多角度评述介绍。李运博《近代汉语词汇交流研究》第二章"相关的研究成果与课题"亦有详述。

　　在辞书编纂方面，《英和对译袖珍辞书》（1862）、《和英语林集成》（1872）、《医语类聚》（1872）、《附音插图英和字汇》（1873）、《英华学艺辞书》（1881）、《哲学字汇》（1881）、《订增英华字典》（1884）、《附音插图和译英字汇》（1888）、《言海》（1889—1891）、《日本大辞书》（1892—1893）、《日本国语大辞典》（1972—1976）、《外来语の语源》（1979）、《明治のことば辞典》（1986）、《汉字百科大事典》（1996）、《语源海》（2005）、《现代に生きる幕末·明治初期汉语辞典》（2007）、《当て字·当て读み　汉字表现辞典》（2010）、《新明解语源辞典》（2011）等，为近代日本汉字词个案研究提供了丰富语料。特别是《日本国语大辞典》，许多新词附有"语志"专栏，言简意赅，揭示了日本近代以来新汉字词产生的来龙去脉，包涵丰富的学术信息，可谓日本近代语释之集大成者。

　　在近代汉字词研究方面，佐藤喜代治对日本汉字语汇史的系统研究，①杉本つとむ对兰学文献及近代译语的系列研究，②佐藤亨对江户语汇、近代语汇的精湛研究，③森冈健二对"近代语の成立"的精益求精研究，④代表了先辈学者的学术高度。其他如实藤惠秀《中国人日本留学史》（1960）、斋藤静《日本语に及ぼしたオランダ语の影响》（1967）、广田荣太郎《近代译语考》（1969）、永嶋大典《兰和·英和辞书发达史》（1970）、斋藤毅《明治のことば：东から西への架け桥》（1977）、增田涉《西学东渐と中国事情》（1979）、铃木修次《日本汉

---

① 佐藤喜代治：《国语语汇の历史的研究》，明治书院1971年版；《日本の汉语——その源流と变迁》，角川书店1979年版；《讲座日本语の语汇》（11卷），明治书院1982—1983年版。

② 杉本つとむ：《近代日本语の成立》，樱枫社1960年版；《江户时代兰语学の成立とその展开》（全5卷），早稻田大学出版部1976—1982年版；《图录兰学事始》，早稻田大学出版部1985年版；《杉本つとむ著作选集》（全10卷），早稻田大学出版部1998年版；《兰学三昧》，皓星社2009年版；《兰学と日本语》，八坂书房2013年版；《江户时代翻译语の世界：近代化を推进した译语を检证する》，八坂书房2015年版。

③ 佐藤亨：《近世语汇の历史的研究》，樱枫社1980年版；《近世语汇の研究》，樱枫社1983年版；《幕末·明治初期语汇の研究》，樱枫社1986年版；《江户时代语の研究》，樱枫社1990年版；《近代语の成立》，樱枫社1992年版；《国语语汇の史的研究》，おうふう1999年版；《现代に生きる日本语汉语の成立と展开：共有と创生》，明治书院2013年版。

④ 森冈健二：《近代语の成立语汇编》，明治书院1969年版；《语汇の形成》，明治书院1987年版。

语と中国》（1981）、柳父章《翻译语成立事情》（1982）、小川鼎三《医学用语の起り》（1983）、冈田袈裟男《江户の翻译空间：兰语·唐话语汇の表出机构》（1991）、荒川清秀《近代日中学术用语の形成と传播》（1997）、内田庆市《近代における东西言语文化接触の研究》（2001）、朱京伟《近代日中新语の创出と交流：人文科学と自然科学の专门语を中心に》（2003）、高野繁男《近代汉语の研究：日本语の造语法·译语法》（2004）、冈田袈裟男《江户异言语接触：兰语·唐话と近代日本语》（2006）、笹原宏之《国字の位相と展开》（2007）、奥村佳代子《江户时代の唐话に关する基础研究》（2007）、朱凤《モリソンの华英英华字典と东西文化交流》（2009）、千叶谦悟《国语における东西言语文化交流》（2010）、野村雅昭《现代日本汉语の探究》（2013）、孙建军《近代日本语の起源：幕末明治初期につくられた新汉语》（2015）、金文京《汉字を使った文化はどう广がっていたのか：东アジアの汉字汉文文化圈》（2021）等，各领风骚，峰峦互见。

　　除出版著作和文集外，日本学者在各类学术刊物发表了大量论文，如新村出、古田东朔、宫岛达夫、飞田良文、野村雅昭、八耳俊文、宫田和子、那须雅之、松本秀士等。中国的日语学者，如朱京伟、彭广陆、刘凡夫、潘钧、孙建军、苏小楠、刘建云、朱凤等，在日本学术期刊，也发表了不少有影响的论文。值得关注的是，在近代新词与中日文化交流领域，在日学者沈国威、陈力卫做出了杰出业绩。他们对于近现代新词语料的发掘、对中日近代词汇交流史的洞察、对语言接触背景下个体汉字词演变史的发微、对外来词理论的深刻理解，不同凡响，新著迭出。沈国威先后独著、主编、合编的主要作品有：《近代日中语汇交流史：新汉语の生成と受容》（1994）、《新尔雅とその语汇》（1995）、《六合丛谈（1857—58）の学际的研究》（1999）、《植学启原と植物学の语汇》（2000）、《近代启蒙の足迹：东西文化交流と言语接触》（2002）、《遐迩贯珍の研究》（2004）、《19世纪中国语の诸相》（2007）、《汉字文化圈诸言语の近代语汇の形成》（2008）、《言语接触とピジン：19世纪の东アジア研究と复刻资料》（2009）、《近代东アジアにおける文体の变迁》（2010）、《近代英华华英辞典解题》（2011）、《环流する东アジアの近代新语译语》（2014）、《东アジア语言接触の研究》（2016）等。陈力卫除出版《和制汉语の形成とその展开》外，发表了不少有分量的关于中日语言接触与文化交流的学术论文，在中日学界产生重要影响。其研究

主要围绕"和制汉语"展开，大致包括华英/英华辞书与新词研究、汉文训读与近代新词研究、近代译书与新词研究、中日同形词研究、近代新词语源研究、近代新词理论研究等，有关论文如《日本近代语と汉译洋书と英华辞典》（1995）、《汉文训读对日本新汉语形成的影响》（2002）、《新汉语の产出と近代汉文训读》（2005）、《〈博物新编〉の日本における受容形态について》（2005）、《〈新关文件录〉から见る19世纪后期の中国语の对译》（2021）、《近代译语のいわゆる转用语について》（2021）、《日中两言语の交涉に见る熟字训の形成》（2003）、《"努力·ゆめ"をめぐって》（1994）、《近代汉语译语再考》（2007）、《"民主"と"共和"》（2011）、《"新汉语"とは何か》（2011）、《近代日本の汉语とその出自》（2011），等等。同时，沈国威、陈力卫等还组织成立汉字文化圈近代语研究会，定期在中、日、韩等国举办国际学术研讨会，编辑出版学术杂志《或问》，合力推动中日近现代汉字词研究不断走向深入。

### （二）中国的近现代汉字词研究

在国内，从事近现代中日汉字词研究的学者日渐增多，主要分布在汉语学界和日语学界。纵观国内对近现代中日汉字词的整理研究，较早可以追溯至20世纪初，迄今研究大致可分为发轫期、发展期、兴盛期三个阶段。

1. 发轫期（1900—1949）

19世纪末，日本汉字新名词开始进入中国并通过报刊、译著等媒介得到初步传播。20世纪初，语言学界开始关注汉语译词及日本新名词问题。唐宝锷、戢翼翚编撰《东语正规》（1900）、梁启超出版《和文汉读法》（1900），有关学者发表新语研究系列论文，如王国维《论新学语之输入》（1905）、胡以鲁《论译名》（1914）、余又荪《日文之康德哲学译著》（1934）、《日本维新先驱者西周之生涯与思想》（1934）、《日译学术名词沿革》（1935）、《谈日译学术名词》（1936）等。

20世纪前半期，出版了不少汇释日语汉字词的工具书，很多大型辞书不仅汇释中日同形异义词，而且关注日语新名词，诸如《新尔雅》（1903）、《法规解字》（1907）、《日语古微》（1910）、《新名词训纂》（1918）、《汉译日语大辞典》（1907）、《东中大辞典》（1908）、《辞源》（1915）、《中华大字典》（1915）、《辞源续编》（1931）、《辞海》（1936）等。

2. 发展期（1949—1978）

中华人民共和国成立后，现代汉语日源汉字词研究进入新阶段。

孙常叙《汉语词汇》（1956）第二十一章"外来语词汇"，专节讨论汉语"借词"，特别是日语借词，并以"拔河""石炭""挨拶"为例讨论中日词汇源流。王力《汉语史稿》（1957—1958）第五十六节"鸦片战争以后的新词"，主张"尽量利用日本的译名"，并结合具体词例对日本汉字译名进行了类型分析。与此同时，还掀起了日源外来词研究热潮，有关论著可谓该领域里程碑式的研究成果，成为50年代外来词研究的一道亮丽风景。

王立达在《中国语文》1958年2月号发表《现代汉语中从日语借来的词汇》一文，从九个方面分析了现代汉语日源借词的类型和特点，涉及598个日语汉字词。《中国语文》同期还发表了郑奠《谈现代汉语中的"日语词汇"》一文，认为现代汉语中间吸收和融化了的这一大批日译汉语新词，要弄清楚它们的全部以至个别词的来龙去脉，是十分困难的，文章结合有关文献对"权利""文法""伦理""积极"等中日同形词进行了讨论。随后，《中国语文》还刊登了张应德《现代汉语中能有这么多日语借词吗》、王立达《从构词法上辨别不了日本借词》等相关论文，有力推动了日源外来词汇的学术研究。

高名凯、刘正埮《现代汉语外来词研究》（1958）首次对汉语外来词进行系统研究，构建了汉语外来词研究的理论体系，第三章第五节"日语来源的现代汉语外来词"从两大类别列举436个日语汉字词进行分析研究。书稿出版后，邵荣芬在《中国语文》1958年7月号发表书评《评〈现代汉语外来词研究〉》，指出其中存在的缺陷，如语源考证存有欠缺，没能充分参考学界研究成果等。

1959年12月，北京师范学院中文系汉语教研组编著《五四以来汉语书面语言的变迁和发展》，由商务印书馆出版。该著作总分三编，第一编"五四以来汉语书面语言的变迁大势"；第二编"五四以来汉语词汇的发展"；第三编"五四以来汉语语法的发展"。第三编"日语借词的吸收"和"日语借词和自造新词并行现象"，在现代汉语词汇的宏观层面，对日语借词的类型及使用进行了考察和研究，推动了中日汉字词研究向前发展。

由于众所周知的原因，20世纪60年代后虽然也有关于日语汉字词的一些研究，但总体上处于缓慢停滞状态。

3. 兴盛期（1978年至今）

改革开放以来，汉语外来词研究日渐兴盛。整体看来，大致10年一个台阶，成绩可圈可点。

（1）1978—1990年。1984年刘正埮、高名凯、麦永乾、史有为编纂《汉语外来词词典》。该辞书收录汉语外来词1万余条，包括日源汉字词893个。这是在前人研究基础上，对日源外来词的一次汇总和整理，虽然在词源判别方面存在缺陷，但为进一步研究提供了基础资料。此外，三联书店于1983年出版了实藤惠秀《中国人留学日本史》汉译本，第七章"现代汉语与日语词汇的摄取"对汉语中的日语词汇进行了甄别整理，提出了一个包括844个语词的日源汉字词一览表。1988年，谭汝谦《近代中日文化关系研究》在香港出版，著作对中日汉字及相关问题进行了诸多研究，在"现代汉语的日语外来词及其搜集和辨认问题"一节中，特别强调"前人研究的成果""日语教科书""辞典"等在搜集和辨别日语外来词时的重要性。上述定量定性的研究，对日源汉字词研究起到重要的推动作用。

（2）1991—2000年。《汉语大词典》1986年出版第一卷，1993年十二卷出齐。该辞书秉承"古今兼收、源流并重"原则，收录了大量的近现代中日汉字词，为汉字词的中日探源提供了语词标本。1993年7月，香港中国语文学会创办了《语文建设通讯》的姊妹刊物《词库建设通讯》。该刊在香港中国语文学会主席姚德怀主编下，以"词库建设"为目标，以"外来概念词词库"为重点，对汉语外来词的理论和实践展开讨论，将日源汉字词研究推向一个新高地，并催生了一系列成果，在汉语外来词研究史上留下浓墨重彩的一笔。①其间，在各类学术刊物上发表了不少有关日源汉字词研究的论文，如朱京伟《现代汉语中日语借词的辨别和整理》（1994）、（荷）高柏《经由日本进入汉语的荷兰语借词和译词》（1996）等。

1997年，马西尼著、黄河清译《现代汉语词汇的形成——十九世纪汉语外来词研究》在汉语大词典出版社出版。该著作将汉语外来词置于近代中国大背景下进行研究，对许多外来词创词权进行了重新"判定"，特别是附录有500条词源考证的19世纪新词表，对于日源外来词研究者是一个极大的刺激。可以说，《现代汉语词汇的形成》是1958年《现代汉语中从日语借来的词汇》《现代汉语外来词研究》之后的标志性成果，也是香港

---

① 《词库建设通讯》共出版22期，2000年6月停刊。

中国语文学会在外来词研究方面的重要贡献。

（3）2001—2010年。进入21世纪后，汉语外来词研究日新月异。史有为继《异文化的使者——外来词》（1991）之后，出版《汉语外来词》（2000），对汉语外来词理论与实践进行系统研究。香港中国语文学会组织编纂的《近现代汉语新词词源词典》（2001），收词5千余条，是一部中型的外来词语源词典，对于近现代新词新义研究具有重要价值。2010年，黄河清编著、姚德怀审定的《近现代辞源》，由上海辞书出版社出版。这是继《汉语外来词词典》之后的又一重要收获。该辞书主要收录19世纪初至20世纪中期所出现的近现代新词，特别是中日汉字词，汇集书证，释义探源，是汉语词汇史研究、语言接触研究的重要成果。

在日源外汉字词研究方面，来自不同学科的研究队伍日渐壮大，分别从语言学、历史学、文学、法学、政治学等不同视角展开研究，出版了一系列专著。例如：王健《沟通两个世界的法律意义——晚清西方法的输入与法律新词初探》（2001）、刘禾《跨语际实践》（2002）、李博《汉语中的马克思主义术语的起源与作用》（2003）、何华珍《日本汉字和汉字词研究》（2004）、冯天瑜《新语探源——东西日文化互动与近代汉字术语生成》（2004）、徐文堪《外来词古今谈》（2005）、李运博《中日近代词汇的交流——梁启超的作用与影响》（2006）、钟少华《中国近代新词语谈薮》（2006）、冯天瑜《语义的文化变迁》（2007）、杨锡彭《汉语外来词研究》（2007）、万红《当代汉语的社会语言学观照》（2007）、刘凡夫《以汉字为媒介的新词传播：近代中日间词汇交流的研究》（2009）、李运博《汉字文化圈近代语言文化交流研究》（2010）、沈国威《近代中日词汇交流研究——汉字新词的创制、容受与共享》（2010）等。这一系列成果，标志着近现代中日汉字词汇交流研究进入新阶段。

（4）2011—2020年。此十年间，近现代中日汉字词研究更加兴盛，成果迭出。例如：邵艳红《明治初期日语汉字词研究——以〈明六杂志〉（1874—1875）为中心》（2011）、崔军民《萌芽期的现代法律新词研究》（2011）、谯燕等《日源新词研究》（2011）、顾江萍《汉语中的日语借词研究》（2011）、何宝年《中日同形词研究》（2012）、朗宓榭等《新词语新概念：西学译介与晚清汉语词汇之变迁》（2012）、崔崟《日源外来词探源》（2013）、于冬梅《中日同形异义汉字词研究》（2013）、陶芸《中日法律词汇对比研究》（2013）、吴侃等《汉语新词的日译研究与传播调查》（2013）、陈明娥《日本明治时期北京官话课本词汇研究》（2014）、常晓宏《鲁迅作品中的日语借词》（2014）、狭间直树等《近代东亚翻译概念的发生与传播》（2015）、赵明《明清汉语外来词史研究》（2016）、冯天瑜《近代汉字术语的生成演变与中西日文化互动研究》（2016）、杨超时《近代中日词汇交流与"的""性""化"构词功能的演变》（2017）、李运博《近代汉日词汇交流研究》（2018）、张帆《近代中国"科学"概念的生成与歧变（1896—1919）》（2018）、张烨《清末民初词汇研究》（2019）、朱京伟《近代中日词汇交流的轨迹——清末报纸中的日语借词》（2019）、施建军《中日现代语言同形词汇研究》（2019）、王志军《汉日同形词计量研究》（2019）、彭广陆《日源新词探微》（2020）、孔秀祥《观念传播19世纪汉语外来观念与外来词》（2020）等。其间，沈国威相继出版《严复与科学》（2017）、《一名之立　寻月踟蹰：严复译词研究》（2019）、《汉语近代二字词研究》（2019）、《新语往还——中日近代语言交涉史》（2020）等，陈力卫撰著《东往东来——近代中日之间的语词概念》（2019）。以上成果有力推动了近现代中日汉字词汇的深入研究。

值得注意的是，"概念史"视域下的中日欧汉字词环流研究，已然成为新的学术热点。2013年孙江主编《亚洲概念史研究》（辑刊），至2022年10月已出版至第9卷。该刊围绕"影响20世纪东亚历史的100个关键概念"，推出了一系列关于概念词产生、发展、变化的学术论文。其中许多关键概念属于近现代汉字文化圈的通用词汇，更是近现代中日汉字词研究的重要内容。当然，除《亚洲概念史研究》之外，前述有关著作亦有涉及承载文化内涵发展变化之研究，在《亚洲概念史研究》创刊前后亦有诸多专著问世，如冯天瑜《"封建"考论》（2006）、金观涛《观念史研究：中国现代重要政治术语的形成》（2009）、黄兴涛《"她"字的文化史》（2009）、《文化史的追寻——以近世中国为视域》（2011）、孙江《重审中国的"近代"》（2018）、方维规《概念的历史分量：近代中国思想的概念史研究》（2019）等。这是基于语言、历史、文化等跨学科研究的新领域，大有可为。

辞书编纂方面。2019年，史有为《新华外来词词典》由商务印书馆出版。该辞书是《汉语外来词词典》之后的集成之作，其中收有涉日外来词3295例，其中备注"源"字词355个，备注"考"字词2940例（其中包括同义异形词），其收录日语词量为历代辞书之最。总体来看，该辞书突破了传统的判断性收词原则，拓展知识性、开放性和研究性功能，对推动中日词汇研究，尤其是近现代外来词研究具有重要意义。2020年，黄河清《近现代汉语辞源》，由上海辞书出版社。该辞书收录新词4.3万余条，是在《近现代辞源》基础上的精益求精之作，也是中日近现代新词和东亚汉字词研究的集大成之作。

　　总之，近年在国内出版的专著、辞书，展示了中日汉字词研究的最新成果，也代表了当前中日汉字词研究的学术水准。

### 三　今后的课题

　　中日学界在古代汉字词和近现代汉字词研究领域，均取得了诸多成就。但整体而言，日本学界的古代汉字词研究，多立足于日语语汇的类型与演变、结构与语用，其意并不在探讨日语汉字词对于汉语词汇史研究的价值和意义；在近现代汉字词研究方面，虽然取得令人瞩目成果，但在利用历代汉籍考察近代新词源流方面，亦需深化完善。在我国，日语学界的中日汉字词研究方兴未艾，但多侧重于日语教学，偏于静态的共时对比，基于历代文献的中日互动性比较研究需要加强；在汉语界，由于获取域外文献及吸纳日语成果等方面的不便，在利用日本汉籍进行词汇史研究以及判别近现代日源外来词方面，需要拓展提升。管窥所见，学界应该在构建中日汉字词数据库的基础上，全面吸收中外既有成果，[①]古今沟通，中日互证，在材料、方法、理论等方面努力创新，合力推进中日汉字词比较研究进程。

　　（一）加强中日汉字词数据库建设。中日汉籍文献浩如烟海，建设中日汉字词综合检索平台，特别是西学东渐后的中日近现代文献字词检索平台，其对于考察中日近现代新词的产生、发展及交互影响具有十分重要的意义。

　　（二）加强研究成果整理研究。百年来中日汉字词研究论著不胜枚举，对于词源考证及理论创新成果，需要穷尽性搜集整理，从原著中吸纳材料和观点，避免重复性研究。

---

① 李无未倡导国际汉语史研究，主编《东亚汉语史书系》，在《近现代日本汉语学史文献概述》一文中指出："日本汉语词汇学史内容十分丰富，成就巨大，但在中日两国，迄今尚未有一部翔实的日本汉语词汇学史著作，当然也就更没有近现代日本词汇学史著作了，这对于想要深入研究日本汉语词汇学史的学者来说，很明显，是一个很大的缺憾。"（《厦大中文学报》2022年5月第九辑）

（三）加强中日汉字词断代研究。选择日本汉籍进行断代研究，从汉字词的移植、受容、变异、创制等视角展开国别研究，同时兼顾中日汉字词的共时生态，在共时比较中进行断代史研究。

（四）加强中日汉字词通代研究。断代研究是通代研究的基础，历时研究必须与共时研究相结合。域外汉字词变迁史，往往就是汉语词汇的国际传播史。日本学界出版有"汉语"词汇史著作，基于日本文献的汉语词汇史研究有待拓展。

（五）加强中日汉字词专题研究。词汇史研究并非汉字词研究的全部，此外可以从音读、训读、构词、字词关系等角度对日本汉字词进行多维研究。只有依托多维的专题研究，才能构建中日汉字词的整体研究。

（六）加强汉字词辞书编纂研究。汉字词辞书是中日词汇研究的结晶。学界对中日通用的或国别的汉字词已有诸多整理成果，这些微观的个案研究乃是构建整体研究的基石。在已有研究及有关工具书基础上，编纂一部可靠的、源流分明的"日制汉字词词典"或"日源外来词词典"，实乃当务之急。

（七）加强东亚汉字词整体研究。中日汉字词比较研究，学界关注较多，成果较为丰富。至于中朝韩汉字词比较，或中日朝韩汉字词比较，或中越汉字词比较，或中日越汉字词比较，或中日朝韩越汉字词比较，则显得薄弱，甚至处于空白或半空白状态。

# 越南汉字资源整理研究的现状与思考<sup>*</sup>

## 一  引言

越南汉字资源即以越南汉籍为载体、以汉字为呈现形式的汉字形体、结构、字用、文化等汉字元素的总和。从广义汉字论,即以字形为中心,兼及音、义、用,亦包含汉字文化以及汉字传播、受容、变异、衍生诸多生态要素形成的汉字资源。

21世纪以来,郑克孟《越南的汉喃遗产研究》(2003)、阮俊强《越南汉喃研究院所藏汉喃数据的历史、特征与前瞻》(2017)对越南汉字资源的存储情况进行了翔实介绍。目前,越南汉籍主要收藏在越南汉喃研究院和越南国家图书馆,部分文献分散于法国、日本、中国等。越南汉喃研究院是越南专门负责收集、保存和研究汉喃文献的重要机构。据统计,汉喃研究院至今收藏纸本古籍6000多种,计33000余册,收藏碑刻拓本约68000份。其中,用汉字书写的纸本文献有5200多种,占全部文献的80%以上;碑铭文献正文主要由汉字写成,喃字只用于记录人名或地名。面对如此巨大的汉字文献宝库,中外文字学界尚未引起足够重视,亟须整理研究。

## 二  越南汉字资源整理研究的现状

### (一)越南汉字文献整理研究

1.越南汉字碑铭文献整理研究

(1)汉字碑铭文献汇编

越南汉字碑铭是深受中国铭文影响,同时依据本国自然环境和具体生活需求而形成的一种文化现象,具有民间普遍性。越南周年雨量大、湿度高、战乱多,纸质文献难以保存,碑铭是当地普通百姓记载日常活动的

---

*  本文原载《中国文字学报》(第9辑),商务印书馆2018年版,署名何华珍/刘正印。

主要方式之一，真实地反映了越南过去乡村中政治、经济、文化、社会等多方面情况，是越南汉字文献资源的重要组成部分。越南曾经进行两次大规模铭文拓片搜集工作。第一次是法国远东学院从1910年到1945年收集到11651铭文单位的20980份拓片。自1990年以来，汉喃研究院进行第二次拓片搜集，已收集约30000份拓片。此外，还接受了来自法国远东学院的21000份拓片。至今，总共已收集拓片68000份，数量是纸本文献的两倍多。目前，中外学界整理出版的代表性越南汉字铭文汇编资料如下。

　　A.《越南汉喃铭文汇编》，由法国巴黎远东学院和越南河内汉喃研究院合作完成，已出版第一集（北属至时期李朝）和第二集（陈朝）。《越南汉喃铭文汇编（第一集）》（1998），潘文阁、苏尔梦主编，所采集的铭文是从北属时期至李朝（1010—1224），按年代先后汇集了27篇铭文。《越南汉喃铭文汇编（第二集）》（2002），毛汉光、郑阿财、潘文阁主编，分为上、下两册，所采集的铭文出于陈朝（1226—1400），按年代先后排列了44篇铭文。两集《汇编》对所收铭文从历史学和文化学角度进行了考校注释，在汉喃铭文研究史上颇具代表性，诸多学者对其展开了深入的研究，中国台湾学者耿慧玲是其代表。遗憾的是，两集所收铭文篇数较少，其中有多篇或无拓本，以抄本补录，如"皇越太傅刘君墓志"；或为后世重刻，如"奉圣夫人黎氏墓志"。部分碑铭刻录时间不明或有误，如"大阿耨三宝田碑"不属陈朝而属莫朝。

　　B.《越南汉喃铭文拓片总集》，越南汉喃研究院与法国远东学院合作整理，所收集的多是散落在庙宇、村社、神祠等附近的碑铭，由越南文化通讯出版社出版，先拓印后影印，大致以时间顺序进行编排。现已出正卷22册，收录铭文共22000条。《总集》所收铭文多以石碑为载体，主要用汉字系地记载了越南北部民族的生活文化状况，时间跨度主要是16世纪至20世纪初，内容包括规约类、寄忌类、事功颂德类、诗歌类及其他类等。《总集》拓本较为清晰，数量甚多，时间跨度大，记载内容丰富，但除对早期部分拓片进行编录外（见《越南汉喃铭文汇编》《陈朝碑文》），并未进行任何整理或注释，无法直接应用于汉字研究。

　　此外，越南学界还出版了一些碑铭单行本，如《李陈诗文》《陈朝碑文》《河内碑文》《谅山碑文》《河西碑文》等，这些著作大都将碑文直接翻译成越南语，缺少对原本的校释，因受语言限制，影响不广。

　　（2）汉字碑铭文献的编目与研究

　　在出版《越南汉喃铭文拓片总集》之后，另有8册《越南汉喃铭文拓片书目》（2007—2012），是按照《总集》编号顺序撰写的越南语目录提要，目前只收录了《总集》前16册16000份铭文，包括题目、碑铭年代、主要内容等。

至于碑铭研究，早在14世纪上半期，黎崱《安南志略》中就录有数篇李朝碑铭；19世纪前，后黎朝晚期的黎贵惇、黎末阮初的裴辉碧等就利用碑文作史学研究；近代以来，高朗《黎朝进士题名碑记》，黄春瀚利用李朝碑文材料编成《李常杰与李朝外交和宗教史》，何文晋《铜铭文石刻文——铭文与历史》对北属时期的铭文进行收集、考察和研究，吴德寿、丁克顺、阮金芒等多利用碑铭材料进行避讳及相关历史文化研究。阮翠娥《越南碑铭的整理与研究工作》（2003）介绍了越南汉喃研究院所藏的汉喃古籍和碑铭的整理与研究工作，并对铭文文字的特点、内容、版本的情况进行了介绍。阮氏金英《在越南的后碑》（2007）、阮文元《越南铭文及乡村碑文简介》（2007）探讨了越南民间特别盛行而许多笔纸资料未曾重点涉及的"后碑"问题，并对其成因进行分析。

在我国，耿慧玲在《越南史论——金石数据之历史文化比较》（2004），对越南碑铭进行了历史、民俗、语言、文字、文化等研究。陈日红、刘国祥《〈越南汉喃铭文拓片总集〉述要》（2013）从道德、制度、风俗、宗教四个方面对该材料的汉文化影响进行了例释，揭示越南河内以北的民族文化与汉族文化的历史渊源。

2. 越南汉字纸本文献整理研究

纸本文献指书写或刊印在纸张上的古籍或文字资料，主要包括写本和刻本。越南拥有丰富的纸本文献资源。早在越南独立不久，就有大兴库（1023）所藏的三藏经、重兴库（1036）的大藏经，以及仙游书院（1038）、天长库（1295）的佛经。此外，陈朝时的宝和殿亦有藏书。黎朝则有蓬莱书院。西山朝有崇正书院（1791）。阮朝时代，书库逐渐变多，重要的有：（1）明命时的聚奎书院，收藏4000部越、中、欧等书籍近9000本。（2）建于1825年的藏书楼，收藏古籍、六部文书和嘉隆时代文献近12000本。（3）史馆书院，建于1841年，收藏169部书。（4）内阁书院，成立于1862年，收藏2500部书，近7000本单册。（5）新书院，建于1909年，藏2640部书，分经、史、子、集、国书单册接近51371本，另外还有约7000单本。（6）古学院书院，建于1922年，藏书3000部。至今，越南纸本文献现存7000多种，汉字文献有5700种左右，占全部文献的80%以上；在汉字文献中，写本有4000多种，其余为刻本（含汉喃研究院藏）。

（1）汉字刻本文献整理

在越南，纸本文献的保存与整理工作在整个汉字文化圈地区相对滞后。虽然在摆脱法国殖民统治建国以后，越南也影印整理了部分汉喃古籍，其中相当部分具有较高水平，如1997年由河内世界出版社出版的《越南汉文小说总集》四册，对数十种小说书籍做了详细的文献考订。但总体而言，相当多的越南古籍整理着眼于文化普及，多将汉文翻译成现代越南文，做简单的越文介绍和粗糙的翻印，缺乏细致的校勘、辑注，尚未建立相应的学术规范。

在日本，明治十七年（1884），引田利章校订了吴士连等编修的《大越史记全书》，由埴山堂出版。越南史研究专家松元信广编校《大南一统志》，由日本印度支那研究会于昭和十六年（1941）发行。日本庆应义塾大学言语文化研究所于昭和三十六年（1961）至昭和五十六（1981）陆续影印出版了《大南实录》，共二十册。1987年，日本创价大学出版陈荆和编校的《校合本大越史略》。以上整理本文献均成为学术界开展越南研究最基本的史籍，成为学界广为流传的通行本。

在中国内地，商务印书馆1936年出版《越史略》，上海古籍书店1979年出版武尚清校注本《安南志略》。北京大学2013年整理出版《儒藏·精华编·越南之部》。西南师范大学出版社2015年据内阁官版等出版标点校勘本《大越史记全书》等。在港台地区，先后整理出版了《钦定越史通鉴纲目》《艮斋诗集》等。

（2）汉字写本文献整理

越南的写本虽远多于刻本，但学界对其影印整理亦不甚多。在越南，近年陆续影印出版了《阮朝硃本目录》《云仙古迹传》等，将原文献转移为现代越南语。在中国，1971年，陈荆和编校《国史遗编》，所用底稿为法国远东博古图书馆的写本。继之，1980年出版了阮述《往津日记》，其底本为法国戴密微1939年在河内所获之孤本，此前未曾刊行过，是一份非常珍贵的历史资料。中州古籍出版社1991年出版了戴可来等《岭南摭怪等史料三种》。2010年，孙逊、郑克孟、陈益源主编的《越南汉文小说集成》，由上海古籍出版社出版，所据文本大多是写本。2010年，大型文献丛书《越南汉文燕行文献集成》（25册）由复旦大学文史研究院和越南汉喃研究院合作出版。此书收录的主要是越南陈朝、后黎朝、西山朝和阮朝出使中国的燕行使者的著述，原本大多来自越南汉喃研究院藏写本，印刷清楚，成像清晰，且在每一分卷前有简介若干，交代了作者生平及所取用的版本。西南师范大学出版社影印出版了法藏写本文献《大南一统志》《皇越一统舆地志》。另外，中国台湾学者分别于1987年、1992年整理出版了《越南汉文小说丛刊》第一、二辑，由法国远东学院出版，（台北）学生书局印行。

（3）纸本文献的编目与研究

早在1904年，法国传教士就为越南汉籍编纂了相关目录。如加第尔、伯希和《安南史上史料之初步研究》。1935年又有加柏顿编成《安南书志》一书。布德与布治雅合编的《法领印度支那书志》，于1928年至1939年陆续刊行。后来，中国学者冯承钧在此基础上编成《安南书录》。以上这些著作主要反映了越南历史上所记存的书籍情况。

在日本，诸多学者编制了关于越南古籍的现代目录，如：松元信广《河内法国远东学院所藏安南本书目》《越南王室所藏安南本书目》；山本达郎《河内法国远东学院所藏字喃本及安南版汉籍书目》《河内法国远东学院所藏安南本追加目录》《巴黎国民图书馆所藏安南本目录》《巴黎亚细亚协会所藏安南本书目》；川本邦卫《越南社会科学书院所藏汉喃本目录》；藤原利一郎《巴黎国立图书馆新收安南本目录》；岩井大慧《永田安吉氏搜集安南本目录》《东洋文库朝鲜本分类目录附安南本目录》。

在越南，张文平《荷兰莱顿大学所藏汉喃古籍》，陈义《英国图书馆所藏的汉喃书籍》，陈义、阮氏莺《日本四大书馆所藏的越南本总目录》反映了汉喃古籍的现代遗存及其在越南域外的传播和收藏状况。杨泰明等《汉喃书目》，越南汉喃研究院与法国远东学院《越南汉喃遗产目录》《越南汉喃遗产目录补遗》则是对越南所藏汉籍书目的介绍。

目录编纂的集大成者当属台北"中研院"文哲研究所《越南汉喃文献目录提要》。该目录是在《越南汉喃遗产目录》的基础上编纂而成，运用中国古典文献学的方法进行梳理，包括经、史、子、集四部，共五十类、六十目，并对每部书籍、每宗文献的名称、作者、编印者、撰写年代、编写年代、版本、序跋、基本内容、抄写或编写方式做了逐一介绍。《提要》共收5023种古籍，经部147种，史部1665种，子部1527种，集部1684种；汉字文献有4229种，喃字文献794种；中国书重印重抄本越500种左右。2004年，中越学者刘春银、林庆彰、陈义在《提要》的基础上进行增补，撰成《越南汉喃文献目录提要补遗》，由台北"中研院"亚太区域专题研究中心编印出版。《补遗》体例与《提要》一致，分上、下两册，上册为目录正文，下册为索引，共增补2280种文献，其中汉文文献多达2035

种。两本书出版的同时，也建置完成"越南汉喃文献目录资料库系统"，为广大读者提供了便捷的网络检索服务。就目前来看，《提要》《补遗》以及在此基础上建成的资料库，已然成为学界广为利用的重要工具。但由于受时间和经费等条件限制，加上合作各方学术观念的差异，此书尚有许多错误和不完善之处。

在越南纸本文献研究方面，中华书局出版了张伯伟主编的《域外汉籍研究丛书》，其中陈益源《越南汉籍文献述论》、刘玉珺《越南汉喃古籍的文献学研究》、王小盾《从敦煌学到域外汉文献研究》均是经典之作。特别是《越南汉喃古籍的文献学研究》，是第一本关于越南文献的通论性著作，对于越南纸本文献的整理研究具有道夫先路之功。

## （二）越南汉喃小学类文献整理研究

### 1. 越南汉喃小学类文献整理

按照传统的文献分类，语言文字之学谓之"小学"，包括文字、音韵、训诂、音义等。《越南汉喃文献目录提要》收录此类文献25种，包括《三千字历代文注》《今文字略》《字典节录》《字学训蒙》《字学四言诗》《字学求精歌》《村居便览》《钦定辑韵摘要》《安南国语新式》《检字》《难字解音》《三千字解音》《大南国语》《千字文解音》《三千字解译国语》《日用常谈》《五千字译国语》《字类演义》《指南玉音解义》《南方名物备考》《指南备类》《国音新字》《嗣德圣制字学解义歌》《汉字自学》《翻切字韵法》等。目前学界对该类文献的整理处于空白阶段。

### 2. 越南汉喃小学类文献研究

近年，越南学界开始关注汉喃古辞书研究，如吕明姮《考究汉越双语辞典：大南国语》（2013）、黄氏午《指南玉音解义》（2016），附录影印原始文本，用现代越南语进行翻译注释。2017年5月，浙江财经大学与越南汉喃研究院联合主持召开"东亚汉籍与越南汉喃古辞书国际学术研讨会"，越南学者提交了多篇论文。如陈仲洋《中世纪越南汉字词典的类型与特点》（2017）对中世界越南汉字字典的类型、汉越双语词典的特点进行分析，认为汉越—汉喃对照词典是越南中世纪汉字教学的教科书，是学校汉字教学实践过程中所形成的结果，其主要功能是给学生们学习基本汉字提供教材。丁克顺《〈嗣德圣制字学解义歌〉版本及文字等问题研究》（2017）对《嗣德圣制字学解义歌》的作者、版本、内容、用字和词汇进行了简要介绍。吕明姮《从词典论看越南中代辞书：以〈大南国语〉〈日用常谈〉〈南方名物备考〉为中心》从中国词典论角度，对越南古辞书的内部结构进行剖析，并与中国辞书对比，凸显其特征。杜氏碧选《以字典为编写方式的越南中代汉字教科书研究——以〈三千字解音〉和〈嗣德圣制字学解义歌〉为例》（2017）分别对两本越南古辞书的编纂方式、押韵方式和教学功能进行介绍。陈氏降花《十九世纪末二十世纪初汉喃双语辞典：〈南方名物备考〉案例研究》（2017）考察了《南方名物备考》的成书背景、行文结构，探究其在越南社会文化中的影响。阮氏黎蓉《越南〈千字文〉字书两种汉字字形考》介绍了《千字文》的成书背景及相关材料《千字文解音》《千字文译国语》，并对部分汉字异体字从形体和结构进行考察。

在中国，陈荆和《嗣德圣制字学解义歌译注》（1971）在香港出版，这是我国对越南古辞书整理的唯一著作。近年，梁茂华博士论文《越南文字发展史研究》（郑州大学，2014）从民族思想文化、民族意识、民族认同、跨民族文化交流等角度对越南文字发展史进行了梳理，对《指南玉音解义》《三千字解音》《嗣德圣制字学解义歌》《大南国语》等几部重要的越南汉喃辞书的成书背景、体例、内容进行探究，认为古代越南双语辞书的特点是，以字喃解汉字音义，而且不少辞书是以越南传统的腰脚韵进行编排。郑阿财《从敦煌文献看日用字书在东亚汉字文化圈的容受——以越南〈指南玉音解义〉为中心》（《中国俗文化研究》2015年第1期），这是专论中越辞书关系的第一篇重要论文。李无未《近代越南汉喃"小学""蒙学"课本及其东亚汉语教育史价值》（《东疆学刊》2017年7月第3期），对近代越南汉喃"小学""蒙学"课本的学术价值进行探讨，与朝鲜朝、日本江户明治汉语官话课本进行比较，进一步凸显越南汉喃"小学""蒙学"课本文献在东亚地域汉语史视野内所具有的独特价值。温敏《越南汉喃双语辞书研究价值初探——以〈指南玉音解义〉为中心》（2017）以《指南》为中心，以《大南国语》为参照进行初步考察，认为这类辞书类目丰富，因日用实用的特点直接反映社会生活，汉喃两相对照的体例有利于考察汉越词汇特点和汉字的字形、结构和功用属性，是研究汉越语、汉字喃字差异、汉越文化交融的优质语料。李宇《越南汉字辞书〈字典节录〉研究》（2017）对《字典节录》成书背景、编纂体例和价值进行了初步研究。陈楠楠《〈三千字历代文注〉初探》（2017）从版本、成书背景、编纂体例、价值等方面对《三千字历代文注》进行了简要介绍。

## （三）越南汉字文献字形整理研究

1. 越南汉字文献字形整理

关于越南文献字形整理，早见于王力《汉越语研究》（1948）。其文附录100个越南省笔字，此为早期关注越南汉籍俗字之作。陈荆和《校和本大越史记全书》（1984—1986）附录《越南俗字、简体字与惯用汉字对照表》，为越南刻本文献字形整理提供字样。刘玉珺《越南汉喃古籍的文献学研究》（2007）列举了越南刻本中的特创俗字。另外，亦有数篇学位论文涉及越南汉籍俗字字形整理，详见下文。

2. 越南汉字文献字形研究

关于越南文献字形研究，成果多集中于中国。除上述所列外，郑阿财《越南汉文小说中的俗字》（1993）对《岭南撷怪列传》《天南云箓》《听闻异箓》等文献俗字进行了分类探究。张涌泉《汉语俗字研究》（1995）对越南钟铭中出现的俗字进行探源或国别判定。陆锡兴《汉字传播史》（2002）认为越南简俗字的构形方式与汉语俗字大致相同。王锋《从汉字到汉字系文字》（2003）从汉字符号的类型和表音化趋势对汉字在越南的使用情况做了简要介绍。范宏贵、刘志强《越南语言文化探索》（2008）分析了在越南使用的中国俗字、方言字等。何华珍《俗字在越南的传播研究》（2013）探究越南俗字与汉语俗字之传承变异，指出辞书及学界有关失误；《域外汉籍与近代汉字研究》（2015）揭示了域外汉籍对于近代汉字研究的价值和意义，指出域外汉字研究的内容、范围、路径。刘正印、何华珍《越南汉喃铭文酒器量词字用初探》（2016）对汉喃铭文中记录酒器量词与中国的酒器量词用字进行比较分析。何华珍、刘正印《越南汉文俗字的整理与研究——兼论〈越南俗字大字典〉的编撰》（2017）分别从碑刻、刻本、写本等不同载体展示越南汉文俗字资源的状况，从传承和变异角度进行分类研究，凸显《越南俗字大字典》编撰的必要性。刘正印、何华珍《越南汉喃碑铭用字研究导论》（2017）以《越南汉喃铭文拓片总集》为语料，对其中的用字现象从传承和变异两方面进行调查研究。何婧《越南瑶族民间古籍中的汉语俗字研究》（2017）从汉字传播角度出发，对其中的传承俗字进行了调查和例释，揭示了汉语俗字在越南瑶族民间古籍中的传承性。甄周亚《冯克宽使华汉诗疑难俗字考释》对五组疑难俗字进行了详细考证。

近年，出现数篇研究越南汉字文献与异体俗字的学位论文。例如：刘康平《越南汉文写卷俗字研究》（西南交大，2011）用汉字构型理论阐释了这些写本文献中一些重要俗字的演变规律和结构特征，并同《宋元以来俗字谱》的俗字进行了比较。贾盖东《越南汉籍〈大越史记全书〉俗字研究》（浙财大，2014）以正和本、国子监覆刻本、戴密微藏本三个不同版本的《大越史记全书》为语料，对其中的异写俗字和异构俗字进行分类研究。甄周亚《冯克宽使华汉诗写本俗字研究》（浙财大，2015）以《越南汉文燕行文献集成》中的冯克宽使华汉诗写本为语料，对其中的俗字进行了穷尽式的调查和整理，展示俗字在越南的传播轨迹。刘正印《越南汉喃铭文用字研究》（浙财大，2016）运用"汉字职用学"和"传承俗字和变异俗字（国际俗字和国别俗字）"等相关理论，对越南碑铭用字情况进行了较为全面而系统的研究。何婧《越南瑶族民间古籍俗字比较研究》（浙财大，2016）调查了具有代表性的越南瑶族民间古籍中的俗字字形，通过比较研究等方法揭示其传承变异现象与规律。

　　在越南，研究汉字的学者不多。关于汉字理论，华人施达志（Thi Đạt Chí）在1960年出版了《汉字研究》一书，但全书不足50页，属于入门书籍。2008年，阮光红（Nguyễn Quang Hồng）在喃字研究著作《喃字文字学概论》的开始部分讨论了东亚学者关于文字学中各类型方块字的相关概念。2015年，阮庭复（Nguyễn Đinh Phức）等《汉字文字学》是第一部在越南出版的汉字文字学研究专著，可惜内容有限，不足100页。关于古文字，由于材料匮乏，仍处于起步阶段。叶少飞和丁克顺（Đinh Khắc Thuân）2016年4月在韩国发表的《越南新发现东山铜鼓自铭"金䥯"释》，与阮越（Nguyễn Việt）、郑生（Trịnh Sinh）、安之（An Chi）等学者对越南早期出土文献进行讨论，但多是从考古学或历史学角度进行考释，专题研究古文字的十分少见。关于近代汉字，阮玉协《越南陈朝禅宗三书研究——以文献、文字、词汇为中心》（2013）以《禅苑集英》《圣灯语录》《慧忠上士语录》三本越南汉籍刻本为主要材料，选取其中的代表性俗字，从形体结构方面进行剖析和解读。郭氏娥《越南北属时期汉字文献用字研究》（2013）探讨了越南北属时期汉字文献的用字状况，并探讨了所用汉字的构造特点。阮氏莺《错误的汉字——在香港出版〈国史遗编〉案例》（2016）对《国史遗编》域外的抄本、印本及越南语文本进行了介绍比较，从用字的角度纠正了香港排印本的一些错误。范氏草《〈阮朝硃本〉对联的异体字考》（2017）首先对《阮朝硃本》中的对联简介，然后对其中的异体字进行分类并总结其形体特点。另外，吴德寿（NgôĐức

Thọ）《越南历代避讳字研究》（1997）和阮金芒《越南宁平省陈朝碑刻避讳字研究》（2016）对越南历史中的避讳字进行了专题研究。

### （四）汉字在越南的传播与发展研究

关于汉字传播，涉及面广，内容丰富，诸如汉字音义，民族新字，词汇演变，文化传承，均可从不同侧面进行探讨。简要分述如下：

1. 汉越音与汉越词研究

王力《汉越语研究》（1948）对越南语的词汇系统和语音系统进行探究。词汇系统分为越语词和汉越语词两层；汉越语词的字音系统分为汉越语、古汉越语和越化汉语三层。欧阳觉亚等《京语简志》（1984）在语音和词汇章节分别对汉越音和汉越词展开讨论，其中对汉语借音和借词进行了详细阐述。张卫东《〈明心宝鉴〉及其所记汉越音》（2003）对所用材料的域外版本进行了梳理，分析了《明心宝鉴》的汉越音音系。范宏贵、刘志强《越南语言文化探究》（2008）将越南语词汇分为是固有词和汉语借词，从文化语言学的角度论述了汉越语词生产的历史背景及其含义的多种演变，探求了汉语与越南语中汉语与汉越语的声母、韵母、声调上的对应规律。罗文青《越南语双音节汉越词特点研究与汉语比较》（2011）通过研究双音节汉越词特点，为汉越语接触及汉越词研究的深入提供了参考。罗启华《语言的亲情——越南语汉源成分探析》（2013）从汉越读音、汉越词语、俗成汉越词等方面对越语和汉语语料源流关联进行探析。咸蔓雪《汉语越南语关系语素历史层次分析》（2016）提出"汉语越南语关系语素"的概念，从关系语素的声韵调对应入手，以中古汉语音系为出发点，并参照上古音，对照汉语和越南语的历史音变，全面展开严格的语音对应研究，确定了不同声韵调对应组的历史层次。

日本三根谷彻是研究越南汉字音的著名学者，《中古汉语と越南汉字音》（1993）则是研究中越音韵关系的代表作。越南的阮才谨（Nguyễn Tài Cẩn）（1979）、阮大瞿越（Nguyễn Đại Cồ Việt）博士论文（北京大学，2011），对越南汉越音均有深入研究。阮庭贤《汉越语音系与喃字研究》（复旦大学，2012）将汉越语音系和《广韵》音系进行比较，找出它们之间的对应关系，讨论汉越语的一些音变现象；在此基础上，找出汉越语的例外读音，对例外读音进行分类；最后讨论汉越语对古汉语声韵调研究的价值。陈仲洋《15世纪越南语中的越语汉来词——以阮廌的〈国音诗集〉为例》（2016）从历史语言学和词源学角度对阮廌的《国音诗集》中的词汇进行穷尽性考察，总结出词源考证的依据，并对词汇结构进行分类。

2. 喃字和古壮字研究

汉字南部传播，对民族文字的产生起着重要作用。喃字和古壮字是类汉字的代表。在研究汉字南传过程中，将涉及喃字、古壮字中的俗字因素、结构类型等。

闻宥是喃字研究的开创者，其《论字喃之组织及其与汉字之关涉》（1933）是关于越南京族所用喃字与汉字关系研究的拓荒之作。王力《汉越语研究》（1948）第八章对喃字进行了分类，认为其是一种类汉字。张元生《壮族人民的文化遗产——方块壮字》（1984）对壮字进行了分类，并对其中的两种情况进行了深入分析，揭示了方块壮字对研究古汉字和古汉越音的价值。李乐毅《方块壮字与喃字的比较研究》（1987）从产生背景、构字法对方块壮字和喃字做了比较，并评价了它们在文字发展史上的贡献。1989年，广西壮族自治区少数民族古籍整理出版规划领导小组编纂了《古壮字字典》。何九盈等《中国汉字文化大观》（1996）提到了喃字及其字形结构和发展演变。王锋《从汉字到汉字系文字——汉字文化圈文字研究》（2003）介绍了喃字构字法，并对其结构进一步分类。谭志词《中越语言文化关系》（2003）上编第五节介绍了汉字对字喃的影响。赵丽明《从越南版〈三字经〉初探喃字体系用字》（2003）对研究材料中的喃字用字做了相关考察，揭示了汉字在越南传播中的普遍规律。王元鹿等《中国文字家族》（2007）第三章谈到喃字的构成以及喃字的性质。陈增瑜《京族喃字史歌集》（2007）包括《京族史歌》《京族哈节唱词》《京族传统叙事歌》三部分，均是京族"喃字"书写记载，对京族历史文化的研究极具价值。覃晓航《方块壮字研究》（2010）详细论述了方块壮字的研究史、方块壮字产生的条件及其发展和演变、方块壮字方言差异的原因、方块壮字的教育等，同时，还对汉文古籍中的方块壮字和前人留下来的不明文字进行考释和破解。刘兴均《〈京族喃字史歌集〉中的音义型喃字》（2014）、《〈金云翘传〉中的音义型喃字》（2015）认为音义型字喃字是一种构字部件借自汉字，却又是自创组合、自主表词的一种文字。韦树关《京语研究》《中国京语词典》和何思源《中国京族喃字汉字对照手册》，是跨境喃字研究的重要参考文献。

在越南，喃字研究队伍强大，成果丰富。越族喃字研究的主要方面有：起源、出现时间、历史演变、文字结构、音意类型、造字法、喃字与越南语的历史关系、汉字对喃字的影响、喃字与越南的民族性等。对此，越南学者留下了许多著作，其中有代表性的是：宝琴Bửu Cầm《喃字研究入门》（1975）简单介绍了喃字的来源、结构以及优缺点。陶维英Đào Duy Anh《喃字：起源、构造、演变》（1975）对碑铭文献和纸本材料考证，认为是由于早期资料的缺乏而无法确定喃字产生的年代，但早期喃字系统主要是假借汉字形成。黎文冠Lê Văn Quán《喃字研究》（1981）以越南语语音为基础，对喃字进行了研究分析。阮才谨Nguyễn Tài Cẩn《关于喃字的一些问题》（1985）亦是从音韵出发，分析喃字的起源、结构和演变。黎智远Lê Trí Viễn《汉喃语文教程》（1984）从喃字的结构及读音入手进行探究。阮圭Nguyễn Khuê《喃字的一些基本问题》（1987—1988）对前人的研究成果做了评述，并针对喃字的起源、构造、演变发表了新的看法。阮光红（Nguyễn Quang Hồng）的《喃字文字学概论》（2008）内容丰富，规模宏大，对喃字的相关问题都有广泛而深入的研究；后又在《越南"字喃"研究几个大题的概述》（2016）中对"字喃的起源及其成为文字系统的历史时期""字喃的内部结构及其演变"和"越南语文之分期以及字喃之社会功能"进行了翔实阐述。阮进立《汉字与喃字形体结构比较之研究》（2009）以汉字"六书"造字法为依据，对汉字与喃字的结构进行比较分析，对它们的形体演变进行探讨。吕明姐《造字法之异同——日本和字与越南喃字比较研究》（2016）将喃字与和字从造字角度进行比对分析，认为日语和越语间互相影响，但这种影响多是建立在汉文化的基础上。此外，有关喃字研究的学者还有：阮玉珊Nguyễn Ngọc San（1987、2003），阮佐珥Nguyễn Tá Nhí（1997），黄氏午Hoàng Thị Ngọ（1999），陈文玾Trần Văn Giáp（2002），阮氏林Nguyễn Thị Lâm（2006），张德果Trương Đức Quả，黄红锦Hoàng Hồng Cẩm，花玉山Hoa Ngọc Sơn（2005），陈仲洋Trần Trọng Dương（2012），阮俊强Nguyễn Tuấn Cường（2012），阮氏秀梅Nguyễn Thị Tú Mai（2012），杜氏碧选Đỗ Thị Bích Tuyển（2014），等等。

　　关于喃字字典，从1970年至今，越南学界已编撰多部越族喃字字典，主要有：阮光士Quang Xỹ、武文敬Vũ Văn Kính（1971），Viện Ngônngữ học语言研究所（1976），武文敬Vũ Văn Kính（1992，1994，2002），张庭信Trương Đình Tín、黎Lê Quý Ngưu（2007），陈文俭Trần Văn Kiệm（2004），阮光红Nguyễn Quang Hồng（2006，2014）等。2014年，阮光红Nguyễn Quang Hồng《喃字字典引解》，代表了喃字字典编撰的最高成就。越族喃字字典的编撰方法，可以分为两种：一种是根据编撰者的知识记忆进行编撰，没有指出某一个喃字的详细文本来源，就算没有可考的证据；另一种是根据喃字文本引证，如阮光红（2006，2014）。

日本学者在喃字研究方面也多有建树，如富田健次《越南字喃研究》（1979），竹内与之助《字喃字典》（1988），清水政明《字喃の創出からローマ字の選択へ》（2007），川本邦卫《〈传奇漫录增补解音集〉にみえる〔ジ〕喃について-1-》（1974）、《〈传奇漫录〉研究ノート-2-》（1984）、《〈传奇漫录〉研究ノート-3-》（1985）、《〈传奇漫录〉研究ノート-4-》（1987）、《〈传奇漫录〉研究ノート-5-》（1987）、《〈传奇漫录〉研究ノート-6-》（1991）、《覆刻本〈新编传奇漫录〉俗语译の性格》（1994）等。

美国越南研究院（2009）以及法国学者Paul Schneider春福（1993）对喃字亦有研究。

3. 汉字史与文化传播研究

何九盈等《中国汉字文化大观》（1995）、周有光《世界文字发展史》（1997）、陆锡兴《汉字传播史》（2002）、董明《古代汉语汉字传播史》（2002）、王锋《从汉字到汉字系文字》（2003），对于汉字域外传播均有系统梳理与阐述。此外，专题论著亦有不少。于在照《汉字与越南的汉语文学》（2003）探寻了汉字在越南的传播和越南汉文学的发展轨迹。赵丽明《汉字传播与中越文化交流》（2004）是关于汉字传播与中越文化交流国际学术研讨会论文集。论文集中分为汉字本体研究、汉字传播与比较研究、汉喃文献研究、中越古代文化交流和信息化网络时代的汉字等板块。马达《论汉字在越南的传播及其影响》（2008）认为汉字、由汉字构成的汉语以及它们所承载的汉文化是越南语言、文学和文化发展的重要组成部分。祁广谋《越南语文化语言学》（2011）客观分析了中国语言文化对越南语言文化的影响途径、方式、程度以及越南民族吸收外来语言文化的民族价值观和处理方式。梁茂华《越南文字发展史研究》（郑州大学，2014）从民族思想文化、民族意识、民族认同、跨民族文化交流等角度对越南文字发展史进行了梳理。左荣全《汉字在越南文字史上的地位演变研究》（解放军外国语学院，2015）运用广义文字学、文化语言学、历史学等相关领域的理论，首次对汉字在越南文字史上的地位演变情况进行了系统研究。王志松《汉字与东亚近代的启蒙思潮——梁启超与潘佩珠〈越南亡国史〉》（2016）对《越南亡国史》的发表形态、政治主张、后世反响及改编作品对该著作的作者进行考辨，并从传播学角度对相关文化现象进行探究。黄兴球、韦顺莉《越南国家文字变迁的历史启示》（2017）探讨了越南国家文字的产生时间、变迁动力和历史启示。俞忠鑫《汉字在域外的功能拓展》（2017）从域外汉字使用的广阔视角，探讨汉字在日本、韩国、越南的功能拓展，其中对越南喃字的功能类型进行比较研究。黄德宽在东亚汉籍与越南古辞书国际学术研讨会上的讲话（见《东亚汉籍与越南古辞书研究·序》，2017），对于汉字域外传播研究的价值和意义，进行了宏观论述和当代阐释，言简意深，内涵丰厚，推动域外汉字学科的构建和发展。

在越南，陈义《北属时期汉字传入越南始末及其对本地文化学术形成发展所起的作用》（2003）解释了汉字是如何传播到越南以及对越南产生了何种影响等问题。武世魁《古代越南有华人血统的家族在推进汉字传播和中越文化交流方面的作用》（2003）结合历史文献详细探究了越籍华人在推进汉字传播和中越文化交流方面的作用。阮俊强、阮氏秀梅《〈三字经〉对古代汉文教材的影响》（2016）分别从文体和内容两方面阐明了《三字经》影响越南古代书籍的发展。在形式上，影响了文体的变化，产生了三字诗句；在内容上，越南学者接受了《三字经》的劝学内容和中国传统文化，并以此为准去著述。范文兴《越南古代文字狱比较研究》（2016）分别介绍了中越文字狱的情况，在此基础上开展比较研究。郭氏娥《汉字传入越南与北属时期在越南的传播》（2016）对汉字在越南北属时期的传播过程进行详细阐述。

在日本，藤堂明保《汉字とその文化圈》（1974），是研究汉字文化圈汉字传播的重要著作。在越南训读方面，岩月纯一《越南の训读と日本の训读》，小助川贞次《关于越南图书馆所藏书经大全与五经节要的加点》（2017），颇有开拓性意义。

### （五）越南汉字资源数据库建设

为便于汉文学界利用藏于越南和法国两地的越南汉喃古籍与地方文献，推进东亚汉籍文献的资源共享，台北"中研院""中国哲学所"自1989年开始，联合越南、法国、中国大陆专家，致力于越南汉喃文献目录的汉译整理工作。在此背景下，"越南汉喃文献目录资料库系统"以《越南汉喃文献目录提要》（汉文版）和《补遗》作为数据支持，开发了越南汉字文献资源储备数据库。开放网页：http://140.109.24.171/hannan/。该数据库是一个面向文本处理的多功能检索资料库，内容丰富，数据庞大，界面简洁，使用方便，并附有"系统简介""操作说明""造字档下载""造字库安装说明"等信息。王平、刘元春《越南汉喃文献E资源评介》（2017）对该系统进行了详细介绍，认为其是一个集资料贮存、多路径检索为一体的资源数据库，具有较高学术价值。

关于汉喃文字的信息化，越南汉喃研究界和通信工业界合作实现汉喃数字化（digitalization），建设越族喃字字库（font），并根据越南语检索的汉喃文字输入法（input method）。现已有将近10000个越族喃字收入Unicode数据库。这些工作由美国喃字遗产保存会（The Vietnamese Nôm Preservation Foundation，VNPF）、日本的文字镜会、中国台湾的Dynalab公司、Đạo Uyển道菀组、越南通信工业研究院和汉喃研究院等多部门通力合作完成。目前已经有两种汉喃文字输入法在越南得到普遍使用，即宋福启（Tống Phước Khải）等编制的Hanokey和潘英勇（Phan Anh Dũng）编制的VietHanNom。另外，美国喃字遗产保存会与越南国家图书馆合作，实现了馆藏的几百种汉喃书籍的数字化。

## 三　几点思考

综上所述，越南汉字资源是一座亟待挖掘的宝库，学界目前对其整理研究仍处于初始阶段。以上五方面梳理了越南汉字资源整理研究的国内外现状，亦揭示了越南汉字资源整理研究的重点和难点。具体而言，我们应在以下诸方面进行认真整理和深入拓展：

（一）对越南汉字文献进行整理，摸清家底，编撰《越南汉字文献目录提要》。越南汉字碑铭文献是一批宝贵而又亟待认识的新资源，中外学界关于该类汉字文献的整理、编目与研究，尚存诸多空缺，诸如后续碑铭的影印出版、碑铭目录的编辑整理、碑铭汉字资源的利用与研究等。越南纸本汉字文献呈现的汉字资源，理应成为汉字研究的重要材料，但从中外学界整理研究现状来看，前揭《越南汉字文献目录提要》汉喃混合，错讹甚多，亟须增补校订。

（二）对越南汉喃小学类文献进行搜集、整理和研究，特别是汉字辞书及汉字学资料，进而与东亚各国汉字辞书进行比较研究，这是越南汉字资源整理研究的重要内容。由于小学类汉喃文献不易收集，双语辞书涉及喃字解读问题，此领域的国内成果并不多见。鉴此，编著《越南汉喃小学类文献集成》，并组织力量进行专题专书的整理研究，撰成《越南汉喃小学类文献专题研究》已迫在眉睫。

（三）对于越南汉字文献字形整理研究，学界目前还局限于单个材料。我们应基于越南汉字碑铭和汉字刻本/写本文献，汇纂《越南汉字文献字形表》，撰著《越南汉字异体字大字典》和《越南汉字异体字研究》，这是越南汉字资源整理研究的基础工程，也是研究越南汉字传播史的重要材料。

（四）拓展汉字域外传播史研究，特别是越南汉字传播史研究。挖掘、梳理越南郡县时代、独立时代两个一千年的历代文献，通过汉字汇集与考证，再现越南汉字传播历史面貌。从传播学、生态学、职用学等角度，揭示汉字在越南传播的时限、媒介、机制和影响，进而在国家、民族、文化等大背景下，全方位呈现域外汉字景观，撰著《汉字在越南的传播与发展研究》。

（五）数据库建设，是当代学术研究的重要手段，也是资料整理的必然要求。目前，建设一个越南汉字资源数据库乃重中之重，其主要包括越南汉字文献目录检索系统、越南汉字异体字数据库、越南汉字文献数据库、越南汉字文献检索数据库、越南汉字研究论著索引检索系统等，为中外学界协同研究域外汉字文献与汉字传播奠定基础。

总之，在充分吸收中外学界既有成果的基础上，发掘越南汉字资源，创建数字化检索平台，助推越南汉字整理研究工程，此乃当务之急。

# 参考文献

闻宥：《论字喃之组织及其与汉字之关涉》，《燕京学报》1933年版。

王力：《汉越语研究》，《龙虫并雕斋文集》，中华书局1980年版。

陈荆和：《校合本大越史记全书》，东京大学东洋文化研究所1984—1986年版。

［越］陈重金：《越南通史》，戴可来译，商务印书馆1992年版。

［越］潘文阁、［法］苏尔梦：《越南汉喃铭文汇编第一集》（北属时期至李朝），越南汉喃研究院、法国远东学院1998年版。

［越］黄文楼、耿慧玲：《越南汉喃铭文汇编第二集》（陈朝），新文丰出版公司1998年版。

耿慧玲：《越南史论》，新文丰出版股份有限公司2004年版。

赵丽明：《汉字传播与中越文化交流》，国际文化出版公司2004年版。

越南汉喃研究院、法国远东学院：《越南汉喃铭文拓片总集》（1—22册），越南文化通讯出版社2005—2009年版。

刘玉珺：《越南汉喃古籍的文献学研究》，中华书局2007年版。

韦树关：《京语研究》，广西民族出版社2009年版。

复旦大学文史研究院、越南汉喃研究院：《越南汉文燕行文献集成》，复旦大学出版社2010年版。

域外汉籍珍本文库编委：《域外汉籍珍本文库》（1—5辑），人民出版社、西南师范大学出版社2011—2016年版。

孙逊、〔越〕郑克孟、陈益源：《越南汉文小说集成》，上海古籍出版社2011年版。

何华珍：《国际俗字与国别俗字——基于汉字文化圈的视角》，《译学与译学书》〔韩国〕2014年第3期。

刘正印、何华珍：《越南汉喃铭文酒器量词用字初探》，《汉字研究》2016年第14辑。

咸蔓雪：《汉语越南语关系语素历史层次分析》，中西书局2016年版。

何华珍、阮俊强主编：《东亚汉籍与越南汉喃古辞书研究》，中国社会科学出版社2017年版。

三根谷彻：《越南汉字音の研究》，《东洋文库论丛》（第53辑）1972年版。

竹内与之助：《喃字字典》，大学书林株式会社1998年版。

清水政明：《字喃の创出からローマ字の选择》，《言语》2007年版。

Nguyễn Quang Hồng.Khái luận văn tự học chữ Nôm（喃字文字学概论），Nxb Giao dục，Hà Nội，2008年版。

# 汉日语言对比的训诂学研究*

　　"语言对比属于语言学的范畴，是语言学科的一个分支。一般意义上的语言对比，就是对两种或几种语言进行共时的平面描写，比较其异同点，从而总结出对应规律。"①但在实践中，"也并不完全排斥将某一语言的现时状态与另一种语言在某个历史时期的状态进行对比，比如将现代英语与古希腊语进行对比。"②显然，语言对比有共时的一面，也有历时的一面。

　　汉语和日语属两种不同的语系，它可从语音、词汇、语法、篇章、语用诸方面进行共时的对比。同时，由于日语受汉语影响极大，迄今尚借用着大量的汉字和汉字词，积蕴着丰富的汉字文化，甚至可以说现代日语是古代汉语的活化石。因此，透过日语中的音读词，大体可以知道古代音韵的部分面貌；而追溯日语中的训读汉字、音读借词，则可使之"成为古汉语词义研究的现实材料，起码可以作为确定古汉语词义的旁证"③。

　　然而，汉日语言之间由于"同文同种"的原因，其双向"互流"的特点甚为明显。那就是我们现代汉语中也吸收了大量的"日源外来词"。这些词有的是日本利用汉字的构字原理创制而成的（"国字"），有的是利用汉语的构词法自行创造的（"和制汉语"），而更多的则是将古汉语既有之词加以引申，赋予新义。特别是明治时期用之于对译西方的新术语、新概念，使古老的汉语词汇披上现代西方文明的外衣，增添了新内涵。这些字、词，因为有着浓厚的"汉"味，故极容易为现代汉语吸收。如此一来，本来汉语是"源"，日语是"流"；有时却反过来，日语是"源"，汉语是"流"。然而，那些利用古汉语词汇增添新义的"日源外来词"，

---

　　* 本文原载《杭州大学学报》（哲学社会科学版）1997年第3期。
　　① 鲁晓琨：《汉日语言对比在汉外语言对比中的地位》，《北方论丛》1988年第6期。
　　② 许余龙：《对比语言学概论》，上海外语教育出版社1992年版，第6页。
　　③ 鲁晓琨：《汉日语言对比在汉外语言对比中的地位》，《北方论丛》1988年第6期。

谁是"源"，谁是"流"，则难以轻易分辨。

因此，从训诂学的角度而论，汉日语言间的这种"源""流"对比，具有其他语言无与伦比的独特性，甚至誉之为对比语言学中的一朵奇葩也不为过。

拙文试图从四个方面探讨日语对训诂的理论价值和实践意义。其中有前辈时贤的真知灼见，也有笔者的管窥蠡测。舛谬之处，祈请指正。

# 一　证古

（一）异字同训。日语中同义汉字常为同训，即同一训读字，在古汉语中一般是同义词、类义词。因此，借鉴日语中这种异字同训群，可为古汉语同义词、类义词研究提供参考。

如hajime①这样一个训读，在日语中可对应"一、大、初、甫、始、孟、昉、长、祖、首、俶、端、肇"等汉字。因为这些字都有"起始、开始"这一共同义。

"一"为自然数列之始。《汉书·叙传下》："元元本本，数始于一。产气黄钟，造计秒忽。"《老子》第四十二章："道生一，一生二，二生三，三生万物。"所以，《汉书·董仲舒传》说："一者，万物之所从始也。"《礼记·文王世子》："天子视学，大昕鼓徵。"郑玄注："大，犹初也。日初明击鼓，徵召学士，使早至也。""初"为裁衣之始。《说文·刀部》"初，始也。从刀从衣，裁衣之始也。""甫"乃"圃"之本字，甲骨"甫"字像田中蔬菜之形，可谓蔬菜始生之地也。《周礼·春官·小宗伯》："卜葬兆，甫竁，亦如之。"郑玄注："甫，始也。"先出生的女孩为"始"。《说文·女部》，"始，女之初也。"清·吴大澂《说文古籀补·颂鼎》："始，妇之长者。"《尔雅》："女子同出，谓先生为姒。"凡经典"姒"字皆当作"始"。古文"台""以"为一字。后词义扩大，凡事之先亦谓"始"。"孟"为兄弟姐妹中排行最大者。《说文·子部》："孟，长也。""昉"本为天刚亮，由此有"开始"义。《列子·黄帝》："既出，果得珠焉，众昉同疑。"晋·张湛注："昉，始也。""长"与"孟"同，由"排行最大"引申为"初始、第一"。"祖"之本义为祭奠始祖之庙。《说文·示部》："祖，始庙也。"即"初始"义。"首"即人头。"俶"在《说文

---

① 为排版起见，本文的日语读音均以罗马字表示。

解字》中有本义二："俶，善也。从人叔声。《诗》曰：'令终有俶。'
一曰：始也。"许慎认为"令终有俶"之"俶"为"善"，然《毛诗故
训传》释为"始也"。《尔雅·释诂上》："俶，善也。"故郝懿行义
疏云："即训始又训善者，始未有不善，终之为难。故《诗》言'令终
有俶'，以俶为善。""端"为"耑"之后起字，"耑"本义"草木初
生"。"肇"本为"肁"之假借字，《说文·户部》："肁，始开也。"
后引申为凡始之称。

　　日语的这种异字同训法颇似《尔雅》：初、哉、首、基、肇、祖、
元、胎、淑、落、权舆，始也。

　　（二）同字异训。日语中的同字异训，往往是汉字一字（词）多义的
反映。如"生"字，诸多训读，与古汉语的义项几乎一致。

　　umareru：出生，诞生。《孟子·离娄下》："舜生于诸冯，迁于负
夏，卒于鸣条。"

　　ikasu：弄活，使之复生。《史记·扁鹊仓公列传》："闻太子不幸
而死，臣能生之。"

　　ikeru：使生存，养育。《周礼·天官·大宰》："六曰事典，以富邦
国，以任百官，以生万民。"郑玄注："生，犹养也。"

　　ikiru：活，生存。《汉书·韩信传》"兵法不曰'陷之死地而后生，
投之亡地而后存乎？'"

　　umu：生、产；产生。《诗·小雅·斯干》："乃生男子，载寝之床。"
《庄子·盗跖》"（尔）不耕而食，不织而衣，摇唇鼓舌，擅生是非"。

　　haeru：生、长。《礼记·月令》："（孟夏之月）王瓜生，苦菜
秀。"《荀子·劝学》："蓬生麻中，不扶而直。"

　　nama：A.煮过或未煮熟的。《荀子·礼论》："饭以生稻，啥以槁骨。"

　　B.新鲜的。《汉书·东方朔传》："生肉为脍，干肉为脯。"

　　C.未加工的。韩愈《与陈给事书》："《送孟郊序》一首，生纸写，
不加装饰。"

　　（三）反义为训。郭璞《尔雅》注曰："以徂为存，犹以乱为治。
此皆训诂有反复旁通，美恶不嫌同名。"这种义兼正反的"反训"现象，
日语中亦时有所见。例如，同是nioi，既可表"好闻的气味、香味"，又
可表"难闻的气味、臭味"，恰似古汉语中"臭"的用法。"同心之言，
其臭如兰"（《易·系辞上》），此"臭"指香气。"与不善人居，如入
鲍鱼之肆，久而不闻其臭。"（《孔子家语·六本》）此"臭"指秽恶

之昧。再如"今"字，日语中既可表示"现在"，也可表示"将来"。"今度"既为"这次"，亦为"下次"。"今天下溺矣，夫子之不援，何也？"（《孟子·离娄上》）其"今"指"现在"；"有王虽小，元子哉，其丕能诚于小民，今休。"（《书·召诰》）王引之："孙炎注《尔雅·释诂》曰：'即，犹今也。'故'今'亦可训为'即'。"（《经传释训》卷五）其"今""指""将来"。

（四）假借为训。古汉语中有通假用法一条，现代日语亦有继承此法。有些词粗看似乎形义抵牾，其实是借字生训。如"若"字，《中华大字典》云："今人谓'弱'为'若'。见《集韵》。按日本文幼弱字亦以'若'为之。""若年""若辈"谓青年，其"若"亦作"弱"。"若死"即夭折，"若叶"即嫩叶，"若芽"即嫩芽，等等。"若"字的这种用法汉语的一般辞书都未予收录，但日语却照用不误。现代汉语偶见"若虫"一词，指昆虫的幼小阶段，盖缘此乎！"赈"在汉语中指救济、援助，而日语则训为热闹。溯其源，是"赈""振"通假。《说文》："振，举救也。一曰奋也。"《段注》："凡振济当作此字，俗作赈。奋义则与震义略同。"由此可见，"赈"为热闹，缘与"振""震"通假。又如"理屈"，汉语为"理亏"，日语却是"有理"，形同义反。其实，日语中的"理屈"即"理窟"，古代"屈""窟"同音，同属溪母、物部、入声。《晋书·张凭传》："召帝与语，叹曰：'张凭勃卒理窟。'"唐陆龟蒙《麈尾赋》："理窟未穷，词源渐吐。"其"理窟"即指义理的渊薮，为日语"理屈"之本。

## 二 补阙

在我国古文献中，有一些字词的古义已经散佚。索之于中文辞书及文献古注，往往一无所获；然而有时却完好地保留在日本汉籍或日语词汇之中。

比如"冶"字，在1979年版的《马王堆汉墓帛书五十二病方》中出现70余处。例如："令金伤毋痛方，取鼢鼠，干而冶；取菱鱼，燔而冶；××、薪夷、甘草各与鼢鼠等，皆合扰。取三指最一，入温酒一音（杯）中而饮之。"显然，其"冶"表示药物加工炮制的一道工序。《说文》："冶，销也。"而黄芩、柴胡之属又绝不能像金属一样销熔。于是该书的整理者有如是注释："冶，《医心方》卷二十三引《集验方》：'已冶艾叶一吕。'冶字日文训释碎。帛书医方中冶字都是碎的意思。同样意义的冶字，也见于《流沙坠简》和《武威汉代医简》。"但训"冶"为"碎"亦欠确切。据李学勤先生介绍[1]，1985年日本出版了《新发现中国科学资料的研究·译著篇》，其中有赤屈昭、三田庆儿的《五十二病方》注释，对"冶"又有新的看法。他们在《医心方》卷十四所引《僧深方》中又找到"冶"的日文注记tuku，意为"捣""舂"。至此，"冶"的"捣碎"之义才水落石出。

再如"宛"字，《文镜秘府论》："且五言之作，最为机妙；即恒宛口实，病累尤彰，故不可不事也。"其"宛"字当作何解？遍稽中文典籍，诚不得而知。周一良先生结合日语做了详尽考证。以为唐人卷子及其他唐人和日本古写本中，写"充"为"宛"，积非成是，讹形生义。[2]现代日语中"宛"字用如"充""当"者，"宛字""宛名""宛状""宛先"是也。

又如"调度"。《魏书》卷七八张普惠传，"令宫人请调度，造衣物，必度忖秤量"。卷八四李业兴传载迁邺之始，营建新都，辛术奏荐业兴规划，建议"召画工并所须调度，具造新图，由奏取定"。《周书》五武帝纪："凡是供朕衣服饮食，四时所须，爰及宫内调度，朕今手自减削。"《太平广记》二八〇炀帝条引《大业拾遗》："时太府卿宋遵贵监运东都调度。"周一良先生对以上诸文中的"调度"一词，借他山之石以攻玉，指出："日本语有调度一词，字书皆征引平安时代以来文献，释为身边用具。"[3]

以上"冶""宛""调度"诸义项，迄今为止，《汉语大字典》《汉语大词典》尚未收录。这是一种情况。

另一种情况是有些字因为字书失收，汉语于其义阙如，然传之日本却活用至今；日方在中文辞书未收的情况下，认作"国字"，以致形成中方"空缺"日方"误源"的现象。

如"桙"，日方辞书几乎都列为"国字"，为"框子、木格"义。从我国现行字书看，"卆"虽为"卒"之俗字，却有"椊"无"桙"。然敦煌宝藏伯2578《开蒙要训》："牢囚狱禁，系傅愆殃，捡验察访，勿忘诬（谤？）。栲桙鞭棒，枷锁杻械，判无阿党。"如果说"桙"为

---

① 李学勤：《"冶"字的一种古义》，《语文建设》1991年第11期。

② 周一良：《说宛》，载《纪念陈寅恪先生诞生百年学术论文集》，北京大学出版社1989年版。

③ 周一良：《魏晋南北朝史札记》，中华书局1985年版，第373页。

"桲"之俗字，那么，现行辞书"桲"的义项均与此文不合。倘若绳之于日文"桲"义，则涣然冰释。很明显，上文"栲桲鞭棒"当为四种刑具，"桲"应属木枷一类，与日文"框子、木格"义合①。因此，可以说日文不但保留了"桲"的字形，而且保留了为汉语辞书所失收的一项古义。

再看"熕"字。《大汉和辞典》《广汉和辞典》《学研汉和大字典》《日本国语大辞典》等皆在"熕"字下标注"国字"，释为大砲。而我国传统字书几乎都未收"熕"字，直至《汉语大字典》始作"补遗"，设"熕船"条，谓"也作'𩗗船'，船名"。"𩗗船"何以为"船名"呢？因为《字汇补》有"𩗗，古送切，音贡，船名。今有八𩗗船"的解释。也许也于此，待《中华字海》收录"熕"字时，则干脆释"熕"同"𩗗"，船名。

那么，"熕"到底是中国字还是日本字？是炮还是船？根据汉日双方的有关资料表明，"熕"是一个地地道道的中国字，我国明代早有"冲锋追敌竹发熕""赛熕铳"之物。其中最有名的当属"铜发熕"，《武备志》中多次出现，是一种颇具威力的火炮。现藏于北京八达岭特区的一尊"铜发熕神炮"，制于崇祯元年（1628）。它全长1.7米，口径7.8厘米，铜炮体内有铁炮膛，有炮耳和准星、照门，尾带铁环。炮身68字铭文赫然②。据考证，《武备志》对日本近世兵家思想影响颇大。《武备志》1621年出版，日本宽文四年（1664）即有和刻本。因此日本角川书店版《大字源》于"熕"字下非但未标"国字"，相反还引用《武备志》"铜发熕"语以示源③。

所以，300年来，"熕"字被排挤在汉语辞书之外，却完好保留在日文辞书之中；而在汉语辞书误"船"为"熕"时，日语又起到匡谬补阙的作用。

## 三 探源

在中日同形词中，要确认语源，甚为复杂。首先要有充足的辞书依据，其次要真正找到最早的文献用例。在此有两种情况于训诂学最为紧要。

一是本为中国词，却误以为日本词。例如"影像"，有人就鲁迅先生

---

① 如果认为"桲"是"捭"之另一俗写，则"桲"为"捭"义，可作"揪""抓"解。
② 参见《文物鉴赏丛书·古兵器》，上海古籍出版社1996年版，第128页。
③ 《普通话闽南方言词典》（福建人民出版社1982年版）收有"熕"字，谓"旧式铁炮"，"大砲"又叫"大熕"，"指口径大的炮"，"炮弹"也叫"（大）熕子"。

《故乡》中的用例发难，认为"影像"即"印象"之误①。后来王继如先生撰文释难，运用汉日语言对比的方法论证了"影像"不是"印象"，十分正确②。然而该文认为，"影像"是日语利用古汉语"影"具有"像"之义而创造的"同义并列复合词"，鲁迅把日语词带回到汉语之中，这又有可商榷之处了。王文引用《现代日中辞典》"影像"释为"影子""影象（画像、塑像）"来对证鲁迅的两处用例，认为正好相符。其实，"影像"表示"影子"，宋代叶适《黄子耕墓志铭》中就有先例："余观子耕了外物成坏，犹影像空寂。"而表示"画像"之"影像"，唐玄奘《大唐西域记·那揭罗曷国》"此贤劫中当来世尊，亦悲愍汝，皆留影像"即是。可见，"影像"是我国古汉语中的既有之词，日语袭用至今而已。

二是本为日本词，却误以为是中国词，望文生义，讹源谬释。例如"退婴"，《汉语大词典》释为"像婴儿一样柔弱无争"，认为语出《老子》"专气致柔，能婴儿乎"？然后引鲁迅用语为首例。"退婴"之"婴"果真是"婴儿"吗？其语源真的出于《老子》吗？据考证，"退婴"是日本据汉字之义创造的汉语词，乃退缩、保守之义。的确，一般的日汉词典几乎都收有"退婴"一词，释为"进取"的反义词。而且有的词典对"婴"之义有明确解释。例如《学研汉和大字典》释为"用一定的框框围住，不出其外"，《新明解国语辞典》释为"守"，都释作动词。森鸥外、夏目漱石笔下也早有用例。翻开《说文解字》可知，"婴，颈饰也，从女**賏**，**賏**其连也。"桂馥义证："古人连贝为婴。"可见，古汉语中"婴"有环绕义。"退婴"即"退缩"，其义源于此。更具说服力的是，《汉语大词典》同时收有"退撄"一词，释曰："犹退婴。"何谓"撄"？《玉篇》释为"结也"，《集韵》解作"有所系著也"。"撄""婴"相通，其缠绕之义显然。可以说，"退婴"是原封不动的日语词，而"退撄"则有所中国化了。

"素人"，最早见于《中文大辞典》，意为"平凡无奇之人"。不过《中文大辞典》没有引例。《汉语大词典》也收有"素人"一词，除释义为"平常的人"外，引了三条书证。其中一条是鲁迅《书信集·致李桦》："却究竟无根本智识，不过一个'素人'，在信中发表个人意见不要紧。"其实，此处"素人"有特殊内涵，是日语的用法，指门外汉、

---

①　《孩子问字的随想》，《语文学习》1984年第1期。

②　《"影像"不是"印象"》，《辞书研究》1985年第1期。

外行。据王秀文先生介绍①，"素人"和"玄人"起源于日本古代的艺妓界。早在平安时代，京城的艺妓中，凡不会舞蹈和唱歌的人，脸上要涂抹"白粉"，且称为"白人"。与此相反，那些能歌善舞的艺妓，由于技艺精湛，则被称作"黑人"（"黑人"并非涂抹"黑粉"，只是与"白人"相对而言）。到了江户时代，这种"白""黑"的含义被用来评价戏剧界演员演技的优劣，"黑吉"为优，"白吉"为劣，于是就具有指称内行、外行之义。或许因为"白"和"素"、"黑"和"玄"虽义同而雅俗有别，故"白人"写成"素人"，"黑人"写成"玄人"。显然，鲁迅自谓"素人"，旨在说明自己不是板画专家，非科班出身，只是一个业余爱好者而已，用日本的"汉语"来说，就是一个"素人"。

## 四　究变

研究训诂，探求语源，甚为重要；而爬梳语义的变化轨迹，亦不可忽视。由本义而引申，变化不一；而日语汉词承汉语古义而时有演变，理属语义发展之一途。此间切忌数典忘祖，弃"源"取"流"。

如"癌"字，汉语辞典皆单列一义，谓恶性肿瘤。又因为"癌"字不曾为《康熙字典》等传统字书所收，所以任何一部语言辞典都未列古证、未作推源。也许是受此影响，学术界有观点认为，"癌"是一个"日译汉字"，其"字形和词义都是由日本人创造"②，"是日本造出后传入我国的"③，即"日源外来词"④。那么，"癌"到底是中国字还是日本字？其词义源于日本还是中国？

要回答这些问题，首先要明确日本使用"癌"字的时限和日本"癌"义的起源。曹先擢先生认为，"癌"是1873年日本作为英文cancer的译词出现于《医语类聚》中的⑤；高柏认为，"癌"是1792年大槻玄泽在《疡医新书》中以翻译荷兰语kanker的⑥。可见，他们认为"癌"字是日本人创造的，词义则来自西方。所以，"恶性肿瘤"之称是现代西方的一个医

---

① 《现代日中常用汉字对比词典》，北京出版社1996年版，第995页。
② 王立达：《现代汉语中从日语借来的词汇》，《中国语文》1958年第2期。
③ 曹先擢：《汉字文化漫笔》，语文出版社1992年版，第147—148页。
④ 岑麒祥：《汉语外来语词典》，商务印书馆1990年版。
⑤ 曹先擢：《汉字文化漫笔》，语文出版社1992年版，第147—148页。
⑥ 高柏：《经由日本进入汉语的荷兰语借词和译词》，载《学术集林》卷七，上海远东出版社1996年版。

用概念。

可是，在我国宋代的医学著作《卫济宝书》中，笔者发现有"癌"字的使用，它与"瘭""疽""瘤""痈"合为"五发"。之后，元代危亦林《世医得效方》承其说，论"痈发""疽发""癌发""瘭发""瘤发"之病症。何谓"五发"，医学界有不同看法。宋代杨士瀛《仁斋直指》认为，"痈疽五发，发脑发鬓发眉发颐发背是也"。"俗以癌痈瘭附于痈疽之列以为五，岂知瘭与瘤癌不过痈疽之一物，古书所载，仅有所谓瘭疽，则瘭亦同出而异名也。若癌若瘤，前未之闻，合是以为五发，其可乎？"可见，在宋元时期，"癌"是作"痈疽之大者"之一，属"疮"类。明代李时珍《本草纲目》云："嵓疮如眼，上高下深，颗颗累垂……用生井蛙皮，烧存性为末掺，或蜜水调傅之。"何谓"嵓"？《汉语大字典》认为同"癌"，《中华大字典》则释为"疮也"。事实上，在我们的传统中医中，"癌"的概念与现代西医不完全相同，其所称范围有大小之别，其疾亦有轻重之分。"癌疮"连用，用意显然。

至此，"癌"为日本字之说已不成立。那么，"恶性肿瘤"之谓又源于何处？笔者认为源于日本。日本在吸收西方文明时，一种常用的方法就是利用古汉语中的既有之词，根据中土语词与西方新概念的某种相似性进行对译，旧瓶装新酒，赋予新义。"癌"就是此种情况。因为我国传统医籍的"癌"症，与西医所指十分相似，其病重者几乎一致，所以用"癌"来对译cancer或kanker。然而，从词义演变的角度论，"癌"首先应列出我国古代中医之义和用例，然后才是日源义[①]。如此才反映了"癌"的全貌。

再如"写真"一词，薛克谬先生有文作为讨论[②]。其实要真正弄清楚"写真"的"来龙去脉"，有两点十分重要。一是"写真"在古代汉语中的意义和用法，二是"写真"在中日语言中的历史变化。前者薛文论述详备，兹不赘述。而于"写真"在日文表"照像""像片"之语义演变，则未予发凡。据朱京伟先生介绍[③]，"写真"刚传入日本，其用法与古汉语略同。日本和尚成寻《参天台五台山记·卷七》中有"文慧大师作与写真赞"一语，其"写真"为绘制的佛像。成书于16世纪中期的日本古辞书

---

① 《汉语大字典》《汉语大词典》在"癌"字的释义时，皆仅列"病名，恶性肿瘤"这一日本翻译的现代医学义，而且都是选用鲁迅《书信集·致许钦文（一九二五年九月二十九日）》中的同一句子为首例："（内子）本是去检查的，因为胃病，现在颇有胃癌嫌疑。"

② 薛克谬：《"写真"的来龙去脉》，《语文建设》1996年第7期。

③ 《现代日中常用汉字对比词典》，北京出版社1996年版，第1151页。

《节用集》，"写真""肖像"并提，释义为"人像"。然而，"写真"缘何为变？那是因为1839年照相术由法国人发明后，于1848年传入日本，以此为契机，"写真图""写真画""写真照相"应运而生，而"写真"也就脱颖而出。至1894年日本最早的两家摄影专业杂志《写真月报》和《写真新报》同时创刊，"写真"的现代摄影义也就渐趋形成了。

在汉语史上，"写真"由"画人的真容"引申有"写实"之义，诸如"如实描绘事物""对事物的真实反映""写出真切的感情"等①。其引申轨迹是由人而事而情，应该说日语中的"写实"之义源于古汉语，而当代汉语表"纪实"之"写真""大写真""××写真集"等用法，也可说是汉语的古词新用，薛文以为是"日语外来词"，则有失偏颇。只有如清末"写真像""写真器""写真镜""写真师""写真版"，或如时下有些照相馆名曰"写真屋"，谓"照相"为"写真"，才真正是日语"写真"的借用。

所以，如果将"写真"一词在中日语言中的语义变迁做一番认真调查，其源流本末也就自然明白了。可以这样说，汉语和日语现代"写真"的意义和用法是共源的，但作"照相"或"相片"之用，则是日本"中西合璧"的产物。至于"写实""纪实"之义，现代日语有之。现代汉语亦有之，而改革开放之后，汉语"写真"红火，那是古词新用，还是"日"词"中"用，窃以为不可偏执一端。

---

① 参见《汉语大词典》卷三，汉语大词典出版社1989年版。

# 日本汉籍与汉语词汇史研究[*]

所谓汉籍，有狭义与广义之分。狭义而言，专指中国的汉字典籍；广义而言，则泛指域内域外用汉字书写的所有文献。在日本，汉籍相当丰富，既有由汉唐输入的抄本秘笈，孤本典册，亦有模仿汉语用汉字书写的日人汉籍。其中，或为纯汉文体，基本符合古汉语用词造句规律，如奈良至平安朝时期的汉诗及唐宋以来"留学僧"的中国游记等；或为变体汉文，虽用汉语汉字组词成文，但或有与汉语表达相悖之处，其往往表现为日语背景下对汉字词的不同理解和运用，以及日语语法痕迹等。本文以《怀风藻》《入唐求法巡礼行记》《参天台五台山记》为语料，探求日本汉籍对于汉语词汇史研究的价值和意义。

## 一 《怀风藻》汉字词的时代痕迹

《怀风藻》成书于天平胜宝三年（751），为日本最早的汉诗集。共收录七世纪后半近江朝至八世纪奈良朝近百年间64位作者的汉诗120首，言语风格深受六朝至唐初中国诗歌影响。

日本学界对《怀风藻》词汇的出典研究，主要体现在《怀风藻》的各类注释书内。日语权威辞书《日本国语大辞典》非常重视日本汉籍词汇的收释，以此展示古汉语词汇融入日本国语的轨迹。该辞书共收录《怀风藻》771条汉字词，几乎均作为首引文献的方式出现。词条之后，往往注明中国古籍出典，以示汉语之源。检索中日辞书及古籍资料库，对此771条汉字词进行排查，除一些单音节汉字词、日语式短语以及"忌寸""乌册""仁山""智水"等日本制汉字词外，有149词见于先秦文献，99词见于两汉文献，146词见于魏晋南北朝文献，163词见于唐代文献，102词尚未标明汉语出处。当然，这未必是始见文献，但大致说明《怀风藻》传承汉语词汇的时代性问题。以下按《日本国语大辞典》所示词源，整理如下：

* 本文原载《国际中国文学研究丛刊》（第二集），上海古籍出版社2012年版。

（一）见于先秦文献的词汇：宇宙、荣辱、盐梅、远游、应对、闲雅、寒气、欢情、宽政、寒蝉、惊骇、岐路、琴瑟、钧天、金罍、群下、熏风、险易、光华、江海、高会、后车、嚣尘、交泰、后庭、行年、遨游、股肱、五彩、姑射、今日、在昔、左右、三才、三思、三秋、诗书、使人、时节、日月、时物、四门、弱冠、车马、蠡斯、愁心、肃然、夙夜、春日、伤怀、城阙、城市、萧瑟、庠序、松柏、状貌、织女、职贡、芝兰、真宰、人材、人文、神明、垂拱、水浜、齐纨、济济、西土、清风、寂寞、前后、前修、先进、冉冉、千里、苍天、糟粕、争友、束带、率舞、大器、台上、多才、短命、知己、置酒、迟迟、长子、冲冲、重光、帝德、天阍、天纵、天心、天性、天中、辗转、天道、当时、同心、涂炭、日影、悖德、白云、博学、白露、盘桓、万民、美玉、被发、霏霏、百度、百万、宾客、缤纷、舞衣、风波、不归、不才、无事、附托、物我、议纷、文学、别离、方外、宝珠、朋友、北征、卜筮、穆穆、奔命、万年、无为、明君、明哲、茂实、幽隐、幽谷、优优、乐土、滥吹、乱离、流水、留连、良才、礼乐、礼法、冷冷。

（二）见于两汉文献的词汇：遗烈、殷昌、湮灭、烟云、往古、应诏、魁岸、魁梧、歌声、岩廊、规模、九垠、惊惶、惊波、惊飙、巨猾、禁园、琴歌、金波、君侯、弘远、交情、皇猷、鼓声、滑稽、骨鲠、骨法、才干、岁月、载籍、嵯峨、杂遝、三阶、删定、三冬、辞义、四座、诗人、市井、愁云、上巳、属文、西园、太玄、搢绅、圣主、圣德、息女、太玄、大同、多通、端直、竹林、忠正、朝隐、长恨、长女、超然、帝京、帝业、帝道、典坟、倒载、荡然、洞达、敦厚、南北、徘徊、杯酒、波中、博古、万骑、万丈、万代、飘飘、贫苦、宾主、风采、敷演、不轨、浮蚁、篇首、蜂起、方丈、明月、茂才、夜漏、幽居、游息、有道、佯狂、雍容、流霞、流光、隆平、凌云、凉风、僚友、林中。

（三）见于魏晋南北朝文献的词汇：依依、一面、逸文、云端、郢曲、荣光、英声、音尘、怀抱、歌扇、寒云、寒花、冠冕、玉烛、玉殿、去来、锦绮、琴书、锦鳞、激流、月桂、贤人、后夫、高风、黄叶、孤松、顾眄、才情、朔雁、山水、三余、试业、紫庭、紫殿、斜日、纵横、秋光、秋节、秋蝉、秋天、洙泗、述怀、初春、上月、神襟、神功、茬苒、尘俗、新知、水镜、寸阴、圣情、清素、圣代、清谈、清夜、夕雾、雪花、仙驾、仙宫、仙槎、泉石、饯送、前朝、仙灵、早秋、俗情、俗累、素心、多通、短章、湛露、谈论、雕云、长河、雕虫、长阪、长流、沈吟、天德、转蓬、陶然、同伴、南裔、日华、年华、柏叶、万古、飞花、微旨、百味、风烟、风声、风霜、风范、浮云、舞踏、文华、文雅、文藻、碧天、别后、蓬瀛、凤驾、凤阁、凤池、宝殿、放荡、芳猷、凤楼、妙舞、面前、游鱼、游鳞、容辉、庸才、窈窕、摇落、余闲、余景、落照、落雪、落晖、兰蕙、滥吹、离思、旒纩、柳絮、柳条、流声、柳叶、梁尘、龙潜、攀龙、寥亮、林园、林野、琳琅、丽人、玲珑、联句、连珠、陇上、芦花、鲁壁、煨烬。

（四）见于唐代文献的词汇：云衣、燕巢、园里、阶前、花阁、嘉气、归日、旧游、娇莺、乡国、金乌、银河、金阁、琴酒、琴樽、金风、琼筵、稽琴、月夜、玄学、玄宗、皇慈、五言、古树、红桃、高岭、削成、山家、山园、残果、山斋、三春、三藏、山路、紫阁、诗兴、鹊桥、秋声、树影、酒中、淑气、淑景、酒杯、鹑衣、春色、松影、松下、松盖、胜境、松桂、韶景、小池、胜地、松竹、樵童、上表、松风、松林、尘外、宸翰、真空、真率、轸悼、真理、翠烟、醉里、翠柳、寸心、星光、圣时、青春、正朝、星榆、石壁、夕雾、仙驾、千古、先考、仙槎、千祀、千寻、仙跸、泉路、苍烟、霜华、聪敏、送别、庄老、俗事、俗尘、祖饯、断云、丹桂、丹凤、地望、竹叶、雕章、朝野、追从、梯航、帝戚、天造、桃园、登临、日色、日边、年光、衲衣、梅花、白鬓、马上、薄宦、攀玩、飞尘、笔海、飞瀑、渺漫、风鉴、风仪、风景、风月、风光、风骨、风日、物外、物候、文囿、薜萝、碧空、碧澜、别愁、篇章、芳筵、放旷、凤翥、凤笙、芳辰、凤鸾、梵钟、万卷、满酌、梦里、明悟、门柳、野花、野客、幽趣、幽赏、优赏、杳然、余寒、落饰、落霞、落景、离愁、柳丝、辽复、良友、林泉、令节、历访、老翁、陇上、和风。[1]

（五）未标明汉语出典的词汇：围棋、云鹤、归去、骥足、娇声、

---

[1] 许多词均可在六朝或六朝以前文献中找到出处，如"云衣、燕巢、乡国、玉殿、金乌、银河、金阁、琴樽、金风、琼筵、月夜、玄宗、皇慈、红桃、山园、山斋、三春、三藏、紫阁、秋声、淑气、淑景、酒杯、鹑衣、春色、胜境、韶景、胜地、松竹、上表、松风、尘外、真空、真率、真理、寸心、星光、青春、正朝、星榆、石壁、仙驾、千古、先考、仙槎、千祀、千寻、聪敏、庄老、俗事、祖饯、断云、丹桂、丹凤、竹叶、雕章、朝野、天造、桃园、登临、日下、日色、日边、年光、衲衣、梅花、马上、薄宦、飞尘、风鉴、风仪、风景、风月、风光、风骨、风日、物外、物候、文囿、薜萝、碧空、篇章、放旷、凤翥、凤笙、芳辰、无为、杳然、落霞、落景、良友、林泉、令节、历访、老翁、陇上、和风"等。

曲宴、曲浦、鱼鸟、金科、金谷、金漆、金兰、群公、君亲、琼楼、月镜、月舟、遣学、玄览、皇恩、高学、洪学、厚地、黄地、孝鸟、枯荣、五八、岁光、三德、四域、词人、缟素、斜雁、愁情、戎蕃、淑光、小山、上林、叠岭、所居、新雁、神泽、清华、青海、圣衿、西使、圣嗣、制设、青鸟、岁暮、青阳、青鸾、世间、潺湲、千年、潜鳞、相思、早春、台位、大隐、墀下、太平、多幸、丹霞、谈丛、冲襟、朝云、听览、帝里、唐国、贪心、贪瞋、嫩柳、南岳、梅苑、博学多才、半山、万里、眇焉、风牛、巫山、舞袖、舞场、舞蝶、边国、芳缘、凤盖、北塞、暮春、游席、叶锦、萝衣、龙车、良宴、良节、林池、林亭、丽景、灵仙、丽笔。①

## 二 《入唐求法巡礼行记》与汉语新词②

《入唐求法巡礼行记》是日僧圆仁公元838年至848年入唐求法巡礼的汉文日记。董志翘《〈入唐求法巡礼行记〉词汇研究》，对其中的新词新义进行了深入研究。以下联系《汉语大词典》释词书证迟出情况，选取《〈入唐求法巡礼行记〉词汇研究》尚未涉及的若干词条，简要考释如下：

【本司】

1.蒙使君报云："本司检过。"（卷二，开成五年三月五日）③

2.请仰本司尽勒还俗，递回本贯，宛入色役者。（卷四，会昌五年三月三日）

"本司"即"该司"，指分管事务的官署。《汉语大词典》举苏轼《乞禁商旅过外国状》例："本司看详，显见闽浙商贾因往高丽，遂通契丹。"按，该词早见于六朝，如《魏书》卷七十七《宋翻传》："卿且还

---

① 许多词均可在唐代以前文献中找到用例，如"围棋、云鹤、千里、归去、骥足、曲宴、鱼鸟、金科、金谷、金漆、金兰、君亲、遣学、琼楼、月镜、皇恩、厚地、孝鸟、枯荣、四域、词人、缟素、斜雁、上林、清华、圣嗣、制设、青鸟、岁暮、青鸾、世间、潺湲、潜鳞、相思、大隐、墀下、太平、多幸、丹霞、谈丛、冲襟、朝云、帝里、贪心、南岳、风牛、暮春、龙车、良节、林池、丽景"等。

② 文中所涉汉语新词，主要以《汉语大词典》为参照，即该辞书所引书证在唐代之后，而《入唐求法巡礼行记》甚至唐代以前文献业已出现的词汇。

③ 引文所据版本见释圆仁著、小野胜年校注、白化文等修订校注《入唐求法巡礼行记校注》，花山文艺出版社1992年版。

本司，朕当别有处分。"同书卷九十二《刁思遵妻鲁氏传》："贞夫节妇，古今同尚，可令本司依式标榜。"

【沈病】
官人等从在京之日沈病辛苦。（卷一，开成四年二月廿七日）

"沉"为"沈"俗字，"沈病"即"沉病"，久病、重病之义。《汉语大词典》举蒲松龄《聊斋志异·紫花和尚》例"少年名士，沉病而死，隔夜复苏，曰：'我悟道矣。'"按，该词早见于六朝，如谢朓《侍筵西堂落日望乡》："沈病已绵绪，负官别乡忧。高城凄夕吹，时见国烟浮。"又，唐代李端《长安感事呈卢纶》："沈病魂神浊，清斋思虑空。赢将卫玠比，冷共邺侯同。"

【迟怠】
若有迟怠，空过行节。（卷二，开成五年二月一日）

"迟怠"即怠慢之义，《汉语大词典》举《西游补》例："将军分付：今夜点将不比往常，听得一声钟响，造饭……四声钟响，听点。不得迟怠！"按，该词早见于唐宋文献，如《云笈七签》卷一百十七刘将军取东明观土修宅验："稍或迟怠，冥官考责，鞭挞极严，卒无解免之日。"

【奉请】
1.次奉请七十二贤圣，一一称名。（卷二，开成五年五月五日）
2.一心奉请大师尺迦牟尼佛，一心奉请当来下生弥勒尊佛、十二上愿药师琉璃光佛，大圣文殊师利菩萨、大圣普贤菩萨、一万菩萨。（卷二，开成五年五月五日）
3.其奉请及赞文，写取在别。（卷二，开成五年五月五日）

奉请，即恭请，有时指恭请之文书。《汉语大词典》首举《儒林外史》例："杜慎卿道：'昨晚我也不曾备席，不曾奉请。'"按，该词唐宋习见，如《宣室志·张镒》："今日贵客来，愿得尽欢宴，故命奉请。"同书《玉清三宝》："向闻君为下第进士，寓游至此，将以一言奉请，又惧君子不顾，且贻其辱，是以假郑氏之亭以命君，果副吾志。"

**【宫里】**

或各拣择好恶，皆返纳<u>宫里</u>，得二色来。好者进奉天子，以宛御饭；恶者留着，纳于<u>宫里</u>。（卷一，开成四年正月十八日）

官里，即衙门里，官府里。《汉语大词典》首举宋赵令畤《侯鲭录》例："朴言：'独臣妻有诗一首云：更休落魄贪杯酒，亦莫猖狂爱咏诗。今日捉将<u>宫里</u>去，这回断送老头皮。'"按，该词唐代已见。张籍《酬秘书王丞见寄》："常参<u>官里</u>每同班，街西借宅多临水。"

**【监送】**

1.中丞差军将令<u>监送</u>九只船。（卷一，开成四年三月廿二日）
2.节下判令驾<u>监送</u>军将船。（卷一，开成四年三月廿二日）

监送，即监督护送。《汉语大词典》举《旧唐书·卢杞传》例："会朱滔、朱泚弟兄不睦，有泚判官蔡廷玉者离间滔，滔论奏，请杀之。廷玉既贬，殿中侍御史郑詹遣吏<u>监送</u>，廷玉投水而卒。"按，该词早见于唐代文献，如《后汉书》卷五三《申屠传》"从事义之，为封传护送"，李贤注："传谓符牒，使人<u>监送</u>之。"

**【廊檐】**

始一老宿随，军亦随卫，在<u>廊檐</u>下去。（卷一，承和五年十二月八日）

廊檐或作廊檐，指廊顶突出在柱子外边的部分。《汉语大词典》首举《儒林外史》例："把囤米的折子搬在窗外<u>廊檐</u>下。"按，该词早见于唐宋文献，沈括《梦溪补笔谈》："凡屋基皆谓之堂，<u>廊檐</u>之下亦得谓之庑，但庑非廊耳。"《三朝北盟会编》卷二百四十五《炎兴下帙》："由西御廊首转西至会同馆，出复循西廊首，横过至东御廊首，转北循<u>廊檐</u>行几二百间，廊分三节。"

**【领状】**

1.若人识认，即分付取<u>领状</u>来；若无人认，即却领和上来。（卷四，会昌五年七月九日）

2.便共使同到坊内，总管等拟领，别有专知官不肯，所以不作领状，却到县中。（卷四，会昌五年七月九日）

按：领状，指旧时向官府领取钱物时出具的字据。《汉语大词典》首举《水浒传》例："你常说这个人十分了得，何不着他委纸领状，送去走一遭，不致失误。"按，该词早见于《入唐求法巡礼行记》，明清时期广泛使用。《金瓶梅》第九五回"玳安儿窃玉成婚，吴典恩负心被辱"："一面请吴大舅来商议，连忙写了领状，第二日教傅伙计领赃去。"

【面谢】
1.后日专到院中面谢。（卷三，开成六年五月一日）
2.一两日后，自到院中面谢。（卷三，会昌二年五月一日）

面谢，即当面道谢。《汉语大词典》举鲁迅《书信集·致内山完造》例："诸多费神，甚感，容后面谢。"按，该词习见于唐宋文献，《南史》卷六二《鲍行卿传》："（鲍行卿）好韵语，及拜步兵，面谢帝曰：'作舍人，不免贫，得五校，实大校。'"苏轼尺牍中，"面谢"一词习见，如"无缘面谢，幸恕草草"，"余俟面谢，不宣"，"未由面谢，临纸怅仰"等。

【难名】
堂内庄严精妙难名。（卷二，开成五年五月五日）

难名，即难以名状。《汉语大词典》首举张居正《谢赐粥米食品疏》："乃荷……纶旨温存，遣上医而诊视，宠颁稠迭，厘中使以光临，切感难名。"按，该词早见于唐代文献，《昭明文选》"头陁寺碑文"，李善注："微妙难名，终归于无物。"《晋书》卷六四《王道子传》："荆州大度，散诞难名；盛德之流，法护、王宁；仲堪、仙民，特有言咏；东山安道，执操高抗，何不征之，以为朝匠？"李白《金银泥画西方净土变相赞并序》："精念七日，必生其国，功德罔极，酌而难名。"

【念诵】

1.遣状起居政阿阇梨，兼借请念诵法门。（卷三，开成五年十月十七日）

2.兴善寺新译经、念诵法等四月廿二日写了。（卷三，开成六年四月廿八日）

3.僧等烧香，为当岛土地及大人小人神等念诵祈愿。（卷四，会昌七年四月廿八日）

念诵，为佛教语，谓心念口诵佛名及经咒。《汉语大词典》举陈登科《赤龙与丹凤》例："六对喇叭排列在大门口，轮番奏哀。和尚尼姑，围着祭坛念诵经文。"按，该词早见于唐宋文献，李白《白胡桃》："疑是老僧休念诵，腕前推下水晶珠。"《旧唐书》卷一一八《王缙传》："代宗由是奉之过当，尝令僧百余人于宫中陈设佛像，经行念诵，谓之内道场。"又，卷一七二《牛僧孺传》："懿宗怠临朝政，僻于奉佛，内结道场，聚僧念诵。"

【批判】

请州印信之书，台州刺史批判与印信之词，具写付来。（卷三，开成五年五月十八日）

批判，有批示判词之义，《汉语大词典》首举宋司马光《进呈上官均奏乞尚书省札子》例："所有都省常程文字，并只委左右丞一面批判，指挥施行。"按，该词早见于唐五代时期，《祖堂集》卷十二仙宗和尚："僧云：'今日得遇明师批判。'师云：'我则与摩批判。你到什摩处？'对云：'热则雪原取源，寒则烧火围炉。'"

【全部】

全部四帖感得了，可喜可喜。（卷四，会昌七年十二月十四日）

全部，原指整个部类，《汉语大词典》举清周中孚《郑堂札记》例："家学门当属箸录祖父及同族之书，于全部独阙此类知之。"按，该词早见于六朝，唐宋习见。葛洪《抱朴子外篇》卷五十二自叙："乃负笈徒步行借，又卒于一家，少得全部之书。"《资治通鉴》卷二百十五唐纪：

"又讨吐谷浑于墨离军,虏其<u>全部</u>而归。"《朱子语类》卷七十八《尚书》:"胡安定书解未必是安定所注,行实之类不载。但言行录上有少许,不多,不见有<u>全部</u>。"《水浒传》第七十七回"梁山泊四面埋伏,宋公明两赢童贯":"三日后,将<u>全部</u>军将,分作长蛇之阵,俱是步军,杀将去。"

【疋段】

1.除缘身衣物外,更无钱物<u>疋段</u>斛斗等。(卷四,会昌三年七月廿五日)

2.象牙满屋,珠玉金银等尽皆满库,钱帛<u>疋段</u>不知数。(卷四,会昌三年九月)

3.又令勘检天下寺舍奴婢多少,兼钱物斛斗<u>疋段</u>,一一指实,具录,令闻奏。(卷四,会昌五年三月三日)

"疋"为"匹"俗字,疋段泛指丝织品。《汉语大词典》举元郑光祖《智勇定齐》例:"采桑忙来采桑忙,朝朝每日串桑行;织下绫罗和<u>疋段</u>,未知那个着衣裳。"按,该词早见于唐五代文献,《旧唐书》卷一八《武宗本纪》:"先给<u>疋段</u>,对估时价,皆给见钱。"同书卷一八《宣宗本纪》:"准七月二日敕,绫纱绢等次弱<u>疋段</u>,并同禁断,不得织造。"

【收纳】

1.若僧尼有钱物及谷斗田地庄园,<u>收纳</u>官。(卷三,会昌二年十月九日)

2.仍仰中官<u>收纳</u>家中钱物。(卷三,会昌四年九月)

3.天下州县<u>收纳</u>寺家钱物、庄园,收家人奴婢,已讫。(卷四,会昌五年十一月三日)

收纳,收留、容纳之义,《汉语大词典》首举宋曾巩《太祖皇帝总叙》例:"<u>收纳</u>学士大夫用之,不求其备。"按,该词早见于唐代文献,《晋书》卷一二三《慕容垂载记》:"且夫高世之略,必怀遗俗之规,方当网漏吞舟,以弘苞养之义;<u>收纳</u>旧臣之胄,以成为山之功。"

**【书状】**

1. 斋后，天台山禅林寺僧敬文从扬州来，寄送本国无行法师书札一封，寄上圆澄座主书状一封。（卷一，开成四年三月三日）

2. 僧玄济将金廿四小两，兼有人人书状等，付于陶十二郎归唐。（卷三，开成六年五月廿五日）

3. 弟子书状五通兼手书付送前路州县旧识官人处，但将此书通入，的有所益者。（卷三，会昌五年五月十五日）

4. 便船往牢山。修书状，付送金珍等处报消息，特令相待。（卷四，会昌七年六月十日）

书状，即信札，《汉语大词典》举清吴敏树《与梅伯言先生书》例："里人毛西垣孝廉入都，谨附书状，属令面呈。"按，该词早见于唐代文献，《南史》卷一九《谢方明传》："武帝意薄谟，又以门单，欲更适张弘策子，策卒，又以与王志子諲。而谟不堪叹恨，为书状如诗赠主。"又，元脱脱《宋史》卷四八七《高丽传》："景略辟李之仪书状，帝以之仪文称不着，宜得问学博洽、器宇整秀者召赴中书，试以文乃遣。"

**【送达】**

1. 开春，从涟水专使赐船送达淮南者。（卷二，开成五年二月十七日）

2. 其人今在武州囚禁，待送达本国。（卷四，会昌七年九月六日）

送达，现多用作法律用语，指司法机关依一定方式将诉讼档（如传票、判决书等）送交诉讼参与人，《汉语大词典》例缺。按，该词早见于六朝文献，《魏书》卷九《肃宗纪》："可差国使及彼前后三介，与阿那瑰相随；并敕怀朔都督，简锐骑二千，躬自率护，送达境首，令观机招纳。"又，同书卷八七《邵洪哲传》："洪哲兄伯川复率乡人来相迎接，送达幽州。"

**【通决】**

1. 先于楚州付留学僧圆载上人送天台山延历寺未决卅条，国清寺修座主已通决之，便请台州印信，刺史押印已了。（卷三，开成五年

五月十八日）

　　2.兼日本国无行和上送天台书及天台修座主通决已毕，请州印信之书，台州刺史批判与印信之词，具写付来。（卷三，开成五年五月十八日）

　　通决，即全权裁决。《汉语大词典》举苏轼《司马温公行状》例："又论将官之害，诏诸将兵皆隶州县，军政委守令通决之。"按，该词早见于唐代文献，《北史》卷三十五《王慧龙传》："蕃决难解者，明当时蕃彰皆通决，险难皆解散也。"

　　【重誓】
　　便令重誓：去年漂没之时，更发愿：到陆之日，准己身高，画妙见菩萨十躯、药师佛一躯、观世（音）菩萨一躯。（卷一，开成四年三月三日）

　　重誓，即大誓，庄重的誓言。《汉语大词典》首举宋叶适《取燕一》："夫坚守重誓于既亡之契丹，不知女真一旦袭其后踵以陵我。"按，该词早见于唐代文献，《北史》卷四十七《祖莹传》："后主令韩凤检案，得其诈出敕受赐十余事，以前与其重誓不杀，遂解珽侍中、仆射，出为北徐州刺史。"《法苑珠林》卷五十背恩篇第五十二引证部："阿难退坐稽首质言：是穷人何无反复，违树神重誓。"

## 三　《参天台五台山记》与佚存汉字词①

　　《参天台五台山记》，又称《善惠大师赐紫成寻记》，是日僧成寻用汉语撰写的一部巡礼日记，记载了他在熙宁五年（1072）三月至熙宁六年（1073）六月间，到中国求法游历过程中的所见所闻，内容涉及宋代社会生活的方方面面，是研究宋代中日语言接触的宝贵材料。②以下对于《汉语大词典》尚未收录，然见于《参天台五台山记》或《日本国语大辞典》中的汉字词汇，进行历史文献的调查考证，揭示域外汉籍语料的"攻玉"

---

① 所谓佚存汉字词，此以《汉语大词典》为参照，指该辞书失收，然见于《参天台五台山记》或早于《参天台五台山记》文献中的汉字词汇，实为汉语既有之词。
② 参见何华珍《〈参天台五台山记〉与中日汉字词研究》，《中国语学研究·开篇》（第29卷），好文出版株式会社2010年版。

之效。

**【庵主】**

庵主印成阇梨、知事共出来点茶，僧堂宿处，重重廊有其数。（卷一，熙宁五年五月十八日）①

按：庵主，指寺庙主人，或特指尼庵中的主人。宋刊《集注分类东坡先生诗》卷五有诗题"碣石庵戏赠湛庵主"，《石门文字禅录》卷四有文章题为"大圆庵主以九祖画像遗作此谢之"，《晦庵先生朱文公文集别集》卷五林熙之："卧龙新庵主入庵，未得一往视之。"

**【饼淡】**

1. 李思恺买作饭与志，味如日本饼淡，大如茄，顶颇细，以小麦粉、小豆、甘葛并糖作菓子也。（卷一，熙宁五年四月十五日）

2. 梵义大师斋时送饼淡八切，八人料，萝卜两种各一坏。（卷六，熙宁六年正月十八日）

按：饼淡，又作"饼胅"或"饼餤"，宋代一种饼类食品。沈括《梦溪笔谈·讥谑》："防风氏身广九亩，长三丈；姬室亩广六尺，九亩乃五丈四尺，如此，防风之身，乃一饼餤耳。此亦文章之病也。"周必大《二老堂诗话》："唐薛能诗云：'莫欺阙落残牙齿，曾吃红绫饼餤来。'记新进士时事也。"《倭名类聚抄》卷四饮食部："《杨氏汉语抄》云：裹饼中纳煮，合鹅鸭等子并杂菜而方截，一名饼胅。"狩谷棭斋笺注："《参天台五台山记》作饼淡，盖假借。"

**【借送】**

1. 钱三贯借送问官，开封后可返者。（卷一，熙宁五年四月十八日）

2. 巳时，日宣阇梨借送杭州孤山智圆阇梨作弥陀经疏一卷、钞一卷。（卷二，熙宁六月十二日）

3. 万岁院讲律惠道、宗泰、德珠三人，以持律僧二人为使借送：

---

① 所引文字多据王丽萍《新校参天台五台山记》，上海古籍出版社2009年版。

四分羯磨二帖、宣律师述。（卷六，熙宁六年二月十七日）

按：借送，有借给、送去之义，元明文献尚见用例。《张蜕庵诗集》卷四《题冯士启士可藏书堂》："借送讵论鸥有酒，收藏长爱蠹无鱼。"《明诗综》卷七一《答周检校》："诗社往还青玉案，仙经借送紫泥函。"

【上皮】

1.福州商人来出荔子，唐菓子，味如干枣，大似枣，离去上皮食之。（卷一，熙宁五年四月三日）

2.次着食座，诸僧先以坐具敷倚子坐，乍帖置之，先食菓子，荔子、梅子、松子，龙眼味如干枣，似荔子，颇少去上皮吃之。（卷一，熙宁五年四月廿五日）

按：上皮，即"表皮"，六朝汉籍早见，宋代续有承用。《齐民要术·槟榔》（卷十）："所以卫其实也，剖其上皮，煮其肤，熟而贯之，硬如干枣。"《重修政和证类本草》卷二二之《三十六种陈藏器余》："取青胡桃子上皮和为泥。"《翻译名义集》卷三之《七宝篇》："深者八九尺，大如斛，削去上皮，中是琥珀。"

【书取】

1.宿坊壁上悬"阿閦佛真言"，以圣秀令取，书取了。（卷一，熙宁五年四月十九日）

2.在讲堂干角，庄严甚妙，前立常灯、常花、常香台，铭之法印和尚花香，有影赞，以行者令书取了。（卷三，熙宁五年九月五日）

3.于梵才三藏房，见奝然法桥并寂照大师来唐日记，即借取，书取《杨文公谈苑》。（卷五，熙宁五年十二月廿九日）

按：书取，训读"かきとる"，即"抄写、誊抄"义。孟浩然《涧南即事贻皎上人》："约竿垂北涧，樵唱入南轩。书取幽栖事，将寻静者论。"北宋洪迈《容斋续笔》卷六《郑庄公》："书取部与防归于鲁曰：'可谓正矣。以王命讨不庭，不贪其土，以劳王爵。'"白化文校点本误断句为："宿坊壁上悬'阿閦佛真言'，以圣秀，令取书，取了。"

【遥拜】

1. 巳时，于萧山寺前，乍船<u>遥拜</u>了。（卷一，熙宁五年五月六日）

2. 次过驻揖亭，傍有五重塔，二基，高五六丈许，名觉苑寺，<u>遥拜</u>了。（卷一，熙宁五年五月六日）

3. 先下马，拜北台，<u>遥拜</u>西台、中台、南台，至于东台，隔山不见。（卷五，熙宁五年十一月廿八）

按：遥拜，即"远拜"，宋代习见。《资治通鉴·高祖武皇帝十》（卷一五四）："诸贼见谟，莫不<u>遥拜</u>。"《浮溪集》卷三有题为"已酉年冬至<u>遥拜</u>道君皇帝表本"的文章。《王文成公全书外集》卷一九《南游三首》其二："九疑不可问，罗浮如可攀。<u>遥拜</u>罗浮云，奠以双琼环。"《樊谢山房集》卷七《北郭舟中同丁敬身汪西颢王廑征作》："同游得三子，勇若张吾军。<u>遥拜</u>杜子恭，栖隐尊昔闻。"

【译馆】

1. <u>译馆</u>比丘智普封上。（卷四，熙宁五年十月卅日）

2. 素意于天台、五台，欲修佛道，而为参台山入花洛间，去年廿日住此<u>译馆</u>。（卷七，熙宁六年三月廿五）

3. 今巡礼五台之次，白地安下花洛<u>译馆</u>，不虑之外赐师号，且怖且悦。（卷八，熙宁六年四月四日）

按：译馆，指翻译佛经之处，亦指主事翻译的机构，明清文献多有其例。《梅村家藏稿》卷四一《太傅兵部尚书吕忠节公神道碑铭》："以少卿管四<u>译馆</u>。"《鲒埼亭集外编》卷一七《天一阁藏书记》："谬作朝鲜尚书、日本尚书，则以为庆得之<u>译馆</u>，贻笑儒林，欺罔后学。"

【昨今】

1. 移日本国僧成寻状："<u>昨今</u>出杭州巡礼，欲往台州天台山烧香，供养罗汉一回。"（卷二，熙宁五年六月五日）

2. <u>昨今</u>每使各三十、五十、或百，或百五十，皆与了。（卷五，熙宁五年十一月廿一日）

3. <u>昨今</u>从驿至驿，中间无马铺。（卷五，熙宁五年十一月廿

七日）

　　4.以张行者昨今终日，令缝七条袈裟。（卷八，熙宁六年四月廿五日）

　　按：昨今，即"最近、近来、这几天"之义，现代日语尚有其词。首例"昨今"，出自宋代文书，当为汉语既有之词，明清文献例多。《石山医案》："昨今异状者，由虚而然也。"《俨山集》卷十八《廿五日夜漏既严抵安德水驿有仆自北来遇之得家书》："自觉忘人我，何劳问昨今。"《平定两金川方略》："昨今章嘉胡土克图选择吉日。"

　　总之，利用日本汉籍语料研究汉语词汇形义，探究汉字词汇的历史演变，是一块尚需用力耕耘的沃土。日本学界从国语史角度，做了大量的基础性工作，中国学界尚未引起足够重视。需要指出的是，日人汉籍词汇，日汉杂糅，构成复杂，只有在中日语言接触的大背景下进行观照，从语言传承变异的规律着手，对其中的词汇进行甄别，确定哪些是汉语固有之词，哪些是汉语在传播过程中产生的域外变异，这样才能客观地反映一定时期内的语言真实以及语言接触过程中的传承变异规律。同时，还要指出，日本汉籍语料固然重要，但本土历时语料更加重要，务必域内域外结合研究，方能发挥"他山之石"的"攻玉"之效。

# 参考文献

　　小岛宪之：《上代日本文学と中国文学》，塙书房1962—1965年版。

　　小岛宪之校注：《怀风藻　文华秀丽集　本朝文粹》，岩波书店1964年版。

　　波户冈旭：《上代汉诗文と中国文学》，笠间书院1989年版。

　　王晓平：《亚洲汉文学》，天津人民出版社2009年版。

　　高文汉、韩梅：《东亚汉文学关系研究》，中国社会科学出版社2010年版。

　　陈福康：《日本汉文学史》，上海外语教育出版社2011年版。

王勇：《从"汉籍"到"域外汉籍"》，《浙江大学学报》（社科版）2011年第6期。

王云路：《日本汉籍与近代汉语研究举隅》，载《钱江学术》（第1辑），百花洲文艺出版社2003年版。

汪维辉：《域外借词与汉语词汇史研究》，《江苏大学学报》（社科版）2009年第1期。

小野胜年：《入唐求法巡礼行记の研究》，铃木学术财团1964—1969年版。

释圆仁著、小野胜年校注、白化文等修订校注：《入唐求法巡礼行记校注》，花山文艺出版社1992年版。

董志翘：《〈入唐求法巡礼行记〉词汇研究》，中国社会科学出版社2000年版。

岛津草子：《对校译注参天台五台山记》，大藏出版1959年版。

平林文雄：《〈参天台五台山記〉校本並に研究》，风间书房1978年版。

白化文、李鼎霞：《参天台五台山记》，花山文艺出版社2008年版。

王丽萍：《新校参天台五台山记》，上海古籍出版社2009年版。

何华珍：《〈参天台五台山记〉与中日汉字词研究》，《中国语学研究·开篇》（第29卷），好文出版株式会社2010年版。

罗竹风：《汉语大词典》，汉语大词典出版1986—1993年版。

大辞典刊行会：《日本国语大辞典》（第2版），小学馆2000—2002年版。

# 越南汉籍与汉字域外传播研究*

## 一

越南汉籍，即越南历史上以汉字为载体的古籍文献，主要包括三类。一是中国流播至越南的汉文典籍，二是中国汉文典籍的越南刊本或抄本，三是越南文人用汉字创作的各类文献。

众所周知，在东亚汉字文化圈中，越南与我国山水相连，是受中国文化浸染最深的国家。公元前214年，秦始皇在岭南设南海、桂林、象郡。自此至北宋，越南中北部地区一直属于中国古代管辖的行政区域，中原文字、文献、文化、文明不断向南部地区传播和发展。公元968年，越南立国，兴科举，重文教，各种制度效仿中国，汉字始终作为国家的通用文字。至1945年，越南民主共和国成立，汉字被正式废止。可以说，汉字文献构成了越南的巨大文库，其内容涵盖了越南古代的政治、经济、文化、教育、科技、民俗等诸多领域，承载了越南两千余年的文明发展史，也是中越文化交流的历史见证和亚洲文明的文化遗产。

## 二

越南汉喃文献，主要收藏在越南汉喃研究院和越南国家图书馆，部分文献散藏于法国、日本、中国等（刘玉珺，2007）。据汉喃研究院阮俊强院长介绍，至2017年汉喃研究院保存有33164本单册纸质文献，收藏有6000—7000种汉喃作品（含重版、异版），碑刻拓本资料67902张（阮俊强，2017）。考察可知，除喃字文献外，其中80%以上属于汉字文献。

越南周年雨量大、湿度高、战乱多，纸质文献难以保存，碑铭是当地普通百姓记载日常活动的主要方式之一，真实反映了越南乡村政治、经济、文化、社会等历史面貌，是越南汉字文献资源的重要载体。越南碑铭

---

\* 本文原载《汉字文化》2022年第9期。

是深受中国铭文影响，同时依据本国自然环境和生态需求而形成的一种文化现象，其时间跨度广，自郡县时期、藩属时期至殖民时期，绵延不断，是研究越南文字变迁的第一手材料（何华珍、刘正印，2019）。

越南拥有丰富的纸本文献资源。早在越南独立不久，即有大兴库所藏三藏经、重兴库所藏大藏经，以及仙游书院、天长库所藏佛经等。此外，陈朝宝和殿、黎朝蓬莱书院、西山朝崇正书院，均有藏书。至19世纪阮朝，建有聚奎书院、史馆书院、内阁书院、古学院书院等，收藏大量汉喃古籍。但由于各种原因，越南保存的纸质文献主要是19世纪至20世纪的抄本和刻本，且抄本多于刻本（阮俊强，2017）。

值得注意的是，越南汉籍中拥有丰富的少数民族文献，其中有的属于中越跨境民族文献，是中国少数民族汉籍在域外的延伸，具有特殊价值（范宏贵、刘志强等，2015）。又，越南汉籍中还保存有大量的民间写本，如《越南汉喃文献目录提要补遗》（刘春银等，2004）收录有2280种民间文献，包括神敕、神迹、俗例、地薄、古纸、社志等，是明清以来中越乡村文化研究的重要史料。

越南历史上的汉籍文献，不但数量巨大，形态多样，而且蕴含丰富的汉字资源，有待于进一步开发利用，为东亚汉字史研究开拓新领域。

## 三

汉喃研究院于1979年在越南成立，隶属国家社会科学中心，主要负责保存、研究开发汉喃资料，收集和保管汉喃资料，培养汉喃研究人员等。由于放弃使用汉字，越南学界研究汉字的著作不多，主要集中在喃字研究和古籍整理翻译。正如阮俊强（2019）所言："汉字研究在越南是很小的领域，尚待进一步开拓。越南现有的汉字研究建立了以下模式：汉字历史、造字法、书法史中的各种书体、20世纪简化汉字与汉字拼音化过程，汉字对喃字构造的影响等；不过，所有的研究成果还是处于'介绍性''入门'境地，尚未深入具体研究，新的发现很少见。"

中国学界对越南汉籍与汉字南传研究，不断引起重视。闻宥1933年在《燕京学报》发表了题为《论字喃之组织及其与汉字之关涉》的论文。王力1948年在《岭南学报》发表《汉越语研究》，文后附录了100个省笔字。张涌泉《汉语俗字研究》（1995/2010）"古今俗字大观"论及日本、朝鲜、越南等汉字文化圈俗字。陆锡兴《汉字传播史》（2002/2018）有关章节探究越南使用汉字的历史及俗字等问题。刘玉珺

《越南汉喃古籍的文献学研究》（2007）首次对越南汉喃古籍进行全面系统的文献学研究。韦树关《汉越语关系词声母系统研究》（2004）、咸蔓雪《汉语越南语关系语素历史层次分析》（2016）主要从音韵学视角对汉越语关系词进行了深入研究。罗文青《越南语双音节汉越词特点研究》（2011）和《当代越南语汉字词汇使用现状研究——与汉语比较》（2018）、罗启华《语言的亲情——越南语汉源成分探析》（2013）、祁广谋《越南语汉越词词典》（2017）是在中越汉字词汇源流研究方面进行整理研究。范宏贵、刘志强《越南语言文化探究》（2008/2014），谭志词《中越语言文化关系》（2014），祁广谋《越南语文化语言学》（2011），林明华《越南语言文化漫谈》（2014），对中越语言文化进行综合研究。近年，本团队对越南汉籍及汉越俗字做了一些整理工作，学界也发表了不少有关越南汉籍与汉字传播的学术论文，包括硕博学位论文，代表性成果如梁茂华《越南文字发展史研究》（2014）、左荣全《汉字在越南文字史上的地位演变研究》（2015）等。但是，基于越南汉籍的汉字本体研究、汉字传播研究、汉字比较研究，尚显薄弱，亟须组织力量对越南汉籍用字进行全面整理和系统研究（何华珍、刘正印，2018）。

四

一代人有一代人的责任与担当。面对东亚巨大的汉字文化遗产和越南稀缺的汉字研究资源，将传世文献、出土文献与域外文献相结合，发掘新材料，探索新方法，研究新问题，形成新学问，这是新时代中国文字学研究的学术使命。就越南汉籍与汉字南传研究而言，虽然我们取得了一些阶段性成果，但还需要在以下诸领域展开深入研究。

（一）文献。越南文献包括碑铭、刻本、写本等，数量繁多，版本复杂，在整理、编目与研究等方面，尚存诸多空缺。除编纂《越南汉字铭文文献目录》①《越南汉字刻本写本文献目录》外，对《越南汉喃文献目录提要》也需增补校订，同时将文字学融合文献学，从书写、印刷视角研究汉字传播与字体演变。

（二）字形。在占有第一手文献的基础上，立足碑铭、写本、刻本不同载体，甄选代表性汉字文献，搜集整理汉文异体字形，编纂《越南汉字

---

① 《越南碑铭文献的文字学研究》下编"越南碑铭文献目录"，按越南朝代顺序对《越南汉喃铭文拓片总集》中纪年明确的碑铭进行了初步编目。

异体字字典》之类工具书。①同时从汉字规范与俗字传播视角，探究不同载体、不同书体字形变迁面貌，拓展域外俗字学和东亚字样学研究领域。

（三）汉字史。考察越南汉字史，断代研究很重要，但也很困难，因为纸质文献主要集中在阮朝。阮朝之前，如后黎朝初期、莫朝、后黎朝中兴期，只能依靠碑铭文献，而李朝、陈朝所存碑铭，数量有限。因此，越南汉字史研究，应聚焦于宋元以来汉字发展史比较研究，关注疑难字考释和俗字源流，同时结合汉字、喃字、国语字等，探究越南文字变迁史。②

（四）辞书。越南"小学类"文献，有一批汉文辞书和汉喃双语辞书，如《字典节录》《大南国语》《指南玉音解义》《南方名物备考》《嗣德圣制字学解义歌》等。也有一批用于汉字教育的工具书，如《三千字解音》《五千字译国语》《字学训蒙》《字学求精歌》等。此类文献，具有鲜明的国别特色，需要加强专书和专题研究，并与东亚其他国家或地区的汉字辞书进行异同比较。③

（五）汉越词。现代越南语虽然不用汉字之形，却使用汉字之音和词汇之义，使用隐形汉字词。迄今为止，学界编纂了不少越南语汉越词词典或汉越/越汉词典之类，但尚未出版像《汉语大词典》《大汉和辞典》《汉韩大辞典》那样列举中越汉文用例的辞书。此项工程，20世纪初越南学界曾有动议，但因为时代变迁而未能实现。④

（六）理论。近年，学界在古文字学、近代汉字学、汉字职用学等领域取得丰硕成果，汉字学理论推陈出新。在域外汉字研究方面，跨文化汉字研究（李运富、何余华，2018）逐渐引起重视，汉字构形理论、汉字传播理论产生较大影响，汉字文化圈汉字的通用性与国别性成为考察域外汉字的重要视角（张磊，2021）。此领域应该加强东亚视域的汉字比较研

---

① 参见何华珍、刘正印《越南汉文俗字的整理与研究——兼论〈越南俗字大字典〉编撰》，载《东亚汉籍与越南汉喃古辞书研究》，中国社会科学出版社2017年版。何华珍等《俗字在域外的传播研究》"越南篇"对越南写本俗字进行专题整理研究，《越南碑铭文献的文字学研究》对越南碑铭俗字进行了系统整理和研究。

② 逯林威《越南后黎朝碑铭俗字专题研究（1428—1789）》（硕士学位论文，浙江财经大学，2019）对越南俗字进行了断代研究。

③ 参见何华珍、李宇、王泉《越南小学类文献整理研究导论》，载《越南汉喃文献与东亚汉字整理研究》，社会科学文献出版社2019年版。

④ 参见何华珍、江惠冰《从〈南风杂志〉看越南20世纪初汉越新词的传播》，载《汉字文化》2020年第21期（人大复印报刊资料《语言文字学》2021年第2期）。又，本文课题组编纂《喃越汉英新辞典》，全面整理越南词汇中的汉字/喃字表记词，即将出版。

究，特别是东亚语言接触背景下的汉字形音义综合研究（金文京，2021）。

（七）数据库。数据库建设，是当代学术研究的重要手段，也是资料整理的必然要求。建设越南汉字资源数据库，包括越南汉字文献目录检索系统、越南汉字异体字数据库、越南汉字文献数据库、越南汉字文献检索数据库、越南汉字研究论著索引检索系统等，助推域外汉字资源整理研究工程。①

<h1 style="text-align:center">五</h1>

以越南汉籍为基础，全面整理越南汉字资源，编纂越南汉字异体字典，深入研究汉字在越南的传承与变异，探究越南文字变迁轨迹。整理越南汉字辞书，结合汉越词历时变革，展示越南汉字资源的丰富性。在全面占有文献语料的基础上，探讨汉字传播与域外汉字理论，建设越南汉字资源数据库，不断推进东亚汉字整体研究进程。这是新时代中国文字学研究的学术使命，它有助于东亚汉字文献学的整体研究，有助于拓展中国文字学的研究领域，有助于汉字文化圈汉字比较研究，有助于国际化大型字书编纂质量的提升，有助于越南汉字文献的整理与校勘，②凡此种种均具有重要学术价值。

习近平主席在亚洲文明对话大会开幕式上作了《深化文明交流互鉴，共建亚洲命运共同体》的主旨演讲，指出"文明因多样而交流，因交流而互鉴，因互鉴而发展"，号召"加强世界上不同国家、不同民族、不同文化的交流互鉴，夯实共建亚洲命运共同体、人类命运共同体的人文基础"。③汉字作为中华文明的伟大创造，既是中国人民的宝贵财富，也是世界文明的珍贵遗产。越南是海上丝绸之路的重要国家。对越南汉字资源的整理及相关研究，对汉字文化圈国家汉字文化进行整体考察，也是汉字国际传播研究的重要内容。它有利于构筑中华民族伟大复兴时代的学术高峰，有利于"一带一路"建设及汉语国际推广，有利于世界文明的交流互鉴。

---

① 本课题组已初步建成"越南汉字资源数据库"，包括越南汉字文献检索系统、越南汉喃古辞书字词检索系统、越南汉字异体字数据库、越南喃字数据库、越南汉字研究论著检索等。

② 参见何华珍等《越南汉喃碑铭文献的文字学价值》，载《越南汉喃文献与东亚汉字整理研究》，社会科学文献出版社2019年版；黄莹、何华珍《越南写本文献研究的文字学意义》，载《汉语史研究集刊》（第三十一辑），四川大学出版社2021年版。

③ 习近平：《深化文明交流互鉴　共建亚洲命运共同体——在亚洲文明对话大会开幕式上的主旨演讲》，人民出版社2019年版。

# 参考文献

范宏贵、刘志强：《越南语言文化探究》，世界图书出版公司2014年版。

范宏贵、刘志强等：《中越跨境民族研究》，社会科学文献出版社2015年版。

汉喃研究院、法国远东博古学院：《越南汉喃铭文拓片总集》（1—21册），［越］文化通讯出版社2005—2009年版。

何华珍等：《俗字在域外的传播研究》，中国社会科学出版社2018年版。

何华珍、刘正印等：《越南汉字资源整理研究的现状与思考》，《中国文字学报》（第九辑），商务印书馆2018年版。

何华珍、李宇、王泉：《越南小学类文献整理研究导论》，《越南汉喃文献与东亚汉字整理研究》，社会科学文献出版社2019年版。

何华珍、刘正印等：《越南碑铭文献的文字学研究》，中国社会科学出版社2019年版。

李运富、何余华：《简论跨文化汉字研究》，《北京师范大学学报》（社会科学版）2018年第1期。

梁茂华：《越南文字发展史研究》，博士学位论文，郑州大学，2014年。

林明华：《越南语言文化漫谈》，世界图书出版公司2014年版。

刘春银、林庆彰、陈义：《越南汉喃文献目录提要补遗》，台北"中研院"人文社会科学研究中心2004年版。

刘玉珺：《越南汉喃古籍的文献学研究》，中华书局2007年版。

罗启华：《语言的亲情：越南语汉源成分探析》，华中师范大学出版社2013年版。

罗文青：《越南语双音节汉越词特点研究：与汉语比较》，世界图书出版公司2011年版。

罗文青等：《当代越南语汉字词汇使用现状研究》，世界图书出版公司2018年版。

王力：《汉越语研究》，《岭南学报》1948年第1期。

王小盾、刘春银、陈义：《越南汉喃文献目录提要》，台北"中研院"人文社会科学研究中心2002年版。

陆锡兴：《汉字传播史》，商务印书馆2018年版。

祁广谋：《越南语文化语言学》，世界图书出版公司2011年版。

祁广谋：《越南语汉越词词典》，商务印书馆2017年版。

阮俊强：《越南汉喃研究院所藏汉喃资料的历史、特征与前瞻》，《东亚汉籍与越南汉喃古辞书研究》，中国社会科学出版社2017年版。

阮俊强：《越南方块字研究的回顾与展望》，《中国文字》2019年第3期。

谭志词：《中越语言文化关系》，世界图书出版公司2014年版。

韦树关：《汉越语关系词声母系统研究》，广西民族出版社2004年版。

闻宥：《论字喃之组织及其与汉字之关涉》，《燕京学报》1933年第14期。

咸蔓雪：《汉语越南语关系语素历史层次分析》，中西书局2016年版。

张磊：《日韩汉字的传承与创新三题》，《中国语文》2021年第6期。

张涌泉：《汉语俗字研究》，商务印书馆2010年版。

左荣全：《汉字在越南文字史上的地位演变研究》，博士学位论文，解放军外国语学院，2015年。

［日］金文京：《汉字を使った文化はどう广がっていたのか》，文学通讯2021年版。

# 越南汉喃碑铭文献的文字学价值*

《说文解字·新附》："铭，记也。"郑玄谓："铭，谓书之刻之，以识事者也。"铭为镂刻、记载之义，后又指古代铸、刻在器物上的文字，即"铭文"。铭文因多刻在金、石之上，可历久而存。流传至今的越南汉字文献中，铭文文献是重要组成部分。这些铭文或为木刻；或为铜镂，铸于铜钱、铜钟、铜罐、铜鼓、铜壶、铜镜之上；或为石刻，被刻在印泥、陶罐、砖块、石头之上，不一而足。

越南铭文内容非常丰富。阮文原《越南铭文及乡村碑文简介》一文将其分为表扬善人、善事、乡村选举，朝廷令旨与官方文件，家谱、宗族世系，人物行状、功绩，乡村各种生活活动，古迹寺庙历史，神谱事迹，诗文类，寺庙建设、重修，以及主要包括地界标志、奉祀神位、匾额、书法刻字等的杂类。① 耿慧玲《越南铭刻与越南历史研究》分为记事类、记人类以及杂类3种：记事类主要包括公文书、民间契约（含乡约、乡规）、记事（功）、诗文、宗教信仰（含祠庙碑、神迹、后神、后神碑）；记人类主要包括功德碑、家谱、世系、行状；杂类，为内容简略无法有效分类之铭刻。② 从形式上讲，越南的石刻铭文最多，又可分为石幢、碑记、墓志铭、像座铭文及摩崖等类。其中又以碑铭为最主要部分，也是越南汉字文献的重要载体。以下按照时代顺序对现有越南铭文文献进行简要介绍。

## 一 越南铭文情况概述

公元968年以前，越南绝大多数时间隶属于中国，汉字是通用文字。北属时期的越南铭文不多，目前发现晋代1通，隋代2通，唐代2通，南汉1通。

---

* 本文原载《越南汉喃文献与东亚汉字整理研究》，社会科学文献出版社2019年版，署名何华珍/王泉/刘正印/逯林威。

① 阮文原：《越南铭文及乡村碑文简介》，《成大中文学报》2007年第17期。
② 耿慧玲：《越南铭刻与越南历史研究》，《止善》2014年第16期。

### （一）北属时期（968年以前）

1. 晋故使持节冠军将军交州牧陶列侯碑，是目前越南境内发现的最早碑刻铭文。此碑于2013年在越南北宁省顺城县清姜社清怀村庙被发现，碑阳刻有"建兴二年"（314），碑阴刻有"元嘉二十七年"（450）。内容均与三国、晋时的交州刺史陶璜相关，碑阳疑为时任交州刺史陶璜之子陶威所立，碑阴则为时任交州刺史萧景宪所立。铭文所用字体为隶书，所用字形为三国、晋时碑刻常用字形。

2. 舍利塔铭，2004年发现于越南北宁省顺城县志果乡春观村，刻于隋文帝仁寿元年（601）。据记载，隋文帝在仁寿年间（601—604）曾分三次向交州颁赐舍利并建塔供养，此碑铭即当时所赐。碑额用篆字，字形多有变异。碑文为楷字，字形为隋、唐常见字形。

3. 大隋九真郡宝安道场之碑，原立于清化省东山县东明社长春村，俗称"长春古碑"。根据碑文内容，此碑为检校交趾郡赞治日南郡丞兼内史舍人河南道洛阳元仁器于隋大业戊寅年（618）撰写。此碑在上述二碑发现以前长期被认为是越南现存最早的碑铭。此碑碑题用小篆，字体圆厚，碑文为楷字，字体劲健。

4. 青梅社钟铭，发现于河西省青威县青梅社，铸造于唐贞元十四年（798）。钟四面按上下两层的顺序刻满汉字，全为阴刻楷字。

5. 天威径新凿海派碑，为裴铏撰于唐咸通十一年（870），此碑已佚，录文见于《安南志略》。碑文除跋文以外，共存1058字，全用楷字。

6. 日早古钟铭，发现于越南河内慈廉县东鄂社日早村陈圣庙，为南汉乾和六年（948）铸造，全用楷字。

上述六种越南珍稀铭文文献，对于研究北属时期汉字在越南地区的传播具有重要的价值。

### （二）丁朝及前黎朝时期（968—1009）

968年，丁部领建立了独立的封建王朝和封建国家。丁氏王朝存在十余年（968—980），后被黎桓篡位，是为前黎朝。越南所发现的此时期内的铭文文献不多，目前可见以陀罗尼经幢为主，20世纪90年代就发现14座石幢铭文。比较出名的是越南华阁县出土的几座《佛顶尊胜加句灵验陀罗尼》（973—979），记录了当时的南越王丁琏造一百石幢事，具有很高的史学价值。

### （三）李朝（1010—1225）

前黎朝后期，李公蕴篡位，建立李朝。李朝尊崇儒学，修建文庙。1075年，仿效中国开始科举考试，汉文化日益处于支配地位，此时的铭文多以碑、墓志的形式出现。同时，李朝提倡佛教，大建庙宇，立佛教为国教，流传下来的李朝铭文有很多与佛教、寺庙有关，目前可见李朝铭文大约16通。

### （四）陈朝（1225—1400）

陈朝在越南封建社会发展史上居于重要地位。科举制度在此时进入了兴盛时期，历代国君莫不以设科取士为先务，汉字及汉文化有很大的影响。同时，陈朝继续崇尚佛教，正式立佛教为国教。流传至今的陈朝铭文，主要有碑刻、摩崖、钟铭、木刻等，目前可见陈朝铭文大约57通。

### （五）后黎朝前期（1428—1527）

陈朝1400年灭亡，胡朝（1400—1407）仅持续七年，后为陈氏复辟阶段（1407—1413），也仅仅存在六年。后黎朝是越南历代最长的王朝之一，但内部政治更迭混乱，可以分为后黎朝的前期（1428—1527）及黎朝复辟时期（1533—1789）。其中，后黎朝前期持续约有100年的时间。陈朝之后、后黎朝之前的铭文文献相对较少，而进入后黎朝前期之后，铭文逐渐丰富，目前可见后黎朝前期铭文大约有68通。

### （六）莫朝（1527—1592）

1527年，后黎朝权臣莫登庸建立莫朝，1592年被后黎朝推翻。莫朝文教兴盛，科举不曾间断，相较于前朝，莫朝碑刻数量有所增加，其中有大量的佛寺碑刻，显示了当时佛教信仰非常流行。此外，还有不少有特点的碑刻，如《东鄂社市碑》（1579）就涉及当时的市场贸易情况，是研究莫朝经济史的重要材料。目前可见莫朝铭文大约有130通。

### （七）黎朝中兴时期（1533—1788）、西山阮朝（1778—1802）、阮朝（1802—1945）

这一时期的碑铭文献非常丰富，数量十分可观，越南铭文文献多集中于这一时期。《越南汉喃铭文拓片总集》共收拓片22000份，除去前述所列，均属于这一时期。而且铭文内容非常丰富，主要包括规约类、寄忌类、事功颂德类、诗歌类等。村社是越南的基层行政单位，为维护日常生产生活秩序、避免纠纷，每个村社都有自己基本的规约，此类碑铭甚多。寄忌类铭文主要表达了后人对逝者的哀思，并将所寄人名及祭辰开列于后。《总集》碑刻正上方题中带有"後佛"或"後神"字样的铭文内容基本都是寄忌类，越南的寄忌碑与中国的墓志铭并不一样，寄忌碑虽亦有逝者的生平传记，但只有寥寥几句，其主要以宣扬孝行为目的。事功颂德类铭文的主要目的是歌功颂德。"以诗代铭"的诗歌类铭文，是《总集》铭文的新亮点，打破了四字韵语的传统样式。除此以外，《总集》还包含"债务碑""遗嘱碑""高僧碑"等。

## 二　越南汉喃碑铭文献的文字学价值

### （一）越南文字变迁的价值

越南自968年独立建国至今一千多年以来，国家文字使用几经变迁。10世纪到12世纪基本上是汉字专用时代；12世纪喃字产生以后越南进入了汉喃并用时代；17世纪传教士创造了国语字；法国殖民者侵入越南以后，法文又开始推广；1945年以后进入国语字专用时代。

越南汉喃碑铭文献，自北属时期一直到20世纪绵延不断，从中可以看出越南文字的发展变迁，是研究越南文字变迁的第一手材料。由最初的汉字专用，到喃字出现后的汉喃并用，再到国语字的产生都可以在其中找到印记。

早期丁朝、陈朝的碑铭中，有不少关于施田、田界等内容，其中涉及一些专有地名以及度量词语，难以找到对应汉字，不得不使用喃字，如表示地名的"洞个"（《古越村延福寺碑铭》，1157），以及表示"田野"的"垌"字（《多贝垌木牌》，1269）；度量词语如表示"丈"的"高"字及表示"亩"的"面"等喃字。以《崇天寺碑》（1331）为例，其中就有不少喃字，如"高""洞""面""伴""麻雷（即'鬼'的意思）"等。

喃字产生以后，在越南民间流行，并逐步影响到上层统治阶级，偶尔会见到全用喃字写成的碑刻，如黎初黎圣宗于1486年御题诗碑刻。

黎初，越南国民民族意识高涨，而喃字作为民族独立性的表达手段之一，受到了文人政客的推崇，且影响到了当时的皇帝——黎圣宗。他既精于汉文，又精于喃字，所创作的《洪德国音诗集》是当时的喃文代表作。而这方纯喃字碑则忠实反映了这段时间的文字使用情况。

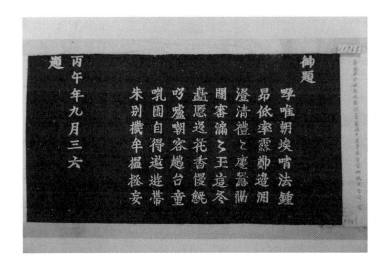

国语字产生以后，也成为铭刻碑文的一种文字，这时开始出现汉字与国语字夹杂使用的碑刻，有的碑刻甚至夹杂了汉字、喃字、国语字，还有阿拉伯数字，紧跟国家文字使用的政策。

纵观越南的铭文文献，从北属时期直到1945年，甚至少量延续至1945年之后，其碑刻所使用文字始终以汉字为主。此外，碑刻文字随着国家整体文字使用情况变化而变化，但又有其保守性和滞后性。喃字、国语字等在碑刻均已使用，但相较于纸质文献或文学类文献数量明显偏少，不是主流。碑刻用字依然以汉字为正统文字，可显示碑刻的神圣性、正统性与契约性。

## （二）汉字字体研究的价值

字体即字的外在形式特征以及字的风格。字体有个人字体，如欧、柳、颜、赵等书法字体；也有不同书写工具造成的风格，如契刻的甲骨文与铸刻的金文风格的不同，软笔字体与硬笔字体的不同；除此之外，还有文字用途不同形成的不同字体，如《说文解字·叙》中的"秦书八体"，现在使用最为广泛的"宋体字"也是应印刷而产生的。汉字字体经过古文字阶段以后，又经隶变，直至唐代楷体字定型才进入一个稳定的阶段。越南汉喃碑铭文献绝大多数在唐代以后，字体自然以楷体字为主，间有少量篆体、行书体、草体和行草体。

篆体字本是汉字字体发展史上的一种字体，后来有了专门用途，多出现在后世碑额以及墓志盖等处。在越南汉喃碑铭中，最早见于618年大隋九真郡宝安道场之碑文。此碑额篆体字比较有特点，艺术加工痕迹非常明显，字形已经简化很多。如"隋"此碑作，但隋代墓志如陈茂墓碑额作██，澧水石桥碑额作██，贺若谊碑额作██，宋代刻本《说文》一般作██。可看出此碑之"隋"与常见之篆体有别，不仅所从之"邑"已经简化，而且还少了一个"工"。"郡"之篆体██，所从之"邑"也已经简化。再如"真"此碑作██，明显与唐代常见之篆体██（唐·碧落碑）、██（唐·多宝佛塔碑）以及《说文》之██，有明显区别，可推测此篆文可能是以篆书笔画写俗体字形"真"而来。"道"之篆体██，与唐代习见篆体及《说文》之██也有区别。"碑"之篆体更具艺术性倾向，与东汉以来篆体如██（东汉·白石碑额）、██（隋·澧水石桥碑额）、██（唐·王审之碑额）以及《说文》之██皆不类，倒是与唐代法果寺碑额出现的██类似。

越南独立以后，篆体字常见于碑额，如：

莫朝以后，后黎朝与阮朝碑刻数量大增，篆文碑额也数量不少。有的篆体不仅局限于碑额，在铭文中也有出现，如莫朝碑铭中，有篆文"信施"二字。

越南汉喃铭文篆文主要有以下研究价值。一是关于宋代刊刻《说文》以前的篆文，研究是较为薄弱的，中国以及越南的出土材料是此项研究的重要的材料。二是可探究越南篆文对于中国篆文的接受与改易，如艺术化倾向等。

除篆体，越南汉喃碑铭中还有用隶书书写的。如：

越南汉喃碑文中还有艺术化的行书碑与草书碑。如：

以上行书、草书碑主要是艺术化倾向，具有很高的审美价值，对越南书法史、艺术史的相关研究有着重要价值。从北属时期、李陈时期、后黎朝时期、阮朝时期选择代表性碑刻文献，对其书体变化情况进行系统梳理，可以揭示越南书法艺术发展的历程。书法比较研究方面，以楷书为比较对象，汇集不同时代、不同地点的碑刻进行研究，可以发现某些书法演进规律。书法分类研究方面，后黎朝前期的一些题诗碑多由当朝皇帝书写，对御制御书碑的书体风格进行考察，有助于勾勒书法在越南统治阶层的发展轨迹。

除此之外，越南还有一种"宋体字"碑，也值得关注。"宋体字"是在明代伴随雕版印刷的"标准化"生产而产生的一种字体，主要特征是横平竖直，横细竖粗，与手写楷体字有明显区别。在越南碑刻中，可以发现以"宋体字"刊刻的碑，如：

从这种"宋体字"碑刻中，可以发现雕版印刷以及刻本书籍对于碑刻的影响，也反映了两种不同介质文献之间的密切关系。

字体作为一种文字整体风格，可以说每一块都有一种风格。整体而言，所有汉字文献都可以分为两种风格：一种是潦草的、用字随意的、由知识水平不高的人写就；另一种是严谨的、用字规范的、由知识素养较高的知识分子写就。按照一般道理而言，手写抄本比较自由随意，而碑刻文献传至久远，则相对严谨规范。现实却是，在碑刻中也有很多潦草随意、由下层人民写就的文字，字形不够规范，而这也正是其字形研究价值之所在。

### （三）汉字构形研究的价值

越南汉喃碑铭文献中的汉字形体非常丰富，贮存了大量的域外汉字字样，能够真实地反映汉字在越南的传播、发展的情况，为探讨汉字在越南发展演变的规律提供了可靠且丰富的材料。王宁先生运用科学的理论和方法，整理、描写不同层面汉字的构形系统，抓住汉字的本体结构和生发功能，依据部件在构字时所体现出的不同构意，归纳出汉字构形系统的5种构件类型、14种构形模式，基本涵盖了古今所有汉字。王宁先生的这一汉字构形理论，为我们研究越南汉喃文献中各阶段的汉字异写、异构现象提供了基础理论和基本方法。

越南汉喃碑铭中有着大量的异体字，不仅可为汉字构形理论在域外的运用提供丰富的、有特色的字料，而且反过来构形理论亦可以用来分析碑刻讹俗字、记号字等的形体构造，沟通字际关系。以异体字为例，首先关于异写字，包括：

1. 笔画增加。"皇朝正和十年捌月*衤刀*壹日立"（2040，此为《越南汉喃铭文拓片总集》编号，下同）中"初"作"*衤刀*"；"旧会宁县丞生徒阮登洲，青河社*乄*也，德年三达，心产两恒"（6030）中"人"作"*乄*"；"趋吉避*函*，淳风厚俗"（12436）中"凶"作"*函*"。

2. 笔画减少。"其发身之效，熟有大*焉*，遂镌于石，以寿其传"（814）中"焉"作"*焉*"；"赖本寺住持，人人继百年，延香*烟*于永远"（18077）中"煙"作"*烟*"；"再出赀造石墙，继买祀田，以需供*養*"（17760）中"養"作"*養*"。

3. 笔画黏合。"本村顺听犒欶肉、酒*菜*，准古钱□贯，别无索要"（3035）中"菜"作"*菜*"；"谦让和平，处于乡者，自束发至白首，未尝与人争*竟*也"（450）中"競"作"*竟*"；"*衢*坦云青，皆光天碧"（19797）中"衢"作"*衢*"。

4. 部件位移。"智氏号，自少裹诚，长而慈惠"（1136）中"敦"作"*裹*"；"庇民*護*国，德泽汪涵"（17079）中"護"作"*護*"。

5. 草书楷化。"于是刻石*昼*字，以示后世，使永监焉"（3773）中"畫"作"*昼*"。

其次关于异构字。包括：

1. 增加义符。"左龙峯起，右虎水迥"（450）中"峯"作"峰"；"环龙县安下总盛豪坊东阁亭樑上字题如后"（377）中"梁"作"樑"。

2. 改换义符。"仝村每人方饼四件，员饼四件，每件叁砵，用好为壹具"（7503）中"鉢"作"砵"；"几日誼哗，鼓棹来舟，离方峙絃岳之峰；弥年维新，合集飞鸟，岸郁馥树之春"（4103）中"喧"作"誼"。

3. 省略义符。"如此则福禄日来寿为无彊，益享太平之福"（11933）中"疆"作"彊"。

4. 改换声符。"重施酹，乡与国，举皆敬慕"（8550）中"酬"作"酹"。

5. 符号替代。"乡邑*千*敬之心，处处壹皆让畔，人人共保后神，亿年享禄。”（10706）中“尊”作“”。

6. 全体创造。“虽名显于当时，不若功传于后世，因勒碑以辭其传”（4362）中“壽”作“辭”。

此外，越南汉字构形研究对《越南异体字字形表》的编撰可以起到辅助作用，同时为越南汉字字样学研究与越南汉字规范问题研究奠定基础。

### （四）汉语俗字研究的价值

越南汉喃碑铭中的汉文是汉字在域外传承的活体文献，其中出现的这些俗字不仅可在中国历史文献中找到原型，而且其构字规律及形体发展趋势亦无异，内在传承性不言而喻。作为“异族故书”，越南汉喃碑铭不仅可以丰富和补充汉语俗字的新材料、拓展近代汉字研究的新视野，而且可以提供大量的新字样，对一些大型字书或俗字典进行增补。比如，俗字“李、夲、氷、竟”在《汉语大字典》有收录，同样在越南汉喃碑铭中也有出现，如（12753）、（1447）、（6404）、（7032），这些都可以作为补充汉语俗字的域外材料。还有《汉语大字典》未收录，但在《明清小说俗字典》中有收录的俗字，同样也可以在越南汉喃碑铭中找到，如發—（5296）、壇—（12464）、當—（14037），可以作为汉语俗字的域外佐证材料。

### （五）地域文字研究的价值

越南汉喃碑铭文献是研究“地域文字”的宝贵材料。“地域文字”包括变异俗字（又称“国别俗字”或“特征俗字”）和喃字，这些字形在现有研究材料和成果中少见。这些变异俗字中变异的形式也非常丰富，有替换声符、会意变异、讹俗变异、符号代替、草书楷化变异等多种形式。

“至于乙未年十二月初七日命终岁时，生归佛国”（5155）中“佛”作“”；“系递年贰忌，本寺整礼供佛”（651）中的“佛”作“”。这两个“佛”字分别表示“西天之人”“西国之人”，体现出越南人对于“佛”的理解，属于会意变异字。又“若后日何人唱起异端，廢弃忌日，惟愿皇天鉴临”（4446）中的“廢”作“”；“率能致杂雍熙之盛蔼，尔遠外声之世善乎”（10706）中的“遠”作“”，此为讹俗变异。此外，越南“变异俗字”中符号代替也独具特色，如符号“廾”：“系妃后命终，礼忌依如翁后”（9888）中“翁”作“”，“后再瞒昧，廢其忌腊”（11126）中“廢”作“”；符号“爻”：“自幼龄失怙，与母氏阮媪居孤苦丁零”中的“龄”作“”，“彼雕梁画栋，巍

业相皇"中的"巍"作"▢"。还有受草书楷化形成的变异俗字，如"扶护乡村，永傳南域"（10618）中的"傳"受草书影响楷化作"▢"；"盖闻有功德及人者，人必追思而祀之"（4443）中"德"字草书影响楷化作"▢"，还有进一步简化作"▢"（10706）形的。

"喃字"则体现在自造字，即借用汉字部件仿照汉字构形原理创制新字，其与古壮字、瑶字、布依方块字等民族文字有着千丝万缕的关系。

### （六）越南汉字史研究的价值

越南汉喃碑铭文献数量巨大，大约有68000张拓片，并且时间跨度长，从968年之前的北属时期，到李朝、陈朝、黎初、黎中兴以及阮朝都有拓片留存下来，这是研究越南汉字史不可或缺的宝贵资源。此外，由于战乱频繁以及气候潮湿等原因，越南刻本数量较少，写本时间较晚，只能作为越南汉字史研究的补充材料。

我们可以利用越南汉喃碑铭材料梳理出汉字在越南的发展史，下面以"懷""德"两字为例，可以大致看出"懷""德"两字在越南的发展、演变情况。如下表：

| 汉字 | 碑铭字形 | 年代 | 例证 | 编号 |
|---|---|---|---|---|
| 懷 | ▢ | 李朝（1118） | 谨述鄙～而纪其日月 | 20953 |
| | ▢ | 陈朝（1321） | 上柱国开国国王心～大道，性重宋人 | 4998 |
| | ▢ | 黎初（1510） | 兆姓称礼咸秩以～柔乎 | 1954 |
| | ▢ | 黎中兴（1782） | 人～惠泽，享配庙堂 | 13004 |
| | ▢ | 阮朝（1832） | 有阮监生挺出，～抱有素、历践科阶 | 14231 |
| 德 | ▢ | 陈朝（1321） | 王之厚～于以酬 | 5000 |
| | ▢ | 黎初（1507） | 女曰踪，嫁～光府清江县仙桧社 | 5137 |
| | ▢ | 黎中兴（1607） | 善积于家，～显以世 | 19307 |
| | ▢ | 黎中兴（1746） | 其功泽、其～，盖必待淳风之时 | 10706 |
| | ▢ | 阮朝（1932） | 河城名胜海岸兼有～，此有人而弟子弥众 | 15583 |

### （七）越南汉字传播史研究的价值

域外汉字传播与汉字在域外所处的生态密不可分。从载体来说，碑铭、刻本、写本在越南都是记载汉字、传承汉文化的载体，其中碑铭数量巨大，时间跨度长，是研究汉字在越南传播必不可缺的材料，可与刻本、写本相互补充研究越南汉字传播史；从文化生态背景来说，儒学、佛教与道教在越南的传播，以及中国的科举制度、礼仪官职制度、医学、民间风俗、印刷书籍等多方面、全方位的文化传播，无疑都推动着汉字在越南的传播、演变和发展。

汉字在越南的传播确实存在亦步亦趋的现象，如避讳文化对越南避讳字的影响，武周新字在越南碑铭中有出现，如"𤲃"（4372），越南碑铭文献中存在的大量民间俗字更是汉字在越南传播的一道风景线，俗字传播史也是汉字传播史的体现。

"汉字传播"是一个横向扩散的过程，具有时间性和空间性。越南汉喃碑铭时间跨度大，蕴含字料丰富，不但有助于厘清汉字在越南传播阶段和层次，而且对部分喃字创制时间及来源地的判定亦有启示。以碑刻中的汉字字料同中国的历代汇编字形作比较，可大致确定其传播时间的上限或下限。若有些字最早见于《明清小说俗字典》，那其传播时间多为明清；若有些字仅见于《汉魏六朝碑刻异体字字典》，《敦煌俗字典》《宋元以来俗字谱》《明清小说俗字典》皆未见，那这些字的传播时间至少在唐代以前。喃字从来源上分为借用字和自造字。在借用字方面，如果我们对汉字在越南传播阶段或层次有了大致的框架划分，就可以类推喃字中的借用汉字，同时结合碑铭喃字字料出现的具体时间，亦能分出一个层次。在自造字方面，除对汉字部件传播时间类推外，还可与其他民族文字做比较进行推断。京族和壮族属中越跨境民族，所用文字分别是喃字和古壮字。由于两族在历史上混杂而居，文化相似度较高，喃字和古壮字同属汉字型文字，关系密切。韦树关《喃字对古壮字的影响》（2011）阐述了一定数量的古壮字在字形、字音、字义及造字符号受到越南喃字的影响；其中，形、音、义全借喃字的古壮字可以判定来源于越南。这种影响应该是双向的。同理，我们通过对照越南汉喃碑铭与壮族古籍，亦能发现古壮字对喃字的影响，从而对一些喃字的来源地进行认定。

### （八）东亚汉字比较研究的价值

越南碑铭文献中既有传承俗字又有变异俗字，对这些俗字的研究有助于从整个东亚汉字圈的角度来审视近代汉字的演变，开拓近代汉字研究的新视野。如越南汉字发展变化是否和中国一致？如果不一致的话，中越双方各自的发展特点是什么？这些特点与东亚汉字圈的其他国家是否有相同或不同之处？同时，通过东亚汉字比较互证，有助于纠正学界对俗字国别的判定失误。如"芸"为"藝"的俗写，"対"为"對"的俗写，"仗"为"儒"的俗写，以上字形在日本、朝鲜和越南均有出现，但少见于中国。另外从民族角度看，记录"围"之"囲"见于中国京族地区，亦见于日本《常用汉字表》和韩国语文教育委员会1981年发布的181个"略字"中。我们并不能武断地认为这些字形为域外或少数民族创制，根据汉字传播的路线，如果汉字圈中其他国家都有的字形，那么其源头很有可能是在中土。此外，这些俗字字料亦可为《东亚俗字典》的编撰提供字形和例证。

### （九）汉字理论研究的价值

李运富《"汉字学三平面理论"申论》认为汉字本体应该具有形体、结构、职用三方面的属性。在形体和结构方面，何华珍《国际俗字与国别俗字——基于汉字文化圈视角》（2014）将域外汉字中的俗体分为"国际俗字"（传承俗字）和"国别俗字"（变异俗字）。越南汉喃碑铭中既有通行于中越的"汉越通用俗字"，又有主要流行于越南的"地域俗字"，这些材料可进一步丰富"国际俗字与国别俗字"理论。在职用方面，汉字在越南汉喃碑铭中分别记录汉语和越南语。那么从历时和共时角度看，一个汉字字符可以记录几个越南语语符？其中的形义关系又是怎样的？一个越南语语符需要几个汉字字符记录？用字属性是本用、兼用还是借用？利用碑铭材料系统地对以上问题进行研究，可为越南汉字职用学的构建奠定基础。

### （十）汉语俗字释疑解惑的价值

"对"字字形一般认为是日本创造的汉字，中国本土的刻本作此俗写的情况比较少见。关于"对"字，我们在越南汉喃碑铭文献中找到大量俗作"对"的例证，如"然既叨奉明诏，敢不对扬休命乎"（1510，1954号），"乾坤对天地"（1673，8919号），"灵庙峥嵘，乾坤对峙"（1695，4362号），"寺名香邓，景对华烟"（1723，11895号）等。可见"对"字在越南常见，日本也有，但在中国文献中还未发现，我们猜测其源头应是在中国，只是有待发现而已。

刘美娟《浙江地名疑难字研究》中论及"砳"的探源，其字未见于

《汉语大字典》《中华字海》等古今字书，现今地名志中作"砼"，旧方志中均作"磹"，可见是右半部分"亶"草书楷化作"玄"。类似的演变在《宋元以来俗字谱》中有用例，如"壇"字《目连记》刻本作"坟"。我们在越南汉喃碑铭文献中也发现"壇"俗作"坟"的例证，如"坟那会内，名保永昌"（1649，5279号）；"乃发家货许与坟坊，造悬钟阁兴事庙堂"（1676，372号）；"先圣，古礼也；露天文坟，古制也"（1867，14037号）。

越南汉喃碑铭文献是贮存汉语俗字的宝库，可以为汉语俗字研究提供丰富的材料，为学界俗字研究释疑解惑。

# 参考文献

阮文原：《越南铭文及乡村碑文简介》，《成大中文学报》2007年第17期。

耿慧玲：《越南铭刻与越南历史研究》，《止善》2014年第16期。

丁克顺、叶少飞：《越南新发现"晋故使持节冠军将军交州牧陶列候碑"初考》，《元史及民族与边疆研究》2015年第30辑。

丁克顺：《15世纪越南黎初朝代的蓝京碑林》，《汉字研究》2014年第11辑。

丁克顺：《陈朝碑铭》，［越南］社会科学出版社2016年版。

丁克顺：《越南佛教碑铭》，［越南］社会科学出版社2017年版。

丁克顺：《莫朝汉喃碑铭》，［越南］社会科学出版社2017年版。

何华珍：《国际俗字与国别俗字——基于汉字文化圈的视角》，《译学与译学书》2014年第3辑。

何华珍：《俗字在越南的传播研究》，《中国文字学会第七届学术年会会议论文集》，2013年9月。

何华珍：《域外汉籍与近代汉字研究》，《中国文字学会第八届学术年会会议论文集》，2015年8月。

何华珍、刘正印：《越南汉文俗字的整理与研究——兼论〈越南俗字大字典〉的编撰》，载何华珍、阮俊强主编《东亚汉籍与越南汉喃古辞书研究》，中国社会科学出版社2017年版。

何华珍、阮俊强主编：《东亚汉籍与越南汉喃古辞书研究》，中国社会科学出版社2017年版。

李运富、何余华：《简论跨文化汉字研究》，《北京师范大学学报》（社会科学版）2018年第1期。

张涌泉：《汉语俗字研究（增订本）》，商务印书馆2010年版。

陆锡兴：《汉字传播史》，语文出版社2002年版。

刘玉珺：《越南汉喃古籍的文献学研究》，中华书局2007年版。

刘正印：《越南汉喃铭文用字研究》，硕士学位论文，浙江财经大学，2016年。

阮金悭：《越南宁平省陈朝碑刻避讳字研究》，《中国学》2016年第9辑。

阮翠娥：《十三至十八世纪越南汉喃文献讳字字体研究》，《汉字研究》2018年第21辑。

陈仲洋：《中世纪越南汉字词典的类型与特点》，载何华珍、阮俊强主编《东亚汉籍与越南汉喃古辞书研究》，中国社会科学出版社2017年版。

吕明姮：《造字法之异同：日本和字与越南喃字比较研究》，《汉字研究》2016年第14辑。

竹内与之助：《喃字字典》，大学书林株式会社1998年版。

梁茂华：《越南文字发展史研究》，博士学位论文，郑州大学，2014年。

左荣全：《汉字在越南文字史上的地位演变研究》，博士学位论文，解放军外国语学院，2015年。

阮俊强、阮氏秀梅：《〈三字经〉对古代汉文教材的影响》，《汉字研究》2016年第14辑。

王平、刘元春：《越南汉喃文献E资源评介》，《汉字研究》2016年第14辑。

闻宥：《论字喃之组织及其与汉字之关涉》，《燕京学报》1933年版。

张元生：《壮族人民的文化遗产——方块壮字》，《中国民族古文字研究》，中国社会科学出版社1984年版。

李乐毅：《方块壮字与喃字的比较研究》，《民族语文》1987年第4期。

# 越南汉喃小学类文献整理研究导论[*]

## 一

按照传统的文献分类，语言文字之学谓之"小学"，包括文字、音韵、训诂等方面的内容。

近年，越南学界开始关注小学类文献中的重要领域——汉喃古辞书研究，如吕明姮《考究汉越双语辞典：大南国语》（2013）、黄氏午《指南玉音解义》（2016），附录影印原始文本，用现代越南语进行翻译注释。2017年5月，浙江财经大学、郑州大学、越南汉喃研究院协同召开"东亚汉籍与越南汉喃古辞书国际学术研讨会"，越南学者提交了多篇论文。如陈仲洋《中世纪越南汉字词典的类型与特点》对中世纪越南汉字词典的类型、汉越双语词典的特点进行分析。丁克顺《〈嗣德圣制字学解义歌〉版本及文字等问题研究》对《嗣德圣制字学解义歌》的作者、版本、内容、用字和词汇进行了简要介绍。吕明姮《从词典论看越南中代辞书：以〈大南国语〉〈日用常谈〉〈南方名物备考〉为中心》从中国词典论角度，对越南古辞书的内部结构进行剖析，并与中国辞书对比，凸显其特征。杜氏碧选《以字典为编写方式的越南中代汉字教科书研究——以〈三千字解音〉和〈嗣德圣制字学解义歌〉为例》分别对两本越南古辞书的编纂方式、押韵方式和教学功能进行介绍。陈氏降花《十九世纪末二十世纪初汉喃双语辞典：〈南方名物备考〉案例研究》考察了《南方名物备考》的成书背景、行文结构，探究其在越南社会文化中的影响。阮氏黎蓉《越南〈千字文〉字书两种汉字字形考》介绍了越南《千字文》的成书背景及相关材料，对部分汉字异体字从形体和结构进行考察。

在中国，陈荆和《嗣德圣制字学解义歌译注》（1971）在香港出版，

---

[*] 本文原载《越南汉喃文献与东亚汉字整理研究》，社会科学文献出版社2019年版，署名何华珍/李宇/王泉。

这是我国对越南古辞书整理的唯一著作。近年，梁茂华《越南文字发展史研究》（2014）对《指南玉音解义》《三千字解音》《嗣德圣制字学解义歌》《大南国语》等几部重要的越南汉喃辞书的成书背景、体例、内容进行探究。郑阿财《从敦煌文献看日用字书在东亚汉字文化圈的容受——以越南〈指南玉音解义〉为中心》（2015），这是专论中越辞书关系的一篇重要论文。李无未《近代越南汉喃"小学""蒙学"课本及其东亚汉语教育史价值》（2017），对近代越南汉喃"小学""蒙学"课本的学术价值进行探讨，与朝鲜、日本江户明治汉语官话课本进行比较，进一步凸显越南汉喃"小学""蒙学"课本文献在东亚地域汉语史视野内所具有的独特价值。温敏《越南汉喃双语辞书研究价值初探——以〈指南玉音解义〉为中心》（2017）以《指南玉音解义》为中心，以《大南国语》为参照对越南汉喃双语辞书的价值进行初步考察。李宇《越南汉字辞书〈字典节录〉研究》对《字典节录》成书背景、编纂体例和价值进行了初步分析。陈楠楠《〈三千字历代文注〉初探》从版本、成书背景、编纂体例、价值等方面对《三千字历代文注》进行了简要介绍。

由于小学类汉喃文献不易收集，双语辞书涉及喃字解读问题，国内相关成果并不多见，亟须进行系统整理及相关专题研究。

## 二

越南汉喃小学类文献可以分为以下几类。

### （一）文字之属

#### 1. 字样学类

《字学训蒙》（Tự Học Huấn Mông）：黎直（号鹤路，字古愚）撰，含序文一篇。越南汉喃研究院藏嗣德三十年（1877）抄本一种，共140页。此书序文："余于未出仕辰，课童之暇，阅字汇及字典，旁採他书，取其辰文所尝用，及所尝错误者，定为四言诗，四句一韵。"编纂者主要汇集了常用字、易错字，以四言体押韵诗的形式供学习汉字者检阅。其内容为四言押韵诗歌并在左栏以小字作详细注解。书后有题为"附录字典辨似以下"的附录，主要列举109个相似字形，解音释义。

《字学求精歌》（Tự Học Cầu Tinh Ca）：杜辉苑编辑，阮恋增订音注，苏叔达增补音义校梓。越南汉喃研究院藏印本四种，一印本为蔚文堂印本，其他为福寿堂印本，其中一印本藏于法国国家图书馆东方写本部。

蔚文堂、福寿堂印于嗣德三十二年（1879）。此书四字一韵，重在字形规范，正俗辨讹，涉及正音析形，笔画书写等。

《字学四言诗》（Tự Học Tứ Ngôn Thi）：黎直撰，含序文一篇。越南汉喃研究院藏本，据福文堂印本抄于嗣德三十五年（1882）。此书以四言诗形式撰成，朗朗上口，便于童蒙识字。其内容为汉字形体辨误，正俗辨似，多源自《字汇》，以科举考试常用字和易错字为重点。此书分为上下两栏，上栏大字为四言诗，如"厚当百子""规可见夫""疾原挟矢"等。下栏为四言诗的注解，如"病求急，故用矢，矢急疾也，俗作失非"。

《检字》（Kiểm Tự）：杨嘉训编撰，兴福寺成泰七年（1895）印行，今存印本一种。以四言韵文体撰写的汉字书写法指南，收录二百三十二个汉字。书前有引文，书末附载黎永祐帝关于佛教的御制文，以及阮文爽出使北京时所撰的《飞来寺赋》。此书前一部分内容与《字学四言诗》同，均以常用字和易错字对象编写的四字韵文，小字注解与《字学四言诗》有异。

2. 汉字教育类

《三千字解音》（Tam Thiên Tự Giải Âm）：又名《字学纂要》，编者不详，首页题"皇朝辛卯年孟秋上浣新刊"（1831），富文堂藏板。此书收三千个汉字字头，在每个字头右边用喃字注解。汉字与喃字配对押韵，使越南人易学、易懂、易记，是一部相当实用的汉字启蒙教材。据罗长山（2004）研究，这部书的编撰者是越南史学家、诗人吴时仕（1746—1803）。有学者认为，其书题为《三千字解音》受中国清代徐崑玉"三千字文"的影响，其内容是越南人自己的一种创造性编写。

《三千字解译国语》（Tam Thiên Tự Giải Dịch Quốc Ngữ）：编者不详。今存印本五种、抄本一种。抄本时间为启定二年（1917），无喃字部分。其中观文堂藏板印本首页题"维新己酉季夏"（1909），收汉字三千个字头，以喃字释义并以越南文注音。此书无序文，前五页为越南语的拉丁文拼写规则，主要内容为三千个汉字字头，在每个字头右边用喃字注解，每个字的下面用两行拉丁文注解。与《三千字解音》相比，此书多出的内容为拉丁文注解。这部书可以称为"汉喃越三语字典"。

《五千字译国语》（Ngũ Thiên Tự Dịch Quốc Ngữ）：今存柳文堂维新己酉年（1909）印本一种。此书为汉喃越三语词典，按其类将5000余个汉字分列为三十八目，如天文、地理、时令、干支、禾谷、树木等，用喃字和越南语注解。汉字字头为大字，右下角为喃字注解，双行拉丁文注于其下。依序文，此书是阮秉在五千字文的基础上用国语字注解而成。

《千字文解音》（Thiên Tự Văn Giải Âm）：今存印本四种，无序文，编者不详。其中二本为成泰庚寅年（1890）印本；一本为维新三年（1909）印本，用越南文注音；另有一本为观文堂成泰庚寅年（1890）印本。此书为《千字文》的喃译本，收录1015个汉字字头，每个汉字字头右边用喃字注解。

3. 字典类

《字典节录》（Tự Điển Tiết Lục）：《字典节录》是一部汉字字典，收录汉字8375个，有释义。分壹、贰两册，共160页。范公搞（字廷宜）编撰于嗣德五年（1852），卷首附序文一篇，未列凡例。其内容为先列被释字，下用同音字或近音字注音，后释义，不举例证，无义项出处。《字典节录》卷尾附有"二联字""三联字""四联字""二字相似"。

《嗣德圣制字学解义歌》（Tự Đức Thánh Chế Tự Học Giải Nghĩa Ca）：此书为嗣德皇帝的御制字典，主要为解释汉字字义的汉喃对照词典，1898年出版。该书内容共七目，分堪舆（二卷）、人事（三卷）、政化（二卷）、器用（二卷）、草木（二卷）、禽兽（一卷）、虫鱼（一卷）。每目中以一汉字、若干喃字相间的方式介绍相关字词，各字连贯起来成为六八体，但间有小注。

《难字解音》（Nan Tự Giải Âm）：今存抄本一种，是一部汉文难字字典。这部字典收录汉字字头1066个，下面用双行小字注解，内容有喃字注音、喃字释义、汉文注音及汉文释义，一些汉字字头右边有汉字小字，为使用常用汉字给字头注音。关于此书的编撰者、年代等问题均不详。

《村居便览》（Thôn Cư Tiện Lãm）：是一部学习汉语的汉字字典，编者不详。内容由两部分组成：一为简明汉语汉字字典，按部首排列，有释音释义，如"孪，音恋，一产两子"，"宿，音夙，星各止其所"等；二为儒典中的一些道德伦理故事，属于文字训诂类材料。

## （二）音韵之属

《翻切字韵法》（Phiên Thiết Tự Vận Pháp）：中国重抄重印本韵书，越南国恩寺据乾隆十年（1745）版重印于明命十五年（1834）。从其内容来看是一部汉字字典，含反切读法及释义，编者不详。正文后附载《经忏直音增补》，内容为《法华经》《楞严经》《圆觉经》《地藏经》等十二部佛经中的汉字的释义和注音。有康熙庚午年（1690）原序，附有若干发愿文。

《诗韵辑要》（Thi Vận Tập Yếu）：中国重抄重印本韵书，济南李攀龙编辑，由侨居越南的中国人郑德昌俊弇氏校订，有郑氏及金陵人徐启岱祖山氏的序文各一篇。此书内容分上平声、下平声各十五韵，又上声二十九韵、去声三十韵、入声十七韵，合计一百六韵，每韵下列所统单字，并简要注其字义。序文称其书"宗乎古而和乎今，顺于音而简不繁"，"传及南国，而南国之士亦知珍而宝之，遵而行之"。今存福文堂绍治元年（1841）印本二种。越南汉喃研究院藏福文堂绍治元年（1841）印本二种。越南国家图书馆藏明命十七年（1836）版，济南李攀龙编辑，韩山郑得潇慕生校阅。

《钦定辑韵摘要》（Kham Định Tập Vận Trích Yếu）：该书内容为《佩文韵府》选编，摘录重要的字词，仍依韵排列，附有音义及成语、诗篇的例证，用为作文参考资料。翰林院范文谊、黎维忠、阮文超编辑，校订并印行于明命己亥年（1839），各本均含序文、奏、凡例、目录、编印人员名单各一篇。越南学者陈文岬在其著作《汉喃书籍考》（越南书籍志）收入此书，谓"斟酌《佩文韵府》中，节其繁而撮其要，以便初学，命曰《辑韵摘要》"，故此书可看作中国康熙年间编印的《佩文韵府》的域外缩略本。

《诗韵集成》（Thi Vận Tập Thành）：今存抄本一种。此书为一部韵书，首列上平声自东至删及下平声自先至咸各十五韵；其后为四种七言绝句的平仄格律。正文按韵编排，以三字对句形式列出上述三十韵的单字，如"辰成夏，世已冬""慰三农，廓包容""节坚冬，德雍容"等，其韵脚即为冬韵。《诗韵集成》无序文，编者、年代均不详，至于此书为中国重抄重印本还是越南自编有待研究考察。

## （三）训诂之属

《三千字历代文注》（Tam Thiên Tự Lịch Đại Văn Chú）：原文共三千字，千言不重，四字一句，两句一组，每两组为一节，全文共750句，375组。分为上卷和下卷，上卷374句，每句四字，每两句一组，共187组；下卷376句，共188组。上卷按照时间的顺序，从远古传说一直到三国时期。下卷按照时间顺序从魏晋南北朝到清朝。《三千字历代文注》由中国人编纂，由越南人作注，以中国古代的历史沿革为主要线索，讲述朝代更替以及在历史进程中重要的历史事件和历史人物。注文以引用典籍为主，引用文献种类繁多，内容丰富，历朝历代多有涉及，最早为春秋战国时期的儒家经典，四书五经，最晚为清代的典籍。此书在训诂学、文献学、蒙学教育、文字学等方面有着重要的价值，也是中华文化广泛传播的反映。

《道教源流》（Đạo Giáo Nguyên Lưu）：福田和尚编辑，阮大方序，今存印本二种，蒲山社大觉寺印行于绍治五年（1845）。此书内容主要关于佛儒道三教各自的源流，正文汇释大量语词、典故，蕴含丰富的训释语料及历代文献，是研究专业词汇的宝贵材料。书中附载三部喃文作品。其一为《三千字历代文国音》，菊林居士（武绵、阮丽、宁逊、范谦）撰，徐崑玉喃译；其二为中国朱兴嗣所撰的《千字文》的喃译本，述及中国朝代更替的历史；其三为汉喃对照字典《三千字纂要》，收录三千个字头字，按韵部排列。

《万法指南》（Vạn Pháp Chỉ Nam）：此书为中国重抄重印本，今存印本三种。一为永寿三年（1660）黎氏玉情公主重印本；二为绍治七年（1847）东安县富市社兴福寺重印本；三为成泰六年（1894）太平省灵应寺重印本，僧人惠良据永庆二年（1730）刻本重印，均含序文一篇。此书是一部佛教术语辞典，明代云水沙弥撰。书中字头按一、二、三等数字排列，如"一真""二戒""三种因果"等等。

《诸经日诵集要》（Chư Kinh Nhật Tụng Tập Yếu）：今存同版印本三种，福溪永振据永严法主藏本印于成泰十年（1898）。佛家常用的经、咒、偈文选，有序文，汉字间有喃字。此书首为《诸经日诵集要礼仪》，后为正文。收有《佛说无常经》《八大人觉经》《观无量寿佛经上品上生章》《阿弥陀经》《放生文》《戒杀祝愿》等；书中附有四言韵文体《字典略式》，用以查找书中容易误抄之字。

《大方便佛报恩经注义》（Đại Phương Tiện Phật Báo Ân Kinh Chú Nghĩa）：此书为中国重抄重印本，今存印本三种。一为绍治五年（1845）海阳省锦江县觉灵寺印本；二为嗣德十八年（1856）河内含龙寺印本，有觉圆福田和尚再版序文。三种印本均含序文二篇、目录一篇。主要内容为《报恩经》注本，有沙门释法的序文，宣讲"慈悲博爱"之道，涉及须菩提割肉养亲、报父母养育之恩等。注文颇具音训价值。

## （四）双语辞书之属

《指南玉音解义》（Chỉ Nam Ngọc Âm Giải Nghĩa）：全书40章，涵盖人伦、农耕、天文、兵器、法器、禾谷等，共有3394词目，用来解义的喃字近1500字。此书已出版陈春玉兰和黄氏午译注本。郑阿财（2015）以敦煌日用通俗字书为基础，从《指南玉音解义》的性质、功能与编纂体制上做了初步探讨。

《日用常谈》（Nhật Dụng Thường Đàm）：范廷琥（1768—1839）撰于明命八年（1827）。此书为汉越双语、汉喃双文的词典，有小引及目录，共收2480词目，按32门类排列。北京大学图书馆藏锦文斋嗣德十年（1857）和有文堂嗣德三十四年（1881）刻本各一种。《日用常谈》是十九世纪末二十世纪初较为流行的工具书式教科书，代表了越南中世纪二元文化、双语言、双文字教程类型。

《大南国语》（Đại Nam Quốc Ngữ）：海珠子阮文珊（1808—1883）于嗣德三十三年（1880）编撰并由文江多牛文山堂于成泰己亥年（1899）在兴安省文江县多牛刻印，今存印本一种。此书为汉语词汇的解释和喃译，共4799条词目，内容分成五十门类，如天文门、地理门、土部、金部等，含序文、凡例、目录各一篇。此书排列跟《日用常谈》相同。

《南方名物备考》（Nam Phương Danh Vật Bị Khảo）：邓春榜（1828—1910）编撰。今存印本二种，版式不同。此书为汉喃双语辞典，题善亭邓文甫撰并序于成泰辛丑年（1901），含引文、目录各一篇。正文按类分成天文、地理、时节、身体、疾病、人事、人伦、人品、官职、饮食、服用、居处、宫室、船车、物用、礼乐、兵、刑、户、工、农桑、渔猎、美艺、五谷、菜果、草木、禽兽、昆虫等，保存有大量的汉越通用词汇。

《字类演义》（Tự Loại Diễn Nghĩa）：今存抄本一种，共77页。此书为汉喃双语字典，分三十二类排列，包括天文、地理、人伦、酬应、人品、俗语、歌谣、草木、昆虫等部。

《指南备类》（Chỉ Nam Bị Loại）：今存抄本一种。依序文可知此抄本乃据重印本抄录，故有再版序。此书有简明注解供读者使用。此书为汉喃双语辞典，分天文、地理、草木、禽兽、农耕等目。

## 三

根据越南汉喃小学类文献的内容、功能以及研究价值，可以分为音韵、文字、训诂、字典、蒙学、双语辞书等类别。在《越南汉喃小学类文献集成》以及数据库的基础上，按照类别进行专题研究。研究内容集中于以下几方面：

（一）越南古辞书的渊源研究，尤其是与明清的《字汇》《康熙字典》等中国传统字书的关系。越南作为东亚汉字文化圈最受汉字文化影响的国家，却尚未发现具有独创性质的大型字典。诸如《字典节录》《村居便览》《难字解音》《嗣德圣制字学解义歌》等文献均具有"字典"的性质，内容却是摘抄《字汇》《正字通》和《康熙字典》等中国字书，或是摘录中国古典文献而成。越南为什么没有原创性的大型字书？这些摘抄类字典摘抄的标准为何？摘抄的基础上有没有创新？这些文献中是否保存了中国已经失传的文献，是否具有一定的文献学价值？这些问题与越南地区的语言文字生态环境、社会环境存在着密切的关系，值得深入研究。

（二）越南汉字"字样学"研究。首先，可以对越南的汉字规范进行研究。以越南"字样学"类文献为材料，对越南汉字规范标准以及正字的变迁进行研究。通过比较两国"字样学"类文献，如越南的《字学训蒙》《字学求精歌》《字学四言诗》与中国的《干禄字书》《洪武正韵》《康熙字典》《字学举隅》对比，可以了解越南汉字正字法的特点，及其与中国汉字正字法的关系。同时，这些"字书"保存了大量俗字，其中一些在越南汉字文献中尚未发现用例，对于越南汉字异体字的研究也有价值。其次，可以探讨汉字规范与汉字蒙学教育的关系。越南"字样学"类字书多以歌谣的方式解释汉字，在区分字形正俗的同时主要应用于汉字启蒙教学。从形式来看，此类文献应用性强，对于汉字初学者来说通俗易懂易学；从内容来看，此类文献与汉字教学、用字规范密切相关，身兼两用，这个特点值得深入研究。此外，"字样学"类文献收字的来源、选择的标准以及注解依据等问题也需要深入考察。

（三）越南音韵类文献研究。越南音韵类文献众多，除《翻切字韵法》《诗韵辑要》《钦定辑韵摘要》《诗韵集成》以外，还有《国音新字》《三教一原解音》等。从内容来看，越南音韵类文献多为中国相关典籍的重抄重印本，或是在中国韵书基础上的再创造。首先，比较这些音韵类文献以何种中国韵书为本，有哪些不同，以此探讨越南社会使用汉语语音对音韵类文献的影响。其次，汉诗是在越南文学史上具有重要地位，越南音韵类文献主要是为汉诗创作服务的，以此可以探讨音韵类文献的社会功能。最后，音韵类文献以汉字为载体，而记音则是其主要功能，可以利用汉字职用学的理论，考察此类文献中汉字的职能。

（四）越南训诂类辞书以及"音义"研究。除《三千字历代文注》《道教源流》《万法指南》《诸经日诵集要》《大方便佛报恩经注义》外，还有《新编传奇漫录》《征妇吟》等诗文集类作品中也保存了大量训诂材料。越南训诂类文献材料主要引自中国古典文献，引用内容丰富。通过整理这些文献，首先可以了解中国文献在越南的传播与影响，两国间的书籍交流情况等。有的文献在国内已经失传或尚未被学界所知晓，对于文献研究有重要意义。"训诂"类辞书以训释词语为主，通过中越词汇的对比，发现哪些词是越南所特有的，这些词又是如何产生的。在此基础上，探讨研究越南的汉语词汇发展的规律与特点。"音义"类文献主要以"佛经"音义为主，多是中国书籍的重抄重印本或多种文献的汇集。首先，它保存了大量的训诂材料，可以为训诂研究与语言研究提供丰富的材料。从佛教文献的角度，可以研究中越两国佛教之间的源流关系，探讨中越两国佛教文化的交流。

（五）越南的"三五千"类文献研究。越南"三五千"类文献主要作为蒙学教材广泛应用于越南社会。从内容来看，"三五千"类文献以汉字为字头，用喃字、国语字进行注解，一方面此类文献包含了汉字与喃字、国语字之间音和义的问题。据此可以研究汉字与喃字以及国语字之间的关系。另一方面可以通过考察越南文字使用情况，研究汉字在日常用字中的地位问题。从功能来看，"三五千"类文献既是越南蒙学教材，又具有汉字规范的属性，这点与"字样学"类字书性质颇为类似，可以进行两方面的研究。从其形式来看，此类文献的编纂体例、结构形式、教学目的等方面，与中国传统蒙学教材相比较，探讨二者的关系，并总结越南蒙学教材的特点。

（六）越南的双语辞书类文献研究。越南双语辞书类文献丰富，真实地记录汉语词汇在越南的样貌以及越南对汉字词汇的创造。一方面通过考察越南语对汉语的选择和接受，研究汉语对越南语的影响，重新审视汉语汉字的特点。另一方面通过越南语对汉字、词汇的影响，可以研究越南语、喃字的特点。从汉语辞书发展史来说，越南双语辞书是汉语辞书发展史的域外延伸与变异，也是研究越南辞书发展史的重要材料。此类辞书类目的设置、词目的分合都侧面反映了中越文化的交流与融合，对于研究越南汉字传播发展史、越南汉字文化生态学、越南汉语词汇、比较文字学、语言接触，均具有重要的学术价值。

（七）越南"杂字"与敦煌、宋元以来"杂字"文献比较研究。越南小学类文献贮存了大量"杂字"类文献，散落在各类越南汉喃文献中。通过辑录、整理，与敦煌"杂字"以及宋元以来的"杂字"从收字、用韵、形式、内容等方面比较研究，总结汉字在越南的传播和发展规律。

# 参考文献

陈荆和：《嗣德圣制字学解义歌译注》，香港中文大学出版社1971年版。

何华珍、阮俊强：《东亚汉籍与越南汉喃古辞书研究》，中国社会科学出版社2017年版。

黄氏午：《指南玉音解义》，文学出版社2016年版。

吕明姮：《考究汉越双语辞典：大南国语》，国家大学出版社2013年版。

李无未：《近代越南汉喃"小学""蒙学"课本及其东亚汉语教育史价值》，《东疆学刊》2017年7月第3期。

郑阿财：《从敦煌文献看日用字书在东亚汉字文化圈的容受——以越南〈指南玉音解义〉为中心》，《中国俗文化研究》2015年第1期。

# 国际俗字与国别俗字[*]
## ——基于汉字文化圈的视角

## 一　引论

汉字文化圈是指中国以及历史上受中国影响而使用汉字的朝鲜半岛（以下或称"朝–韩"）、日本、越南等地区。国内外学者在汉字圈俗字比较研究方面，汇集整理资料，探讨俗字变异，不断推进域外俗字的整理与研究。

（一）汉语俗字研究方兴未艾。与汉字文化圈俗字比较研究紧密关联的汉语俗字研究，主要表现在以下五个方面。一是敦煌俗字研究，蒋礼鸿《敦煌变文字义通释》（1959），潘重规《敦煌俗字谱》（1978），张涌泉《汉语俗字研究》（1995）、《敦煌俗字研究》（1996），黄征《敦煌俗字典》（2005），张小艳《敦煌书议语言研究》（2007），赵红《敦煌写本汉字论考》（2012），于淑健《敦煌佛典语词和俗字研究》（2012）等，广泛汇集异体字样，揭示敦煌俗字变异规律，破解疑难，为解读敦煌文献奠定基石。二是疑难俗字考证，张涌泉《汉语俗字丛考》（2000）、杨宝忠《疑难字考释与研究》（2005）、《疑难字续考》（2011），周志锋《大字典论稿》（1998）等，钩沉发覆，探幽显微，破解众多疑难俗字，为辨识俗字树立典范。三是佛经音义俗字研究，郑贤章《〈龙龛手镜〉研究》（2004）、《〈新集藏经音义随函录〉研究》（2007），韩小荆《〈可洪音义〉研究》（2009），陈五云、徐时仪、梁晓虹《佛经音义与汉字研究》（2010）等，专论佛经音义字书，宏观微观兼顾，版本文献与俗字汇释融为一体。四是碑刻俗字研究，罗振玉《增订碑别字》（1957），秦公《碑别字新编》（1985）、《广碑别字》（1995），欧昌俊、李海霞《六朝唐五代石刻俗字研究》（2004），陆明君《魏晋南北

*　本文原载《译学和译学书》［韩国］2014年第5号。

朝碑别字研究》（2009）、郭瑞《魏晋南北朝石刻文字》（2010）、李海燕《唐五代石刻文字》（2011）、毛远明《魏晋六朝碑刻异体字研究》（2012）等，系联碑刻异体，探幽览胜，究明俗字变异轨迹。五是字样学研究，曾荣汾《字样学研究》（1988）、李景远《隋唐字样学研究》（1997）、张书岩等《简化字溯源》（1997）、王立军《宋代雕版楷书构形系统研究》（2003）、刘中富《〈干禄字书〉字类研究》（2004）、刘元春《隋唐石刻与唐代字样》（2010）等，探讨历代字样理论、汉字正俗关系，推求简俗字源。此外，还有古文字谱系研究、汉字构形研究、比较文字字学理论研究，等等。在国外特别是日本，在近代汉字研究、敦煌文献研究等方面，成果颇丰。鉴此，倘若将汉语俗字的研究触角延伸至域外，从域外汉籍反观汉语俗字，那将是另一番景象。

（二）朝—韩俗字研究初具规模。在国外，崔南善《新字典》（1915）最早关注朝鲜俗字，书后附有俗字（自造字）谱。小仓进平《朝鲜语学史》（1940），对朝鲜文字史进行了系统研究者。鲇贝房之进《杂考：借字考、俗文考、借字考》（1972），对朝鲜简俗字、新造字详加考述，成就卓越。柳多一《韩国文献学研究》（1989），汇集朝鲜半字（简体字），辑录坊刻俗字，有力推动俗字学研究。李圭甲《高丽大藏经异体字典》（2000），对高丽大藏经异体俗字进行全面汇考，展示了汉籍刻本中各色俗字的千姿百态，为俗字研究提供了极其丰富字样。金钟埙《韩国固有汉字研究》（1983），系统研究朝鲜新字，立足文献考证，极为详密。河永三《朝鲜后期民间俗字研究》（1996）、《韩国固有汉字比较研究》（1999），承前启后，对朝鲜新字及简俗字进行了深入研究。需要特别强调的是，韩国国立国语研究所自1991年始不断推进汉字略体调查研究，为汉字圈俗字研究奠定良好基础。在我国，曾出版或发表过介绍汉字汉语对朝鲜语的影响，以及朝鲜语简史的论著，也有研究韩国汉字词如《东去的语脉》（2007）专著问世，而专门研究朝鲜新字或简俗字者，则大概首推中国台湾学者金荣华。其著《韩国俗字谱》（1986），辑录36种写本数据，复制排印，诚可窥唐宋俗字在朝鲜半岛之传播轨迹。姚永铭（2007）、王晓平（2008）、王平（2009）、吕浩（2009）等论文，对朝鲜文献俗字进行诸多研究，为东亚俗字比较研究做了有益探索。华东师范大学中国文字应用与研究中心，较多关注域外汉字特别是韩国汉字的整理研究。吕浩《韩国汉文古文献异形字研究之异形字典》（2011），参酌《敦煌俗字典》《宋元以来俗字谱》，剪辑《新罗上代古文书资料集成》

《古文书集成》部分字样，为进一步研究中朝-韩俗字关系奠定了基础。尽管如此，探求俗字在朝鲜的传承变异轨迹，需要在既有成果之上，扩大文献调查范围，探寻中朝俗字关系之流变。

（三）日本俗字研究不断深入。在国内，以日本写本及古辞书为语料，进行中日俗字比较研究，日渐为学界所重视。钱超尘《半井家本〈医心方〉俗字研究》（1996）、《〈黄帝内经太素〉新校正》（2006）等，开东瀛汉医抄本俗字研究之先河。近年，王晓平十分关注俗字与日本古抄本校勘问题，发表系列论文（2009、2010、2011），进而提出东亚写本学重要命题。张磊《〈新撰字镜〉研究》（2012），充分利用敦煌资源，厘定俗字源流，收获颇丰。笔者指导研究生，对日本汉籍写本《参天台五台山记》《日藏古抄李峤咏物诗注》及《类聚名义抄》《色叶字类抄》等进行俗字专题研究，已成系列学位论文（2010、2011）。在现行简俗字方面，谢世涯《新中日简体字研究》（1989）、李月松《现代日语中的汉字研究》（1998）、何群雄《汉字在日本》（2001）、陆锡兴《汉字传播史》（2001）、刘元满《汉字在日本的文化意义研究》（2003），宏观研究，视野开阔，蕴含丰富学术信息。周一良《说"宛"》（1989）一文，乃中日俗字对比研究之代表作，张涌泉《韩、日汉字探源二题》（2003），对日文"仏""弁"二字进行了源流考辨，与《说"宛"》异曲同工。拙著《日本汉字和汉字词研究》（2004）对日本汉字进行了系统探源，拙文《俗字在日本的传播研究》（2011）揭示日本俗字变迁，探索俗字在日本流播规律，对日本俗字进行了阶段性总结。在日本，佐藤喜代治《汉字讲座》（1987—1988），宏观微观结合，理论考据并重，诚为当代汉字学研究之大成。《汉字百科大事典》（1996），集学术性与资料性一体，汇聚日本历代俗字字样，为研究中日汉字必备工具书。杉本つとむ《异体字研究资料集成》（1973、1995），集俗字研究资料之大成，为中日俗字比较研究提供极大便利。山田忠雄《当用汉字の新字体》（1958），是探究现代日语俗字源流的标志性著作，芝野耕司《JIS汉字字典》（2002），则为当代日本汉字之总汇，是俗字研究标本库。笹原宏之《国字の位相と展开》（2007），将日本"国字"研究推向一个新的高峰。此外，日本复制出版了大量的古辞书、古文书，以及各类写本、刻本，为汉字在日本的传播研究提供了极为丰富的第一手资料。不过，联系中日汉字辞书，结合中日汉字文献，吸收双方研究成果，探究以俗字为中心的汉字文化交流，特别是近代新字体的历时考证，个体"国字"的文献调查，均属薄弱环节。

（四）越南俗字研究有待开发。在越南，为了搜寻、保藏、复制、研究汉喃资料，已成立汉喃研究院，珍藏有汉喃古籍两万多种。目前，越南等合作出版了《越南汉喃铭文汇编（第1集）》（1998）、《越南汉喃铭文汇编（第2集）》（2002），《越南汉喃铭文拓片总集》（2005—2009），图片清晰，俗字满目，犹如唐宋，为越南俗字研究提供了宝贵的第一手资料。日本学者竹内与之助《字喃字典》（1988），汇释字喃形义，为字喃研究之必备工具书。王力《汉越语研究》（1948）、陈荆和《校合本大越史记全书》（1986）、刘春银《越南汉喃文献目录提要》（2002）、耿慧玲《越南史论》（2004）、陈增瑜《京族喃字史歌集》（2007）、刘玉珺《越南汉喃古籍的文献学研究》（2007）、孙逊《越南汉文小说集成》（2011）等，在文献、目录、喃字、汉越语诸领域，导夫先路。在中越俗字研究方面，已引起学人关注，陈荆和在《大越史记全书》后附"越南俗字·简体字与惯用汉字对照表"，郑阿财《越南汉文小说中的俗字》（1993）对越南俗字进行了分类探讨，刘康平的硕士论文《越南汉文写卷俗字研究》（2011）选取越南汉文写卷进行俗字调查研究，均有创获。拙文《俗字在越南的传播研究》探究越南俗字与汉语俗字之传承与变异，指出辞书及学界有关失误。此域俗字，亟须拓展研究。

（五）中、朝-韩、日、越俗字综合比较尚处空白状态。综上，汉语俗字研究方兴未艾，古文字、碑刻俗字、敦煌俗字、佛经音义俗字、疑难俗字、汉字构形学、字样学、比较文字学等研究成果，为域外俗字研究提供坚实基础，为本文研究提供强力支撑。但是，汉语俗字如何传播域外，域外如何在汉唐俗字影响下产生部分变异或整体变异？不同地域的俗字之间，是同步发展还是互有影响？域内域外俗字具有何种共性和个性？在汉字文化圈中，是否存在"国际俗字"与"国别俗字"现象？凡此种种，亟须在既有基础上加以填补与拓展。

## 二　国际俗字

汉字文化圈，在古代亦可谓之汉文交流圈，现今则变为"汉字音文化圈"。从文字学角度论，汉字域外传播史，往往就是俗字在域外的传承与变异的发展史。汉语俗字大量保存于域外汉文碑刻、写本、刻本之中，据此足以窥见历史上曾经出现的通行于汉字文化圈的"国际俗字"现象。

**（一）流行于朝—韩的异体俗字。以《九云梦》（1803年高丽刻本）为例：**

哀—袞　埃—埃　藹—藹　靄—靄　愛—爱　安—女　黯—黯　拔—板　罷—罷　拜—拜　褒—褒　飽—飽　寶—宝/宝　暴—暴　鮑—鮑　杯—盃　被—被　備—俻　輩—輩　本—夲　蚌—蚌　鼻—臭　必—必　俾—俾　弊—弊　壁—壁　邊—过　變—变/变　鑣—鑣　鬢—鬢　冰—水　秉—秉　播—播　步—步　纏—纏　參—叅　餐—湌　殘—残　慘—憯　藏—蔵　曹—曺　操—操　曾—曾　插—挿　刹—刹　儕—侪　攙—搀　蟾—蟾　纏—纒　腸—膓　嘗—甞　塵—尘　趁—越　稱—称　癡—癡　遲—遅　儲—㐫　出—齿　初—祄　處—処　楚—楚　礎—礎　黜—黜　觸—觕　畫—真　窗—窓　創—刅　垂—垂　春—卷　辭—辞　賜—傷　蕙—蕙　聰—聰　聽—聡　叢—藂　麤—麤　簇—簇　竄—竄　爨—爨　毳—毳　蹉—蹉　怛—怛　答—荅　帶—带　單—単　膽—膽　但—但　蹈—蹈　得—淂　德—德　等—⺮　殿—殳　踮—踮　疊—畳　鼎—昇　定—之　獨—狍/狆　杜—杜　段—叚　斷—断　對—対/對　娥—娥　蛾—蛾　俄—俄　惡—悪　愕—愕/愕　蕚—蕚/蕚　恩—㤙　兒—児　爾—尒/甬　發—矛/氽/菝　髮—髪　翻—翶/飜　凡—九　繁—繁　飯—飰　妃—妑　廢—庰/疒　粉—粃　峰—峯　伏—伏　服—服　撫—撫/抚　富—冨　復—復　覆—覀　概—槩　敢—敢　割—剖　隔—隔　閣—阁/阁　葛—葛　功—功　鼓—皷　蠱—盠　顧—顧　規—規　閨—閨　歸—敀/帰　鬼—鬼　桂—桂　貴—貴　怪—恠　關—闗　觀—观/觇　館—舘　廣—庀　國—国　裏—裵　含—含　罕—罕　毫—毫　號—骄　喝—喝　曷—曷　鶴—鶴　堅—坚/坚　衡—衡　轟—轟　侯—侯　後—浚　戶—戶　畫—㸃　懷—恢/懷　歡—歡　還—逻/還/还　幻—幻　宦—㝚　荒—荒　慌—慌　恢—恢　毀—毀　魂—𪨊/魂　禍—禍/秋　肌—肌　跡—迹　機—橪/桄　急—㤚　計—計　寄—寄　繼—継　躋—跻　佳—佳　假—假　價—価　兼—蕪　堅—呈　間—洞　煎—𤇑　檢—撿　僭—僭　劍—釖/剑　賤—贱　嬌—嬌　揭—揭　劫—刼　節—䈾　竭—竭　解—鮮　戒—戒　矜—矜　㬪—㬪　僅—堇　謹—謹　盡—盡　京—亰　涇—浧　旌—旌　景—景　徑—逕　競—競　迥—迵/迥/廻　炯—烔　就—就　舅—舅　舊—舊/旧　舉—㪯/㪯　覺—覚　涓—涓　眷—春　睿—㪯　絹—絹　開—闬　欲—欲　渴—渇　肯—肎/肎　恐—恐　哭—哭　款—款　曠—暕　魁—魁　跬—跬　琅—瑯　勞—労　樂—乐　壘—垒　離—离　籬—篱　荔—

茦　歷—歴/歷　麗—麗　聯—聯　臉—脸　戀—恋/恋　凉—凉/凉　兩—
両　量—量　寥—寥　遼—遼　獵—猎　鬣—鬣　麟—獜　鱗—鳞　臨—
临/臨　棱—棱　陵—陵　凌—凌　靈—灵　流—流　留—畄　琉—琉
榴—梊　龍—竜　隴—陇　樓—櫻/楼　壚—垆　爐—炉　魯—魯　祿—
禄　戮—戮/裁　鸞—鸾　旅—旅　略—畧　臠—臠/离　亂—乱　滿—蒲
忙—忙　茫—茫　冒—冐　督—督　貌—皃/皃　沒—没　美—美　寐—
寐/寐　萌—萠　夢—夢/夛　彌—弥　密—宓/宻　覓—覔　勉—勄　冕—
冕　邈—逃　暝—暝　命—俞　謬—謬　歿—殁　默—黙　歃—歃　墓—
全　幕—帟　暮—旮　難—難　囊—嚢　曩—曩/曩　惱—恼　腦—胸　嫩—嫩
能—耺　霓—霓　擬—拟　逆—逆　睨—睨　輦—輂　孽—孽　躄—跛
弄—挵　潘—潘　佩—佩　珮—玐　珮—玐　彎—弯　疲—疲　偏—偏
娉—娉　魄—魄　匍—匍　瀑—瀑　奇—竒　崎—嵜　棋—碁　旗—旗
齊—斉　騎—騎/骑　麒—猉　屺—屺　綺—綺　企—仚　氣—氣/气/气
器—器　憩—憩　鉛—鈆　僉—僉　潛—潜/潜　錢—錢　強—强　喬—
喬　橋—橋　怯—怴　秦—秦　溱—溱　琴—琹　寢—寝　磬—磬　馨—
鏧　凳—凳　瓊—瑓　驅—駈　區—区　瞿—瞿　娶—娶　綣—綣　勸—
劝/劝　閵—阄　群—羣　壤—壤　讓—讓　榮—荣　儒—伩　藥—菜
爇—爇　散—散　桑—桒　森—枀　僧—僧　杉—杦　潛—替-晳　善—
善　商—商　蛇—虵　捨—捨　舍—舍　射—射　涉—涉　設—設　攝—
摄　懾—慴　深—深　審—審　升—升　聲—声/声/声　剩—剩　聖—聖
濕—湿　實—実　視—眎　飾—餝　釋—釋　收—収/収　壽—寿　書—
書　梳—梳　鼠—鼡　屬—属　倏—倏　庶—庻　術—术/术　數—數/
数　樹—樹/夝　帥—帥　率—率/卆　雙—雙/隻/㸦/双　爽—爽　稅—
稅　睡—睡　爍—煉　私—私　絲—絲　聳—聳　算—筭　雖—雖　隨—
随　歲—崴/岁　損—損　所—所/所　踏—踏　臺—臺/仝/全/仝　擡—
撑/撑　泰—泰　潭—潭　堂—堂　滔—滔　韜—韜/韜　逃—迯　睇—
睇　體—躰　替—晳/替　挑—挑　聽—聴/听　廷—廷　統—統　徒—徏
途—迲　圖—圕　土—圡　吐—吐　脫—脱　跎—跎　蛙—蛙　挽—挩
晚—晩　椀—梡　往—徃/迬　岡—冈　惘—怋　妄—妛　忘—忘　望—
朢/望　微—微　爲—为　慰—慯　魏—魏　我—我　臥—卧　污—汙/汚
無—㡃/無/旡/无　誤—誤　俙—俙　唏—唏　稀—稀　膝—膝　喜—喜
蝦—蝦　纖—纎　閑—閑　賢—㑇　險—険　陷—陥　鄉—郷　襄—襄
響—響/響　向—向　簫—箾　囂—囂　效—効　歇—歇　脅—脅　鞋—

鞋　謝—谢　興—興/㒷　幸—幸　兇—㐫/㓙　胸—胷　雄—雄　夐—敻修—修　虛—虚/虗　嘘—嘘　婿—壻　酗—酗　選—迭　學—斈-斈/学勳—勲　瞟—瞟　尋—尋/寻　咽—咽　焉—馬/焉　煙—烟　閻—閻/閻嚴—吅　簷—簷　鹽—盐　儼—㑬/儼　晏—晏　焰—焰　雁—鴈　諺—諺　驗—験/驗/験　養—养/养　癢—痒　樣—様-恙-羔　肴—肴　堯—尭窈—窈　藥—葯　謁—謁　猗—猗　欹—欹　漪—漪　宜—冝　疑—㸿/疑　儀—儀/仪　矣—矣　誼—誼　倚—倚　異—異/异　翌—翌　義—義　藝—芸　議—议　因—囙　陰—陰　淫—滛　淫—滛　嬰—嬰　櫻—櫻　纓—纓　鸚—鸚　迎—迎　營—営　穎—頴　勇—勇　湧—湧　幽—凼　又—叉　幼—幼　魚—魚　輿—輿　與—与　域—㦸　欲—欲　嫗—妪　譽—訁　鬱—欝-畣/盍　冤—宼　圓—圎　遠—逺　怨—惌　悅—悦躍—躍　殞—殞　簪—簮　贊—賛　葬—塟　遭—遭　糟—糟　躁—躁/躁贈—贈　吒—吒　齋—斎　譫—譫　盞—盏　綻—綻　章—章　丈—丈杖—杖　障—障　嶂—嶂　召—㕣　珍—珎　臻—臻　卮—巵/巵　枝—芰　職—戝　陟—陟　致—致　銍—銍　置—直　鷙—鷙　竺—竺　燭—炥　饌—饌　妝—粧/庄/粧　總—総　奏—奏　卒—卆　俎—俎　作—作坐—坐　座—座

**（二）流行于越南的异体俗字。以《安南一统志》（19世纪越南写本）为例：**

爱—爱　礙—碍　拔—拔　霸—覇　灞—灞　拜—拝　寶—宝　報—报　筆—笔　邊—边　變—变　冰—氷　撥—扒　薄—箔　纔—纔　殘—残/戋　讒—譈　曾—曽　層—層　插—揷　趁—趂　塵—坐　稱—称齒—歯　寵—竉　讎—讐　垂—埀　辭—辞/辞　匆—匃　從—従　竄—竄　帶—帯　擔—担　膽—膽　彈—弹　當—当　黨—党　得—浔　鄧—邓　遞—逓　定—㝎　督—督　毒—毒　斷—断/断　對—对　遁—遁奪—夺　兒—児　愕—愕　惡—悪　恩—恩　發—発　凡—九　飛—飛廢—庅　佛—仸　個—个　構—構　鼓—鼓　怪—恠　觀—見　管—菅規—䂓　歸—帰　癸—癸　國—国　過—过/過　嚇—吓　黑—黒　護—護華—花　譁—譁　畫—昼　懷—怀　壞—坏　還—还　荒—荒　諱—諱禍—祸　獲—獲　幾—幾　機—机　擊—击　疾—疾　堅—坚　艱—艰監—监　檻—檻　將—将　講—講　降—降　解—觧　盡—尽　經—経驚—驚　舊—旧　舅—舅　舉—挙　舉—斈　聚—聚　覺—覚/覚　爵—爵

堪—㙋　肯—肎　恐—恐　摳—摳　哭—哭　覽—览　攬—揽　勞—劳
樂—楽　壘—㙪　類—頪　淚—泪　屬—厉　歷—歴/歷　麗—麗　聯—
聅　戀—恋　糧—粮　兩—両　靈—灵　令—仒　劉—刘　隆—隆　龍—
竜　籠—篭　樓—楼　屢—屡　亂—乱　蠻—蛮　美—羙　夢—夢　覓—
覔　眇—䀹　廟—庙　命—佘　畞—武　慕—慕　奈—柰　鼏—㝱　難—
难　惱—恼　倪—倪　儞—你　逆—逆　噬—噬　凝—冾　寧—宁　派—
泒　龐—厐　品—品　齊—脊　齊—斉　奇—竒　耆—耆　起—赶　器—
噐　遷—迁　潛—潜　淺—浅　擒—拎　輕—軽　頃—頭　窮—穷　趨—
趍　衢—衢　壤—壌　攘—攘　榮—荣　肉—宍　擅—拡　攝—摂　懼—
惧　社—社　甚—甚　聲—声　識—訹　勢—劳/势　事—亊　鼠—鼡
數—効　庶—庻　率—卆　雙—双　私—私　送—送　蕭—甫　所—所
壇—坛　韜—韜　逃—迯/迯　提—㖞　體—体　聽—咱　統—統　突—
突　往—徃　微—微　違—違　幛—幢　圍—囲　爲—为　偉—偉　衛—
術　鵯—鵼　襲—襄　陷—陥　蕭—羊　囂—嚚　脅—脇　興—奥　凶—
凶　虛—虗　選—迭　學—学　循—徣　嚴—厳　壓—歴　曄—晔　夜—
亱　謁—謁　醫—医　義—㸤　議—䛯　逸—逸　嬰—娶　營—営　迎—
迎　幽—凼　遊—迂　幼—㓜　興—奭　譽—誊/誉　怨—怨　贊—賛
暫—暫　葬—塟　竈—灶　贈—贈　戰—戦　仗—杖　遮—遮　整—整
職—戠　晝—昼　骤—驟　助—助　姊—姉　縱—纵　奏—奏　鑽—鑚

（三）流行于日本的异体俗字。以室町时代写本《尚书》《李峤咏物诗注》为例（选取见于日本《常用汉字表》且与中国简化字不同形的简俗字）：

霸—覇　變—変　冰—氷　博—博　薄—薄　步—歩　涉—渉　頻—
頻　層—層　禪—禅　巢—巣　單—単　勞—労　榮—栄　藏—蔵　臟—
臟　稱—称　邇—迩　乘—乗　臭—臭　懲—懲　遲—遅　敕—勅　齒—
齒　從—従　縱—縦　臭—臭　處—処　據—拠　窗—窓　稻—稲　德—
德　聽—聴　潰—潰　讀—読　續—続　髮—髪　豐—豊　敷—敷　葛—
葛　謁—謁　渴—渇　觀—観　歡—歓　權—権　勸—勧　穀—穀　歸—
帰　毒—毒　海—海　侮—侮　悔—悔　梅—梅　每—毎　壞—壊　懷—
懷　惠—恵　穗—穂　鷄—鶏　繼—継　嘆—歎　漢—漢　難—難　殘—
殘　踐—践　賤—賎　淺—浅　錢—銭　揀—揀　練—練　將—将　覺—
覚　寬—寛　賴—頼　樂—楽　壘—塁　歷—歴　曆—暦　戾—戻　鍊—

錬　靈—霊　龍—竜　黑—黒　墨—墨　釀—醸　壤—壌　讓—譲　兒—
児　齊—斉　濟—済　器—器　勤—勤　舍—舎　攝—摂　繩—縄　實—
実　釋—釈　擇—択　澤—沢　驛—駅　獸—獣　蕭—粛　碎—砕　歲—
歲　彈—弾　鐵—鉄　微—微　僞—偽　犧—犠　戲—戯　纖—繊　顯—
顕　陷—陥　效—効　響—響　鄕—郷　繡—繍　亞—亜　鹽—塩　嚴—
厳　儉—倹　險—険　驗—験　搖—揺　遙—遥　壹—壱　逸—逸　應—
応　營—営　隱—隠　穩—穏　寫—写　與—与　贊—賛　戰—戦　增—
増　徵—徴　總—総　塚—塚　專—専　莊—荘　醉—酔

以上，从域外汉籍中，选取代表性俗字文献，尽量穷尽性调查俗字字
样，大致可以窥见域外俗字之多之繁且与汉语俗字相承的情形，同时亦可
探寻汉语俗字流转古代日本且为当代"常用汉字表"吸收的事实。从历时
传承及汉字构型等视角，可以进行细致分析。

## 三　国别俗字

张涌泉《汉语俗字研究》（1995）第二章"古今俗字大观"论及日
本、朝鲜、越南等汉字文化圈的俗字现象，指出"日本人在长期的使用汉
字过程中，确也创造了一些独特的俗体字，诸如円（圆）、広（广）、
実（实）、図（图）、摂（摄）、对（对）、沢（泽）、伝（传）、壳
（卖）、辺（边）等，这些都是日本民族独创或在中国俗字基础上改造而
成的俗体字，并已成为现代日语的正式用字"。"朝鲜人在使用汉字的过
程中，也采用或创制过一些俗体字，如金（法）……，等等，其中有些字
与中国的俗字相同或相近，有些则是朝鲜民族的创造。"越南《利仁路外
星罷户乡天属童社昭光寺钟铭》中的"罷""翕"等字"当亦为越南创制
的俗字"。

郑阿财在《越南汉文小说中的俗字》（1993）一文中，分析了越南俗
字的结构类型，同时指出，"越南汉文小说中的俗字，除继承中国汉字之
俗写习惯外，也具有其特殊性"，并列举了以下25个越南式俗字：

德—旡　勢—劳/甹　歷—迈　瀝—泟　猶—狨　遠—迯　聽—咱
圍—回　雷—咅　審—它　尊—夵　插—抻　擒—拎　疫—瘝　盤—盘
聯—聀　觀—覔　義—苂　議—䜏　儀—倓　遊—迬　峒—岗　驗—馱
張—弡

刘玉珺《越南汉喃古籍的文献学研究》（2007）谓安南本"简化字、
俗字使用普遍"，其中"既有体、几、乐、盖、恠、竜、孝等与中国一样

的简体字、异体字，也有其自创的俗字"。列举了以下54个例字：

懷—忄 後—仅 歲—戝 職—耺 類—頪 數—效 崇—崈 深—
深 幾—兒 飛—冗 齒—歯 遲—迡 算—筭 命—俞 帶—带 併—
俻 法—泆 軒—玕 輒—撤 高—离 韓—韩 曹—曺 續—紨 遠—
这 刷—刟 桃—桃 卷—夵 襲—裵 龔—龏 識—訤 驗—馻 幽—
㘽 茲—芿 義—㒸 齊—斉 率—卆 譽—誉 覺—竟 擧—拳 庶—
庹 撼—擖 舊—苗 聯—联 炙—灸 華—华 壇—坛 擅—扗 興—
興 護—萨 發—発 腦—腍 惱—悩 醫—医 辭—辝

王力《汉越语研究》（1948）认为"字喃里也有省笔字。它们有些是和汉文省笔字相同的，但是，大部分都和汉文的不同，或大同小异"。列举了以下100个越南省笔字：

學—孝 尊—寺 啻—杏 擧—拳 聖—圣 默—杰 盤—盘 羅—
罗 等—苧 驚—鸢 雷—畨 靈—㝒 霜—相 雪—彐 癥—疧 義—
㒸 命—俞 無—毛 登—癶 會—会 審—它 敳—㫃 蕭—羊 單—
冂 厭—厌 翁—爺 書—卡 窮—穷 舊—苗 出—屮 藝—芸 鑛—
横 饒—烧 類—頪 數—效 群—咩 觀—覞 張—引 撞—払 護—
护 鄭—郑 博—忄 傳—仹 隨—陏 綱—纲 輕—拴 嬬—媰
遲—迡 停—仃 運—迊 調—訠 傷—伇 瀝—汇 濡—泍 道—
辿 險—阶 輝—炘 佛—伕 禍—衬 門—门 閭—閅 圍—回 風—
凡 圖—図 率—卆 團—团 南—甶 關—开 辦—办 嫩—市 術—
米 固—古 謝—身 虧—亏 能—㠯 樣—㨾 銀—艮 弊—卅 沒—
乂 喟—寻 馭—寻 器—罖 飛—冗 龍—竜 意—㐰 體—体 錢—
ソ 德—方 萬—万 饑—刂 聽—咱 疑—亇 歸—为 當—当 爐—
炉 齊—斉 寶—宝 鸞—鸢 雛—屯 離—离

笔者以为，俗字在域外传播过程中，既有传承历史上的汉唐俗字，亦有经过改造别构的域外异体。前者为汉字文化圈的"国际俗字"，后者为主要流行于地域的"国别俗字"。在"国别俗字"中，绝大部分为局部变体的域外俗字，小部分为全新创造的"国别新字"。而上述学者提出的"国别俗字"，因资料所限或有疏误错讹，待当另文探讨。在此，充分吸收国内外相关成果，结合辞书及文献调查，甄别筛选，试提出以下局部变体的代表性"国别俗字"，以供进一步研究之用。

**（一）主要流行于朝–韩历史上的"国别俗字"**

辦—办 邊—边 辯—宻 撥—拶 出—㞷 觸—觝 辭—辝 竄—

宿 獨—狛 發—弅/𤺥/𠆤 廢—庎/庍 奮—奋 鳳—凤/𪄳 福—补 富—冨 廣—庞/庑 歸—敀/敀 墾—塯 衡—𢖩 畫—𤴓 凰—𡉻 禍—祸 擊—仟 儹—俗 爵—𥱱 樂—𣓀/乐 羅—𠆢/罒/罖 滿—沔 貓—独 夢—夕 墓—𡉖 幕—帟 慕—尒 暮—合 囊—末 鷗—鸥 潛—潜 儒—仪/佈 深—㓟 聲—𠮢/𠮷/𡘸 實—宊 獸—狄 術—朮 雙—䨇/㸚/双 爍—烁 歲—𡵩/𢧵 踏—𠄼 擅—捈/捵 替—𡔷 微—𡭔 衛—韦 胸—脑 勳—𠠝 嚴—叩/厶 儼—㐲 獼—狐 藥—荗 庸—庂 牖—𤖋 興—𡘋 與—𦥑 獄—狂 鬱—杏 駕—鸢 簪—𥰡 贊—𧵣 徵—𢼸 燭—炪

## （二）主要流行于越南历史上的“国别俗字”

礙—矴 霸—𥄑 灞—𤀾 弊—卝 撥—扒 博—忄 插—挬 劃—刘 癡—疒 酓—杏 傳—伩 單—𠆤 道—辿 德—𠁥/徳 調—訆 峒—峝 廢—庅 覆— 膏—𦬆 固—㝵 觀—𧠀/覌/𧠁 規—𠤑 歸—归 捍—扞 後—仅 護—护 輝—炘 諱—讳 擎—孚/𢪒 饑—𩚀 際—阠 嘉—茄 傑—𠆺 驚—𩰬/𩰿 爵—奨 嚼— 款—𮬳 鑛—𨫔 雷—畠 類—頪 屬—厉 勵—劢 歷—厈 瀝—沥/浭 齡—𡥓 爐—炉 臚—胪 羅—罖 蘿— 沒—𣳇 歟—𠀬 南—肖 嫩—𡔷 糯— 婆—婹 錢—𠂊 擒—拎 輕—择 群—𦍒 饒—烧 傷—伄 麝— 審—宊 勢—劳/𠠩 書—𠂇 數—效 霜—𩅰 蘇—荗 隨—阤 聽—咱 銅—峒 圖—囝 團—囝 萬—𠃏 圍—囘 違—迠 翁—𦍒 險—阶 蕭—羊 謝—𦣻 續—𦃃 雪—彐 衙—吾 驗—駅/驵 樣—𣐹 疑—𠃐 儀—侸 蟻—蛟 疫—痖 義—𦍒 議—谟 銀—垠 飲—㳄 猶—犹 餘—㭎 鬱—转/ 遠—这 運—迖 臟— 鍾—煙 撞—払 尊—寺

## （三）日本《常用汉字表》中的“国别俗字”

日本《常用汉字表》中，有235个简体字与中国现行简化字不一样。这些不同的简俗字，流播日本并历代相传，而其字形大多出现于中国历史文献中。例如：

汉代：德、懷、步、涉、姉、乘、遲、豐、賴、犠、博、縛、勇、殘、藏、帶、滯、漢、嘆、惠、継、謹、榮、勞、嚴、歷、曆、練、黑、墨、器、随、両、舍、繩、歲、郷、曾、僧、增、贈、徴、專、穀、寬、勳、每、曉、搔、騷、拜、咲、恥、靈、穩、隱、賛、戾、緣、隣、聴、聡。

**魏晋南北朝：**处、仏、関、塩、銭、悪、雑、逓、済、弥、繋、撃、蘭、奥、児、陥、涼、収、歴、従、涙、卆、砕、楽、為、偽、糸、斉、嬢、径、焼、竜、髄、掲、渇、剰、壱、効。

**隋唐：**隆、粛、捨、巣、壊、譲、覇、氷、薄、敷、簿、齢、歯、窓、総、粋、酔、鶏、渓、灰、断、営、嘆、諫、黙、梅、侮、勤、謹、難、様、毎、海、敏、穂、毒、逓、闘、滝、臓、微、将、臭、薫。

**宋元明清：**浅、践、桟、剤、絵、顕、畳、坂、繊、醸、稲、挿、捜、称、勅、剣、険、検、観、歓、権、勧、庁、拠、県、鉄、帰、亀、発、廃、挙、抜、髪、変、浜、奨、経、軽、茎、瀬、覧、単、弾、蛍、獣、薬、猟、突、亜、様、謡、揺、斎、証、鋳、塚、戯、桜、実。

因此，主要流行于日本的"国别俗字"有：

壓—圧　團—団　應—応　邊—辺　貳—弐　圍—囲　釋—釈　擇—择　澤—沢　譯—訳　驛—駅　氣—気　廣—広　鑛—鉱　擴—拡　傳—伝　轉—転　圓—円　假—仮

局部变异的"国别俗字"，属于汉字在域外的形体变异，其特点主要体现在异写字十分普遍，简化、符号化、形声、会意等异构字亦呈现不同面貌。说有难，说无更难。鉴定哪些是中国历史上的既有俗字，哪些是汉字在域外的变体异构，这是一个十分困难也是十分冒险的事情。郑阿财先生说，从中外文献中发掘新的异体俗字，"于此考察俗字之发展实深具意义"。

需要说明的是，在我国汉字发展史中，曾经出现过佛译新字、六朝新字、武周新字、太平天国新字等，在韩-朝、日、越等地区，除据汉字局部改造而形成独特的地域性俗字外，还创造了大量的域外新字。关于域外新字的结构特点、形义关系、历史演变，特别是字源国别的判定、中外偶合字形的关联等，需要下力气研究。此当另文讨论。

# 参考文献

刘复：《宋元以来俗字谱》，中央研究院历史语言研究所1930年版。

易熙吾：《简体字原》，中华书局1955年版。

蒋礼鸿：《中国俗文字学研究导论》，《杭州大学学报》1959年第3期。

秦公：《碑别字新编》，文物出版社1985年版。

徐中舒：《汉语大字典》，湖北辞书出版社、四川辞书出版社1986—1989年版。

李荣：《文字问题》，商务印书馆1987年版。

裘锡圭：《文字学概要》，商务印书馆1988年版。

曾荣汾：《字样学研究》，（台北）学生书局1988年版。

冷玉龙等：《中华字海》，中华书局、中国友谊出版公司1994年版。

张涌泉：《汉语俗字研究》，岳麓书社1995年版。

张涌泉：《敦煌俗字研究》，上海教育出版社1996年版。

钱超尘：《〈医心方〉校注研究》，华夏出版社1996年版。

钱超尘：《黄帝内经太素研究》，人民卫生出版社1998年版。

李乐毅：《简化字源》，华语教学出版社1996年版。

周有光：《世界文字发展史》，上海教育出版社1997年版。

周有光：《比较文字学初探》，语文出版社1998年版。

张书岩等：《简化字溯源》，语文出版社1997年版。

李景远：《隋唐字样学研究》，博士学位论文，台湾师范大学，1997年。

周志锋：《大字典论稿》，浙江教育出版社1998年版。

周志锋：《明清小说俗字俗语研究》，中国社会科学出版社2006年版。

王贵元：《马王堆帛书汉字构形系统研究》，广西教育出版社1999年版。

王宁：《汉字构形学讲座》，上海教育出版社2002年版。

陆锡兴：《汉字传播史》，语文出版社2002年版。

蔡忠霖：《敦煌汉文写卷俗字及其现象》，台北文津出版社2002年版。

王立军：《宋代雕版楷书构形系统研究》，上海教育出版社2003年版。

刘中富：《干禄字书字类研究》，齐鲁书社2004年版。

郑贤章：《龙龛手镜研究》，湖南师范大学出版社2005年版。

黄德宽：《汉字理论丛稿》，商务印书馆2007年版。

郑贤章：《〈新集藏经音义随函录〉研究》，湖南师范大学出版社2007年版。

黄征：《敦煌俗字典》，上海教育出版社2005年版。

曾良：《俗字及古籍文字通例研究》，百花洲文艺出版社2006年版。

刘钊：《古文字构形学》，福建人民出版社2006/2011年版。

李运富：《汉字汉语论稿》，学苑出版社2008年版。

林志强：《古本〈尚书〉文字研究》，中山大学出版社2009年版。

邵鸿：《简化汉字解说》，齐鲁书社2010年版。

刘元春：《隋唐石刻与唐代字样》，南方日报出版社2010年版。

梁春胜：《楷书部件演变研究》，线装书局2012年版。

刘美娟：《浙江地名疑难字研究》，中国社会科学出版社2012年版。

毛远明：《魏晋六朝碑刻异体字研究》，商务印书馆2012年版。

国语调查委员会：《汉字要览》，国定教科书共同贩卖所1908年版。

山田忠雄：《当用汉字の新字体：制定の基盘をたづねる》，新生社1958年版。

藤枝晃：《文字の文化史》，岩波书店1971年版。

杉本つとむ：《异体字研究资料集成》，雄山阁出版1973年版。

杉本つとむ：《日本文字史の研究》，八坂书房1998年版。

芝川町乡土史研究会：《异体文字集》，芝川町乡土史研究会1973年版。

藤堂明保：《汉字とその文化圈》，光生馆1974年版。

诸桥辙次：《大汉和辞典》，大修馆书店1984—1986年修订版。

鎌田正：《大汉和辞典（补卷）》，大修馆书店2000年版。

难字大鉴编集委员会：《异体字解读字典》，柏书房1987年版。

佐藤喜代治：《汉字讲座》（12卷），明治书院1987—1988年版。

谢世涯：《新中日简体字研究》，语文出版社1989年版。

周一良：《说"宛"》，载北京大学中国中古史研究中心编《纪念陈寅恪先生诞辰百年学术论文集》，北京大学出版社1989年版。

エツコ・オバタ・ライマン：《日本人の作った汉字》，南云堂1990年版。

北川博邦：《日本上代金石文字典》，雄山阁出版1991年版。

日外アソシエーツ编集部：《汉字异体字典》，日外アソシエーツ1994年版。

佐藤喜代治：《汉字百科大事典》，明治书院1996年版。

菅原义三：《国字の字典》，东京堂出版1999年版。

大原望：《和制汉字の辞典》，2001年（http://member.nifty.ne.jp/TABO1645/ohara/）。

何群雄：《汉字在日本》，（香港）商务印书馆2001年版。

芝野耕司：《JIS汉字字典（增补改订）》，日本规格协会2002年版。

刘元满：《汉字在日本的文化研究》，北京大学出版社2003年版。

笹原宏之：《现代日本の异体字》，三省堂2003年版。

笹原宏之：《日本の汉字》，岩波新书2006年版。

笹原宏之：《国字の位相と展开》，三省堂2007年版。

笹原宏之：《训读みのはなし》，光文社2008年版。

笹原宏之：《当て字・当て读み 汉字表现辞典》，三省堂2010年版。

笹原宏之：《汉字の现在》，三省堂2011年版。

笹原宏之：《方言汉字》，角川学艺出版2013年版。

李鋆：《异体字字典》，2004年（http://dict.variants.moe.edu.tw/main.htm）。

何华珍：《日本汉字和汉字词研究》，中国社会科学出版社2004年版。

何华珍：《俗字在日本的传播研究》，《宁波大学学报》（社科版）2011年第6期。（人大复印报刊资料《语言文字学》2012年第2期全文转载）

何华珍：《日本"国字"的汉读研究》，《宁波大学学报》（社科版）2012年第4期。

丁锋：《日本常用汉字特殊字形来源小考》，《现代中国语研究》［日本］，2004年第6期。

村田雄二郎：《汉字圈の近代》，东京大学出版会2005年版。

小池和夫：《异体字の世界》，河出书房2007年版。

王晓平：《从〈镜中释灵实集〉释录看东亚写本俗字研究》，《天津师范大学学报》（社科版）2008年第5期。

王晓平：《日本汉籍古写本俗字研究与敦煌俗字研究的一致性》，《艺术百家》2010年第1期。

王晓平：《敦煌愿文域外姊妹篇〈东大寺讽诵文稿〉斠议》，《敦煌研究》2010年第1期。

王晓平：《俗字通例研究在日本写本考释中的运用》，《天津师范大学学报》（社会科学版）2010年第6期。

金文京：《汉文と东アジア》，岩波书店2010年版。

文化厅：《常用汉字表平成22年11月30日内阁告示》，ぎょうせい2011年版。

张磊：《〈新撰字镜〉研究》，中国社会科学出版社2012年版。

潘钧：《日本汉字的确立及其历史演变》，商务印书馆2013年版。

池锡永：《字典释要》，永昌书馆1909年版。

崔南善：《新字典》，新文馆1915年版。

鲇贝房之进：《俗字考》，近泽出版部1931年版。

小仓进平：《朝鲜语学史（增订）》，刀江书院1940年版。

金钟埙：《韩国固有汉字研究》，集文堂1983年版。

金荣华：《韩国俗字谱》，亚细亚文化社1986年版。

柳铎一：《韩国文献学研究》，亚细亚文化社1989年版。

韩国国立国语研究院：《韩国汉字的略体调查》，国立国语研究院1991年版。

韩国国立国语研究院：《汉字略体调查研究》，国立国语研究院1993年版。

韩国国立国语研究院：《汉字字形调查（1）》，国立国语研究院1996年版。

韩国国立国语研究院：《汉字字形调查（2）》，国立国语研究院1997年版。

韩国国立国语研究院：《东洋三国略体字比较研究》，国立国语研究院1992年版。

河永三：《朝鲜后期民间俗字研究》，《中国语文学》1996年第27期。

河永三：《韩国朝鲜后期坊刻本俗字研究》，《殷都学刊》2010年第2期。

河永三：《韩国固有汉字比较研究》，《中国语文学》1999年第33期。

河永三：《韩国固有汉字国字之结构与文化特点》，载《中国文字研究（第6辑）》，广西教育出版社2005年版。

李圭甲：《高丽大藏经异体字典》，高丽大藏经研究所2000年版。

张成：《〈朝鲜刻本樊川文集夹注〉文字研究》，《古汉语研究》2007年第1期。

韩小荆：《〈可洪音义〉研究——以文字为中心》，巴蜀书社2009年版。

韩江玲：《韩国汉字和汉字词研究》，博士学位论文，吉林大学，2009年。

王平：《韩国写本俗字的类型及特点》，载《中国文字研究（第十五辑）》，大象出版社2011年版。

吕浩：《韩国汉文古文献异形字研究之异形字典》，上海大学出版社2011年版。

汪维辉：《朝鲜时代汉语教科书丛刊续编（上、下册）》，商务印书馆2011年版。

王晓平：《朝鲜李朝汉文小说写本俗字研究》，《上海师范大学学报》（哲学社会科学版）2013年第2期。

何华珍：《俗字在韩国的传播研究》，《宁波大学学报》（社科版）2013年第5期。（人大复印资料《语言文字学》2013年第12期全文转载）

闻宥：《论字喃之组织及其与汉字之关涉》，《燕京学报》1933年第12期。

王力：《汉越语研究》，《岭南学报》1948年9卷1期。

陈荆和：《校合本大越史记全书》，东京大学东洋文化研究所附属东洋学文献センター1984年版。

竹内与之助：《字喃字典》，大学书林1988年版。

广西壮族自治区少数民族古籍整理出版规划领导小组：《古壮字字典》，广西民族出版社1989年版。

郑阿财：《越南汉文小说中的俗字》，载《第四届中国文字学全国学术研讨会论文集》，大安出版社1993年版。

谭志词：《中越语言文化关系》，军事谊文出版社2003年版。

耿慧玲：《越南史论》，台北新文丰出版股份有限公司2004年版。

# 草书符号"丶丶"与东亚俗字传播*

## 一 引言

草书作为汉字辅助快写体,是对正体字草化处理后发展而来的,也是成系统的。(李洪智,2002)其系统由符号化的部件组成,于右任(2009:7)将已具有明显草书特色的部件称为符号。草书符号由正体字通过省变逐渐发展而来,草书与正体字之间的关系密切而复杂,一个符号往往对应正体字中的几个不同部件,而正体字当中的一个部件在草书中可能有不同写法。(李洪智,2002)

书写对汉字形体变化产生重要影响,同时也是产生俗字的重要原因之一。张涌泉(2010:23)在梳理汉代俗字产生的原因时,关注各种书体交互作用对俗字的影响,指出,"后来许多简体俗字的产生便与草书隶定、楷化有关"。张磊(2012)利用诸多实例说明"草书楷化是汉语俗字的重要来源之一",对后世用字产生重要影响。黄征(2019:1450、41)认为:"从俗字学的眼光看,在同一个汉字应用系统中的所有字形,不论何种书体,都是有正俗的问题",强调草书在俗字研究中的重要地位,并在"前言"中将《敦煌草书俗字研究》列为敦煌俗字研究的前景之一。

草书具有省、简、连的特征,所以难写难认,但若将草书研究与文字学相关理论相结合,对其部件进行分解,则有利于科学地认识草书的书写规律及其产生的特殊变异。刘东芹(2015)认为,草书系统主要由"草书偏旁"和"草书字根"组成,总结归纳了71个偏旁草书符号和355个草书字根符号,将文字构形学理论运用于草书字法研究,揭示了草书构形中蕴含的文字学原理,这对于汉字构形学和汉字发展史研究具有借鉴意义。

草书作为与篆、隶、行、楷并行的字体系统,不仅是书法艺术研究

* 本文原载《古汉语研究》2022年第2期,署名何华珍/黄莹。

的重要对象，也是中国文字学甚至是东亚汉字传播研究的重要内容。众所周知，作为东亚汉字文化圈的日、朝—韩、越等周边国家，历史上长期将汉字作为官方文字流通，但汉字在它们之间的传播与发展情况不同，这从关于各国俗字的相关研究中就能大致说明。本文以中、日、朝—韩、越历代文献中的草书符号"い"为例，按照其与传统正字产生关联的部件分类，分地域、分载体展开描写分析，探究此类俗字在东亚各国的传播、变异与扩散，并对草书与俗字之间的关系进行探讨。

## 二　"い"与口类部件

日本江户时期的学者桑守雌于1733年编撰《和汉草字辨》，从草书字形的中日异同进行了整理抉发，颇有见解。其中"國"[①]字条云，"國"俗作"国"，和作"囯""玊"，凡"圖""圓""團""固"之类，和作"霭""衾""壹""㞢"，[②]认为左右两点的"い"字符号代替全包围结构"口"字框的字形是日本的独创，与中国的草书字形有别。持相同观点的日本学者，还有太宰春台，其著《倭楷正讹》亦收有"倭俗所为省文者"，如"國"作"玊"，"圖"作"龟"。[③]近藤西涯《正楷录》（1750）在辨别俗字源流时，"圖"之俗字"乔"、"國"之俗字"玊"特别标注为"倭"字。[④]考诸日本室町时期抄本李峤《百二十咏诗注》："斜影风前合，圆文水上开。""圓"作"㣊"；"瑞应圖。""圖"作"乔"。[⑤]可见，迟至日本室町时代，以左右两点"い"代替"口"字框，已经开始流行。

然而，当我们接触到越南汉籍文献时，这种构字现象却十分普遍。例如写本医籍《经治妇人小儿诸症总略》（R.1690）：[⑥]"兼进固肠丸。""固"作"击"；"症皆因壅热为，用大连翘，痛不灭。""因"作"太"；"硃砂，灯心一團烧，共研末，调白蜜

---

① 为便于说明正俗字形的构形演变，在列举或引用文献用例时，正字使用繁体等传统字形。

② ［日］桑守雌：《和汉草字辨》，日本京师书铺柳枝轩梓行1734年刊印本，载西川宁《日本书论集成》第7卷，汲古书院1979年版。

③ ［日］太宰春台：《倭楷正讹》，日本宝历三年（1753）刊本，载《异体字研究数据集成》一期第4卷，雄山阁出版1974年版。

④ ［日］近藤西涯：《正楷录》，日本宽延三年（1750）写本，载《异体字研究数据集成》一期第7卷，雄山阁出版1974年版。

⑤ 胡志昂：《日藏古抄李峤咏物诗注》，上海古籍出版社1998年版。

⑥ 出处编号为"R"的引用文献，为越南国家图书馆所藏，下同。

服。""團"作"⬚"。①《黄阁遗文》：②"忽蒙粉饰，十载之盐辛苦，共沐恩波。""恩"作"⬚"；"裨海囿春台寿域，载凤适丁于华旦，来成毕集于繁禧。""囿"作"⬚"。《越南汉文燕行文献集成·梅岭使华手泽诗集》：③"克配二仪，诞受帝命式于九圍。""圍"作"⬚"；④"天生这箇老狂身，随遇那知富与贫。""箇"作"⬚"。另外，此草书符号不仅在写本中流行，在越南碑刻中也普遍使用，如永祚三年/1621年、0457号：⑤"以祚洪圖，以安国势，四美兼全，五福必至。""圖"作"⬚"。永盛二年/1706年、4774号："系兹后百岁，奉事忌日圓饼例具。""圓"作"⬚"。景兴四十六年/1785年、11610号："感人以德，人必怀之，自古通今然也，是以西國怀棠树以仁也。""國"作"⬚"。景兴四十六年/1785年、1929号："所有田一亩，池壹口，園壹所，以供祀事。""園"作"⬚"。景盛三年/1795年、11754号："民固厚情，保为配祀。""固"作"⬚"。用草书符号"⬚"代替"口"部件的字例在越南文献中甚为普遍，日本学者断为日本独创，显然与事实不符。

考察诸中国古代草书史，虽尚未发现"圖""圓""團""固"作"⬚""⬚""⬚""⬚"之类，但在整字构件中，"口"写作"⬚"却习以为常。据《中国草书字谱》，⑥"谷"，吴皇象作"⬚"，晋王羲之作"⬚"，唐孙过庭作"⬚"，元邓文原作"⬚"；"古"，唐释怀素作"⬚"，明王铎作"⬚"，明韩道亨作"⬚"；"吉"，陈朝释智永作"⬚"，怀素作"⬚"，金代张天锡作"⬚"，元赵孟頫作"⬚"，韩道亨作"⬚"；"告"，王羲之作"⬚"，晋王廙作"⬚"，孙过庭作"⬚"，王铎作"⬚"；"尚"，汉章帝刘炟作"⬚"，皇象作"⬚"，赵孟頫作"⬚"，孙过庭作"⬚"，韩道亨作"⬚"；"右"，释智永作"⬚"，孙过庭作"⬚"，宋高宗赵构作

①　"團"作"⬚"，其"⬚"源自"專"字草书。
②　《黄阁遗文》，日本庆应大学图书馆藏本，编号244-39-1，越南景兴三十二年（1771）抄本。
③　葛兆光、［越］郑克孟：《越南汉文燕行文献集成》第一册，复旦大学出版社2010年版。
④　"圍"作"⬚"，其"巾"源自"圍"之异体"圍"的内部构件减省，"牛"讹变为"巾"。
⑤　越南碑刻俗字引自《越南汉喃铭文拓片总集》，越南文化通讯出版社，2005—2009年。碑刻出处依次为越南古代年号/公元纪年、碑刻编号。
⑥　以下所引法帖字形均剪自沈道荣《中国草书字谱》，人民美术出版社2013年版。

"[字形]"，赵孟頫作"[字形]"，祝允明作"[字形]"，等等。

"口"或"囗"简化为符号"ⅴⅴ"之所以可以相通，大概与其草书取势有关，如"國"可草写作"[字形]""[字形]"，书写时将"囗"分解为左下"乚"与右上"冂"，左折右转，这种取势就有进一步简化的可能，最终用左右两点的符号代替包围式轮廓。

## 三 "ⅴⅴ"与冂类部件

《和汉草字辨》"國"字条云："汉亦'酒'作'[字形]'，'白'作'[字形]'，'重'作'[字形]'，似以'冂'为'ⅴⅴ'者，可相证欤。"我国草书中确有此类写法，据《中国草书字谱》，"酉"，《草书要领》作"[字形]"，金代张天锡作"[字形]"；"白"，宋代米芾作"[字形]"，明代解缙作"[字形]"；"重"，宋代《草书礼部韵宝》作"[字形]"。

诚然，在越南文献中，不仅全包围结构可以省写作"ⅴⅴ"，半包围结构"冂"及"門"类部件亦可省作"ⅴⅴ"。例如，《传奇漫录》（R.424）："我等于城市间相识，今日之事不约而同，倘香火有缘必以相配。""间"作"[字形]"。《北史咏史赋》（R.1719）："简贤附势，寔繁有徒。""简"作"[字形]"；"郑伯输平于鲁，稍能近止，卫齐胥命于蒲，视篡弑为等闲。""閒"作"[字形]"。《经治妇人小儿诸症总略》（R.1690）："羊肝一具，以刀竹切开。""開"作"[字形]"。《西游略撰》（R.455）："大圣闻说菩萨，遂起良心。""聞"作"[字形]"。《周原杂咏草》（R.240）："盖先生学问淹贯，研究精微。""問"作"[字形]"。《越南汉文燕行文献集成·梅岭使华手泽诗集》："九重閶闔晓开鱼，鸡障龙楼燕贺初。""閶"作"[字形]"，"闔"作"[字形]"。《河南乡试文选》（R.574）："高祖当暴秦残酷之余，而仗义入關。""關"作"[字形]"；"尔先此問者之端，当必预挟一达者之本真而共端趋向。""問"作"[字形]"。永庆二年/1730年、1652号："道学闡扬，儒风振起。""闡"作"[字形]"。永佑元年/1735年、7712号："名联凤阁，弹制事制。""閣"作"[字形]"。

草书符号"ⅴⅴ"在越南半包围结构的汉字中具有较强的类推性，甚至延及"几"字框。如《黄阁遗文》："仰鳳历之初颁，万寿无疆。""鳳"作"[字形]"。《越南汉文燕行文献集成·梅岭使华手泽诗集》："冈藻肆开鱼鹿宴，義桐迭奏凤凰池。""凰"作"[字形]"。考诸朝韩坊刻本文献，《孟子集注》："麒麟之于走兽，鳳凰之于飞鸟，太山之于丘垤，河海之于行潦，类也。"　"鳳""凰"分别作"龜""皇"。①

此类俗字亦是我国草法字形在域外的传播发展，如"門"在草书中可写作"门"，其快速书写则导致实线笔画逐渐分离，"闡"作"闡"（居延简503.17）。草书符号"ⅵ"简化"門"类部件与"口"类部件功能相似，起到代替原部件轮廓的作用。

## 四　"ⅵ"与对称部件

汉字中对称部件用草书符号"ⅵ"简化的例子很多，此类汉字的对称部件往往写法相同，笔画较多，书写费时费力。如"辦"在汉代羊窦道碑中作"办"，"辦"在元抄本和元刊本中作"办"。②其他如"樂""戀""變"等，在敦煌写本中简作"乐"（敦煌S.1380）、"恋"（敦煌P.2305）、"变"（敦煌P.3728）等形。

以"ⅵ"代替对称形构字部件，在东亚汉字传播中普遍流行。《越南汉文燕行文献集成·梅岭使华手泽诗集》："汲汲要偿诗社债，区区亦辦酒车钱。""辦"作"办"。③《皇越历代政要》（R.1906）："丁先皇之朝仪有创，政虽勤矣，然礼樂刑政之未修。""樂"作"乐"。《安南一统志》（R.1909）："命下溪忠侯与遵生侯皆饮藥死。""藥"作"药"。《禅宗课虚语录》（AB.268）④："一包脓血，长年苦戀恩情。""戀"作"恋"。同理，"蠻""彎"等字也可依此简化。又，《新编传奇漫录》（R.1565）"興"作"兴"，《皇越历代政要》（R.1906）"與"作"与"，《皇越历代政要》（R.1906）"輿"作"舆"。

不过，在书写或刊刻文献中，省写符号"ⅵ"亦作"ⅹ"。朝韩坊刻本《孟子集注》："岂好辯哉，予不得已也。""辯"作"辩"。《九云梦》⑤："怀恩德，而有眷戀之情。""戀"作"恋"；"轻揽琐珠之彎，昵随丞相之后。""彎"作"弯"；"杨郎被拣于锦簷。""簷"作"簷"；"小生北方之人也，姓狄名百鸞。""鸞"作

①　本文所引朝韩坊刻本文献均为釜山大学图书馆藏本，刊刻时间不明，大致在朝鲜时代后期。又，朝韩坊刻本的草书符号"ⅵ"多作"ⅹ"，参见下文。

②　张书岩等：《简化字溯源》，语文出版社1997年版，第48页。

③　《越南汉文燕行文献集成·梅岭使华手泽诗集》："有地便宜栽药品，无田何用辦钱粮。""辦"作"办"；《传奇漫录》（R.424）："有顷云霾涨浮，咫尺不办。"

④　编号AB为目前收藏在越南汉喃研究院的越南汉籍。

⑤　此为1803年朝韩坊刻本《九云梦》，收载于《古本小说集成》，上海古籍出版社，1994年版。

"鸁"。越南文献亦有此类字形,《新编传奇漫录》(R.1565)"辦"作"力",《安南一统志》(R.1909)"樂"作"楽",《皇越历代政要》(R.1906)"興"作"央"。我国俗字中亦有"ⅴ""ㄨ"通用之例,如《宋元以来俗字谱》引宋刊本《古列女传》"幾"作"戋"、"樂"作"楽"、"藥"作"藥"。①

在朝韩越俗字中,左右部件构意相同的字,亦可类化为"ⅴ"或"ㄨ"字符号,如"彳""亍"对称性包围结构。例如越南汉籍,写本如《皇越历代政要》(R.1906)"術"作"术",《芸台类语》(R.118)"衡"作"衡";刻本如《河南乡试文选》(R.199)"衡"作"衡";碑刻如景兴四十三年/1782年、10995号"衡"作"吾"。哈佛藏朝韩写本文献《九云梦》:"学術足以赞治,威望足以镇国。""術"作"术";"郑氏设有残魂余魄,九重严邃,百神护衛。""衛"作"衛";"丞相蹑沙堤而执匀衡者,已累十年。""衡"作"念"。②朝韩坊刻本如《孟子集注》:"上之爱民,如父母之于子,则民之衛上,如子弟之衞父兄。""衞"作"衞";"古者冠缩缝,今也衡缝。""衡"作"楽";"新安陈氏曰:'诗如康衢之谣,舜皋之歌。'""衢"作"疊"。《论语集注》:"圣人所以知来者盖如此,非若后世谶纬術数之学也。""術"作"术"。

此类"彳""亍"对称性部件以"ⅴ"代替的字例,在中国草书中亦多有所见。据《中国草书字谱》,"衝",明代姚绥作"衝",明祝允明作"衝";"衛",明代王宠作"衛",《草书辨体》作"衛";"衡",陈朝释智永作"衡",唐释怀素作"衡";"衔",《草书礼部韵宝》作"衔";"街",《草书礼部韵宝》作"街""街",元鲜于枢作"街",等等。

又,此类对称部件的草书符号,抑或扩散至左右部件构形颇异之字,如"彳"与"攵"、"亻"与"攵"、"言"与"寸"、"彳"与"卩"等。越南文献如《经治妇人小儿诸症总略》(R.1690)"微"作"微",《越南汉文燕行文献集成·梅岭使华手泽诗集》"徽"作"徽",《黄阁

---

① 曾良认为用两点代替"變""幾"等字中的对称部件,应该与草书有关,参见《明清小说俗字研究》第52—53页。龚元华认为重叠部件(即本文所说的对称部件)的点是因重文符号对汉字本身书写部件的简省替代,详《重文符号与近代汉字的省简演变》(《古汉语研究》2021年第1期)。

② 何华珍等:《俗字在域外的传播研究》,中国社会科学出版社2018年版,第264—286页。

遗文》"徽"作"⬚"，《河南乡试文选》（R.574）"懲"作"⬚"。朝韩坊刻本《孟子集注》"微"作"⬚"，"懲"作"⬚"。越南碑铭文献嘉隆十年/1811年、4256号"做"作"⬚"，景兴四十六年/1785年、11100号"謝"作"⬚"，写本《册供》（R.5663）"獄"作"⬚"，《黄阁遗文》"御"作"⬚"。值得注意的是，此类符号替代产生的俗字中，有时会形成同形俗字，如"澈""徹""轍"都可简化为"⬚"，这需要结合上下文义去判定。例如，《越南汉文燕行文献集成·梅岭使华手泽诗集》："澄澈光明莹一真，出乎天德极乎纯。""澈"作"⬚"。《黄阁遗文》："色似坚冰，洞徹青苍。""徹"作"⬚"；"五千岁树上产芝七茎，状如轍盖。""轍"作"⬚"。

## 五　"丷"与其他部件

省和简是草书中重要的法则。所谓省，就是不加替代地直接省略部分点画、结构。而所谓简，就是把比较复杂的部分简化，写成比较简单的笔画。[1]省和简往往同时在草书中起作用。其中点作为笔画中最短促，最简单的部分，符合书写时省时省力的最高要求，在草书省简中扮演着重要角色。书写时可变笔画为点，亦可变部件为点，而部件可以是简单部件，亦可是复杂部件。简单部件如"器"中的"口"皆可用点表示，居延汉简（居59.34B）作"⬚"。复杂部件如"等"字中"寸"以外的部件可用点简省，居延汉简（居27.26）亦见有这种写法"⬚"，其他如皇象作"⬚"或"⬚"，王羲之作"⬚"，赵孟𫖯作"⬚"，释智永作"⬚"，米芾作"⬚"，祝允明作"⬚"。

此类简省法亦传播至域外的东亚汉字文化圈，日本《同文通考》中列举的日式"省文""等"作"⬚"，《韩国俗字谱》录《广寒楼记》作"⬚"，越南《黄阁遗文》写本作"⬚"。考之朝韩越等域外汉籍，则将位置不固定的点发展为符号。如朝韩坊刻本《九云梦》"畫"作"⬚"，哈佛藏本《九云梦》"畫"作"⬚"，写本《漂海录》"書"简作"⬚"。而在越南汉籍中则以左右结构的汉字为多，如刻本《河南乡试文选》（R.199）"雖"作"⬚"，《会试文选》（R.272）"離"作"⬚"；碑铭嗣德十三年/1860年、7747号"縣"作"⬚"，景盛七年/1799年、9008号"願"作"⬚"，龙德三年/1734年、9713号"顧"作"⬚"等。

---

[1]　陆锡兴：《汉代简牍草字编》，上海书画出版社1989年版，第5—6页。

　　这种省代在越南写本中更为普遍。如《黄阁遗文》："辅弼惟人，栋柱隆而王室壮眷。""辅"作"甫"；"阐成才施教之大端。""端"作"耑"；"暨文武臣僚，同心修补，共安社稷，特颁诏命，用告迩遐。""稷"作"畟"；"龙章作会，九重占清穆之容，凤历维新，八表庆昌明之运。""穆"作"旻"；"四德体干，溥雨施云行之渥泽。""施"作"迤"；"开科目取人才，英雄入彀。""彀"作"雨"。《越南汉文燕行文献集成·梅岭使华手泽诗集》："欢钓无钱买钓舟，欲耕无敛买耕牛。""欲"作"次"；"天庭一自降黄麻，万姓欣霙庆泽多"，"降"作"各"；"岁岁从容逢好景，年年侥幸度隆冬。""隆"作"夆"；"四顾湖光风荡漾，一团天色月分明。""顾"作"庢"。其他写本，如《周原杂咏草》（A2805）："惟放而有法，艳而有气，方足称杰作而驰骋乎古今。""称"作"禾"；"今余又与先生和歌春署周原杂复得窥其根柢。""歌"作"矣"。《册供》（R.5663）："南无太阴星君，愿一切照临之下，皆变为极乐世界。""临"作"岳"。《古方》（R.3043）："肾气丸，治筋骨软弱不能行。""能"作"岳"。《经治妇人小儿诸症总略》（R.1690）："磨儿头及心服。""头"作"豆"；"治脾胃不和，腹胀泄，穀水不化，阴阳不分，用平胃合五苓散。""穀"作"索"。《芸台类语》（R.118）："原古人所以步土圭之意，将以布宣和气补相物宜，不在于辰次之周径。""补"作"禰"；"居天球之中，天既包地，则彼此相应。""彼"作"徙"。

　　以上被"ⅴ"符号简化的汉字结构中，未被简化的部件以声旁为多，因为声旁保留了原整字的声音线索，加上一定的语境，就能识别读音，进而能够帮助准确别义，如"歌"简化作"矣"，"彼"简作"徙"等。若简化时保留形旁则更容易产生同形字，不利于文字的使用。但也有例外，有些字如"称""欲"等字被简化时则保留了形旁。总之，相比前述三种类型，此类省代更缺乏规律性与类推性，同时左右结构的汉字经"ⅴ"符号简化后所形成的俗字与原字差别较大，识读更为困难。

## 六　结语

　　以上论述可知，草书简化符号"ⅴ"在东亚汉字文化圈广泛流播，而非一国之独有。该符号源自我国草书中特定结构汉字的取势与写法，并传播至日本、朝—韩、越南等域外汉字文化圈国家。随之，各国楷书笔法在转写过程中仍然将这一具有草书特征的部件保留，逐渐使其适用于楷书用笔，成为固定的符号，形成草书楷化俗字。此类俗字，源头在中国，发展在域外，是为扩散俗字。①

郭绍虞（1961）认为，正体的性质属于静，草体的性质属于动。从文字的实用性出发，楷书俗字往往将动态的简省草写作静态处理，使其符合楷体的笔画、部件方面的书写规则。而揭示相关楷书俗字的处理规则，必须联系草书的相关草法，总结其规律与变异。这无疑也应是俗字研究的重要内容。当然，草书的文字属性又决定了只有结合汉字学的相关理论对其进行科学的分析，才能摆脱"近似对比，外状其形，模棱两可"的研究窠臼，②进而正确揭示其在汉字发展演变过程中的文字学价值。

草书具有时代性与地域性，需要有发展的眼光和分域研究的意识。如草书符号"ﾚﾞ"在我国产生较早，之后传播至域外汉字圈。朝—韩相关俗字中，刻本一般选用"ⅹ"符号，写本则多用"ﾚﾞ"符号，可见不同载体对草书符号"ﾚﾞ"形态接受的差异性。而越南俗字却不同，草书符号"ﾚﾞ"普遍存在于写本、刻本与碑刻文献中，载体因素影响较小。总之，朝—韩、日、越等汉字文化圈诸国对我国草书的习得与发展同源异流，各显千秋，需要从个体俗字展示汉字圈草书字形的传承与变异，更需从宏观视角描写草书字形之间的谱系及规律，以此推动草书与东亚俗字传播研究。

近年来，中国文字学研究不断拓展域外汉籍资源，在研究汉语俗字的同时，充分发挥朝—韩、日本、越南等域外语料的攻玉作用，取得了不少成果。需要注意的是，虽然属于汉字文化圈的同时语料，但域内域外的用字习惯往往呈现明显差异，如朝韩坊刻本《九云梦》，日本的抄本《连城璧》、刊本《觉后禅》，其品字形结构多用"ⅹ"符号代替，如"摎""夏""枭""摄""躁"等字，在没有域内材料支撑的情况下，将此类字形视为明清小说俗字，这恐怕需要在东亚俗字传播的背景下做进一步探讨。③

---

① 何华珍等：《俗字在域外的传播研究》，中国社会科学出版社2018年版，第1—16页。
② 刘东芹：《草书字法解析——文字学视角下的草法研究》，高等教育出版社2015年版，第5页。
③ 龚元华：《重文符号与近代汉字的省简演变》，《古汉语研究》2021年第1期。

# 参考文献

郭绍虞：《草体在字体演变上的关系》（下），《学术月刊》1961年第12期。

何华珍：《日本汉字和汉字词研究》，中国社会科学出版社2004年版。

何华珍、刘正印等：《越南碑铭的文字学研究》，中国社会科学出版社2019年版。

何华珍等：《俗字在域外的传播研究》，中国社会科学出版社2018年版。

河永三：《韩国朝鲜后期坊刻本俗字研究》，《殷都学刊》2010年第2期。

黄征：《敦煌俗字典（第二版）》，上海教育出版社2019年版。

金荣华：《韩国俗字谱》，亚细亚文化社1986年版。

李洪智：《试谈草书符号》，《书法之友》2002年第12期。

刘东芹：《草书字法解析——文字学视角下的草法研究》，高等教育出版社2015年版。

刘复、李家瑞：《宋元以来俗字谱》，文字改革出版社1957年版。

吴立业、陈双新：《草书楷化字研究》，《中国文字研究》2019年第1期。

于右任：《标准草书》，上海人民美术出版社2019年版。

曾良：《明清小说俗字研究》，商务印书馆2017年版。

曾良等：《明清小说俗字典》，广陵书社2018年版。

张磊：《论敦煌文书中的草书楷化字》，《台州学院学报》2012年第2期。

张涌泉：《汉语俗字研究（增订本）》，商务印书馆2010年版。

张涌泉：《敦煌写本文献学》，甘肃教育出版社2013年版。

# 俗字在日本的传播研究*

　　对"正字"和"俗字"的理解，中日学界有所不同。在日本，《类聚名义抄》等古辞书，多承用《干禄字书》"俗""通""正"之说。①至江户时期，中根元圭氏著《异体字辨》，首创"异体字"术语，随后广而用之。杉本つとむ先生《异体字研究资料集成》煌煌20巨册，集日中俗字研究资料之大成。首卷所附"异体字とは何か"一文，阐述了"异体字"之出典、定义、性质、范围，以及日中"异体字"关系、日本"异体字"发展概略，等等。日本"异体字"范围，既包括颜元孙所指"俗体字""通体字"，也包括"假名""省文""讹字""借字""国字"等，与我国学界所论"俗字"范围大致相当。②张涌泉先生《汉语俗字研究》指出："凡是区别于正字的异体字，都可以认为是俗字。俗字可以是简化字，也可以是繁化字，可以是后起字，也可以是古体字。正俗的界限是随着时代的变化而不断变化的。"③

　　日本汉字发展史，既是汉字变异史，也是俗字变迁史。日本直接承用隶变后的"近代汉字"表记本国语言，甚至利用俗字原理创造"平假名""片假名"，将"俗字"推向极致。④在汉字的变异过程中，既表现为汉字的部分变异，又体现为汉字的整体变异。一方面，继承汉唐俗体字形，同时又不断加工、改造、变异、创新，进而形成形式多样的变体俗字，以及独具风格的"和制异体字"；另一方面，为表达日本特殊概念，利用汉字部件，仿照传统"六书"，创造了许多汉语所无、日本独有的

　＊　本文原载《宁波大学学报》（人文科学版）2011年第6期，人大复印报刊资料《语言文字学》2012年第2期全文转载。

　①　田村夏纪：《观智院本〈类聚名义抄〉与〈龙龛手鉴〉的正字·异体字的记载の比较》，《镰仓时代语研究》，武藏野书院1997年版，第145—165页。
　②　杉本つとむ：《异体字研究资料集成》，雄山阁出版1973年版，第337—391页。
　③　张涌泉：《汉语俗字研究》，商务印书馆2010年版，第6页。
　④　陆锡兴：《汉字传播史》，语文出版社2002年版，第369—393页。

"国字"或"和制汉字"。①本文以现行日本汉字即2010年改定《常用汉字表》中的2136个汉字，或2002年日本规格协会制定的10040个JIS汉字为中心，讨论汉字在日本的部分变异，即日本汉字中的汉语俗字及日式异体字。从汉字变异角度，讨论日语中的变体俗字、扩散性俗字、佚存俗字、和制异体字，以及汉语辞书中的回归字，考察日本俗字变迁史，揭示不同文化背景下的汉字选择与趋向。这有利于扩大近代汉字研究领域，丰富近代汉字学内涵，推动中日汉字比较研究。

## 一　回归字

在近代日语新词研究中，往往将全新创造的结构新词称为"和制汉语"，而对于据古汉语对译西方新概念的语义新词，则称为"侨词回归"或"回归词"。②

"回归词"中，有些是日本创制的"国字"，如"腺""膵"等，③这可称为"日源外来字"。自20世纪90年代开始，随着计算机技术的不断普及，随着中日韩等汉字信息资源的相互共享，现行日本汉字大量出现于计算机字库，因而也进入了大型汉语字书或国际化汉字词典。

《中华字海》（中华书局、中国友谊出版公司，1994）就是在汉字国际化背景下收录了大量的日本汉字。该字书在判别汉字国度或来源时，做了许多调查研究。比如，有些字虽然见于日本《常用汉字表》，但如果在中国古典字书或相关文献中已经出现，则视为汉语俗字。如"亜、穏、楽、歓、勧、関、観、帰、拠、暁、径、県、剣、歯、児、権、残、従、奨、醸、浅、銭、挿、巣、帯、鋳、鉄、両、徳、変、庁"等，见于《宋元以来俗字谱》；"悪、逸、隠、懐、陥、薫、茎、恵、郷、縦、焼、粋、荘、蔵、遅、聴、覇、稲、薬、頼、類、霊、窓"等，见于《敦煌俗字谱》；"処、恥、塩、継、効、済、勲、収、沿、響、黒、賛、糸（絲）、揺、戯、姉、穂、瀬、徴、謡、酔、雑、覧、竜、寛、証、斉、逓、歩、汚、僧、増、贈、歳、梅、具、勇、突、渇、器、砕、剤、捨、捜、氷、敷、軽、総、戦、殻、闘、隣、咲、冊、歴、暦、乗、譲、仏、検、様、滝、円"等，见于《篇海》《中文大辞典》等古今辞书。以上俗字所见文献，未必就是该字早见文献，但将见于《常用汉字表》的异体字

① 笹原宏之：《国字の位相と展开》，三省堂2007年版，第32—57页。
② 俞忠鑫：《回归词论》，《词库建设通讯》1996年第10期，第26—27页。
③ 笹原宏之：《国字の位相と展开》，三省堂2007年版，第633—695页。

列入汉语俗字范围，是恰当的。

　　然而，有些字虽见于日本《常用汉字表》，而汉语辞书或文献却未见字源者，《中华字海》则判为日源汉字，如"栄、労、蛍、厳、獣、単、禅、弾、桜、猟、駅、釈、沢、訳、謁、喝、褐、包、抱、胞、泡、砲、飽、巻、圏、港、渓、鶏、勤、謹、倹、険、験、桟、践、毎、悔、敏、侮、繁、層、憎、墨、黙、練、錬、欄、発、廃、売、続、読、薄、博、縛、簿、専、漢、嘆、難、嬢、壌、派、旅、脈、渉、頻、髪、抜、塚、隆、涙、圧、懲、騒、臭、与、写、画、称、壱、転、塩、絵、壊、駆、経、撃、顕、将、畳、縄、斉、繊、臓、滞、満、齢、応、団、弐、図、対、広、鉱、払、囲、辺、実、渋、摂、塁、悩、脳"等。有时则径直以"同×"释之，未涉字源，如"営、拡、気、挙、掲、剰、滞、択、冲、拝、涼、舗、犠、搾"等。而在该字典"补遗"中，还收录了一些日本JIS俗字，如"涜、涮、夷、眩、砿、紘、琢、禅、蝉、駟、蝋、畳、焔、賎、蝿"等。

　　继《中华字海》之后，我国还出版了《汉字标准字典》（辽宁大学出版社，2001）、《国际标准汉字词典》（外语教学与研究出版社，2005）等。而在判别汉字源流时，遇到许多尴尬之处。以下172字，见于此三辞书，不同地方标注有"见日本《常用汉字表》"或谓之"日本汉字"等。可是，据笔者调查，这些汉字在中国古籍中大多可以找到相同或近似字形。[①]撇开"创字权"不论，单从汉字史角度看，其实暴露了汉字研究的一个薄弱环节，给汉字研究者提出了一个重要课题。我们姑且将这些早见于中国古籍，却因日本至今使用而收录于汉语字书的汉语俗字，称为"回归字"。例如：

　　与、刃、世、事、仅、侮、倭、促、倹、写、冴、鳳、刭、剱、労、勤、匆、匂、単、博、譽、厳、営、喝、嘆、啮、囊、圻、塁、塩、墨、壊、壌、塚、壱、嬢、実、将、専、尭、層、画、嵜、巻、微、廃、弓、弾、悔、悩、憑、憎、懲、贱、戦、抜、挙、搔、敏、斉、燔、昂、暦、杰、栄、桜、桟、标、莱、榜、槗、楦、橱、欄、齿、歳、每、氷、汝、涙、涉、渓、渊、港、满、浇、漢、焔、焼、燗、犠、獣、琢、瑂、畳、発、硲、硼、礀、禅、称、稝、竃、筐、簑、簿、籖、経、絶、絵、練、縛、繁、繊、繍、欠、曡、聯、脅、脳、臓、舗、庄、苋、蕅、薄、蛍、蝋、蝿、蠒、祢、褐、禅、臭、覚、谒、谨、讓、豐、贱、践、齎、錬、

① 何华珍：《日本汉字和汉字词研究》，中国社会科学出版社2004年版，第117—165页。

陷、險、隆、隱、難、靈、頻、飲、驱、馴、驗、驒、鶩、髮、鷄、翅、
麵、黙、甪、齡、鴬、騒、栞、舁、撃、顥、纏、靇、隝。

## 二　变体俗字

透视《常用汉字表》及JIS汉字，可以窥见汉字在日本传承和变异概
貌。比较日本常用汉字和我国简化字，其简化字形相同或近似者有73个。
根据《简化字溯源》（语文出版社，1997）、《简化字源》（华语教学出
版社，1996）及相关研究，这些字大多出现于古典文献中。例如，"虫、
尔、麦、万"见于先秦；"当、盗、号、来、礼、随、堕、状、壮、挟、
狭、寝、属、台、与、写"见于秦汉；"断、国、乱、痴、学、誉"见
于魏晋南北朝；"宝、寿、庄、参、蚕、尽、双、旧"见于隋唐五代；
"辞、独、声、区、担、胆、当、点、炉、党、灯、会、窃、体、条、
医、湿、献、昼、装、潜、湾、变、画、称"见于宋辽金元。

在《常用汉字表》中，有235个简体字与中国简化字不一样。这些简
俗字，在域外变体并历代相传，而其源头大多存在于中国历史文献中。例
如，"德、懷、歩、渉、姊、乗、遅、豊、頼、犠、博、縛、勇、残、
蔵、帯、滞、漢、嘆、恵、継、謹、栄、労、厳、歴、暦、練、黒、墨、
器、随、両、舎、縄、歳、郷、曽、僧、増、贈、徴、専、穀、寛、勲、
毎、暁、掻、騒、拝、咲、恥、霊、穏、隠、賛、戻、姉、縁、隣、聴、
聡"，出现于汉代；"処、仏、関、為、塩、銭、悪、雑、逓、済、弥、
繋、撃、蘭、奥、児、陥、涼、収、歴、従、涙、卆、砕、楽、為、偽、
糸、斉、嬢、径、焼、竜、髄、掲、渇、剰、壱、効"，出现于魏晋南北
朝；"隆、粛、捨、巣、壊、譲、覇、氷、薄、敷、簿、齢、歯、窓、
総、粋、酔、鶏、渓、灰、断、営、嘆、諌、黙、梅、侮、勤、謹、難、
様、毎、海、敏、穂、毒、逓、闘、滝、臓、微、将、臭、薫"，出现于
隋唐；"浅、践、桟、剤、絵、顕、畳、坂、繊、醸、稲、挿、捜、称、
勅、剣、険、検、観、歓、権、勧、庁、拠、県、鉄、帰、亀、発、廃、
挙、抜、髪、変、浜、奨、経、軽、茎、瀬、覧、単、弾、蛍、獣、薬、
猟、突、亜、様、謡、揺、斎、証、鋳、塚、戯、桜、実"，出现于宋元
明清。①②

---

①　何华珍：《日本汉字和汉字词研究》，中国社会科学出版社2004年版，第117—165页。

②　丁锋：《日本常用汉字特殊字形来源小考》，《现代中国语研究》2004年第6期，第139—
　　147页。

关于日本新字体研究，日本虽然没有出版诸如《日本简体字探源》之类考证著作，但是，山田忠雄先生早在1958年著《当用汉字の新字体：制定の基盘をたづねる》（新生社，1958），对当用汉字中的简俗字进行了全面调查。调查可知，出现于《宋元以来俗字谱》传承俗字中，"医、会、旧、献、黄、号、辞、乱、寿、条、当、党、称、独、属、嘱、尽、昼、声、窃、点、双、台、担、胆、痴、灯、宝、万、励、余、礼、体、炉、楼、数、蚕、虫、惨、断" 40字，为中日通用简体字；"亜、悪、為、絵、画、覧、塩、帰、処、拠、経、軽、径、県、斉、斎、済、視、鋳、称、遅、聴、庁、逓、鉄、発、廃、竜、滝、嬢、譲、壌、醸、楽、薬、関、顕、変、蛮、恋、湾、歓、勧、観、権、暁、豊、霊、歯、齢、粛、経、酔、砕" 54字，则为《当用汉字表》简俗字。

除《宋元以来俗字谱》外，山田氏还调查了日本俗字研究著作及室町末期写本，共涉及13种文献，揭示以下60字不见于《宋元以来俗字谱》，而见于日本汉籍写本："囲、衛、偽、円、釈、駅、択、沢、訳、応、読、続、売、届、区、駆、欧、殴、茎、鶏、欠、横、国、岳、剤、実、写、触、窓、総、証、闘、仏、払、辺、様、糸（絲）、厳、単、弾、禅、戦、湿、栄、労、営、学、覚、与、誉、乗、剰、参、弁（辨、辯、瓣）、卆、粋、雑、摂、渋、塁。"同时，表明"圧、壱、仮、価、気、犠、枢、渓、芸、広、鉱、拡、団、伝、転、疎、対、図、弐、拝、浜（濱）、予（豫）、獣、桜、挙、猟、悩、脳、焼、畳" 30字，既不见于《宋元以来俗字谱》，也不见于日本文献。进而对这些字源不明的俗字进行了分析说明，认为"圧、価、気、茎、実、団、対、図、脳、浜、猟、桜、挙、焼、畳、弐" 16字，在《宋元以来俗字谱》及日本俗字语料中，出现有近似字形，可以窥见字形之源。然后，重点对"壱、弐、芸、広、鉱、拡、伝、転、拝、予" 10字进行了字理分析和文献考察，尚未得出最后结论。

显而易见，山田氏仅对照《宋元以来俗字谱》而判断其汉语来源，当然不够；调查13种日本文献，且集中于室町末期，也很有局限。但是，有一点很明白，即日本现行汉字中的新字体，虽然由于政府的颁布上升为"正字"，但大多属于我国的历代俗字。

## 三　日本俗字变迁

汉字始传日本，早见于王莽时代所铸"货泉"及《后汉书》建武中元二年（57）所记"汉委奴国王"之金印。真正接触或使用汉字，主要通过来自百济的"渡来人"王仁等，学习《论语》《千字文》儒家典籍。从日本汉字史料看，《江田船山古坟大刀铭文》（438）、《隅田八幡镜铭》（503）等金石文字，乃留存于日本的古代汉字的真实记录。

根据《古京遗文》（勉诚社出版部，1968）、《日本上代金石文字典》（雄山阁出版，1991）、《汉字百科大事典》①等，金石文字已出现诸多简俗字，例如：万、与、丗、乗、事、京、仏、児、国、囯、来、曽、僧、海、罡、圡、壊、懐、断、継、済、寶、遅、德、恵、曆、業、弓、為、砕、尓、迹、珎、祢、窂、舍、舩、蔵、賛、随、霊、嶋、辺、俻、涭、刅、曰、烟、塀、师、介、旀、閇、隠。

远藤好英先生根据《别体字类》纂集《异体字集》，收2280个别体俗字。从现行汉字看，以下诸字均为六朝或唐代碑刻遗存：古、京、仏、尣、夲、啚（圖）、国、圂、埜、塩、変、孝、皈、爱、荣、栖、叠、継、惣、閇、隐、隠、覇、霊、駈。②

正仓院文书，是研究日本天平年间汉字生活的珍贵文献。根据《汉字百科大事典》"正仓院文书异体字"，以下现代用字亦承继汉唐俗体：乱、事、京、仏、児、夲、壊、将、嶋、従、德、断、弓、珎、禅、稲、聴、舍、舩、蔵、号、豊（豐）、賛、弁（辨）、銭、随、難、霊、塩、麦、皴。③笔者查阅《正仓院古文书影印集成》第1—5册（八木书店，1988—1991）原件，发现以下现代用字亦已出现：謹、恵、単、乗、暁、穀、毎、曽、僧、来、弥、祢、頬、罡、継、為、練。

平安初期，佛教普及，汉字使用仍然继承隋唐风习。如《东大寺讽诵文稿》（勉诚社，1976），为平安朝初期墨宝。筑岛裕先生在《新字体寸考》一文中，指出其中已出现"无、珎、尺（釋）、仏、礼、万、弃、师、与、继、国、门、问、闻"等简俗字。④查阅影印原件，亦如正仓院文书，俗体满目，且多见于汉唐典籍。例如：乗、聴、德、為、舍、捨、贈、憎、僧、増、懐、壊、弾、蝉、闸、郸、珎、軽、従、酔、断、頼、毎、海、随、咲。

平安末期至镰仓初期，日本俗字渐显个性。如图书寮本《类聚名义

---

① 佐藤喜代治：《汉字百科大事典》，明治书院1996年版，第241—245页。

② 佐藤喜代治：《汉字百科大事典》，明治书院1996年版，第246—256页。

③ 佐藤喜代治：《汉字百科大事典》，明治书院1996年版，第257—281页。

④ 筑岛裕：《新字体寸考》，《言语生活》1961年第10期，第30—37页。

抄》，略体字、合体字甚多。考察观智院本《入唐求法巡礼行记》（1291年写本），其俗字类型，应有尽有，或可窥见日本在吸收汉字文化过程中的传承和变异轨迹。

简省：埠—坴 惠—恵 藏—蔵 厭—猒 部—阝 澄—氵碍—㝵 圖—啚

增繁：判—判 奪—龕 瓜—苽 梁—樑 焦—燋 界—堺 園—薗

部件更换：孩—㑊 体—躰 磚—塼 節—莭 耕—耕 淫—嬌 雁—鴈

结构变化：島—嶋 蘇—蓏 裔—裛 鄰—隣 海—㷼 胸—臂障—部

符号代替：歸—帰 圓—円 羅—𦋺 繼—継

书写变异：弓—方 因—曰 怪—恠 桑—桒 互—亐 彦—茂安—安

镰仓末期至室町时期，日本俗字十分活跃。现行日本汉字，其间几乎都能找到其历史踪迹。调查日本《尚书》抄本，如内野本（1322年抄）、足利本（室町时期写本）、上图天正本（1578年抄）等，不难看出日本新字体及JIS汉字的历史来源。例如：

变、氷、博、薄、步、涉、禅、巣、单、労、栄、蔵、臓、称、乗、懲、恥、遅、勅、歯、従、縦、臭、処、拠、稲、徳、聴、浣、続、髪、豊、敷、観、歓、権、勧、穀、帰、海、侮、悔、壊、懐、恵、穂、鶏、継、歓、漢、難、残、践、賎、浅、諌、将、覚、寛、頼、楽、塁、歴、暦、戻、練、錬、霊、竜、黒、墨、醸、壌、譲、児、斉、済、器、繍、勤、舎、摂、縄、実、积、択、沢、駅、獣、粛、砕、歳、縄、鉄、微、為、偽、犠、戲、繊、顕、陥、効、響、亜、塩、厳、倹、険、験、壱、逸、応、営、隠、勇、与、斎、賛、戦、増、徴、専、荘、酔。

江户时期，异体字研究成一代风气。《异体字辨》《倭楷正讹》《同文通考》《正楷录》等，均为研究俗字之重要著作。特别是《同文通考》，从中日"书同文字"之汉字文化圈视角，从历时和共时层面，辨别俗字源流，具有里程碑意义。

由于时代局限，《同文通考》等判为"倭俗"之字，其字源却大多出现于历代汉籍，虽不能苛求前人，却不得不引起注意。如"倭俗"中的"省文"部分，"学、旧、昼、独、炉、励、娄、数、楼、会、参、国、条"等，属于中日两国的现行通用字。"勧、歓、観、権、縄、歯、巢、继、续、灵、斉、楽、独、錬、俭、険、験、労、单、弾、悩、児、稲"等，源出中国，流行于日本，进入《常用汉字表》。"枣、篱、隐、罗、举、趋、边、阳、阴、虽、韵、录、斎、劳、荣、莹、萤、莺、区、欧、鸥、枢、驱、厉、砺、蛎、粝、欢"等，则成为中国现行使用的简化字。①

尽管如此，透过江户期异体字研究著作，可以窥见其时日本使用汉字的基本面貌，可以理解近世日本的正字观，以及隋唐字样在日本的继承和发展。可以说，江户期的异体字著作，是研究汉字变异的重要资料，也是探究明治以来日本汉字改革不可或缺的宝贵资料。

## 四　俗字扩散

现行的日本汉字中，许多俗字在中国原典古籍中可以找到用例，然而却没有被辞书收录，更无缘作为标准用字，甚至是昙花一现。这种文字现象，套用"词汇扩散"理论，或可名之曰"俗字扩散"或"俗字衍生"吧。例如：

"⺍"类：三点头，在日语中代表六类汉字偏旁。如"勞"作"労"，"單"作"单"，"櫻"作"桜"，"巢"作"巣"，"鼠"作"鼡"，"覺"作"覚"。这种简省方式，源于草书楷化，汉语文献均有原型。简要举之，"労"见于居延汉简，"禅""巣""鼡"见于王羲之书法，"安"见于唐碑，"覚"见于《淳化阁帖》，不一而足。②

"〻"类：日语中，品字形下半部分，往往省文符号"〻"代替，如"澁"作"渋"，"壘"作"塁"。此类省写方式，金代《草书韵会》中习见，如"晶"作"晶"，"轟"字作"轟"。敦煌写本"戀"之左右之"糸"，亦有省为"〻"者，如"鸞"作"鸞"。（P.4692《望远行》）《宋元以来俗字谱》引《古列女传》"樂"作"楽"、"幾"作"幾"。③日本写本，品字结构下部省为"〻"，相当流行。④据《四部丛刊》，日本摹宋写本《诚斋集》卷105《答枣阳虞军使》："左拍子长之肩，右摩孟坚之塁。"同卷108《与本路运使权大卿》："锦江玉塁，回岷峨晓日之旗；云栋雨帘，焕桑梓画衣之绣。"《日藏古抄李峤咏物

---

① 何华珍：《日本汉字和汉字词研究》，中国社会科学出版社2004年版，第110—112页。

② 何华珍：《日本汉字和汉字词研究》，中国社会科学出版社2004年版，第117—165页。

③ 刘复：《宋元以来俗字谱》，文字改革出版社1957年版，第30、129页。

④ 何华珍：《日本汉字和汉字词研究》，中国社会科学出版社2004年版，第193—197页。

诗注》（上海古籍出版社，1998），覆刻室町时期抄本，品字结构省作
"ㄨ"者，不胜枚举。

此类俗字，源头在中国，发展在域外，是为扩散性俗字。诸如俭、
剑、検、険、験，步、渉，売、読、統、涜，斉、済、剤，観、歓、権、
勧、恵、穂，鶏、渓，残、践、賎、浅，児、稲、陥、焔，嬢、壌、譲、
醸、卆、枠、砕、粋、酔，等等，虽然在汉语文献中可以找到相同字形，
但大规模的普遍使用，却存在于日本，特别是室町时期以后，因此必须从
日本汉字发展的历史层面，作深层考察和分析，探求日本选择汉字形体的
历史背景和文化因素。

## 五　和制异体字

在日本《常用汉字表》中，有些疑难俗字，经过仔细调查或数据
库检索，在汉籍文献中找到了例证，如"壱、実、拝、挙、畳"等。然
而，"壓、價、藝、團、應、邊、貳"省作"圧、価、芸、団、応、辺、
弐"；新形声字"囲、积、択、沢、訳、駅"，符号化新字"気、広、
鉱、拡、伝（傳）、転、対、円、仮（假）"等，在中土文献中尚未发现
用例，属于和制异体字，或和制俗字。

顺便一提，此类"和制俗字"在中日版本辨别中，有时亦可起到辅
助作用。如四部丛刊本《诚斋集》《春秋正义》，出现有"囲、积、択、
沢、応"等标志性日式简体字，这是为什么呢？原来《诚斋集》《春秋正
义》均为日本抄本。又如，清初小说《绣屏缘》中出现"駅""积"等
日式简体字，这到底是汉语自己的简省写法，还是借用了日本汉字的写
法？[1] 考之，古本小说集成《绣屏缘》，乃据荷兰汉文研究院藏日本钞本
影印，不少字形已烙上日本俗字痕迹。又如天一版《绣屏缘》第二回"纸
牌"左边有"カルタルイ"片假名训注，可资互证。[2]

## 六　佚存俗字

笹原宏之先生在《国字の位相と展开》专著中，仿照"佚存书"提出
"佚存文字"学术用语。笹原氏主要是为解决中日汉字创制权的矛盾而首
创此文字术语。认为有的汉字本来是中国制造，但在中国几乎不使用，而

---

① 周志锋：《字词杂记》，词库建设通讯1999年第20期，第33页。

② 朱喜：《〈绣屏缘〉非作者的杀青稿》，《明清小说研究》1995年第3期，第232页。

且造字书证也已佚失，但由于这些文字早期传入日本，相关概念在日本文献中得以留存，此类文字称为"佚存文字"。①

"佚存文字"中，大多为"佚存俗字"，如"匆、匂、塀、榨、碗、賑"等。再举数例，以供讨论。

实："實"草书楷化作"实"。王羲之《澄清堂帖》作"实"、武则天《升仙太子碑》作"实"。《四部丛刊》影明刊本《青阳先生文集》卷2《慈利州天门书院碑》："士无以养，名存实废，靡所为教。"

杬："杬"为"松"的换位俗字。《四部丛刊》影明覆宋本《沈氏三先生文集云巢集》卷5《西禅新阁》："齐山皓发客，逍遥老杬竹。"

疊："疊"，省作"疊"。《四部丛刊》影宋代王十朋《梅溪王先生文集后集》卷15《过宛陵陪汪枢密登双溪阁疊嶂楼游高斋望敬亭山诵谢元晖李太白诗用枢公游齐山韵》："双溪风月壶觞里，疊嶂烟霞几案间。"同卷26《潇洒斋记》："疊石百拳，凿沼一泓。"

拜："拜"又作"拜"，早见于汉代简帛。《四部丛刊》影明刊本《李文饶集》卷二《幽州纪圣功碑铭并序》："明主雅闻奇志，将帅而拜将军。"又："乃畴厥庸，特拜叶护司空。"

## 七　结语

以俗字为中心的中日汉字比较研究，是近代汉字研究的重要内容，也是汉字传播与变异研究的重要内容。今后，在充分吸收两国前沿成果基础上，着力在以下诸方面拓展和深入，不断推动汉字圈的中日俗字比较研究。②

（一）加强日本古辞书专项研究。如《新撰字镜》《类聚名义抄》《下学集》《节用集》等。

（二）加强不同书写形式的日本汉籍专题调查。如木简、金石、抄本、刻本等。

（三）加强日本汉字的断代研究。如平安时代的文书佛典、镰仓室町时期的抄本汉籍、江户期间的汉字学研究等。

（四）加强动态的中日俗字比较研究。如六朝碑刻、唐代字样、宋元以来俗字对日本汉字变体的影响。

---

① 笹原宏之：《国字の位相と展开》，三省堂2007年版，第88—110页。

② 何华珍：《日本汉字和汉字词研究》，中国社会科学出版社2004年版，第11页。

（五）加强中日字样学比较研究。如明治以来的汉字整理案与字体变迁、近代中日汉字改革比较、《康熙字典》对日本的影响等。

（六）加强"字志"研究。[①]如就中日两国具有关联性的近现代新字形进行源流汇考等。

# 参考文献

田村夏纪：《观智院本〈类聚名义抄〉与〈龙龛手鉴〉の正字·异体字の记载の比较》，《镰仓时代语研究》武藏野书院1997年第20辑。

杉本つとむ：《异体字研究资料集成》，雄山阁出版1973年版。

张涌泉：《汉语俗字研究》，商务印书馆2010年版。

陆锡兴：《汉字传播史》，语文出版社2002年版。

笹原宏之：《国字の位相と展开》，三省堂2007年版。

俞忠鑫：《回归词论》，词库建设通讯1996年第10期。

何华珍：《日本汉字和汉字词研究》，中国社会科学出版社2004年版。

丁锋：《日本常用汉字特殊字形来源小考》，《现代中国语研究》2004年第6期。

佐藤喜代治：《汉字百科大事典》，明治书院1996年版。

筑岛裕：《新字体寸考》，《言语生活》1961年第10期。

刘复：《宋元以来俗字谱》，文字改革出版社1957年版。

周志锋：《字词杂记》，《词库建设通讯》1999年第20期。

朱喜：《〈绣屏缘〉非作者的杀青稿》，《明清小说研究》1995年第3期。

---

① 笹原宏之：《国字の位相と展开》，三省堂2007年版，第848—854页。

# 俗字在韩国的传播研究*

## 一　引言

从汉字文化圈探讨"俗字"定义，见仁见智，各有差异。在韩国①，池锡永《字典释要》凡例："俗字之不载于字典者，书于原画之末，而匡注韩华日。音则依谐声法而定之，如畓、岾、保、锦、辻、鰯之类。字载于字典而原注外别有俗义之惯行者，尾行匡注，如頉、侤、俵之类。"②崔南善《新字典》，书后附有"朝鲜俗字部""日本俗字部""新字新义部"，其"俗字"乃"新造字"之谓，与《字典释要》同。③鲇贝房之进《俗字考》，对俗字、俗训字④、俗音字⑤详加考述，自成体系。⑥其"俗字"即"国字""固有汉字""新造字"，指不见于汉语辞书之字，其中包括一些韩国创制的简俗字。

在我国，"所谓俗字，是区别于正字而言的一种通俗字体。"⑦其概念与韩国的上述"俗字"内涵不尽一致。我国"俗字"概念，在韩国大致相当于"半字""略字"，实际上就是与正字相对的"异体字"。⑧笔者以为，"俗字"可以取其广义，包括相对于正字而言的异体俗字，也包括

---

\* 本文原载《宁波大学学报》（人文科学版）2013年第5期，人大复印报刊资料《语言文字学》2013年第12期全文转载。

① 文中所论"韩国"，为地理学上的概念，既指朝鲜半岛，亦指朝鲜半岛历史上的各个朝代，并非政治意义上的"韩国"。

② 池锡永：《字典释要：三版》，汇东书馆1910年版，第5页。

③ 崔南善：《新字典》，新文馆1915年版，第56—59页。

④ 俗训字也叫国义字，是指在汉字原有意义上赋予新的义项，相当于日语中的"国训"。

⑤ 俗音字也叫国音字，是在汉字原有读音上赋予新的字音，主要用于韩国固有的王名、人名、地名等。

⑥ 鲇贝房之进：《杂考：俗字考·俗文考·借字考》，国书刊行会1972年版，第1—343页。

⑦ 张涌泉：《汉语俗字研究（增订本）》，商务印书馆2010年版，第1页。

⑧ 河永三：《韩国朝鲜后期坊刻本俗字研究》，《殷都学刊》2010年第2期。

没有对应正字的新造字；在韩国亦既包括韩国异体字，也包括韩国"固有汉字"。

本文选取1440年朝鲜官刻本《樊川文集夹注》（以下简称《夹注》）、1803年高丽坊刻本《九云梦》、1771年耽罗写本《漂海录》为基础语料，全面调查其中的2000多个异体俗字，同时结合《韩国俗字谱》《朝鲜时代汉语教科书丛刊续编》（以下简称《续编》）等相关材料及学界前期成果，从传承俗字和变异俗字视角，揭示俗字在韩国的传承与变异轨迹。

## 二 传承俗字

从某种意义上说，域外汉籍发展史，乃是汉字发展史，俗字变迁史。纵观域外汉籍之金石、写本、刻本，其异体俗字之多且与汉语俗字之近似，乃为毋庸置疑之客观事实。日本现行俗字在汉唐典籍中大都能找到原型，尽管与首见字源未必有直接关联。[①]韩国俗字亦不例外，大多数不出汉代以来近代俗字范围。因此，将域外俗字与中土俗字比较、域外不同地区俗字相互对照，则可发现共时传播与历时变迁的诸多关联，昭示历史上汉字圈之"国际俗字"景观。

从汉字史特别是汉字域外传播史视角，探求俗字在韩国的传播轨迹，是一项繁重复杂的工作。它可以从传承的阶段、载体、途径、方式等不同角度做专题探讨，也可以从汉字圈层面进行宏观或微观的多维考察。从本调查所引资料可知，韩国汉籍文献蕴含着丰富的俗字语料，涉及历史上的汉语俗字不胜枚举，其中包括我国现行简化字中的俗体字，日本《常用汉字表》中的简俗字，更多的是见于汉唐以来碑刻、版刻、写本中的异写字和异构字。可以说，古代汉字文化圈很大程度上就是一个俗字传播圈，很多俗字由中土传播域外，进而形成一个国际通用俗字群。

### （一）见于现行汉字中的传承俗字

1.中国简化字。古代文物典籍和辞书特别是宋元以来刊本，乃是现行汉语简化字的重要来源。在韩国文献中，亦随处可见中国简化字的历史踪影。例如：

---

①   何华珍：《日本汉字和汉字词研究》，中国社会科学出版社2004年版。

爱—愛① 称—稱 处—處 辞—辭 恶—惡 访—訪 还—還
号—號 会—會 纪—紀 坚—堅 间—間 俭—儉 剑—劍 将—
將 尽—盡 旧—舊 举—舉 脍—膾 蓝—藍 乐—樂 礼—禮 怜—
憐 脸—臉 殓—殮 恋—戀 灵—靈 刘—劉 搂—摟 庐—廬 缕—
縷 麦—麥 门—門 闷—悶 梦—夢 庙—廟 恼—惱 脑—腦 闹—
鬧 弃—棄 迁—遷 荣—榮 润—潤 杀—殺 声—聲 师—師 实—
實 枢—樞 属—屬 双—雙 数—數 岁—歲 坛—壇 体—體 弯—
彎 湾—灣 万—萬 闻—聞 稳—穩 问—問 狭—狹 闲—閑 险—
險 显—顯 谢—謝 狭—狹 养—養 义—義 议—議 营—營 应—
應 妪—嫗 脏—臟 斋—齋 争—爭 郑—鄭 众—眾 庄—莊

2.日本常用汉字。2010年改定的日本《常用汉字表》，收录2136个整理汉字，其中的日式简体字大多传承汉语俗字。从本调查可知，以下简俗字不仅出现于日本《常用汉字表》，而且也见诸韩国历代汉籍。例如：

宝—寶 拜—拜 变—變 水—冰 博—博 步—步 残—殘 藏—
藏 层—層 挿—插 巣—巢 乗—乘 遅—遲 歯—齒 処—處 窓—
窓 辞—辭 従—從 带—帶 德—德 灯—燈 断—斷 对—對 児—
兒 発—發 豊—豐 観—觀 帰—歸 漢—漢 喝—喝 黒—黑 懐—
懷 歓—歡 悔—悔 恵—惠 済—濟 剤—劑 継—繼 価—價 賎—
賤 践—踐 将—將 揭—揭 届—届 謹—謹 尽—盡 挙—舉 拠—
據 覚—覺 渇—渴 覧—覽 来—來 労—勞 楽—樂 涙—淚 歴—
歷 暦—曆 両—兩 霊—靈 竜—龍 炉—爐 楼—樓 乱—亂 蛮—
蠻 満—滿 悩—惱 難—難 嬢—孃 醸—釀 頻—頻 齐—齊 器—
器 銭—錢 潜—潛 権—權 勧—勸 窃—竊 壌—壤 譲—讓 栄—
榮 渋—澀 僧—僧 焼—燒 舍—舍 捨—捨 涉—涉 剰—剩 湿—
濕 数—數 歳—歲 双—雙 寿—壽 随—隨 体—體 鉄—鐵 厅—
廳 突—突 为—爲 偽—偽 穏—穩 渓—溪 繊—纖 険—險 陥—
陷 献—獻 暁—曉 写—寫 学—學 亜—亞 塩—鹽 厳—嚴 験—
驗 揺—搖 薬—藥 謁—謁 医—醫 逸—逸 芸—藝 隠—隱 営—
營 蛍—螢 賛—贊 増—增 贈—贈 斎—齋 戦—戰 滞—滯 专—
專 総—總 酔—醉

---

① "—"前的汉字为本文所引《樊川文集夹注》《九云梦》《漂海录》三种文献中出现的俗字，"—"后的汉字为我国简化字或日本常用汉字或传统汉字。按"—"前汉字的汉语拼音序排列，下同。为方便排版和阅读，原字形改为宋体楷字，省去文献具体出处和页码。

### （二）其他传承俗字

在所选三种文献获取的2000多个俗体字样中，除中国、日本现行用字以外，大量的是中国历史上出现的异体俗字。这些俗字的变异规律，也不超出汉语俗字的类型之外，诸如部件改换、结构移位、书写变易、符号替代、全体创造、增繁、简省、类化等。①以下是代表性传承俗字，增加饰笔及下文涉及的俗字不在此列。

袞—哀　靄—靄　罷—罷　拜—拜　宝—寶　俻—備　輩—輩　鼻—
鼻　辟—壁　鬂—鬓　湌—餐　粲—粲　操—操　曺—曹　曽—曾　佫—
傛　謟—諂　坔—塵　秉—承　楚—楚　処—處　舡—船　窻—窗　垂—
垂　辝—辭　蕬—蔥　聡—聰　寠—竄　爨—爨　翆—翠　荅—答　嵓—
島　蹈—蹈　淂—得　徳—德　蛺—蝶　疊—疊　鼎—鼎　㝎—定　蔦—
篤　叚—段　対—對　夛—多　躱—躲　恶—惡　恩—恩　貳—貳　髪—
髮　飰—飯　復—復　媍—婦　冨—富　覄—覆　綱—綱　閤—閣　葛—
葛　隔—隔　㓛—功　皷—鼓　恠—怪　覌—觀　舘—舘　庿—廣　賛—
貴　国—國　裹—裹　還—還　窂—窂　曷—曷　堅—堅　鶴—鶴　弘—
弘　俟—侯　後—後　虎—虎　畫—畫　宦—宦　祸—禍　急—急　幾—
幾　挤—擠　継—繼　賈—賈　箋—箋　监—監　艱—艱　斂—斂　撿—
撿　釖—劍　鬚—鬚　餞—餞　嬌—嬌　竭—竭　羯—羯　觧—解　堇—
僅　盡—盡　京—京　旌—旌　経—經　逈—迥　居—居　句—句　牟—
擧　覚—覺　厥—厥　歆—歆　恐—恐　哭—哭　誇—誇　曠—曠　覧—
覽　牢—牢　麗—麗　脸—臉　戀—戀　量—量　鬣—鬣　獵—獵　临—
臨　陵—陵　畱—留　流—流　隆—隆　隴—隴　鏤—鏤　爐—爐　旅—
旅　馬—馬　没—沒　美—美　寐—寐　夢—夢　覓—覓　邈—邈　命—
命　拏—拏　難—難　囊—囊　能—能　霓—霓　倪—倪　逆—逆　佩—
佩　珮—珮　奇—奇　齊—齊　騎—騎　器—器　強—強　秦—秦　寢—
寢　瓊—瓊　區—區　軀—軀　瞿—瞿　色—色　殺—殺　商—商　設—
設　深—深　聲—聲　繩—繩　聖—聖　飾—飾　鼠—鼠　術—術　雙—
雙　爽—爽　私—私　死—死　雖—雖　睡—睡　所—所　踏—踏　泰—
泰　滔—滔　逃—逃　軆—體　聼—聽　廷—廷　統—統　往—往　岡—
岡　望—望　微—微　窟—窟　習—習　喜—喜　鴻—鴻　鮮—鮮　仙—
仙　纖—纖　賢—賢　險—險　向—向　嚚—嚚　歇—歇　興—興　凶—

---

① 　张涌泉：《汉语俗字研究（增订本）》，商务印书馆2010年版，第44—121页。

凶　匃—匄　胷—胸　雄—雄　㝵—復　虗—虚　壻—婿　送—選　孛—
學　尋—尋　壓—壓　烟—煙　閒—閭　焉—焉　巌—巖　盐—鹽　熖—
焰　騐—驗　养—養　様—樣　肴—看　㫑—夜　爕—彝　瘁—瘁　仒—
亦　誼—誼　義—義　曰—因　淫—淫　扚—引　隠—隱　嬰—嬰　迎—
迎　勇—勇　凼—幽　幼—幼　扵—於　霣—虞　与—與　誊—譽　爵—
鬱　寃—冤　圎—圓　逺—遠　惌—怨　頋—願　羮—葬　遭—遭　斋—
齋　㖠—哉　盞—盞　战—戰　珎—珍　徴—徵　鄭—鄭　㤗—至　戗—
職　陕—陜　竿—竿　嘱—囑　餞—饌　粧—妝　捴—摠　總—總　癸—
奏　卆—卒　宖—最　坐—坐

## （三）关于韩日俗字

韩国如何接受汉语俗字的影响？韩国教育部1972年选定的1800个教育用汉字，基本上是传统正字，难以窥见汉语俗字的历时轨迹。而从韩国语文教育研究会1981年提出的181个简俗字看，其中有部分字形与日本使用的简体字相同，颇有深究之处。因此，河永三在论及韩国有关研究机构所指定的简俗字时，指出这些略字与学界通常研究的韩国特有俗字存有很多差异，许多人怀疑这些略字也许就是日本使用的简俗字，因此，"弄清楚这些略字与日本略字是否具有一致性也是一项十分紧迫的任务"。[①]

试调查韩国语文教育研究会提出的181个简俗字，属于韩日两国共用者有104个：

仮、価、覚、挙、労、栄、営、蛍、単、戦、獣、厳、弾、悩、脳、猟、帰、拠、倹、剣、検、険、験、径、茎、経、軽、継、齢、歯、関、観、勧、権、歓、広、拡、駆、亀、気、団、対、図、読、売、続、楽、薬、竜、塁、摂、発、廃、辺、弁、並、仏、払、釈、訳、駅、択、沢、繊、顕、焼、粋、雑、酔、鋳、実、亜、唖、悪、圧、壌、譲、醸、嬢、塩、円、囲、応、弐、壱、残、銭、浅、賎、践、伝、転、斉、剤、済、証、質、処、鉄、庁、聴、逓、総、絵。

以上104个俗字，除"広、拡、払、団、囲、円、応、釈、択、沢、訳、駅"属于日本创制的变体俗字外，几乎都可以在汉语文献中找到历史踪迹。再看104字之外的77个俗字，则或为韩国独自选用的传统俗字：鑑、覧、临、艦、贤、辇、麗、聨、难、懀、箎、繍、甫、盃、闿、画；或为中韩通用俗字：监、坚、肾、紧、滥、师、灵；或为中日韩通用俗字

（包括汉字笔画差异微殊者）：学、誉、断、楼、数、区、欧、殴、枢、旧、国、担、胆、当、党、独、触、蚕、灯、乱、辞、励、万、恋、蛮、湾、变、礼、麦、宝、写、参、惨、双、湿、声、属、嘱、随、髓、堕、寿、与、余、医、窃、点、尽、体、称、献、号、画、会。考察此77个俗字，除“盃”字之外，几乎都可以在汉语俗字大观园中找到发散之源。

值得注意的是，域外学者对此类俗字的产生和演变，历来十分关注。鲇贝房之进认为“夕（勺）”“岁（歲）”“秽（穢）”“覄（覆）”“远（遠）”是韩国俗字，[①]当然不妥。日本江户时代的文字学著作，如《正楷录》《倭楷正讹》《同文通考》《省文纂考》等，屡屡涉及异体俗字的“国别权”问题，这从侧面揭示了俗字传播与汉字发展史研究的重要意义。

## 三　变异俗字

变异俗字，是相对于传承俗字而言，指主要流行于域外的“国别俗字”。包括局部变异和整体变异，局部变异是相对于正字的域外变体，整体变异则是汉字在传播过程中的全新创造。以下从局部变异视角考察韩国俗字的五种变异类型。

### （一）形声变异

在韩国俗字中，一些形体比较复杂或表音不明显的声符，往往更改为书写便捷或表音近似的声符。

1. 沥：《夹注》：“忽发狂言惊沥坐。”（p.469）“绿叶成荫子沥枝。”（p.471）

按，“沥”为“滿”之换旁俗字。

2. 实：《夹注》：“料此亦贼势实窘蹙。”（p.25）“其实行元帅事。”（p.25）“取于镬以实鼎，取于鼎以实俎。”（p.81）“丁香结实，则堕于兰麝间。”（p.390）

按，“实”为“實”之换旁俗字。

3. 袄：《九云梦》：“或言终不免惨袄。”（p.38）

按，《韩国俗字谱》收有“袄”字，（p.151）乃“禍”之换旁俗字。

4. 鴦：《漂海录》：“不然，则隔鴦鸯于今世。”（p.208）

按，《韩国俗字谱》（p.246）、《教科书丛刊续编》（下册p.289）

① 鲇贝房之进：《杂考：俗字考·俗文考·借字考》，国书刊行会1972年版，第1—238页。

亦有"鴛"字，为"鴛"之换旁俗字。

5. 姬：《九云梦》："崔夫人招小姐乳母钱姬。"（p.65）"钱姬领命。"（p.65）"老姬初见。"（p.198）《漂海录》："老姬即其母。"（p.201）

按，《明清小说俗字俗语研究》："姬"即"嫗"之换旁俗字。（p.54）《韩国俗字谱》收录"鷗"之俗体"鴎"字。（p.248）

6. 踏：《夹注》："五月五日，四人并踏百草。"（p.415）《九云梦》："蹋蹋不移时。"（p.181）

按，"蹋"即"踏"之换旁俗字。《韩国俗字谱》"踏"作"蹋"。（p.209）畓，韩音tap，与"踏"同音。

除此之外，因声符改变而创制的韩国俗字，诸如"獣"作"狄"、"福"作"补"、"富"作"下"、"獄"作"狂"、"廣"作"庑"、"羅"作"罒"，等等。

## （二）会意变异

魏晋南北朝时期，新增字中多有会意俗字，如"百念为忧，言反为变，不用为罢，追来为归，更生为甦，先人为老"等。

1. 夛：《九云梦》："夛中说话皆非吉兆。"（p.235）"孰是夛也，孰非夛也？"（p.336）"真非夛也。"（p.336）

2. 合：《九云梦》："可合合年优游。"（p.328）

3. 佘：《漂海录》："暮时齐会佘。"（p.166）

按，《韩国俗字谱》："夛""合""佘"分别为"夢""暮""幕"的俗字。"入"代替"莫"，盖源自"仝"字。（p.42）"仝"乃"墓"之俗体。《韩国俗字谱》亦收有"慕"之俗体"忿"字。（p.77）以此，在韩国文献中，形成"入土为墓、入夕为夢、入日为暮、入巾为幕、入心为慕"系列会意俗字。

顺便说明，在韩国变异俗字中，"入"还可以作为符号替代复杂部件，如"臺"作"仝"：《九云梦》："催向章仝路。"（pp.29—30）"独上于铜雀仝。"（p.56）"如觉瑶仝。"（p.97）"气成楼仝。"（p.202）"高仝自颓。"（p.332）"上高仝。"（p.334）《漂海录》："故后人命其仝曰望乡仝云尔。"（p.181）"阳仝云雨之梦。"（p.206）"撞"作"拴"，讹作"撑"：《九云梦》："杨生乍拴醉眸。"（p.43）"撑首远望。"（p.10）按，"臺"作"仝"，有一个中间环节，即"臺"俗作"臺"（《魏皇甫驎墓志》），《九云梦》亦有

"臺"之加点俗字"臺"。

4. 仗：《九云梦》："洛阳诸仗纳卷而来。"（p.45）

按，"仗"为"儒"之俗字，会"文人为儒"之意。《韩国俗字谱》收有"仗"字。（p.15）需要注意的是，在我国《第二次简化方案（草案）》中，"仗"曾做"信"的简化字，后停用。

此类会意俗字，又如《韩国俗字谱》："擎"作"仟"，（p.90）寓"人手为擎"之意。

## （三）讹俗变异

汉字在传播过程中，因为书写关系，在笔势或部件方面往往会产生局部变异。

1. 狦：《夹注》："度狦无言，宰相等出，狦留度。"（p.25）"荡子行不归，空床南狦守。"（p.463）《九云梦》："婷婷狦立于会素之中矣。"（p.43）"娘子狦不知尚书之情。"（p.230）

2. 炋：《夹注》："庾信《炋赋》，还却灯檠下炋盘。"（p.305）《九云梦》："洞房花炋贺新郎。"（p.48）"春云执炋陪翰林至花园。"（p.117）

3. 觚：《九云梦》："觚处融解。"（p.22）《漂海录》："盖欲死后头面不被觚伤也。"（p.185）

按，《明清小说俗字俗语研究》："狦""炋""觚"分别为"獨""燭""觸"的俗字。（p.19）《玉篇·犬部》："獨"古文作"狣"。盖"弔"讹作"市"，如同"姊"作"姊"。[1]"炋""觚"，缘此类推。

4. 敁：《夹注》："太公望载与俱敁，立为师。"（p.64）《九云梦》："汝往龙宫饮酒而醉敁。"（pp.12—13）《漂海录》："罢酒敁来。"（p.201）

按，"自反为歸"，当为"皈"字，唐代习见。"皈"讹作"皈"，在韩国文献中，常作"敁"，又讹变为"皈"或"敁"。[2]

5. 独：《漂海录》："鼠之大者，如独而累累然出没于岩石间。"（p.165）

---

① 张成、姚永铭：《〈朝鲜刻本樊川文集夹注〉文字研究》，《古汉语研究》2007年第1期，第92—96页。

② 周志锋：《明清小说俗字俗语研究》，中国社会科学出版社2006年版，第55页。张成、姚永铭：《〈朝鲜刻本樊川文集夹注〉文字研究》，《古汉语研究》2007年第1期。

按，《集韵·爻韵》："貓，食鼠狸也。或从犬。"《玉篇·犬部》："猫，食鼠也。或作貓。"《汉语教科书丛刊续编》："一张茲皮三钱银子。"（下册p.221）其"猫"字，结构移位作"茲"，部件"田"讹作"由"。因此，"独"，盖由"茲"字减省而来，犹如"廟"作"廇"，讹作"庙"。

6. 枈：《九云梦》："五月寒风冷佛骨，六时天枈朝香炉。"（p.3）"八仙女油然而感，怡然而枈。"（P.6）"妾等之升沉苦枈，皆悬于大王之手。"（p.18）

7. 荶：《九云梦》："酒者，伐性之狂荶。"（p.7）"对炉煎荶，香臭霭霭然袭衣。"（p.19）

8. 烁：《九云梦》："精神自然震荡，鄙吝倏尔消烁。"（p.8）

按，在中土文献中，"樂"俗作"楽"，韩国则在"楽"的基础上讹变作"枈"，"藥"作"荶"，"爍"作"烁"。

### （四）简省变异

字形简省是古今文字演变的一条规律，也是俗字产生的一条重要途径。此类俗字，往往是简省繁复结构中的某些部件，而其中的繁复结构又往往有一个过渡性俗字环节。

1. 过：《夹注》："宋玉亭过不见人。"（p.321）《九云梦》："青衣女童浣衣于溪过。"（p.93）《漂海录》："浦过有数三人相与偶语于暗中。"（p.210）

按，"邊"之异体，《齐阿鹿交村郭京周等造象记》作"遄"，《魏郑義下碑》作"邊"，《宋爨龙颜碑》作"遑"。因此，我国简作"边"，韩国简作"过"，日本简作"辺"，中韩日各取其一。因为"遑"字之"过"与汉语"過"字之"过"同形，故容易产生误读。

2. 峇：《九云梦》："紫霞葱峇。"（p.183）"苍山峇々。"（p.18）

按，"鬱"，《魏元宥墓志》作"欝"。《夹注》："勃欝吾累怒。"（p.81）《韩国俗字谱》收有俗字"欝"和"峇"。（p.244）"峇"，或讹为"盃"，盖缘"欝"之简省而来。

3. 叩：《九云梦》："得闻叩父之消息。"（p.33）"家叩今在何山？"（p.33）"太后特下叩旨"。（p.241）

4. 伽：《九云梦》："伽然正坐。"（p.12）

5. 狐：《夹注》："征伐狐狁。"（p.169）

按，《明清小说俗字俗语研究》："屵"为"嚴"之简省俗字，（p.52）"儼""玁"缘此类推为"伵""狅"。

6. 伵：《夹注》："马融才高博洽，为世通伵。"（p.334）

按，"伵"为"儒"之简省俗字。

7. 恍：《夹注》："汉王曰：吾与若俱北面受命恍王，约为兄弟。"（p.27）"立其子恍谏，最幼，不能事，政决于私奴蒋士则。"（p.86）《九云梦》："而童颜不改，绿发长春，惟君毋用伤恍。"（p.33）

8. 坏：《夹注》："贼以奇兵自五沟至，大呼薄战，城为震坏，度危甚，光颜力战却之。"（p.53）

按，《汉景君碑》"懷"作"怀"，宋元以来"壞"多作"壊"。在韩越文献中，"懷"省作"恍"，"壞"省作"坏"。

9. 価：《九云梦》："优其価而买之。"（p.196）"鸿娘名価不必以此而低也。"（p.282）《漂海录》："纳于张郎子而给汝捧価耶？""汝当捧価，吾何取之？"（p.168）

按，在韩、日、越等域外文献中，"價"省"貝"作"価"。

10. 芸：《九云梦》："各执其芸。"（p.43）"与诸兄较芸。"（p.47）"愿效贱芸以听。"（p.68）"各奏其芸。"（p.273）

按，在韩、日、越等域外文献中，"藝"简作"芸"。

### （五）符号变异

符号变异，属于简省俗字范围，但在汉字圈俗字衍生中，内容比较丰富，现象较为突出，在此特作讨论。

1. "又""文/攵"符号

（1）"又"代"義"字

A. 仅：《夹注》："神明之旌，司马书仅。"（p.282）《九云梦》："娇姿雅仅。"（p.65）"未曾睹皇华威仅。"（p.125）

B. 訑：《夹注》："德宗初訑改元。"（p.23）"汉之光禄中散谏訑郎三署郎中是也。"（p.237）《九云梦》："小子于华阴县与秦家女子方訑婚。"（p.36）

按，"仅"，古文"奴"，又同"付"，现作"僅"之简化字。在韩国文献中，"又"代"義"字，"儀"俗作"仅"，"議"俗作"訑"。

（2）"攵"代"藋"字

A. 劝：《九云梦》："道人须为之劝送之。"（p.67）《漂海录》："倾壶而劝之。"（p.201）

B.覡：《九云梦》："侍婢一人于覡中传语于炼师。"（p.67）"小女覡春云之意。"（p.87）

按，本文所引文献中，"離"作"雄"，"籬"作"篱"，例不胜举。以"文"代"离"，至迟见于元刻本《古今杂剧》，亦见于《高丽大藏经》。又，在越南文献中，"雄"作"難"的俗字，"艱"作"艰"。

（3）"文"代"堇"字

"對"俗作"对"，以"文"代"堇"，在韩、日、越域外文献中习见。例如：《教科书丛刊续编》："这吗怪冷天道，对他们口说话呢。"（下册pp.342—433）"上你的当就正对你的边儿咧。"（下册p.422）

（4）"又"代"睪"字

籿：《夹注》："农夫籿耒。"（p.7）"竦慕不能籿卷。"（p.17）"籿耕而守株。"（p.296）

按，"釋"作"籿"，早见于《神勒寺大藏阁记并阴》。①《高丽大藏经异体字典》收有"釋"之"籿"和"譯"之"訳"。②

2. "双""㸚/㸚"符号

在韩国文献中，用"双"或"㸚/㸚"代替相同的两个部件，甚为普遍。例如：

（1）"讎"作"䜅"：《九云梦》："反以仇䜅视之。"（p.114）《漂海录》："彼见济州人，则岂无复䜅之心乎？"（p.158）

（2）"贊"作"贅"：《九云梦》："妾承吐蕃国贅普之命。"（p.167）"贅普召妾而入。"（p.169）

（3）"潛"作"潜"：《九云梦》："乃潜归于秦氏之房。"（p.257）《漂海录》："生者皆恃潜泅之才，而以余全昧潜泅付之鬼籍。"（p.190）

（4）"僭"作"僣"：《九云梦》："寀非僣也。"（p.190）"敢有僣越之计矣。"（p.291）

3. "⼂"形符号

（1）代替对称性相同构件

在汉语文献中，"絲"作为构字部件，多以点笔代之，如"戀"作

---

① 张涌泉：《汉语俗字研究（增订本）》，商务印书馆2010年版，第43页。
② 李圭甲：《高丽大藏经异体字典》，高丽大藏经研究所2000年版，第1109、1026页。

"恋"、"變"作"变"等；但也有用"⺀"形符代之者，如敦煌写本"鸞"作"鸢"（《望远行》P.4692），《古列女传》"樂"作"楽"、"幾"作"㦲"。在《九云梦》中，除出现"楽""薬""燦""鸢"之外，还有"戀"作"憥"、"巒"作"㟧"、"臠"作"离"等。

A.憥：《九云梦》："怀恩憥德。"（p.102）"而有眷憥之情。"（p.103）

B.㟧（㟧）：《九云梦》："欲㟧衬而降矣。"（p.188）"轻揽琐朱之㟧。"（p.285）"按㟧并立。"（p.288）

C.离：《九云梦》："杨郎被拣于锦离。"（p.193）"锦离抄简。"（p.267）

按，在韩国文献中，"⺀"符除代替上述对称性构件外，其他如"辦"作"氺"、"辯"作"𮦋"、"衛"作"𫝀"、"衡"作"𫝀"、"術"作"术"、"微"作"𢼸"、"徵"作"𢽾"，[1]是其衍生。

（2）代替品字形下位部件

品字形之下位重复部件，我国多用"双"字代之，如"聶""躡""囁"之类，但亦有"⺀"形代用之例，如《草书韵会》"𬋡（晶）""𫇭（蟲）"等字。此类构形，在韩、日域外文献中，扩散十分普遍，如见于《九云梦》中的以下用例：

"矗"作"真"："或腾踔而真天。"（p.1）"攝"作"摄"："惟相公保摄保摄。"（p.159）"懾"作"慑"："先声震慑于诸州。"（p.123）"躡"作"跟"："昔访佳期跟彩云。"（p.109）"森"作"𣗊"："景物𣗊罗。"（p.186）"蠱"作"盅"："初既盅心于美色。"（p.13）"操"作"操"："此非伯牙水仙操乎。"（p.72）"躁"作"躁"："不审行之太躁也。"（p.97）"愕"作"愕"："生愕然无语。"（p.74）"脅"作"脅"："仅免脅迫之辱。"（p.129）"毳"作"毳"："甘毳之供不可自当。"（p.241）"蘂"作"蘂"："手弄琼蘂。"（p.234）"羸"作"羸"："而臣母则不免羸粝。"（p.268）

（3）代替外围相关构件

在韩国文献中，"⺀"作为省略符号，除具有以上功能外，还能代替汉字主部件的外围相关构件。例如"㘴"字，《九云梦》有"㘴

---

① 河永三：《朝鲜后期民间俗字研究》，《中国语文学》1996年第27期。

楼不开"（p.123）、"则解给所佩弜弓。"（p.295）"能弜出蟾娘"
（p.294）用例。按，"畫"字异体作"畵""畫""畵""昼"，韩国俗
字作"弜"。依此"畫"作"亘"，《漂海录》有"使烟火不绝于亘夜"
（pp.166—167）、"沙工必亘夜执鸥而不可舍也"（p.187）之例。

4."リ"形符号

作为简化符号的"リ"，可以替代许多汉字偏旁。[①]而在韩国文献
中，则常代替"癶"旁，如"發"作"尕"，讹作"尕"，"廢"作
"庎"，讹作"庎"。《九云梦》："以尕愿之文纳于佛前。"（p.192）
"存于中者尕于外。"（p.249）"人道庎矣。"（p.233）"便觉歌喉自
庎。"（p.280）"终不庎兄弟之义。"（p.318）

# 四　结语

以俗字为中心的中韩汉字比较研究，是近代汉字学研究的重要内容，
也是汉字在域外传播研究的重要内容。今后，在充分吸收两国既有成果基
础上，探索俗字在域外的流播轨迹和传承规律，揭示域外俗字的变异历程
和创新途径，结合域外汉籍整理，探寻汉字圈"通用俗字"历史面貌，拓
展汉字圈"国别俗字"新视野，从汉字圈的广阔视阈探求俗字在域外的传
播规律，丰富和发展俗字传播理论。当下，应该在以下几个方面做好具体
深入的基础性工作，不断推动汉字圈的俗字比较研究。

（一）加强韩国古辞书专项研究，如字典、韵书、蒙求课本，特别是
《玉篇》系列辞书。

（二）加强不同书写形式的韩国汉籍专题调查，如金石、木简、抄
本、刻本等。

（三）加强韩国俗字的断代研究，如三国、新罗、高丽、朝鲜时代的
俗字研究等。

（四）加强动态的中韩俗字比较研究，如我国历代俗字对韩国汉字变
体的影响等。

（五）加强个体俗字研究，如就中日韩越汉字圈具有关联性的近现代
新字进行源流汇考等。

---

① 周志锋：《明清小说俗字俗语研究》，中国社会科学出版社2006年版，第70—80页。

# 参考文献

池锡永：《字典释要：三版》，汇东书馆1910年版。

崔南善：《新字典》，新文馆1915年版。

鲇贝房之进：《杂考：俗字考·俗文考·借字考》，国书刊行会1972年版。

张涌泉：《汉语俗字研究（增订本）》，商务印书馆2010年版。

河永三：《韩国朝鲜后期坊刻本俗字研究》，《殷都学刊》2010年第2期。

杜牧：《朝鲜刻本樊川文集夹注》，中华全国图书馆文献缩微复制中心1997年版。

金万重：《九云梦》，上海古籍出版社1990年版。

张汉喆：《漂海录》，新干社1990年版。

金荣华：《韩国俗字谱》，亚细亚文化社1986年版。

汪维辉：《朝鲜时代汉语教科书丛刊续编（上、下册）》，商务印书馆2011年版。

何华珍：《日本汉字和汉字词研究》，中国社会科学出版社2004年版。

周志锋：《明清小说俗字俗语研究》，中国社会科学出版社2006年版。

张成、姚永铭：《〈朝鲜刻本樊川文集夹注〉文字研究》，《古汉语研究》2007年第1期。

李圭甲：《高丽大藏经异体字典》，高丽大藏经研究所2000年版。

河永三：《朝鲜后期民间俗字研究》，《中国语文学》1996年第27期。

# 韩国变异俗字类析*

## 一　引言

韩国汉籍包括碑刻、刻本、写本各类文献，当为研究韩国汉字史不可或缺的重要资源，亦是汉字东亚传播研究的共享宝库。其中，汉字形体丰富，包含大量的异体字形，既有传承于中国文献的汉语俗字，也有独具韩国地域特色的变异俗字，据此可以探究汉字在朝鲜半岛的传承与变异轨迹，拓展汉字文化圈俗字整体研究新领域。

众所周知，俗字就是相对于正字而言的非规范字，具有时代性和地域性。[①]从朝韩文献可知，新罗高丽时期用字，多以中韩通用的传承俗字为主。据我们调查的《白纸墨书大方广佛花严经》《韩国金石文集成》《高丽大藏经》等，新罗高丽时期的异体俗字繁多，其字样构形几乎都可以在中国历代文献中找到源头，而在俗字的异构类型上亦表现大同小异，如构件的改换、异化、讹变、简化、位移、杂用古字等。关于中韩通用的传承俗字研究，需要从共时和历时层面整理字样，探讨传承机制，揭示东亚"国际俗字"的文化意义。[②]

在考察传承俗字的同时，更需要研究具有地域特色的变异俗字。所谓"变异俗字"即主要流行于域外的具有地域特色的"国别俗字"。[③]王平先生指出："汉字在传播到韩国的过程中，作为其重要组成部分的俗字必将随之而传入，由此形成了'韩国俗字'。就韩国俗字的来源来看，'韩国俗字'可细分为'传承汉语俗字'与'韩国特有俗字'。前者指汉语俗

---

\* 本文原载《汉字研究》［韩国］2021年第3期，署名何华珍/胡伊丽。

① 张涌泉：《汉语俗字研究（增订本）》，商务印书馆2010年版。

② 何华珍：《俗字在韩国的传播研究》，《宁波大学学报》（人文科学版）2013年第5期。

③ 何华珍：《国际俗字与国别俗字——基于汉字文化圈的视角》，《译学与译学书》［韩国］2013年第5期。

字传入韩国之后在韩国使用之时字形未发生变异的俗字,后者指汉语俗字传入韩国之后在韩国使用之时字形发生变异的俗字。"① "国际俗字"即"传承汉语俗字","国别俗字"即汉字文化圈国家的特有俗字、变异俗字,在韩国也就是"韩国特有俗字"或"韩国变异俗字"。

韩国朝鲜时代特别是朝鲜时代后期,②坊刻本、笔写本文献甚为丰富,具有韩国特色的地域俗字普遍流行,呈现与新罗高丽时期不同的字形面貌。据《金刚般若波罗蜜经变相》《首楞严经环解删补记》《漂海录》《九云梦》《韩国文献说话全集》《笔写本古典小说全集》《朝鲜时期后期教科书丛刊续编》等,韩国俗字的变异类型主要包括简省、会意、符号、草书、讹俗五种,其中也有交叉综合型变异,其特点是简化、符号化,是汉字在周边国家和地区的"俗字扩散"。③本文根据俗字变异的五种类型,选择"邊""竄""懷""儒""滅""釋""辭""聲""樂"等代表性变异俗字,④结合朝鲜时代文献语料,初步考察俗字在韩国传承传播过程中的变化变异情况,以推动东亚俗字研究进程。

## 二　类析

### (一)简省变异

因简省构件而创制的韩国俗字,诸如嚴作口口、儎作亻山、獵作犭田、鬱作盎、藝作芸、價作佴等。

1. 邊

(1) 过:是时,匈奴强侵~,⑤天下初定制度。(《樊川文集夹注》,p.29)

(2) 过:十余岁青衣女童浣衣于溪~,见其来,忽而惊起。(坊刻本《九云梦》,p.93)

(3) 过:今年我们那~也如此不收,听着说到处都先旱后涝

---

① 王平:《韩国写本俗字的类型及其特点——以〈韩国俗字谱〉为例》,载《中国文字研究》(第15辑),大象出版社2011年版。

② 河永三:《韩国朝鲜后期坊刻本俗字研究——以〈论语集注〉、〈孟子集注〉为例》,《殷都学刊》2010年第2期。

③ 何华珍:《俗字在日本的传播研究》,《宁波大学学报》(人文科学版)2011年第6期。

④ 关于俗字在朝韩的传承与变异情况,详参《俗字在域外的传播研究》"朝-韩篇"。

⑤ 例句中的原文献俗字形,用"~"号代替,下同。

啊。（《教科书续编·中华正音（骑着一匹）》，p.197）

（4）过：亦袒衣趋右~树下，以两手对抱，而枝叶殊不少动。（《韩国文献说话全集三·东野汇辑卷三》，p.420）

（5）过：藏在江~，待白府船过。（《笔写本古典小说全集卷一·六美堂记》，p.370）

"邊"在朝—韩文献中，特别是在新罗高丽时期，大多使用传承俗字，如"邊""遷""遠""邊""違""違""戈"等。由"邊"至"边"系列字形，因构件"方""口""工""寸""力"形近而衍化。

"邊"，在新罗佛经、碑刻中已见用例，如《白纸墨书大方广佛花严经》："得能放无~可爱乐法光明解脱门。"（p.29）新罗碑刻《断俗寺神行禅师碑》"邊"俗作"■"，（12卷p.41）进一步简省中间两点，保留部件"方"。高丽时期碑刻《普原寺法印国师宝乘塔碑》，亦作"■"。（21卷p.81）

"邊"俗作"遷"，右部件下的"方"字变异为"口"。这一传承俗字，在朝鲜时期的各类文献中习见。如《樊川文集夹注》："雨初霁，刀好截秋光，池~成独酌。"（p.61）坊刻本《漂海录》："掠过舟~，层浪自辟，危樯欲倒。"（p.147）又如《教科书续编·华音撮要》："一头儿外货进~，一头里货都出门才。"（p.328）这一俗体习见于中国文献，在《汉魏六朝碑刻异体字典》《宋元以来俗字谱》《明清小说俗字典》中均收录。

俗体"遷"，右部件下的"方"字变异为"工"，《笔写本古典小说全集卷一·三韩拾遗》："可怜无定河~骨，犹是春闺梦里人。"（p.216）又俗作"遷"，"方"字变异为"寸"，《笔写本古典小说卷一·六美堂记》："与白学士并镳连辔而来，两~观者如堵墙。"（p.408）俗体"違"则进一步省变，哈佛大学藏本《九云梦》："自见八仙之后，嫩语娇声，尚留耳~，艳态妍姿，犹在眼前。"（p.9）又俗省作"違"，《首楞严经环节删补记》："若以根尘为一~心为一~成敌两立。"（p.573）"道源欲观妙，本则见~微矣。"（p.581）"邊""違""違"三个俗字字形，都将构件"方"讹变为"寸"。该字形在《汉魏六朝碑刻异体字形》中有收录，如"■"（正始四年/507年）、"■"（永平寺年/511年）、"■"（正光四年/523年）。

（p.37）又，《教科书续编·华音撮要》"邊"俗作"边"，（p.376）楷化作"边"，为现行中国简化字。"边"字早见于元抄本《京本通俗小说》和元刊本《古今杂剧三十种》。

以上均为汉唐流传至朝鲜半岛的传承俗字。"邊"俗作"过"，则是"邊""逯""逴"的减省变异，为韩国特用俗字。不过。在朝鲜时期的诸多文献中，传承俗字与变异俗字并用。如《樊川文集夹注》中既使用传承俗字"邊""逯"，又频繁使用变异俗字"过"；《笔写本古典小说全集卷一·六美堂记》"邊""过"共存；坊刻本《九云梦》"邊""过"并用；《教科书续编·华音撮要》作"边"，《中华正音（骑着一匹）》（驹泽本）俗作"过"，等等。

中国历代字书尚未发现"邊"作"过"，这是"邊"字在朝鲜半岛传播过程中的形体变异，与中国"過"的简化字"过"同形异字。

2. 懷

（1）怀：人肖天地之类～，五常之性，有生之最灵者也。（《樊川文集夹注》，p.18）

（2）怀：而童颜不改，绿发长春，惟君毋用伤～。（坊刻本《九云梦》，p.33）

（3）怀：萧仙独坐深院，何以慰～。（《笔写本古典小说全集卷一·六美堂记》，p.354）

（4）怀：意外相逢，幸结一宵之缘，遽尔相分，后会难期，别～何言，行中别无他情表之物，可留一诗。（《韩国文献说话全集一·溪西野谭卷一》，p.44）

"懷"在朝—韩文献中，既有传承俗字"懐""懷"，又有变异俗字"怀"，变异俗字的使用甚为广泛。《漂海录》俗作"懐"，（p.154），《首楞严经环节删补记》俗作"懷"（p.572），皆为对中间部件"氺"的变异，简作"一"或"丿"。此类俗字在新罗高丽时期已见用例，如新罗碑刻《圣住寺朗慧和尚塔碑》作"懷"："彼岸不遥，何必～土。"（10卷p.28），高丽碑刻《太古寺圆证国师碑》作"懷"："夫人梦，日轮入～，既而有娠。"（26卷p.75）这些俗字在《汉魏六朝碑刻异体字典》中均有收录，如"懷"（孝昌元年/525年）"懷"（建义元年/528年）、"懷"（武平二年/571年）等。

《说文解字·心部》："懷，念思也。从心，褱声。""懷"何以写作"恘"？该字形不仅在韩国的《樊川文集夹注》《笔写本古典小说全集》《九云梦》《韩国文献说话全集》等文献中出现，而且在越南汉喃文献中也广为流播。不仅"懷"写作"恘"，《樊川文集夹注》"壞"亦作"㐌"，从土从衣。究其字形之变，应为构字部件减省而成。《说文解字·衣部》"褱，侠也，从衣罒声"，"恘"字的右半"衣"，或因为部件"褱"省略"罒"而成，或源自俗字"懷""懷"右部件之省形。①

在中国古籍中，尚未发现"懷"俗写作"恘"。《汉魏六朝碑刻异体字典》所收俗字，大多是"懷"在笔画层面上的简省。《宋元以来俗字谱》引《目连记》《金瓶梅》《岭南逸事》作"怀"。（p.36）《明清小說俗字典》收"怀"，（p.248）"不"作为一个符号替代了"褱"。受类推影响，"壞"俗作"坏"。张涌泉先生列举"懷"俗作"怀"、"壞"俗作"坏"、"羅"俗作"罗"等，认为"亦、丕、不、寸、文、云、夕、乂、""等都是既不表音又不表意的简省符号"。②

从汉字简化角度看，"懷"作"怀"，右半的"不"完全符号化了；"懷"作"恘"，似乎还保留了声符"褱"中的表意基因，在传承中发生局部变异。

3.竄

　　宿：婢偃寒不顺，屡~身深匿，尚义必坐知其处，十竄十得之。（《韩国文献说话全集六·於于野谈卷一》，p.127）

"竄"，在朝鲜时期的汉文文献中出现多个异体字形，既有传承俗字"竄""竄"，又有变异俗字"宿"。

"竄"俗作"竄"，见于坊刻本《九云梦》："生慌忙惊惧，遂率书童，鞭驴促行，望蓝田山而去，欲~伏于岩穴之间矣。"（p.32）《笔写本古典小说全集一·六美堂记》"竄"："大喝一声，巨鱼急~入波底。"（p.382）《首楞严经环节删补记》"竄"："据众人之意，从头点~以大钳锤试之。"（p.614）该俗体在高丽时期已见用例，《高丽大

---

① 右半部件"褱"，草书近似"衣"。"懷"字，晋王羲之作恘、宋蔡襄作恘，明祝允明作恘。"壞"字，元康里巎巎作㐌，清傅山作㐌。可参。

② 张涌泉：《汉语俗字研究（增订本）》，商务印书馆2010年版，第79页。

藏经》"鼠"："师子儿闻皆增勇健，余兽闻之即皆~伏。"（p.278）可见，在朝鲜时期，在形成具有地域特色的变异俗字的同时，承继新罗高丽时期的传承俗字。从《汉字略体调查》（1993）可知，《杜诗谚解》《才物谱》作"鼠"，《三国史记》作"鼠"，《古文书》作"鼠"（p.212），皆将"鼠"字构件"臼"讹作"用"。

"窜"俗作"窜"，见于《笔写本古典小说全集卷二·兔公传》："此时，兔公恐被人知，~伏林下。"（p.387）在俗字"窜"的基础上进一步讹变，中间部件"臼"作"旧"，故"旧"亦依此类推。①新罗时期碑刻《凤严寺智证大师寂照塔碑阴记》"旧"作"旧"："曾无鲁史新意，或用同公~章。"（11卷p.88）朝鲜时期文献，如《樊川文集夹注》作"旧"："及天宝五载，因阿房遗址广温泉，~制为华清宫。"（p.2）《九云梦》作"旧"："秦川~声价，今日属谁边。"（p.100）《教科书续编·骑着一匹》作"旧"："满天要价，~地里还钱，却是行不去的，何故来呢？"（p.86）《教科书续编·华音撮要》作"旧"："若不是~脸，就谁能照顾我这个老头吗？"（p.364）

"宿"字，当是在传承俗字"窜"的基础上进一步简省而成的韩式变异俗字。

## （二）会意变异

在韩国汉籍文献中，会意变异产生的俗字如"人"字系列：合（暮）、帊（幕）、忞（慕）、坌（墓）、夢（梦），盖会"入日为暮、入巾为幕、入心为慕、入土为墓、入夕为梦"之意；又如"擊"作"仵"，会"从人从手"之意。

### 1. 儒

（1）仗：天下有三道：曰~道，曰仙道，曰佛道。（坊刻本《九云梦》，p.332）

（2）仗：灵如鬼神，洛阳诸~纳卷而来，则一阅其文，断其立落，言如符合，未曾一失，其神鉴如此也。（哈佛大学藏本《九云梦》，p.42）

（3）仗：遂还服锦衣，~贤之不先正家而欲矫俗弊，亦或歉

① 张涌泉：《汉语俗字研究（增订本）》，商务印书馆2010年版，第95—96页。

然。（《韩国文献说话全集八·梅翁闲录》，p.600）

"儒"在韩国文献中，除俗作"仗"字以外，还有一个疑似变异俗字"㐰"字。《樊川文集夹注》："郦生曰：'吾高阳酒徒也，非～人也'。"（p.67）"荀子～劲君子，言有坛宇，行有方表。"（p.84）"儒"俗作"㐰"，当是省略部件"需"之"雨"字头，或者据俗体"㑔"减省而成。新罗碑刻《凤严寺智证大师寂照塔碑阴记》作"㑔"："至乙巳岁，有国民媒～道。"（11卷p.83）高丽碑刻《蔡仁范墓志铭》作"㑔"："时遇文明，道光～雅，秩小宗伯，奄归泉下。"（28卷p.15）"有惭色曰昔～童菩萨"（21卷p.40）。这一俗字在中国历代文献中常见，早在魏晋时期已有用例。《碑别字新编》引《魏张猛龙碑》作"㑔"。（p.343）《汉魏六朝碑刻异体字典》《明清小说俗字典》亦有收载。

"仗"字，在汉语中曾经作为"信"的简化字。而在东亚域外用字中，则作为"儒"之会意俗字。[1]《说文解字·人部》："儒，柔也。术士之称，从人需声。"清徐灝《说文解字注笺》云："人之柔者曰儒，因以为学人之称。"泛指学者，学人之称，即为文人之称。"儒"俗作"仗"，会"文人为儒"之意，其造字理据彰显韩国文化内涵，正如河永三先生所言："'儒'写作会意结构的'仗'字，反映出当时社会尊崇并强调'读书'的思想，是认为唯有文人才是学者。"[2]

2.灭

（1）𣴎：当第十卷末，实楞严法会最后，非临～之最后也。（《首楞严经环节删补记》，p.604）

（2）𣴎：生～去来，本如来藏耶。（《首楞严经环节删补记》，p.607）

"灭"字在朝鲜时代既有传承俗字，又有未见于中国字书和文献的变异俗字。传承俗字，如《樊川文集夹注》"灭"作"𣸣"："初，穆

---

[1] "儒"字俗作"仗"，在越南汉喃文献中亦常用，如《河南乡试文选》（1903）："主道学则命～臣讲论经义矣。"

[2] 河永三：《韩国朝鲜后期坊刻本俗字研究——以〈论语集注〉、〈孟子集注〉为例》，《殷都学刊》2010年第2期。

公甍然，后六国竟～秦，果并而居。"（p.3）又俗作"滅"："谁得而族～也。"（p.9）这两个俗体表现在构件"滅"的笔画变异上，俗体"滅"将中间构件"滅"左右两点连笔成"一"，"滅"又将"滅"内的"天"字减省了"一"笔。

当然，"滅"字的这一变体，在新罗—高丽时期亦有近似字形。如新罗佛经《白纸墨书大方广佛花严经》作"滅"："令诸众生热恼除～。"（p.11）新罗碑刻《圣住寺朗慧和尚塔碑》作"滅"："匪慈哲，孰能兴～继绝。"（10卷p.38）《高丽大藏经》作"滅"："如来出现难可值遇，无上福田于今永～。"（p.67）新罗—高丽时期的俗体除了构件"滅"的变化与朝鲜时期相同外，还有个共同特点，"氵"简作"丷"。不过，"滅""滅""滅""滅"等传承俗字，在中国古代文献中常见，如在《汉魏六朝碑刻异体字典》（p.612）中均可找到与其一致或相近的字形。

《说文解字·水部》"滅，尽也，从水威声"。"滅"俗作"㶱"，改形声为会意，寓"水火为灭"之意。

## （三）符号变异

汉字由繁到简，其中一个重要因素就是符号替代。在韩国文献中，贊作寶、替作替、輦作輦、簪作簪、僭作僭、潛作潛、讐作讐，用"双"或"双"代替重复部件"炊""扶""夶""雔"。戀作恋、變作變，用符号"╳"代替"絲"对称性部件；轟作轟、攝作摄、品作品、麤作麤、荔作荔、毳作毳、蠱作蠱，用符号"╳"代替品字形下位部件。此类符号替代俗字，广泛流播于域外汉字圈，有的成为国别俗字。如符号"刂"代替"殳"，發作發，廢作廢，盖为韩国特有俗字，在汉字圈其他国家尚未发现。

1. 釋

（1）釈：荒唐之说，～文谓：荒唐，广大无域畔也。（《樊川文集夹注》，p.61）

（2）釈：刻手～坚（《金刚般若波罗蜜经变相》，p.46）

（3）釈：下～成上意也（《首楞严经环解删补记》，p.575）

在朝-韩文献中，"又"字往往作为重文符号使用，如《韩国文献说话全集一·溪西野谭卷一》"出"作"发"："所谓朴氏奴万石者，以遐土无职之私贱，能～为主复雠之者，已为奇矣。"（p.35）坊刻本《九云梦》"出"亦作"发"："乳娘～门而去，旋又还。"（p.27）同时，"又"往往作为"義"的替代性符号，①如《樊川文集夹注》"儀"作"仅"（p.197）、《笔写本古典小说全集一·六美堂记》"議"作"設"（p.390）。②

符号"又"代替构件"睪"，在汉语中尚未发现。韩国高丽时期碑刻《光寺大普光禅寺碑阴记》作"叔"："住持～能一慨"（34卷 p.122）。《普光寺大普光禅寺碑阴记》："诗～海明，刻字李忠元。"（34卷p.126）朝鲜时期之前用例不多，大部分是"釋"字在笔画层面的变异，如《圣住寺朗慧和尚塔碑》作"釋"："昭玄大德，～通贤。"（10卷p.10）；《白纸墨书大方广佛花严经》作"釋"："梵主帝～轮王等，一切众生及诸佛。"（p.73）。《圣住寺朗慧和尚塔碑》"擇"作"擇"："服勤无所～。"（10卷p.31）

新罗碑刻中"釋"与"擇"的变体主要在笔画层面呈现，"釋"俗作"釋"，简省起笔第一笔。这在中国古代文献中早已有之。《汉魏六朝碑刻异体字典》（p.813）收录"釋"的异体字形"釋"（武平四年/573年）、"釋"（太和二十三年/499年）、"釋"（大统十三年/547年）。《碑别字新编》（p.447）收录"釋"（《魏平干虎造象》）、"釋"（《魏元宁墓志》）。可见，"釋"当是魏晋时期流行的俗字。"釋"作"叔"，用"又"字替代"睪"字，属于符号替代类韩国变异俗字。

2. 辭

　　辞：则李述源举义责之，～气凛冽，贼使之降。（《韩国文献说话全集五·记闻丛话上》，p.26）

"文"与"又"，是汉字由繁至简中的一个常用替代性符号，而且往往可以通用。例如，在坊刻本《潮州歌册》中，现代汉字用"又"代替

---

① "義"俗作"又"，盖由表音字符"义"讹变而来，由"义"衍生出符号构件"义""又""乂"。参见《汉语俗字研究》，第94—95页。

② "仅"与"仪"，"設"与"议"，实为一字之变。明清文献中"義"俗作"又"，"儀""議"亦俗作"仅""設"。参见曾良、陈敏《明清小说俗字典》，广陵书社 2018年版，第742、736、745页。又，在越南碑铭文献中亦有"儀"俗作"儀""仅"等。

的简化字，常常写作"文"。如"對"作"**对**"（38册p.371）、"觀"作"**规**"（3册p.157）、"歡"作"**欢**"（38册p.390）、"勸"作"**劝**"（38册p.364）、"艱"作"**娘**"（8册p.57）、"難"作"**难**"（8册p.57），等等。

在中国历代文献中，"辭"字异体甚多，常见的有"辝""辤""辞"等。《五经文字》："辭辤辝，上说文中古文下籀文，经典相承，通用上字。"韩国朝鲜时期大多使用"辭"的传承俗字，如《九云梦》作"**辞**"："拜～龙王，出水府，御冷风，向莲花而来。"（p.7）《樊川文集夹注》作"**辞**"："楚～闻赤招之清尘。"（p.267）坊刻本《漂海录》作"**辞**"："语道极凶，故不欲多提～说。"（p.156）《樊川文集夹注》作"**辝**"："万口一～，牢不可破国。"（p.139）《韩国文献说话全集三·东野汇辑卷三》作"**辞**"："郑见其风标隽朗，言～该博，疑其非乡人也。"（p.335）新罗高丽时期，"辞""辝"早见用例。《白纸墨书大方广佛花严经》"辭"作"**辞**"："十力境界性亦然，一切文～莫能辨。"（p.161）亦有"辤"字，如《圣住寺朗慧和尚塔碑》作"**辤**"："～不获，往居之，一日必葺，俨若化城。"（10卷p.47）《广照寺真澈大师宝月乘空塔碑Ⅰ》作"**辤**"："伯阳～关令之嗟而已矣哉。"（17-册p.40）。

然而，中国历代文献尚未发现"辭"作"**舛**"的用例，《韩国俗字谱》《韩国汉字异体字调查》等亦不见收录该字形。"**舛**"字初见于《韩国文献说话全集五·记闻丛话上》，以"文"代"矞"，值得深究。

## （四）草书变异

草书楷化与符号替代一样，也是汉字由繁至简的一种重要方式。朝-韩草书字形，大多传承古代章草及今草笔法，如哈佛大学藏本《九云梦》，承继章草，字体俊美，简省断连，千姿百态，且融会韩国特有俗字，堪称书法与文字研究的杰作。如老作**老**、墓作**墓**、塞作**塞**、復作**复**、封作**封**、實作**实**、辦作**办**，均为传承草俗字。如殿作**殿**、燭作**烛**、幕作**幕**、慕作**慕**、福作**福**、發作**发**、廢作**废**等，则为韩国变异俗字。

### 1. 聲

（1）**聲**：嫩语娇～，尚留耳旁。（坊刻本《九云梦》，p.10）

（2）**聲**：娇～尚留于耳边。（哈佛大学藏本《九云梦》，

p.13）

（3）羴：才短无~，贫丐不自聊。（《韩国文献说话全集六·於于野谈》，p.93）

（4）羴：珮应作背~之误也。（《首楞严经环节删补记》，p.575）

（5）莽：仰视楼上，则丝竹轰鸣，~在半空。（坊刻本《九云梦》，p.41）

（6）舞：方自踟蹰，遥闻半山中有钟磬~。（《笔写本古典小说全集一·六美堂记》，p.340）

（7）羴：仍唏嘘数~，荀公颇有不平之心。（《笔写本古典小说全集卷二·红白花传》，p.216）

（8）羴：久卧冷地，恐为风伤，王子起而扶入，久之人~渐息，火光亦灭。（《笔写本古典小说全集卷二·相思洞记》，p.94）

（9）舞：诸人立船头望之，则逸济立于火焰之中，举手高~大呼曰："暂住船。"（《韩国文献说话全集一·溪西野谭》，p.6）

（10）洋：婢仆惯于俗习，以饭馈之饭为平~，汤水之汤为上声。（《韩国文献说话全集七·东国滑稽传》，p.323）

韩国新罗时期，"聲"的俗字多传承于汉唐，如《双溪寺真鉴禅师碑》"聲"作"𦕢"，（9卷p.17）。《圣住寺朗慧和尚塔碑》"聲"作"𦔮"，（10卷p.17）。此类俗写可在中国碑铭中找到原型，如《汉魏六朝碑刻异体字典》（p.791）收有"聲"的俗字"𦕢"（正光二年/521年）、"𦔮"（正光四年/523年）、"𦕊"（天和四年/569年），《碑别字新编》（p.389）引《齐董洪达造象》收有"𦕢"，等等。

在朝鲜时期多种文献中，既有"聲"字的中韩通用俗字，如"声""𦕢"等，也有"聲"的韩国变异俗字，如"羴""莽""洋"等。笔写本《漂海录》"聲"作"声"："喜极而不觉放~号哭。"（p.183）"余耳之于~，骇浪斗激中作霹雳。"（p.215）该俗字缘"聲"省略而成，保留左上角部件。《宋元以来俗字谱》（p.64）引有《列女传》《取经诗话》字例，《明清小说俗字典》（p.546）亦列举多个明刊本小说例证。"聲"的另一传承俗字"𦕢"，变异不大，如《教科书续编·象院题语》："千官每行五拜三叩头，作揖三舞蹈，跪下听三呼之~。"（p.9）

　　"聲"字在朝鲜时期文献中，多用韩国变异俗字。以上所举10例用字，其字形大致可分为三类，一是"羿"类，包括（1）（2）（3）（4）例，二是"羿"类，包括（5）（6）（7）（8）（9）例，[①]三是例（10）"洋"类。考察中国古代书法家草书文献可知，隋智永《真草千字文》"聲"作羿，唐孙过庭《书谱》作羿、羿，宋赵构《养生论卷》作羿，元赵孟頫《六体千字文》作羿，明宋克《唐人歌》作羿。可见，右部的"羊"字完全来源于汉字经典草书，左部件字形则或保留"声"符，或缘"声"符讹变。至于"聲"俗作"洋"，乃"声"字进一步草书符号化而已。

### （五）讹俗变异

　　汉字传播朝—韩过程中，在笔势和构件方面往往产生不合构字理据的局部变异。此类因讹俗产生的变异俗字，如貓作独、獨作猗、觸作觞、燭作炜、歸作敀，等等。

　　1. 樂

　　（1）象：五月寒风冷佛骨，六时天～朝香炉。（坊刻本《九云梦》，p.3）

　　（2）条：人不堪其忧，回也不改其～。（《樊川文集夹注》，p.146）

　　（3）条：谁登李杜坛。见上坛登礼～卿注。（《樊川文集夹注》，p.248）

　　"樂"在朝—韩文献中出现多个异体字形，既有传承俗字，又有未见于中国文献的变异俗字。

　　在新罗—高丽时期，"樂"俗作"桼""樂""樂"。新罗写本《白纸墨书大方广佛花严经》作"桼"："随其心～，或住一劫。"（p.105）《高丽大藏经》"樂"："普覆十方一切世界，随诸众生所～，各别示现种种光明电光。"（p.93）高丽碑刻《朴景山墓志铭》"樂"："公以大～令，带校勘之职。"（29卷p.163）至朝鲜时期，

---

① 韩国《汉字略体调查》（1993）引《法华经》《才物谱》作"羿"，《大乘起信论疏》作"羿"。（p.117）《韩国汉字异体字调查》（2002）引《玉汇》作"羿"、《汇语》作"羿"。（p.265）

《樊川文集夹注》仍普遍使用俗体"樂"："僧人乞得一麾江海去～。"
（p.250）

"樂"作"樂""樂"，草书符号"乂"代替"絲"，在中国古代文献中习见。但在朝鲜时期文献中，除了"乂"代替"絲"外，中间部件（上白下木）讹变为"身"字，俗作"樂"，此为韩国特用俗字。以此类推，"藥"作"藥"："暮时，齐会幕所，细剉山～，糅之以米谷少许，炊作饔飧。"（笔写本《漂海录》p.166）"爍"作"爍"："鄙吝倏尔消～，悠扬荏弱，不可形喻。"（坊刻本《九云梦》p.8）

"樂"，俗作"条"，盖与草书有关。在草书家笔下，"樂"字形态，一是"樂"（徐渭）类，即"樂"之来源，二是"樂"（孙过庭）类，即汉语简化字"乐"之来源。《樊川文集夹注》"樂"俗作"条"，[1]大概是草书讹变，"樂"讹作"夕"，进而讹作"又"。《樊川文集夹注》"藥"作"藥"："职林郑注，始以藥术游长安。"（p.75）

## 三　结语

汉字传播至朝鲜半岛，形成巨大的汉籍资源和汉字文化遗产。考察其用字变迁，大多传承中土正俗字形，及至朝鲜李朝时期，具有地域特色的变异俗字渐成书写印刷传统，与中土俗字相映成趣。其构形类型主要包括简省变异、会意变异、符号变异、草书变异、讹俗变异五种。以上简要考察了"邊""竄""懷""儒""滅""釋""辭""聲""樂"等在朝鲜半岛的俗字变异，尚有进一步研究的空间。

说有易，说无难。所谓"变异俗字"或"国别俗字"，是指主要流行于汉字文化圈某区域的变体字形，不排除其他地域的偶然出现或使用。正是"一个汉字往往就是一部东亚文化交流史"。

在整理研究东亚"通用俗字"的同时，考察研究具有地域特色的"国别俗字"，这对于汉字发展史研究、汉字国际传播研究、东亚文化交流研究、大型汉文字典编纂等，均具有重要的学术意义和应用价值。此为今后的研究课题。

---

① ［日］松本愚山《省文纂考》（1803）收录"藥"的省文"藥"字。

# 参考文献

张涌泉：《汉语俗字研究（增订本）》，商务印书馆2010年版。

王宁：《汉字构形学导论》，上海教育出版社2002年版。

金荣华：《韩国俗字谱》，亚细亚文化社1986年版。

李圭甲：《高丽大藏经异体字典》，高丽大藏经研究所2000年版。

吕浩：《韩国汉文古文献异形字研究》，上海人民出版社2013年版。

何山：《魏晋南北朝碑刻文字构件研究》，人民出版社2016年版。

曾良：《明清小说俗字研究》，商务印书馆2017年版。

周志锋：《明清小说俗字俗语研究》，中国社会科学出版社2006年版。

王平、［韩］河永三：《韩国汉文字典概论》，南京大学出版社2018年版。

何华珍等：《俗字在域外的传播研究》，中国社会科学出版社2018年版。

河永三：《韩国朝鲜后期坊刻本俗字研究》，《殷都学刊》2010年第2期。

王平：《韩国写本俗字的类型及其特点——以〈韩国俗字谱〉为例》，《中国文字研究》2011年第2期。

王晓平：《从〈镜中释灵实集〉释录看东亚写本俗字研究——兼论东亚写本学研究的意义》，《天津师范大学学报》（社会科学版）2008年第5期。

# 俗字在越南莫朝碑铭中的传承与变异<sup>*</sup>

## 一 引言

1527年，大权独揽的莫登庸篡夺后黎朝帝位，改元明德，建立莫朝。莫朝是越南历史上一个短暂的王朝，存在时间为1527年至1592年，被后世封建史家称为"伪朝"。1533年至1592年期间，莫朝与黎朝中兴对峙并存，一个在南方，一个在北方。莫朝被推翻之后，大量的典籍被毁，而部分散见于民间的碑文幸免于难。据统计，目前所知莫朝碑铭大约有130通，最早的碑铭为刻于明德三年（1529）的《明德三年己丑科进士题名碑》《贝溪乡大悲寺》，最晚的碑铭为刻于洪宁二年（1592）的《显洞庵碑记》《大慈寺碑》，基本涵盖整个莫朝历史（1527—1592）。莫朝碑铭的内容丰富多样，涉及范围广，主要可分为佛寺神祠碑、道观碑、修造亭桥井碑、先贤碑记、进士题名碑等。

（一）佛寺神祠碑：莫朝碑铭文献中，佛寺碑文最多，可见佛教在莫朝时期非常兴盛，不同于黎初时期佛教的衰微。佛教碑文，大多为佛寺碑铭、重修佛寺碑铭、重修佛像碑铭，如《贝溪乡大悲寺》（明德三年/1529年）、《大悲寺碑记》（广和元年/1541年）、《重修宝林寺碑记》（光宝五年/1558年）、《惠云佛座碑记》（广和二年/1542年）等；内容上，碑文多为先记述佛寺兴建的历史、所处的地势、发家财捐赀人，最后为"兹垂永久，仍铭于石"四字铭文，附带所有功德信施的姓名，或佛寺田产信息。神祠碑文，赞颂奉为神灵的功绩，如光宝五年（1558）的《赵皇神祠碑》，赞颂赵皇神"天生圣哲、德禀聪明"，其功绩"南恢越甸、北翦梁兵、巍巍功烈、炳炳汗青"。

（二）道观碑：莫朝碑铭中有四通道观碑文，是研究越南莫朝接受、发展道教文化的重要史料。如刻于淳福元年（1562）《重修瑞应观》，

---

\* 本文原载《近代汉字研究》（第3辑），河北大学出版社2023年版，署名何华珍/逯林威。

碑文介绍其"求其瑞气钟灵，诚祷辄应"，故题为"瑞应"，且"夫瑞应，古名观，上以焚香祝圣，下以祈福安民"。其他道观碑文分别为《真圣观碑/皇帝万岁》（崇康二年/1567年）、《圆阳观碑》（兴治二年/1589年）、《真圣观碑/信施》（洪宁元年/1591年），由此可见，莫朝时期存在有瑞应观、真圣观、圆阳观等道观，这些道观以焚香祝圣，祈福安民。

（三）修造亭桥井碑：这类碑铭主要记载乡村为方便乡民生活，村社集资或个人出资修建亭宇、桥梁、井等公共设施的史实。如《西寺井碑》（淳福二年/1563年）、《修福楼寺桥池碑》（淳福三年/1564年）、《构作新亭碑记》（延成八年/1585年）、《重修停驾阴司新桥》（兴治元年/1588年）等。

（四）先贤碑记：此类碑铭，是为祭祀本县社村有文化有功德的人而竖立，以传永久。如《先贤祠碑》（崇康九年/1574年），碑题为"新明县斯文造先贤祠碑序"，开头指出其建立先贤祠的缘由"夫先贤所以传道，其功大矣"，此外还记录有先贤文士的名单、祭祀的时间等信息，反映了越南民间祭祀的行为。

（五）进士题名碑：莫朝统治者非常重视文化教育，科举制度也更加成熟完备。莫朝60余年间，开科22次，目前仅发现刻于明德三年（1529）的《明德三年己丑科进士题名碑》，其他时期未见进士题名碑。

众所周知，越南周年雨量大、湿度高、战乱频繁，纸质文献难以保存。研究汉字在越南的早期传播，只有依赖碑铭文献。从目前所知碑铭看，越南莫朝之前的丁朝李陈时期只有60多通，后黎朝初期（1428—1527）大约90通。[①]因此，16世纪的莫朝碑铭文献，弥足珍贵，不仅对于历史、宗教、民俗、艺术、语言研究具有重要价值，更是汉字文化圈越南俗字传播史研究不可或缺的第一手文献资料。

## 二　传承俗字

汉字文化圈，从某种意义上来说也是一个俗字传播文化圈。所谓"传承俗字"，就是指从中国传播至域外的汉语俗字，能够在中国的字书文献、语篇文献中找到字形源头的汉语俗字。所谓"变异俗字"则是相对于"传承俗字"而言，指主要流行于域外的具有地域特色的"国别俗字"，

① 何华珍、刘正印等：《越南碑铭文献的文字学研究》（下册），中国社会科学出版社2019年版，第308—320页。

是相对于汉语正字的域外变体，严格意义上说是汉语所无、域外独有的变异字形。

从《越南汉喃铭文拓片总集》收录的16世纪莫朝碑铭用字来看，其俗字使用比率较低，虽然出现部分变异俗字，但还是以源自中国的传承俗字为主，大多能够在中国的语篇文献或字书文献中找到用例。

关于莫朝碑铭"传承俗字"的调查，我们主要参照《汉魏六朝碑刻异体字典》①《敦煌俗字典》②《宋元以来俗字谱》《明清小说俗字典》这四部跨越汉魏至明清时期的俗字汇编材料，同时辅以其他字书、语篇材料，将莫朝碑铭俗字与中国历代俗字进行比照，初步呈现16世纪越南俗字对中国俗用字形的传承特点。

### （一）见于《汉魏六朝碑刻异体字典》①或《敦煌俗字典》②的莫朝俗字

碑—碑（8294）③　　碑—碑（9382）　　杯—盃（10419）　　北—北（10286）

比—比（8018）　　辭—辞（12880）　　牀—床（13325）　　德—德（8294）

德—德（9842）　　鼎—鼎（803）　　峨—峩（2207）　　發—發（12657）

廢—廢（10419）　　凡—凡（11813）　　鼓—鼓（2225）　　罟—罟（10167）

規—規（10419）　　畫—畫（2225）　　侯—侯（9382）　　毀—毀（7278）

繼—繼（11813）　　將—將（9842）　　皆—皆（8518）　　解—解（8447）

經—経（8447）　　靈—靈（18456）　　美—美（5261）　　滇—滇（9842）

能—能（11813）　　派—派（10877）　　勸—勸（9842）　　器—器（10026）

---

① 毛远明：《汉魏六朝碑刻异体字典》，中华书局2014年版。

② 黄征：《敦煌俗字典》，上海教育出版社2005年版。

③ 碑铭字形源自《越南汉喃铭文拓片总集》，括号内数字为《越南汉喃铭文拓片总集》的碑铭编号。下同。

繞—遶（2703）　善—善（2207）　世—丗（1222）　雙—双（6158）

算—筭（10877）　往—徃（9842）　宛—宛（2703）　像—像（8294）

象—象（5827）　圓—圎（11813）　緣—縁（9842）　魚—魚（13325）

讚—讃（11813）　坐—坐（2093）　座—座（2093）　輒—輙（18456）

知—知（18456）　指—指（10877）

**（二）见于《宋元以来俗字谱》[1]或《明清小说俗字典》[2]的莫朝俗字**

寶—宝（10053）　變—変（11813）　備—俻（8294）　稻—稲（9842）

兜—兜（2189）　佛—仸（11381）　罟—罟（10167）　歸—归（10167）

畫—畫（10419）　靈—灵（8294）　麗—丽（10167）　寧—宁（9842）

寢—寑（10419）　瓦—瓦（13325）　僊—僲（2189）　儼—儼（2207）

瞻—瞻（10167）　職—职（7278）

**（三）见于其他文献的传承俗字**

莫朝碑铭中还有一部分俗字不见于以上四部工具书。但是，在其他字书文献或语篇文献可以找到一致字形，如觀作觀、躋作踦、菩作菩、散作散、彝作彝、莊作荘、澹作澹、畝作畝等，明显是汉语俗字在越南的传播和影响。例析如下：

① 刘复、李家瑞：《宋元以来俗字谱》，1930年初版，1957年文字改革出版社重印。

② 曾良、陈敏：《明清小说俗字典》，广陵书社2018年版。又，同时见于《汉魏六朝碑刻异体字典》或《敦煌俗字典》的字形，不再列举；所列字形均见于《宋元以来俗字谱》《明清小说俗字典》中的宋元明时期文献。

1. 純—純：江天、～德、福光、福智。（11813，广和二年/1542年）①

按，越南碑铭俗写字形純字，其右部件"屯"字发生变异。明刊本《四声篇海·糸部》"純"作純，"凵"笔形方向变为朝下。这种俗写字形在越南汉字文献中习以为常。

2. 貳—貳：南近故邓氏～，北近陈伯会。（10286，延成二年/1579年）

按，《汉语大字典（第二版）》："貳，同貳。"《中华字海》："貳，音义待考。"据《汉魏六朝碑刻异体字典》，"貳"亦作戴或戴，"貝"上的"二"字，或产生结构移位，置于左上角，或发生讹变，由"二"变"一"。《偏类碑别字》引《隋蒋国公屈突通墓志》，"貳"作"戴"。《汉魏六朝隋唐五代字形表》"貳"作"戴"。②

3. 貳—貳：广和～年五月初一日造。（11813，广和二年/1542年）

按，"貳"，除"貝"上的"二"字，因结构移位而置于左上角，还会发生讹变，"貳"作戴或戴。《汉魏六朝隋唐五代字形表》收有"貳"的字形戴、戴，与越南碑铭俗字近似。考诸吐鲁番出土文书及敦煌写卷，"貳"之俗体貳、貳、貳、貳，甚为常见。③

4. 壇—玹：黎氏～。（2093，明德三年/1529年）

按，"壇"字，《宋元以来俗字谱》引清初刻本《目连记》作玹，《明清小说俗字典》引《集成》明刊本《天妃娘妈传》等作坛。曾良认为，盖"壇"字俗写为改从"玄"声，均是山摄字，音近，后来进一步讹变作"坛"。④我们认为"壇""檀""擅"之右部件"亶"作"玄"，在越南汉喃文献中普遍通行，其字形当与草书写法有关。据《草字编》（新编），唐怀素"擅"作擅，宋赵构"檀"作檀。⑤又，据《六体书法大字典》，怀素"擅"作擅⑥；《中国草书大字典》引唐孙过庭《书谱》

---

① 波浪号"～"代替字头所剪切碑铭字形，括号内依次表示碑铭编号、越南年号和公元纪年。下同。

② 臧克和：《汉魏六朝隋唐五代字形表》，广东南方日报出版社2011年版，第1445页。

③ 何华珍：《日本汉字和汉字词研究》，中国社会科学出版社2004年版，第198—203页。

④ 曾良：《明清小说俗字研究》，商务印书馆2017年版，第133页。

⑤ 洪钧陶编：《草字编》（新编），文物出版社2006年版，第294、751页。

⑥ 田其湜编：《六体书法大字典》，湖南人民出版社2004年版，第1055页。

"擅"作擅。①从"檀""擅"字的草书写法来看，右半部件"亶"俗写作"玄"，应是由草书楷化演变而来。

还有一种情况，莫朝碑铭中的一些俗字，在汉语文献中虽未发现字形完全一致的例证，但仅是在笔画层面异写而已，理应属于传承俗字。例如：

漢—（10286，延成二年/1579年）　衡—（10419，光宝九年/1562年）

歸—（11813，广和二年/1542年）　靈—（2225，广和初年/1541年）

禄—（9382，崇康九年/1574年）壽—（8294，大正十一年/1540年）

### 三　变异俗字

从莫朝碑铭用字来看，莫朝深受中国汉字文化影响，多直接使用源头在中国的"传承俗字"，但同时也出现了一些越南特有的"变异俗字"。此类"变异俗字"，有的在黎初碑铭文献中已经出现，有的在莫朝以后的越南文献中广泛使用，并逐渐形成了越南用字传统和字形特色。以下从五个方面举例分析。

**（一）形声变异**

1. 势—

（1）形 ~ 蟠欝，气象万千。（5827，淳福三年/1564年）

（2）形 ~ 之强，雄丽之状。（10167，崇康九年/1574年）

（3）以壮大越莫强之 ~，千秋快乐。（7820，端泰三年/1588年）

（4）吾乡之形 ~，斯福德胜。（4580，端泰初年/1586年）

2. 势—

（1）不等员人，夺耕倚 ~。（1222，洪宁二年/1592年）

（2）粤自天书笔造，形 ~ 最灵。（1222，洪宁二年/1592年）

按，《说文解字》："势，盛力权也，从力，埶声。""势"字，更换其声符，改"埶"为"世"，俗作。该字形在越南后黎朝碑铭中习见。莫朝碑铭作，结构发生变化。"世"异体或作"古"，后黎朝碑铭中书写变异作（1222号），莫朝碑铭"势"作，后黎朝碑铭作

---

① 李志贤等：《中国草书大字典》，上海书画出版社1994年版，第489页。

（1222号）。"势"字的这三个俗写字形，仍遵循汉语俗字的演变规律，但未见于中国古代文献，是流行于越南的变异俗字，体现了汉字在越南的再生性与创造力。

### （二）草书变异

1. 德—

（1）裴师～（生徒）、黎有骈。（7962，端泰初年/1586年）

（2）则功～自无量已，岂小补云乎哉。（12007，大正三年/1532年）

（3）阮～忠、裴延后。（12007，大正三年/1532年）

（4）功～甚大，后世传遗。（6272，淳福三年/1564年）

（5）刊图法场，庆赞如斯，功～无量，传之悠久。（4950，端泰二年/1587年）

（6）梁栋奂轮、满成功～。（8545，兴治四年/1591年）

按："德"俗作，在莫朝碑铭中多有出现，至后黎朝则习用常见，当是受草书写法的影响楷化而成。《中国草书大字典》引王羲之《丝布衣帖》作（457页）、怀素《小草千字文》作（458页）、武则天《升仙太子碑》作（458页），可见俗字与"德"字草书写法相近，左边下半部件楷化作"力"。后黎朝碑铭中，还有在俗字基础上进一步简省作（5443号），同样有较多用例。"德"字草书楷化而来的俗字、，是流行于越南的变异俗字，未见于中国古代文献，体现了越南古代人对于"德"字草书的认知。

2. 飛—

（1）岁久日永，风□霜～，蛊而复之，旧而新之。（9729，兴治三年/1590年）

按，"飛"俗作，在后黎朝碑铭中常作，应是其草书楷化而来。《中国草书大字典》引武则天《升仙太子碑》作、赵构《真草千字文》作（1368页），《敦煌俗字典》"飛"作（109页）。由此可见，应是"飛"字草书楷化而来。中国古代文献中也有"飛"字草书楷化而成的字形，但并不同于越南后黎朝碑铭，《明清小说俗字典》引清刊本《北魏奇史闺孝烈传》作。

### （三）简省变异

1. 懷—

（1）～远将军锦衣卫都指挥同知阮伯笼。（9842，广和三年/1543年）

（2）孔～，奋力将军、神武后卫。（9842，广和三年/1543年）

2. 壤——

（1）若某员人埋藏破～，变易散碑者（10061，淳福初年/1562年）

（2）奉事若某员人埋藏破～，变易散碑。（10067，光宝九年/1562年）

按：莫朝碑铭中"懷"俗作，当是"懷"字省略其声符的中间部件以成"衣"字。"壤"与"懷"声符相同，简省变异方式一致，"壤"俗作。

在越南黎初时期的碑铭中，也有"懷"作（1954，洪顺二年/1510年）、"壤"作（17324，端庆五年/1509年）的用例，可见莫朝碑铭中的与是传承黎初时期的俗字。

在中国古代文献中，一般是以"不"代替"懷"与"壤"的声符"襄"。《宋元以来俗字谱》中，"懷"俗作"怀"（36页），声符"襄"简省讹变作"不"。受此类化影响，汉字俗写中常用"不"代替部件"襄"或"睘"，如"壤"俗作"坏"、"環"俗作"环"等。《明清小说俗字典》中收录怀（248页）、坏（249页）、环（252页）等相关俗字。但据张磊考证，敦煌写本已发现"懷"作，明王世贞《弇山堂别集》"懷"作"忟"。[1]按此，以"衣"代"襄"，在汉语古文献中偶或出现，受此影响而传播至越南等周边国家，形成域外特色俗字。

**（四）符号变异**

1. 觀——

（1）莫斯～若所以，题其颜瑞应的。（18456，淳福初年/1562年）

（2）今～其雕梁画栋、名山巍巖。（8545，兴治四年/1591年）

按，""是"觀"的简省俗字，符号"刂"代替了"觀"字的整个左边部件"雚"。"刂"是常见的简省符号，如"歸"俗作"帰"，早见于敦煌写本文献。[2]但中国古代典籍的汉语俗字中，未见字这种符号代替的俗字，"觀"俗作"观"，符号"又"代替"雚"。在越南李朝、陈朝以及后黎朝初期的碑铭材料中，尚未发现"觀"作的俗字，是始见于莫朝的越南变异俗字。

2. 錢——

（1）阮氏珍，～二百。（8214，崇康七年/1572年）

---

① 张磊：《日韩汉字的传承与创新三题》，《中国语文》2021年第6期，第748—749页。

② 张涌泉：《汉语俗字研究（增订本）》，商务印书馆2016年版，第76页。

3. 錢—

（1）每一人替使～叁百五十文。（12887，兴治三年/1590年）

（2）受领使～拾陆贯肆拾陆文。（12887，兴治三年/1590年）

按，莫朝碑铭中"錢"字有两个俗写字形，是"錢"的简省俗字，符号"刂"代替左边部件"釒"；则是在简省俗字基础上进一步简化的结果，直接简省去右边部件。在越南李朝、陈朝以及后黎朝初期的碑铭材料中，未出现"錢"字的这两个俗字字形，可见其应最早产生于莫朝，见于莫朝碑铭，是流行在越南的变异俗字。

4. 嘉—

（1）清威天施～林等县。（2208，兴治二年/1589年）

（2）杜氏～（2093，明德三年/1529年）

（3）武～行（9180，广和二年/1542年）

按，是"嘉"的简省俗字，有两种可能的演变方式。一是用符号"乄"代替"嘉"字上半部件"壴"；二是在简省后讹变而成，《广碑别字》引《齐柴季兰四十余人造象记》"嘉"作，在该字形基础上进一步讹变，同样可以演变为俗字，但在中国文献中未发现与之一致的俗写字形。在越南李朝、陈朝以及后黎朝初期的碑铭材料中，未出现俗字，可见其应最早产生于莫朝，见于莫朝碑铭，是"嘉"字在越南碑铭中常用的俗写字形。[1]

5. 巍—

（1）大凡天下之名蓝观寺，巍～焉、业业焉。（18456，淳福初年/1562年）

（2）今观其雕梁画栋、名山～巖。（8545，兴治四年/1591年）

（3）莲坐～巍，佛法大圣。（6272，淳福三年/1564年）

6. 數—

（1）而～问之，寺已翼然矣。（8447，延成初年/1578年）

（2）恒河沙～无量边，岂止一邑一乡而矣哉。（8447，延成初年/1578年）

---

[1] 后黎朝碑铭中有"嘉"俗作""的文献用例，如景兴二十六年/1765年（17980号）："本村加礼鱼一只，金一百，～增田一所二高。"鉴此，"嘉"的俗写演变轨迹可能为"嘉——"，但在后黎朝之前的文献中尚未见到""字用例。

7. 齡—

辽东社迪土伯陈伯～、阮福生。（8545，兴治四年/1591年）

按，"爻"是越南碑铭文献中常用的俗字简化符号。"巍"俗作，"爻"代替"委"；"數"俗作，"爻"代替"婁"；"齡"俗作，"爻"代替"齒"。不过，有些字形在越南李朝、陈朝以及后黎朝初期的碑铭材料中已经出现过，如"巍"俗作（1954，洪顺二年/1510年），"爻"代替"委"，"卜"代替"鬼"；"數"俗作（10525，洪德二十年/1489年）、（10524，洪德二十六年/1495年）。在中国文献中，并未发现"巍""數""齡"的这种符号代替的简省俗字，但在越南的汉喃文献中常见，是流行于越南的变异俗字。

8. 驚—

令塑法师、神音震～。（7277，兴治二年/1589年）

按，碑铭拓片""上半部分有些模糊，但根据越南碑铭文献中"驚"字的俗写用字，上半部分应该是"又"，简省符号"又"代替了上方的部件"敬"，俗作，后黎朝碑铭中有"驚"作（5428号），"擎"俗作（5459号），则是用"又"代替"驚"与"擎"的上半部分复杂部件。在越南李朝、陈朝以及后黎朝初期的碑铭材料中，未发现该俗字字形，可见"驚"俗作应是最早出现在莫朝，见于莫朝碑铭。

9. 義—：摩～县冯透，字发心。（9842，广和三年/1543年）

10. 儀—：鲜明之～伏、争先老少之奔波伏后。（11813，广和二年/1542年）

莫朝碑铭文献，"義"作，"儀"作。在后黎朝初期和中兴期碑铭文献中，"義"俗作（10139号），符号"又"代替其部件"我"，因俗写的类推性，以"義"为构件的"議""蟻"有相同的俗写变异，同样是符号"又"代替其偏旁"義"中的部件"我"。如"議"作（11494号）、"蟻"作（12671号）。

**（五）讹俗变异**

凝—

甚至露冷浮杯，霜～忧钵。（10419，光宝九年/1562年）

按：在越南汉喃文献中，"疑"俗作，是越南广为通行的一个地域俗字。目前所知"疑"作的早期用例是福泰六年/1648年（3969号）："其每日三旬饮食多多，访来次中，圣者有差，若某某情～鬼神，鉴此兹端。"受俗字类推的影响，以"疑"为构件的字也有相应的俗写变化，如凝作![字形]，早见于莫朝光宝九年/1562年碑铭。诸如"擬"作![字形]（10650号）、"癡"作![字形]（1015号），则见于后黎朝碑铭。"疑"何以作![字形]？大概是先简省左边部件，之后右边部件发生讹变。值得注意的是，在喃字系统中，喃字"![字形]"的其中一个义项记录汉字"疑"的字义，"![字形]"记录有汉字"擬"的字义、"![字形]"记录有汉字"癡"的字义，"![字形]"记录有汉字"礙"的字义，"![字形]"或"![字形]"记录有"凝"的字义。[1]喃字系统中，有很多借用汉字俗字形体的喃字，喃字"![字形]"有可能是借用"疑"的俗字![字形]，两者的关系需要进一步探讨。

## 四　结语

汉字是中华文化的重要载体，透过莫朝碑铭文献中的传承俗字，我们可以看到历史上中华文化对越南的深远影响。莫朝碑铭中的传承俗字使用丰富，见于汉魏六朝及唐代的历代俗字较多，同时，也有相当一部分为宋元明清俗字，整体呈现不断接受和传承中国俗字的汉字使用特征。

莫朝时期产生了一些具有越南特色的变异俗字。其中有传承黎初时期（1428—1527）的变异俗字，如"數"作![字形]，"義"作![字形]，"儀"作![字形]，"懷"作![字形]，"德"作![字形]等，也有始见于莫朝时期的变异俗字，如"嘉"俗作![字形]，"齡"作![字形]，"巍"作![字形]，"錢"作![字形]/![字形]，"觀"作![字形]，"驚"作![字形]，其符号替代的特点明显。又如"勢"作![字形]，因变换声符而创制，这在莫朝时期已经固定下来了。还有，"飛"作![字形]，草书楷化，这已然成为越南地域俗字的代表字形。

纵观东亚汉字文化圈域外俗字文献，越南俗字最具地域风格，与古壮字等民族汉字形成独具特色的南部俗字群。在拓展越南俗字研究过程中，根据文献材料进行断代研究是研究汉字域外传播史的重要一环，本文即属于越南俗字断代研究的尝试。抛砖引玉，就教于同道。

---

① 参见［越］阮光红《喃字引解字典》，［越南］社会科学出版社2014年版。

# 日文汉字在汉语辞书中的有关问题<sup>*</sup>

日文汉字<sup>①</sup>正式出现于汉语辞书，大概是从1915年出版的《辞源》和《中华大字典》开始。之后，《辞海》《现代汉语词典》《新华字典》《汉语大字典》等虽然于此各有取舍，但仍时有见录。而至1994年《中华字海》出，其有意或无意收入的日文汉字，则多达160多处。概观汉语辞书中的日文汉字，其注音释义、解字引例，或失或误，多有商补之处。

## 一　音缺

日文汉字一旦进入汉语辞书，作为汉字的新成员，总该有个读法。在《中华大字典》、旧《辞源》《辞海》中，这大多是采用汉字模拟日本字音的直音法。如"込"，旧《辞源》："日本字，读若壳米。入也。""壳米"是"込"（kome）的模拟音。"鰊"，旧《辞海》："日本字，读若柯，鱼名。"柯是"鰊"（kō）的模拟音。这种读若法其实还没有设定该字在汉语中的具体读音。诸如"腺"，"读如線"，"膵"，"读若萃""働"，"读之若動"等直音法，乃开日文汉字在汉语中读半边之先河。然而，有些字到底是认半边呢还是读日本音，见仁见智，各有看法。如"鰯"，《中华大字典》读音阙如，旧《辞海》谓"读如衣华西"，旧《辞源》则认为"当读如弱。""衣华西"是模拟日语'iwasi'的读音，"弱"则采取汉语式读法。其实，真正给日文汉字标定汉语规范音的，是从1978年修订本《辞海》和《现代汉语词典》开始。如"鰯"，《辞海》和《汉语大字典》都标音为"ruò"，使日本字的读音

*　本文原载《北方论丛》1998年第5期。

①　本文所言"日文汉字"，是指日本模仿汉字"六书"创造而成的，即"国字"或"和字"。不过，日本学术界对"国字"的看法也有广义和狭义之分。广义而言，包括日本借用汉字表示他义或误训的汉语既有之字，狭义则仅指汉语所无、日语独有者。本文指狭义的"国字"。

汉语化。不过，犹有音阙者。如"麿"，《汉语大字典》虽知其为"日本字"，却只引旧《辞源》谓读若"马陆"。"马陆"是"麿"（maro）的日语近似音，合"麻吕"二字而读之。①

　　"鯦"，最早见于《汉语大字典》，云："鱼名。鱼纲，鱼科，体中长而侧扁，被栉鳞，侧线中断，尾鳍圆形。分布于海岸近处，我国只产此一种。"没有注音。"鯦"到底是一种什么样的鱼？其字源于何？《汉语大字典》之前的辞书无一收录。笔者是在科学出版社1977年版《南海诸岛海域鱼类志》和1987年版《中国鱼类系统检索》二书中发现有"鯦科""鯦属""黑鯦"等文字描述和"黑鯦图"。在前一书的"鯦科"和"黑鯦"介绍文字中有"体型侧扁""被大型或中型栉鳞""侧线中断""尾鳍圆形"等语，其文字表达与《汉语大字典》同。我想《汉语大字典》云"我国只产此一种"，盖"黑鯦"乎！笔者从《大汉和辞典》《学研汉和大字典》《日本国语大辞典》得知，"鯦"字乃日本所造，最早见于《新撰字镜》（899—901），其所指鱼类与我国"鰶鱼"同，日语读为"konosiro"，学名是clupanodon punctatus，准确说来相当于我国的"斑鰶"。又从《南海诸岛海域鱼类志》得知，"黑鯦"学名为plesiops melas bleeker，与日本鱼鯦鱼有别。查索保育社昭和41年版《标准原色图鉴 全集·鱼》一书，发现与"黑鯦"学名完全一致的，在日本称为"タナバタウオ"。这种鱼名，笔者所及的日语辞书都未作收录。但从该书的日文说明中，亦有"体型侧扁""栉鳞稍大""侧线中断"等语。可见，中国的"鯦"与日本的"鯦"非为一物。我国仅借用其字形而已。正如闽南方言中的"杢"、广州话中的"癪"，与日本"杢""癪"形同而义异②。这属文字的"借训"现象。那么，"鯦"读何音？《中华字海》除继承《汉语大字典》的释义外，标有"dōng"音。这种"秀才识字认半边"的读法与中国人认读日文汉字的习惯同，可以参考。

---

① 关于"麿"的汉语读音，宋文军先生倾向于读"má"，李思敬先生倾向于读"mó"。参见宋文军《日文汉字中的"和字"和它的音译问题》（《日语学习与研究》1980年第4期）和李思敬《谈谈日本人名、地名汉字的中国读音》（《语文建设》1992年第9期）。

② "杢"和"癪"，日方认为是"国字"。"杢"合"木""工"成其形生其义；"癪"为病名，是胸腹激痛之疾。《普通话闽南方言词典》认为"杢"是借训字，读jié，木钉。"牛杢'即"钉在地上用来拴牛的木钉"。《广州话方言词典》云，"癪'在广州方言中，指"疳积"。

## 二 义误

日文汉字进入汉语辞书而被误释，比较少见。唯《中华字海》有此缺憾。究其由有三。

（一）没有重视已有辞书对日文汉字的收释。例如"匁"（p.17）、"込"（p.632）、"畠"（p.1069）、"麿"（p.1721）、"働"（p.1760）等，在《中华字海》之前的有关辞书早已收录，然而该书却视"匁"同"匆"，"込"同"迂"，"畠"同"甾"，"麿"同"縻"，"働"同"僮"。其实，"匁"，旧《辞源》："日本字。读若蒙眉。日本重量名，即钱字之略。""込"，旧《辞源》《辞海》《中华大字典》已收，且有确释，与"迂"仅同一部首而已。"畠"，《现代汉语词典》："tián，日本汉字，旱田。多用于日本姓名。""麿"，见于旧《辞海》和《汉语大字典》，与"縻"风马牛不相及。"働"，《汉语大字典》没收，旧《辞海》和《中华大字典》早已录之，《现代汉语词典》虽未标明"日本汉字"，但释义显然："働，dòng，用于'劳働'，同'劳动'。"

（二）轻易相信第二手材料，缺乏必要的日文汉字知识。前文的"匁"和"働"，《中华字海》谓"见《日文汉字对照表》"。《日文汉字对照表》是一本什么样的书，不得而知；然而释"匁"为"匆"、"働"同"僮"，是十分荒谬的。如果《中华字海》的编辑们能找日文辞书仔细核对，就不会有这种失误。同样的情况还有"枠"（p.742）、"冴"（p.1763）、"笹"（p.1237）诸字。"枠"是不是日本字，可以讨论。因为敦煌宝藏伯2578《开蒙要训》中有"拷枠鞭棒，枷锁丑械.判无阿党"等语。"枠"在日文中读作"waku"，常用于"框子""范围"等。《中华字海》则据《日文汉字对照表》释为"桦"。"冴"字源于汉语"冱"字，但汉语中有"冱"无"冴"。《玉篇》："冱，寒也。"现代日语"冴"表寒冷透骨或光泽鲜明、声音清晰等义正是"冱"的继承与引申。《中华字海》又据《日文汉字对照表》释为"讶"，谬。"笹"，《大汉和辞典》标为"国字"，释为"细小竹子的总称"。《学研汉和大字典》谓"竹"与"世"的合体会意，"世"既可解"生长了好几代"，也可作"葉"（小竹的葉）的简体。《中华字海》谓"笹"同"屉"，云："见日本《常用汉字表》。"其实，日本《常用汉字表》中根本就没有"笹"字，《新明解国语辞典》明确标为"表外汉字"。

　　（三）据形释义，妄以形近字"同"之。例如"匀"（p.127）、"峠"（p.442）、"甅"（p.1170）、"裄"（p.1773）等，《中华字海》认为，"匀"同"匈"，"峠"同"卡"，"裄"同"绗"，"甅"同"甅"（"电功率'百分之一瓦'的旧书写形式"）。这都是由于所"同"之字有某种貌似之处而导致误释。《大汉和辞典》认为，"匀"是"韵"的简体"匀"字的讹变，其本义指和谐的声音，引申为气味、香味，与"韵"之古义合。"峠"，是日本式会意字，指上山下山分道的山岭，过往行人在此向"道祖神"合手礼拜，祈求旅途平安，与"卡"迥别。"裄""绗"同"行"，"衣""糸"同类，然而"绗"是汉语中的古有之字，指衣服之缘，亦有"缝纫"之义。而"裄"为日本字，指和服脊到袖口的长度。"甅'，是日本用以翻译法国衡名用字，与中文译字"甅"同，指百分之一瓦。但"甅"绝不等于"甅"，"厘""里"相异。实际上，汉语中没有"甅"字，这是个日本字，指一种瓦器，即浅底缸，所以亦训为"浅甕"。

## 三　义漏

　　义项的设立，是字书的重要内容。遗漏义项或滥立义项都是字书之大忌。从严格意义上来讲，既然收录了该日文汉字，释义时就不能以偏概全。比如"畑"，本是合"火""田"二字而成，其义即"火田"之谓。《晋书·食货志》："往者东南草创人希，故得火田之利。"《学研汉和大字典》释"畑"为"用火将杂草或作物茎根烧尽用作肥料的旱田"，正与古汉语"火田"之义合。但是《新华字典》《汉语大字典》皆仅列"日本人姓名用字"一项，与《现代汉语词典》的释义相比，有欠精审。"麿"，《汉语大字典》亦仅列"日本人名用字"，不如旧《辞海》解释得简约而全面；"为自称之代名词，人名亦用之。"

　　也许是受《汉语大字典》等的影响，《中华字海》在收释日文汉字时，释为"日本地名用字"而不及他义者多有所见。比如"辻"字，《中华字海》云："辻，日本地名用字。"其实，《现代汉语词典》早有解释："辻，shí，日本汉字，十字路口。多用于日本姓名。""鳰"，《中华字海》亦以"日本地名用字"视之，而旧《辞源》早收："日本字。读若尼火。水鸟名。即鸊鷉。"笔者认为，作为规范化的辞书，以偏概全，遗漏他义，是应尽量避免。如"圦""辷""枦""栃""椛"

“梺”“椙”“榊”“褄”“糀”“鎹”“鑓”“鞆”“⿰魚空”等，《中华字海》都是“日本地名用字”一言以蔽之，而《大汉和辞典》《学研汉和大字典》都列有其字之本义及常用义。兹不赘述。

## 四 “音义待考”

《中华字海》“补遗”中，有424字无处考证，冠“音义待考”存阙，此无可厚非。然而，这些字并非来自古汉语或现代汉语用例，大多是源于北大方正《汉语内码字典》《信息交换用汉字编码字符集·第四辅助集》和《ISO—IECDIS10646通用编码字符集》。其中，韩国字有之，日本字亦有之。据笔者调查，有68字为日本“国字”，而从已有汉语辞书来看，仅“鯱”一字曾见诸《中华大字典》。这里我们暂不讨论该不该收录的问题，只是想，假如有一天《中华字海》流播异域，为日本学人所得，其难堪可想而知。为节省篇幅，在此仅列出“补遗”中的68个“音义待考”的日文汉字，略去汉释。

凧、凩、凪、塀、蒅、蓙、毟、搒、挘、噺、衟、怺、適、桛、杁、柫、楿、楾、榁、硴、婲、嬶、燵、裃、襌、襷、⿰身定、蛯、簓、籡、艝、綛、縅、繧、纐、酛、躮、躵、躻、躾、⿰身花、軈、⿰金系、鈁、鋲、錻、鉏、閊、鞐、饂、鵆、鶑、鶍、鵈、魞、魸、鮲、鯐、鯑、鯱、鯲、魜、鯮、鰰、鱜、鱪、鱰、鱛。

## 五 无字形推原和文献用例

汉语传统字书，于其字大都析其形、定其音、释其义。现行大型辞书如《汉语大字典》等亦如此。只是一些现代用字，无所凭依，故而没法引经据典“说文解字”。进入汉语辞书的日文汉字，理属现代用字，所以大都没有字形推原。如果说偶有所见的话，恐怕只此三例。“麿”，旧《辞海》：以“麻吕二字合成”。《汉语大字典》承之。“俤”，《汉语大字典》：“弟弟面影，有似兄弟，故从弟从人。”“鰯”，旧《辞源》：“日本所造，以柔弱得名”。其实，日本汉字大都是模仿汉字“六书”而成，其中有形声字，更多的则是会意字（或亦声字）。所以任何一个日文汉字都可以进行形义说解。《学研汉和大字典》《旺文社中汉和字典》等都有此条例。如“杣”字，据《大汉和辞典》云，日本公元8世纪左右即有此字，为日本所造，义为"木之山"或"山之木"①，不一而足。汉语辞书中的日文汉字，需不需字形推原，这要看字书的性质。如果是《新华字典》一类，则不必；如果是《汉语大字典》之属，则不妨为之。再说，如果注意到字形推原，也可避免如《中华字海》张冠李戴之类的错误。

文献用例，按理应该是该字收录的重要依据之一。我想，日文汉字进人汉语辞书总该是有依据的，如"畑"，《中华大字典》等未收，但《现代汉语词典》却解释得明明白白："畑，tián，日本汉字，旱地。多用于日本姓名。"宋文军先生认为，"畑"字进入汉语辞书，"这可能是沾了日本军国主义时期战犯畑俊六的'光'。因为《毛泽东选集》中曾经提到过畑俊六这个名字。"②纵观汉语辞书中的日文汉字，举有文献用例者，大概只有《汉语大字典》中"麿"和"俤"二字而已。透过所引用例，我们可以知道该字进入汉语的大致时限和途径。"麿"和"俤"首见于梁启超笔下，"麿"作为"人名用字"出现，"俤'则为"相似之容貌"。这种引例对汉语史的研究颇有价值，对辞书规范亦有意义。不过，要搜寻日文汉字的汉语用例，尤其是首例，需付出大量的劳动。它首先要求我们对"清国留学生"所著文字进行一番认真的调查，同时对闽、粤等方言进行必要的考察，既留心书面文字，亦重视口语方言。这项工作，空白尚多，有待填补。

总之，日文汉字在汉语辞书中的注音释义、解字引例，各类辞书都存有不同程度的缺憾，在此呼吁学术界、辞书界对此予以必要的重视。

---

① 《汉语大字典》"补遗"中收有"杣"字，举《农政全书》"砖里杣簷"为例，并承石声汉之说："杣，疑是楊的或体栊，即屋檐前横钉的望板。"笔者以为，"杣"是否源于日本，有待考证，但像日方那样释为"山之木"，与"砖"相对，未为不可。

② 宋文军：《日文汉字中的"和字"和它的音译问题》，《日语学习与研究》1980年第4期。

# 日本"国字"辨正<sup>*</sup>

日本"国字"，现代日语有三种不同的解释。第一，指日本通用的所有文字，包括平假名、片假名和汉字；第二，指相对于汉字而言的假名，即日本特有的表音文字；第三，指日人利用构字部件独创的汉字，即所谓"和制汉字"。从汉字研究出发，"国字"指的是第三种意思，即日语独有、汉语所无的日本"国字"。

最早使用"国字"这一术语，并对"国字"进行系统研究的，当推江户时期的朱子学者新井白石（1657—1725）。其著《同文通考》卷4"凡例"云："国字トイフハ，本朝ニテ造レル，异朝ノ字书ニ见ヘヌヲイフ。故に其训ノミアリテ，其音ナシ。"（所谓"国字"，乃本朝所造，异朝字书所无者。故只有训读，没有音读。）（p.253）《国字》篇卷首又云："本朝文字，白雉年间儒臣奉勅所撰《新字》四十四卷，其书泯焉。俗间所用亦有汉人字书所不载者，盖是国字。世儒概以为讹，非通论也。今定以为国字。"（p.257）

因此，判断一个汉字是否属于日本"国字"，其标准就是看该字是否在汉语字书中出现过，是否在汉语文献中出现过。或曰：该字虽出现于汉语字书、汉语文献，然语义有别。为此，新井氏在《国训》篇卷首云："本朝字诂，有不与华言同者，即方言也。世儒概以为乖误，亦非通论。今定以为国训。"（p.264）可见，"国字"涉及的是创字权的问题，"国训"涉及的则是使用权的问题。见于汉语字书或汉语文献而语义有别的是"国训"，不是"国字"。这应该是中日汉字学界的共识。

然而，由于种种原因，日本的"汉和辞典"一类辞书，遇字形不见于中国字书或字义有异者，动辄断为"国字"，以为日本独创。"汉和辞典"如此，专门字书亦如此。例如《国字の字典》，共收"国字"1553字，集日本"国字"之大成。又，该书收释"国字"时，言必有据，间出

---

\* 本文原载《语言研究》2005年第2期。

己意，可为检讨"国字"是非之基本材料。鉴此，笔者对该书进行过全面调查，发现存有许多问题。这些问题，正是中日学界研究"国字"的薄弱之处。兹不揣浅陋，择其60个"国字"，逐一辨正，希望引起汉字学界重视。不妥之处，请批评指正。

一

本为我国既有之字，日本承之形义却误以为"国字"。

1. 伕（《大字典·国字》）① 按："伕"，丈夫之义，日语据此训读せ、つま、おっと。《四声篇海·人部》："伕，方鸠切，女夫婿也。"（p.513）《新校经史海篇直音·人部》："伕，音夫，女夫婿也。"（p.610）

2. 僃（《国字の字典》） 按：僃，"西国人"之合体会意，"佛"字异体，日语据此训读ほとけ。《四声篇海·人部》："僃，音佛，俗用。"（p.519）

3. 勊（《大字典·国字》） 按："勊"，日语音读かつ，义同"剋"，指战胜、超过、克制，承汉语形义。《玉篇·力部》："勊，枯勒切。勊，胜也。"（p.148）《龙龛手镜·力部》："勊，苦勒反，自强也。"（p.518）

4. 匁（《汉字の研究·和作》） 按："匁"，缘"歬"或"歨"楷化而来，"钱"之俗体，日语据此训读もんめ。《履斋示儿篇》卷22："又如顧之顾，钱之歬……凡此皆俗书也。"（p.227）《字汇补》"例言"："'歬'字制于昌黎。"（p.7）《四声篇海·中部》："歬，徂先切，与钱义同，俗同。"（p.397）《省文纂考》："歨，钱。俗作歨。见《篇海》。"（p.132）②

5. 咔（《新字源·国字》） 按：日语"咔"字，同"泣く""鸣く"，承汉语形义。《玉篇·口部》："咔，力冻切，言咔也。"（p.105）《字汇补·口部》："咔，又力贡切，音弄，鸟鸣。"（p.230）

6. 喰（《大字典·国字》） 按："喰"，义同"餐"或"飧"，日语据此训读くらう。《龙龛手镜·口部》（p.267）、《四声篇海》（p.285）、《重订直音篇·口部》（p.43）："喰，俗。餐、孙二音。"

---

① 字头后括号中的示源文献，表明判断该字为"国字"的代表性著作。其中《大字典》《大字源》《新字源》《字源》《汉字の研究》《汉字要览》等转引自《国字の字典》。

② 详参何华珍文《"匁"与"円"》，《浙江学刊》2001年第2期。

伯2418《父母恩重经讲经文》："甘辛美味，妻子长喰；苦涩饮食，与父吃者。"

7. 国（《国字の字典》）　按："國"简作"国"，会意俗体或草书楷化。《汉代民间简字举例》谓"汉陶残片文云：丘解国。见《德九存陶》。与后代简写'国'字，完全相同"。《简化字溯源》（p58）谓"最早见于南北朝时期东魏的李祥造像"；张涌泉先生认为，"国"字源出汉代，其"可靠性很值得怀疑"，敦煌写本伯2838《拜新月》："国泰时清晏。"

8. 唉（《大字源·国字一览》）　按："唉"，"笑"之增旁俗体，日语据此训读えむ。《重订直音篇·口部》："唉、唉、咲，同上（笑），俗。"（p.405）《敦煌变文集·捉季布传文》："其时季布闻朱解，点头微唉两眉分。"

9. 崕（《国字の字典》）　按："崕"，"岸"之增旁俗字，日语据此训读くま，义同"隈"。齐《刘碑造象》"岸"作"崕"。（《碑别字新编》p.59）《龙龛手镜·土部》（p.251）、《篇海类编·土部》（229册p.622）、《四声篇海·土部》："崕，音岸。"（p.322）

10. 塀（《大字典》）　按："塀"，"屏"之增旁俗字，日语据此音读へい，指围墙或墙壁。《龙龛手镜·土部》："塀，必郢反。"（p.249）《四声篇海·土部》："塀，必郢切。"（p.322）唐玄应《一切经音义》卷二十引《仓颉篇》："屏，墙也。"

11. 壑（《国字の字典》）　按："壑"，"壑"字之讹，日语据此训读ほりきり，指挖地凿通的水沟。《中华字海》引魏《元灵曜墓志》："壑"同"壑"。（p.248）《说文·叡部》："叡叡，沟也。从叔，从谷。读若郝。叡或从土。"《四声篇海·土部》："壑，呼各切，沟也，谷也。"（p.342）

12. 塚（《大字源·国字一览》）　按："塚"，尘土之义，日语据此训读ほこり。《玉篇·土部》："塚，土也。"（p.30）《集韵·寝韵》："塚，不清澄。"《篇海类编·土部》："塚，楚锦切，音磣，不清澄皃。又土也。"（p.624）

13. 屾（《国字の字典》）　按："屾"，"山曲"之义，日语据此训读たわ。《龙龛手镜·山部》："屾，音盖。"（p.77）《重订直音篇·山部》："屹，音轧，山曲。屾，同上。"（p.229）

14. 婇（《国字の字典》）　按："婇"，宫女之义，日语据此训读うねめ。《玉篇·女部》："媇，七宰切，媇女也。"（p.70）法琳《辨正论》卷七"孙皓溺像，阴疼累月"注引南朝宋刘义庆《宣验记》："中宫有一媇女，先奉佛法，内有所知，凡所记事往往甚中。"

15. 奀（《日本人の作った汉字》）　按："奀"，弱小之义，"不""大"合文，日语据此训读ひよわし。范成大《桂海虞衡志·杂志》："奀音动，人瘦弱也。"钮琇《觚賸·语字之异》："粤语中少正音，书多俗字。……人物之瘦者为奀，音茫。"

16. 裦（《日本人の作った汉字》）　按："裦"，同"矮"，"不""长"合文，日语据此训读みしかし。《四声篇海·不部》："裦、槑，二乌解切，短兒。"（p.390）周去非《岭外代答·风土门·俗字》："广西俗字甚多，如裦音矮，言矮则不长也。"

17. 卅（《大字典·国字》）　按："卅"，"涅槃"合文，日语据此合音ねはん。北图黄字12号《法华经玄赞第四》："卅已满，真智遂生；具福惠严，揎复满。"北图鸟字64号《悉昙颂》："第十流通神咒世间希，羯谛不思议，波罗羯谛秘深微，波罗僧羯谛会无为，卅揎婆诃间利喹。"

18. 搾（《大字典·国字》）　按："搾"，"榨"之换旁俗体，日语据此音读さく。《广韵·禡韵》："榨，打油具也，出《世俗文》。"（p.123）宋庄绰《鸡肋编·胡麻等油料》："言其性有八拗，……炒焦压搾才得生油，膏车则滑，钻针乃涩也。"（p.32）元刊本《翰苑英华中州集》卷八《晁洗马会》："官况薄于重搾酒，爪期近似欲残碁。"明刊本《雍熙乐府》卷十七《题晴》："身子搾，便似那天降菩萨，肯发慈悲圆成咱。"

19. 挏（《日本人の作った汉字》）　按："挏"，拔除、抽引之义，日语据此训读すかす。《龙龛手镜·手部》："挏，正，音抽。一，拔也，除也，去也，引也。"（p.207）《篇海类编·手部》："挏，丑鸠切，音抽，义同。又式竹切，音叔，引也。"（p.47）

20. 瑃（《国字の字典》）　按："瑃"，玉名，日语据此训读あらたま。《广韵·谆韵》："瑃，玉名。"（p.106）《集韵·谆韵》：璻"璕，玉名。或从春。"（p.257）

21. 熕（《字源·国字》）　按："熕"，火炮之义，日语据此音读こう。《武备志》等明代典籍，屡见"熕"之名物，如"铜发熕""冲锋追敌竹发煩""赛煩铳"等。①

22. 症（《汉字の研究・和作》）　按："症"，指病象，日语据此音读しょう。明刊本《金匮要略》卷上："肘后獭肝散，治冷劳，又主鬼症一门相染。"旧抄本《河东先生集》卷四："其法见夫有形有類者，当罹于灾祸间，症亦至矣。"旧抄本《后村先生大全集》第167卷："它症或生，莫之能疗矣。"

23. 碗（《汉字の研究・和作》）　按："碗"，日语音读わん，承汉语形义。宋刊本《前汉纪》第21卷《前汉孝元皇帝纪上》："一岁所费数千万，杯碗器物皆文画金银饰之。"宋刊本《刘梦得文集》第4卷《刘驸马水亭避暑》："赐冰满碗沉朱实，法馔盈盘覆碧笼。"

24. 宦（《国字の字典》）　按："宦"，"宦"之俗体，日语据此训读みやづかい。《干禄字书》："宦、宦：上通下正。"（p.52）《五经文字・宀部》："宦，作宦，讹。"《四声篇海・穴部》："宦，音患，仕宦也。"（p.487）

25. 茾（《大字典・国字》）　按："茾"，"菩萨"合文，日语据此合音读ぼさつ。敦煌写本伯3808《长兴四年中兴殿应圣节讲经文》："若非茾之潜形，即是轮王之应位。"《龙龛手镜・草部》："茾，莫朗反，草木冬生不死也。又音菩萨二字。"（p.255）《重订直音篇・艸部》："茾，菩萨二字，僧人所作。"（p.166）

26. 荓（《大字典》）　按："荓"，"菩提"合文，日语据此合音读ぼだい②。敦煌写本伯3093《佛说观弥勒菩萨上生兜率天经讲经文》："唐言好略，菩下去提，萨下去埵，故名荓。此云觉有情。梵云菩萨埵，此云荓。"《龙龛手镜・草部》："荓，音菩提二字。"（p.255）《重订直音篇・艸部》："荓，菩提二字。"（p.166）

27. 蔄（《新字源・国字》）　按："蔄"，古之菜名，日语据此音读か。《集韵・簡韵》："蔄，菜名，或从呵。"（p.1214）《类篇・艸部》："蔄，菜名，或从呵。"（p.33）

28. 账（《大字典・国字》）　按："账"，"帐"之后起俗字，日语据此训读かんじょう。《旧五代史・周书・世宗纪二》："每年造僧账二本，其一本奏闻，一本申祠部。"《醒世恒言・张孝基陈留认舅》：

---

① 详参何华珍文《"煩"字辨考》，《古汉语研究》1998年第3期。

② 一说"薩埵"之略。

"将昔日岳父所授财产，并历年收积米谷布帛银钱，分毫不敢妄用，一一开载账上。"《汉语大词典》引此二例，以为"账"字当早见于唐宋时期。①

29.鏥（《国字の字典》）　按："鏥"，同"锈"，日语据此训读さび。《集韵·宥部》："鏥，铁上衣也。或作锈、鏞。"（p.1268）明郎瑛《七修类稿·奇谑类·动石银锚》："有铁锚数枚……雨淋日炙，无点发之鏥，视之真如银铸光泽，犹日用于世者。"（p.513）

30.鉋（《国字の字典》）　按："鉋"，"鉋"字稍讹，即"鉋"字，日语此训读かんな。《四声篇海·金部》："鉋，蒲茅切，平木器。又防孝切。"（p.262）《字汇补·金部》："鉋，案：即鉋字。"（p.233）

## 二

本为我国既有之字，日本据此意义引申或字形别解，是为"国训"，非"国字"。与之相关，或为中日同形字，偶然巧合，亦非"国字"。

（一）意义引申。此类"国训"，其意义与我国既有汉字之本义有某种联系，或相关，或相似，或相因，或直接，或间接，等等。

1.匂（《异体字辨·和俗》）　按："匂"，日语训读におい、におう，指香气、香味。《省文纂考》："韵借作匀。[愚按]古无韵字，汉魏以后始有之，原与均通，故遂从匀作韵，又省作匀耳。"（p.131）斯1141敦煌本《励忠节钞》，将"均"字右半"匀"写成"匂"，不胜枚举。

2.堲（《国字の字典》）　按："堲"，日语训读うめる，其义同"埋"。《玉篇·土部》："堲，侧六切，塞也。"（p.33）《篇海类编·土部》："堲，侧六切，音祝，中入，塞也。"（229册p.623）杨树达《积微居小学金石论丛·长沙方言续考》："曹君孟其云：堲音祝。《广韵》一屋云：塞也。今长沙言呼吸不通曰堲鼻子。"（p.180）

3.癌（《大字典·国字》）　按："癌"，宋元时期泛指疮类，日人以之对译荷兰语kanker，故有cancer之义。《卫济宝书》（1170），有"痈疽五

---

发"之说："一曰癌""二曰瘰""三曰疽""四曰瘤""五曰痈"。[1]

4. 嗲（《大字源·国字一览》）　按："嗲"，日语训读ものもう，指江户时代到别家造访时进门的招呼语。《玉篇·口部》："嗲，山咸切，口㕙嗲物也。"（p.102）《集韵·勘韵》："嗲，声也。"（p.1292）《篇海类编·口部》："嗲，师衔切，音衫；又上，所斩切，口㖫物。又七缉切，音谮，声也。"（p.31）

5. 扡（《国字の字典》）　按："扡"，日语训读せせる，同"拤"。《集韵·迄韵》："扡，以杖掘出也。"（p.1398）《四声篇海·手部》："扡，九勿切。以杖掘出也。"（p.441）

6. 妜（《国字の字典》）　按："妜"，日语训读つや，同"艳"。《篇海类编·女部》："妜，一决切，音月，同嬳。"（229册p.662）《字汇·女部》："妜，同嬳。"（p.104）

7. 甂（《国字の字典》）　按："甂"，日语训读まり，同"椀"。《说文·瓦部》："甂，败也。从瓦，反声。"（p.269）《玉篇·瓦部》："甂，伯限切，牝瓦也。"（p.306）

8. 桼（《国字の字典》）　按："桼"，"黍"之俗体，日语承此训读もちい，同"饼"。《隶辨·语韵》："桼，《修华岳碑》：'成我稷桼。'《费凤别碑》：'悠悠歌桼离。'黍皆作桼，变从米。"（p.91）

9. 鉑（《国字の字典》）　按："鉑"，日语训读なかご，同"中子"，指刀插入把内的部分。《玉篇·金部》："鉑，莫伯切，鉑刃，军器。"（p.330）《集韵·陌韵》："鉑，鉑刀，兵器。"（p.1507）

10. 鶄（《国字の字典》）　按："鶄"，日语训读わし，同"鹫"。《四声篇海·鸟部》："鶄，居京切，姜鶄鸟。"（p.317）《重订直音篇·鸟部》："鶄，音京，羌鶄鸟。鶄，俗。"（p.262）

（二）字形别解。此类"国训"，按照既有汉字之结构进行会意训解，从而产生日本式引申义。

1. 嫏（《日本人の作った汉字》）　按："嫏"，日语训读むすめ，合"女""郎"之义。《字汇补·女部》："嫏，卢唐切，音郎。玉京嫏嬛，天帝藏书处也。张华梦游之。"（p.43）

2. 佡（《国字の字典》）　按："佡"，日语训读くれる，合"日""入"之义。《龙龛手鉴·入部》："佡，古文，音财。"

---

[1]　详参何华珍文《汉日语言对比的训诂学研究》，《杭州大学学报》（社会科学版）1997年第3期。

（p528）《字汇补·入部》："亼，古文，财字。"（p.12）

3. 朳（《异体字辨·和俗》）　按："朳"，日语训读そま，合"木""山"之义。《倭名类聚抄·地部·山谷类》："朳，功程式云，甲贺朳、田上朳，朳读曾万，所出未详。"敦煌写本伯2011《王仁昫刊谬补缺切韵·仙韵》武连反："朳，木名。"

4. 枆（《异体字辨·和俗》）　按："枆"，日语训读もみじ，合"色""木"之义。《字汇·木部》："枆，子芮切，音醉，小杙。"（p.211）

5. 柾（《正楷录·倭楷》）　按："柾"，日语训读まさ，合"正""木"之义。《龙龛手镜·木部》："柾，俗；柩，正。渠救反，尸柩。《礼记》云：在床曰尸，在棺曰柩。柩，之言久也。"（p.383）《四声篇海·木部》："柾，巨救切，与柩义同。"（p.380）

6. 椿（《皇朝造字考·造字》）　按："椿"，日语训读つばき，合"春""木"之义。《玉篇·木部》："椿，丑伦切，木名。庄子云：上古有大椿，以八千岁为春，八千岁为秋。"（p.230）"椿"，树名，日语合"春""木"会意，训读つばき，指山茶花。

7. 槙（《国字考·国字》）　按："槙"，日语训读まき，合"真""木"之义。《说文·木部》："槙，木顶也。从木，真声。一曰仆木也。"（p.119）《玉篇·木部》："槙，多莲切，树梢也。又之忍切，木密也。"（p.243）

8. 櫋（《国字の字典》）　按："櫋"，日语合音もめん，合"木""绵"之义。《玉篇·木部》："櫋，弥连切，櫋木有子似栗。"（p.243）

9. 鐥（《国字の字典》）　按："鐥"，日语训读みずかね，合"善""金"之义，义同"水银"。《龙龛手镜·金部》（p.16）、《四声篇海·金部》（p.265）："鐥，音善。"

10. 霫（《异体字辨·和俗》）　按："霫"，日语训读しずく，合"雨""下"之义。《龙龛手镜·雨部》："霫，俗。奴寡、奴宽二反。"（p.307）《同文通考·国字》："霫，シズク，点滴也。《字汇补》云，霫，乃寡切，音近那，义阙。"（pp.271—272）

（三）偶然巧合。有些汉字，在汉语辞书中或有音无义，或有义无音，甚至不为辞书所收。日本"国字"，有的与此类汉字巧合，其意义与汉语既有之字或大相径庭或风马牛不相及，此为中日同形字。按照新井白石的标准，诸如此类也只能归入"国训"之列。

1.㑩（《新字源·国字》）　按："㑩"，日语训读あだ，同"婀娜"。《广韵·东韵》："㑩，地名。"（p.5）《四声篇海·人部》："㑩，方戎切，地名。"（p.516）

2.扨（《国字の字典》）　按："扨"，日语训读なた，同"鉈"。《四声篇海·手部》："扨，音木也，桑也。"（p.442）《字汇补·手部》："扨，明竹切，音木，桑也。"（p.77）

3.唟（《国字の字典》）　按："唟"，日语训读もだえる，同"闷える"。《龙龛手镜·口部》："唟、嗔，二俗，音张。上又音帐。"（p.266）《四声篇海·口部》："唟，张帐二音。"（p.284）

4.罄（《新字源·国字》）　按："罄"，日语训读ひかう，同"控う"。《篇海类编·罄部》："罄，呼木切，声同忽，欧声。又黑各切，音郝，呕吐兒。旧音伽。"（230册p.210）

5.垳（《国字の字典》）　按："垳"，日语训读くら，常作姓名用字。《龙龛手镜·土部》："垳、壕，二俗。"（p.250）《篇海类编·土部》："坴、垳，二方问切，音粪，扫除也。又并浊，毗面切，音下，平土。亦作垳。"（p.621）

6.垉（《国字の字典》）　按："垉"，日语训读くずる，同"崩る"。《龙龛手镜·土部》："垉，步交反。"（p.247）《篇海类编·土部》："垉，并浊，步交切，音袍。"（p.621）

7.枡（《国字の字典》）　按："枡"，日语训读ます，指木制的四方形量器。《宋史·宗室世系表一》有人名"赵希枡"。（p.5746）《中华字海》谓"人名用字"，音未详。（p.741）

8.桙（《汉字の研究·和作》）　按："桙"，日语训读わく，指限制、范围等。《重刊详校篇海·木部》："桙，从浊，昨没切，音捽，存入，柱头也。又桙机，以柄内孔。又，秦醉切，音萃，木朽也。亦作槯，或作桙、枠，并讹。"（p.180）

9.膌（《汉字要览·邦字》）　按："膌"，日语训读か，同"驊"。《篇海类编·月部》："膌，于劫切，音叶。"（p.581）《四声篇海·月部》："膌，于劫切。"（p.307）

10.竿（《国字の字典》）　按："竿"，日语训读うつほ，同"空"。《玉篇·竹部》："竿，丑弓切，竹。"（p.277）《集韵·东韵》："竿，竹名。"（p.25）

# 参考文献

何华珍：《"匇"与"円"》，《浙江学刊》2001年第2期。

张涌泉：《汉语俗字研究》，岳麓书社1995年版。

何华珍：《"煩"字辨考》，《古汉语研究》1998年第3期。

徐时仪：《"帐"和"账"的形义来源》，《文史》2001年第1期。

# 引用文献

菅原义三：《国字の字典》，东京堂1999年版。

エツコ・オバタ・ライマン：《日本人の作った汉字》，南云堂1990年版。

杨树达：《积微居小学金石论丛》，中华书局1983年版。

陈直：《文史考古论丛》，天津古籍出版社1988年版。

张书岩等：《简化字溯源》，语文出版社1997年版。

冷玉龙等：《中华字海》，中华书局、中国友谊出版公司1994年版。

罗竹风等：《汉语大词典》，汉语大词典出版社缩影本1997年版。

徐中舒等：《汉语大字典》，湖北辞书出版社、四川辞书出版社缩影本1992年版。

（汉）许慎：《说文解字》，中华书局影印本1963年版。

（唐）颜元孙：《干禄字书》，紫禁城出版社影印本1990年版。

（唐）张参；《五经文字》，丛书集成初编本。

（宋）陈彭年等：《玉篇》，中国书店影印本1983年版。

（宋）陈彭年等：《宋本广韵》（简称《广韵》），江苏教育出版社影印本2002年版。

（宋）丁度等：《集韵》，中国书店影印本1983年版。

（宋）司马光等：《类篇》，中华书局1984年版。

（宋）庄绰：《鸡肋编》，中华书局1983年版。

（辽）释行均：《龙龛手镜》，中华书局影印本1985年版。

（明）梅膺祚：《字汇》，上海古籍出版社1991年版。

（明）郎瑛：《七修类稿》，上海书店出版社2001年版。

（清）吴任臣：《字汇补》，上海古籍出版社1991年版。

（清）顾蔼吉：《隶辨》，中华书局1986年版。

秦公：《碑别字新编》，文物出版社1985年版。

《异体字研究资料集成》（《同文通考》《省文纂考》《异体字辨》《正楷录》《国字考》《皇朝造字考》等），雄山阁出版株式会社1973年版、1995年版。

《续修四库全书》（《四声篇海》《新校经史海篇直音》《重订直音篇》《篇海类编》《重刊详校篇海》等），上海古籍出版社。

《四部丛刊》（宋刊本《前汉纪》、宋刊本《刘梦得文集》、元刊本《翰苑英华中州集》、明刊本《雍熙乐府》、明刊本《金匮要略》、旧抄本《河东先生集》、旧抄本《后村先生大全集》等）

# 日本"国字"的汉读研究[*]

在《后汉书》《三国志》《隋书》等史籍中，时有记录日本人名地名的日语词汇。但真正记录日本语言的，当从宋代罗大经《鹤林玉露》开始，其中记有20个日语常用词。至明代中叶，研究日本的著作逐渐增多，如《日本考略》《日本考》《日本图纂》《筹海图编》《日本一鉴》等。其中收录大量日语词汇，而对日语的记音皆如《鹤林玉露》，以汉字模拟日语读音。[①]

这种记音方式，与日本的汉字音读有些相似。日语音读，因借入时间和地域差异而形成吴音、汉音、唐音等类型不同的音读体系，而从记录日语的汉语对音资料，亦表现出汉语近代官话及相关方言的面貌特征。[②]但是，当遇到那些汉语所无日本独有的"国字"时，我们又该如何去确认汉语读音呢？

一

在《中华大字典》（中华书局1915年版）、旧《辞源》（商务印书馆1915年版）、旧《辞海》（中华书局1936年版）中，对于日本"国字"大多采用汉字模拟日本音的直音法（表1）。而在《新华字典》（商务印书馆第10版）、《现代汉语词典》（商务印书馆2002年版）、《现代汉语规范字典》（语文出版社1998年版）、《汉语大字典》（湖北辞书出版社等第1版）、《汉语大词典》（汉语大词典出版社第1版）等现代版辞书中，则采用形译的换读方式。（表2）

表1　《中华大字典》、旧《辞源》、旧《辞海》"日本字"注音一览

| 日本字 | 中华大字典 | 旧辞源 | 旧辞海 |
|---|---|---|---|
| 働 | 日本字。吾国人通读之若动 | | 日本字。国人读如劳动之动 |

\*　本文原载《宁波大学学报》（人文科学版）2012年第4期。

①　何华珍：《日本汉字和汉字词研究》，中国社会科学出版社2004年版，第12—15页。

②　丁锋：《日汉琉汉对音与明清官话研究》，中华书局2008年版，第5—49页。

续表

| 日本字 | 中华大字典 | 旧辞源 | 旧辞海 |
|---|---|---|---|
| 匁 | 日本衡名。读若芒米 | 日本字，读若蒙眉 | 日本衡名，即钱字之略写 |
| 樫 | | 日本字，读如卡西 | 日本字，读如卡西 |
| 腺 | | | 读如线 |
| 辻 | 日本字。读若此歧 | 日本字，读若子期 | 日本字，读若子期 |
| 込 | 日本字。读若可米 | 日本字，读若壳米 | 日本字，读壳米 |
| 鯰 | 日本字。读若奈马兹 | | |
| 鯱 | 日本字。读若亥欺 | 日本字，读如骇溪 | |
| 鮏 | 日本字 | | |
| 鰯 | 日本字 | 日本所造字。以柔弱得名。当读如弱 | 日本字，读如衣华西 |
| 鰊 | | | 日本字，读若柯 |
| 鱈 | 日本字 | | 读如雪 |
| 鳰 | | 日本字，读若尼火 | |

表2　《新华字典》《现代汉语词典》《现代汉语规范字典》《汉语大字典》
《汉语大词典》"国字"注音一览

| 日本国字 | 新华字典 | 现代汉语词典 | 现代汉语规范字典 | 汉语大字典 | 汉语大词典 |
|---|---|---|---|---|---|
| 畑 | tián | tián | tián | tián | |
| 辻 | | shí | shí | | |
| 畠 | | tián | tián | | |
| 麿 | | | mǒ | | |
| 働 | | dòng | dòng | | |
| 腺 | xiàn | xiàn | xiàn | xiàn | xiàn |
| 鯰 | nián | nián | nián | nián | nián |

　　比较上述二表可知，早期的汉语辞书，日本"国字"多从日语音读，而现代汉语辞书，则多从汉语形读。而有些字到底是从汉语读半边还是从日语读固有音，亦各有所见。如"鰯"，《中华大字典》读音阙如，旧《辞海》谓"读如衣华西"，旧《辞源》则认为"当读如弱"。"衣华西"是模拟日语"iwasi"的读音，"弱"则采取汉语式形译法。[1]

---

① 何华珍：《日文汉字在汉语辞书中的有关问题》，《北方论丛》1999年第5期，第108—111页。

## 二

　　在语言学界，宋文军、李思敬、费锦昌等学者为拟定日本“国字”的汉语读音，进行了有益探索，但是针对信息时代“中日韩汉字字符集”中所有日本“国字”进行逐字定音，则首先是计算机汉字之利用与开发的专家。

　　微软公司自Windows 95简体中文版开始，系统采用GBK代码，我们可以通过系统默认安装的全拼输入法将这些“国字”输入到计算机中。然而，要使用全拼的输入法就得清楚这些“国字”的读音。在此，我们以《国际标准汉字词典》（外语教学与研究出版社2005年版）中的201个日本“国字”作参照，采用全拼输入法和逍遥笔显示注音法，对“国字”读音进行全面调查。①

　　下面是《国际标准汉字词典》标注的201个日本“国字”：

　　乀乄徔凧凩凪夊叺哘嘺圦圷圸圫圷垰垳圫溡堨壗姭嬲岃岃岾峠峃嵶嵟弖弴徖恷扝揤拶杢朳枡栂枠桝桛橴椚椙椡椛椧梻桚椄椊榊椊橲椺梗槏椻棚椨橺毟搣汢�“渋瀞灣瀢夢燵甅旱畳畠眦砅砺碵稆喬穝窂笂笹筬篊篠籵粭粏糀糘紤紘絰繧繰纐纃纃纃靮舮艝莇茢萠范荬蓙酛蘰蛯蝾蟴袮裄裃襓裐祒裫褥誂禕甕靪靪缼躶蹏躰軆軇蹧辻轌込迚迖逧遖酛釟鉋鈩鉖鉥銰錵鋲鋠鐡鉮鐡錭鐎鐺閊閖雫靊鞆鞐颪餇馲魞魸魫魠鮇鮏鮲鰢鮱鰙鯎鱿鱛鯒鯑鯰鱩鲈鲭衔鴇鴛鵈鴱鵇麿

　　通过调查发现，不考虑声调因素，全拼输入法与逍遥笔输入法的汉语注音基本一致，其汉语读音已具雏形。只是有些日本“国字”，逍遥笔显示的注音后面，添加了数字标记，如“夊mangmi0”“嬲bi0”“岃yen6”“徖myeong0”“椙chu0”“夢han0”“喬kweok0”“迖keop0”“鉖ngɑi6”等；而有些“国字”全拼以“uu”注音，“逍遥笔”无读音显示，如“徖、桝、搣、叺、裐、甕、靊”等。然而，利用“word”应用程序中的“拼音指南”功能，对以上201个“国字”进行读音标注时，发现只有

---

① 所涉201个日本“国字”，是指《国际标准汉字词典》中标明“日本汉字”并注有日语罗马读音汉字，因此虽标为“日本汉字”但未注日语读音的汉字，不在本表之列。又，其中有些并非日本“国字”，而是属于日本继承或改造的域外俗字，其日语罗马注音，亦时有错误，参见表3。

以下68字具有默认读音①：

| fú | chǐ | kuài | páo | jiàn | | lì ě | tū | hù | jiǎn | dōng | rèn | lǐ ě | jiàng | mián |
|---|---|---|---|---|---|---|---|---|---|---|---|---|---|---|
| 乀 | 叺 | 圦 | 垉 | 堼 | 壀 | 岃 | 斜 | 弖 | 彇 | 徚 | 扨 | 捛 | 杢 | 杣 |

| jié | gui | diǎn | fǔ | lóng | jīng | jiàng | lì ě | bì | piàn | kuàng | tián | wèi | kōng | jiā |
|---|---|---|---|---|---|---|---|---|---|---|---|---|---|---|
| 桛 | 椢 | 椣 | 椨 | 椻 | 楅 | 橳 | 毟 | 泩 | 渆 | 畠 | 砡 | 碵 | 窒 | 籾 |

| bā | kuàng | lǔ | jiǎo | méng | pāo | lǎo | cháng | jié | bǐ | zǔ | nǐ | shí | dōng | chéng |
|---|---|---|---|---|---|---|---|---|---|---|---|---|---|---|
| 粑 | 紘 | 舮 | 纈 | 萌 | 范 | 蛯 | 蟐 | 簂 | 褌 | 詫 | 襷 | 甕 | 腔 | 辻 | 込 |

| dá | jiàn | lú | sī | zhèn | sòng | dié | qiàn | shū | zǔ | nǎ | shí | dōng | chóu | fú | chéng |
|---|---|---|---|---|---|---|---|---|---|---|---|---|---|---|---|
| 辿 | 釻 | 鈩 | 鉐 | 鋧 | 鋑 | 鐡 | 鐺 | 閗 | 鈤 | 雺 | 魞 | 魦 | 魸 | 鯱 | 鹹 |

| lǎo | shì | léi | shū | tián | | | | | | | | | | |
|---|---|---|---|---|---|---|---|---|---|---|---|---|---|---|
| 鮂 | 鰹 | 鱩 | 鱰 | 鶰 | | | | | | | | | | |

也就是说，表中的201个"国字"都可以用全拼输入法进行输入，但在微软拼音输入法（GBK汉字系统）中却只能输入其中的68个。同时还有几个国字，它们在全拼输入法中的读音与微软拼音输入法中标注的读音有所不同。例如，"岃"前者标作dao，后者标作huì；"徚"前者标作uu，后者标作dōng；"杣"前者标作shan，后者标作mián；"萌"前者标作meng，后者标作pān；"込"前者标作ru，后者标作yū；"辿"前者标作zhong，后者标作dá；"鐡"前者标作tie/die，后者标作dié/tiě；"魸"前者标作dai，后者标注chóu。

换言之，要在计算机中输入"岃"字，如果在全拼中输入"hui"或在微软拼音下输入"dao"，均不能查找该字；同样，要查找"徚"字，在全拼中只有输入"uu"，而不能通过输入"dong"，而微软拼音中只能通过"dong"来查找。不同文字编码间读音标注的混乱，不仅给计算机的使用者带来了不便，也不利于计算机用字标准的统一。因此，对于日本"国字"的汉读问题，无论是从辞书编纂角度，还是从日常应用来说，都是亟待解决的一个问题。

## 三

日本"国字"进入汉语辞书，主要集中在两个时期，一是以《中华大字典》《辞源》《辞海》出版为标志的20世纪前期，二是以《中华字海》《汉字标准字典》《国际标准汉字词典》出版为标志的20世纪末21世纪初。《中华字海》（中华书局1994年版）等主要依据《ISO—IECDIS 10646通用编码字符集》，而《汉字标准字典》（辽宁大学出版社2001年版）标注为"日本汉字"者372处，其中有日本"国字"，也有"和制异体字"。至《国际标准汉字词典》，在收录日本"国字"时，始用罗马字母标注该字的日语读音。不过，该辞书在标注日语读音时，出现不少讹误。

---

① 标注读音来源于微软拼音输入法2007版GBK汉字系统。

表3　　　《国际标准汉字词典》日本"国字"罗马注音失误一览①

| 序号 | 日本国字 | 《国际标准汉字词典》罗马注音 | 正确读音 | 序号 | 日本国字 | 《国际标准汉字词典》罗马注音 | 正确读音 |
|---|---|---|---|---|---|---|---|
| 1 | 听 | geke | saso | 21 | 伜 | segari | segare |
| 2 | 噺 | kayashi | hanashi | 22 | 誂 | yasashi | yasashii |
| 3 | 圸 | yama | mama | 23 | 迯 | soko | sako |
| 4 | 垰 | toge | tao | 24 | 辷 | saberu | suberu |
| 5 | 垳 | ko | gake | 25 | 鈨 | habiki | habaki |
| 6 | 壚 | aida | mama | 26 | 釲 | ishiyumi | tuku |
| 7 | 岼 | hei | yuri | 27 | 閖 | ynri | yuri/yureru |
| 8 | 桝 | yanagi | masu | 28 | 鲍 | ohobula | obora |
| 9 | 椚 | kungi | kunugi | 29 | 鮖 | shibushi | kajika |
| 10 | 椡 | dao | kunugi | 30 | 鯑 | kadonoko | kazunoko |
| 11 | 椣 | shidenoki | shide | 31 | 鯎 | rakui | ugui/igui |
| 12 | 栚 | nute | nude | 32 | 鰔 | sukeso | suketou |
| 13 | 汢 | nude | nuta | 33 | 鯲 | dojiyau | dojyou |
| 14 | 穓 | negura | sai | 34 | 鰻 | mutsu | ai |
| 15 | 笹 | jine | sasa | 35 | 鯐 | hatahara | hatahata |
| 16 | 糀 | sukumo | koji | 36 | 鵄 | tuoki | toki |
| 17 | 碇 | shikado | shikato | 37 | 衙 | qiduli | qidori |
| 18 | 綯 | nawa | shijira | 38 | 鶍 | yisika | isuka |
| 19 | 萉 | haijima | hai | 39 | 鴬 | kakaisi | kasidori |
| 20 | 荮 | tsuta | susa | 40 | 鶫 | tsukumi | tugumi/tou |

出现以上标音错误的原因，大致有五端：

（1）误解字义，分解字形，据汉字声符而读日语常用音。例如，"圸"读如"山"，"垳"读如"行"，"壚"读如"间"，"岼"读如"平"等。

（2）误将双音节地名读音当作单个"国字"读音，增字为训。例

① 日本国字读音，主要依据《国字の位相と展开》（三省堂2007年版）、《国字の字典》（东京堂1990年版）、《JIS汉字字典》（日本规格协会2002年版）等有关资料。

如，"蓜"读如"蓜岛"，"椣"读如"椣木"等。

（3）据近形字汉读，望形生义。例如，"垰"读如"峠"，"桺"读如"柳"，"綑"读如"绳"等。

（4）不知字义，全然误读。如"哘、笹、糀、綛、蓜、鈯、鉌、鮖、鰄、鰻、鶫"等。

（5）发音不准，或疏忽致误。如"椚、榾、荶、諚、籾、閖、鮏、鱇、魞、衢、鴫、鶍"等。

# 四

如何给日本"国字"拟订汉语读音，这是一个比较棘手的问题。

早在1980年，宋文军先生在《日文汉字中的"和字"和它的音译问题》一文中，对日文汉字中的"和字"和它的音译问题，提出了以下几条建议：

（1）为了不给我国的汉字添加不必要的负担，只选上述常见的现代日本人名和地名中的十三个"和字"，赋予汉语读音。对于一般的"和字"，不需要另加汉语读音。

（2）对日本人名、地名中的"和字"，已有音读或另有汉字读音的字，也不另赋以汉语读音。

（3）"和字"即大都是会意字，是利用已有的汉字组成的，为了我国读者识读的方便，尽可能参照一般形声字的读音，利用"和字"的主要构成部分进行读音。

（4）对个别的难读字，本着具体问题具体分析的原则，按意义读音。①

费锦昌等在《日本"国字"的汉语读音》中，也提出了具体的读音规则：

（1）为日本自创的"国字"拟音：凡可视为形声或会意兼形声的，取声旁读音；凡不属或不能按形声或会意兼形声拟音的，或仿取形似字或形似字的声旁的读音，或根据字义酌定读音。

（2）为中日同形字拟音：凡中国汉字有读音的，径取同形的中国汉字读音；凡汉语字词典无注音，或该注音作为日本"国字"汉语读音容易

---

① 宋文军：《日文汉字中的"和字"和它的音译问题》，《日语学习与研究》1980年第4期，第4—9页。

引起中国读者误读的，可另定读音，定音时，凡可视为形声或会意兼形声的，取"声旁"读音。

（3）原是中国古字或俗字的：凡判定为中国古字或俗字的，按中国汉字读音；凡汉语字词典无注音，或该注音作为日本"国字"汉语读音容易引起中国读者误读的，可另定读音。①

宋文军仅对13个"和字"进行了拟音，今天看来显然是不够的。费锦昌从《学研汉和大字典》中选取34个日本"国字"拟订汉语读音，其中包括6个中日同形字，9个中国古字或俗字，②显然有不妥之处。

笔者认为，研究日本"国字"的汉语读音，首先要确定日本"国字"的范围，不属于日本"国字"的，就不需要拟音，如《国际标准汉字词典》将"弖、椨、浇、渋、湾、畳、砿、紘、祢、鐡"等汉语俗字或日式简字视为日本"国字"，显然不妥当。所谓日本"国字"，就是汉语所无日语独有的日本汉字，凡是我国既有汉字，包括历代出现过的古字、俗字，或同形异义字，只能归入日本"国训"范围。③在确定日本"国字"的数量范围时，可以在国际标准ISO—10646包括的20902个汉字中，选择日本全新创造的"国字"，而不包括日式简俗字，也不包括中国的古字、俗字，或中日同形异义字。其次讨论日本"国字"的汉语读音原则。汉语辞书中的日本"国字"，首先应该标注日语罗马读音，尊重"名从主人"原则，但不能标错，然后推荐汉语读音。推荐音的拟订原则，可以参考宋文军和费锦昌等的意见，即对于日本独有而我国所无的字形，如能看作是形声或会意兼形声的，取"声旁"而读之。对于那些纯会意法所造字，本无声符，我们也可用"字读半边"之法，按"左形右声、上形下声，外形内声"类推进行读音。少数"国字"还可以采"同义换读"或"形近换读"办法，如"椦"读如"麓"，音lù，"栚""袮"读作"卡"，音kǎ，"枥"读如"栃"（"栃"），音lì。有些"国字"

① 费锦昌、松冈荣志：《日本"国字"的汉语读音》，《语言文字应用》2005年第3期，第63—68页。

② 其实，"腺、鲶"都是日本"国字"，并非中日同形字。"搾、枠、塀、勺、丼、喰、杣"等，则为汉语俗字，并非日本"国字"。之后，费锦昌等在《中国语言生活绿皮书》中，发表了《日本汉字的汉语读音规范（草案）》和《〈日本汉字的汉语读音规范（草案）〉研制报告》（语文出版社2009年版，第1—16页），较《日本"国字"的汉语读音》一文有所修订，但观点大致相同。

③ 笹原宏之：《国字の位相と展开》，三省堂2007年版，第32—54页。

则按本字读，如“椙”读如“杉”字，“桝”读如“枡”字。少数同义异形“国字”则统一读音，如“挘”“捬”“毟”字，音liè。个别合体“国字”甚至可以分而读之，如“麿”字。[①]以下试提出具体读音方案（表4）。

表4　　日本“国字”汉语读音一览[②]

| 序号 | 国字 | 罗马音 | 推荐音 | 序号 | 国字 | 罗马音 | 推荐音 |
|---|---|---|---|---|---|---|---|
| 1 | ⿰亻志 | tashinami | zhì | 22 | 岼 | yuri | píng |
| 2 | 凧 | ikanobori | jīn | 23 | 峅 | kura | biàn |
| 3 | 凩 | kogarashi | mù | 24 | 嵙 | yamashina | kē |
| 4 | 凪 | nagi | zhǐ | 25 | 嵶 | tawa | ruò |
| 5 | 叺 | kamasu | rù | 26 | ⿰弓前 | nagi | jiǎn |
| 6 | 哘 | saso | xíng | 27 | ⿰彳柬 | erabu | jiǎn |
| 7 | 噺 | hanashi | xīn | 28 | 怺 | koraeru | yǒng |
| 8 | 圦 | iri | rù | 29 | 扨 | sate | rèn |
| 9 | 圷 | akutsu | xià | 30 | 掵 | haba | mìng |
| 10 | 圸 | mama | shān | 31 | 挘 | mushiru | liè |
| 11 | 垪 | ha | bìng | 32 | 杁 | iri | rù |
| 12 | 垰 | toge | kǎ | 33 | 杤 | tochi | lì |
| 13 | 垳 | gake | xíng | 34 | 桝 | masu | shēng |
| 14 | 埖 | gomi | huā | 35 | 桛 | kasei | kǎ |
| 15 | 塰 | ama | hǎi | 36 | 梻 | sikimi | fó |
| 16 | 墹 | mama | jiān | 37 | 梺 | fumoto | lù |
| 17 | 壗 | mama | jìn | 38 | 椚 | kunugi | mén |
| 18 | 婲 | date | huā | 39 | 椙 | sugi | shān |
| 19 | 嬶 | kaka | bí | 40 | 椡 | kunugi | dào |
| 20 | 屶 | nata | dāo | 41 | 椛 | momiji | huā |
| 21 | 岃 | nata | rèn | 42 | 椣 | shide | diǎn |
| 43 | 椨 | tabu | fǔ | 74 | 粭 | sukumo | hé |

① 姚德怀对日本汉字的汉语读音，发表过重要意见。参《词语散记》（《词库建设通讯》1998年总第18期）等。

② 本表以《国际标准汉字词典》（表三）为基础，但删除了表三出现的中国古字、俗字，中日同形字，韩国字，以及存疑日本“国字”，并改正了《国际标准汉字词典》中的罗马注音错误。

续表

| 序号 | 国字 | 罗马音 | 推荐音 | 序号 | 国字 | 罗马音 | 推荐音 |
|---|---|---|---|---|---|---|---|
| 44 | 椧 | shidenoki | mìng | 75 | 糀 | koji | huā |
| 45 | 椿 | katsura | xiāng | 76 | 稴 | sukumo | jiā |
| 46 | 橺 | hanzo | quán | 77 | 絈 | kinu | bā |
| 47 | 榊 | sakaki | shén | 78 | 綛 | shijira | rěn |
| 48 | 榁 | muro | shì | 79 | 緘 | odosi | wēi |
| 49 | 櫤 | kashi | dǎo | 80 | 緷 | horo | huǎng |
| 50 | 禧 | zusa | xǐ | 81 | 纐 | ko | jiǎo |
| 51 | 棚 | nude | shèng | 82 | 綻 | shikato | dìng |
| 52 | 楒 | sho | jīng | 83 | 膥 | sori | xuě |
| 53 | 檽 | tamo | jiàn | 84 | 芀 | susa | qiè |
| 54 | 毟 | mushiru | liè | 85 | 莍 | kutabire | zhěn |
| 55 | 揬 | mushiru | liè | 86 | 范 | yachi | pào |
| 56 | 汢 | nuta | tǔ | 87 | 萩 | sukumo | rǎn |
| 57 | 潬 | boku | mò | 88 | 蓙 | goza | zuò |
| 58 | 燵 | tatsu | dá | 89 | 酲 | hai | pèi |
| 59 | 甼 | machi | dīng | 90 | 蘰 | kazuru | màn |
| 60 | 畠 | hatake | tián | 91 | 蛯 | ebi | lǎo |
| 61 | 眹 | kesa | yī | 92 | 蝫 | momu | cháng |
| 62 | 磈 | kaki | huā | 93 | 簺 | setau | jié |
| 63 | 磧 | seki | zhēn | 94 | 裃 | kamishimo | kǎ |
| 64 | 稬 | yo | róng | 95 | 裵 | horo | mǔ |
| 65 | 稥 | tori | niǎo | 96 | 裄 | yuki | xíng |
| 66 | 穤 | sai | zuì | 97 | 褝 | chihaya | bì |
| 67 | 笂 | utsubo | wán | 98 | 襃 | ena | bāo |
| 68 | 笝 | soke | mǐn | 99 | 誂 | yasashii | huā |
| 69 | 簓 | sasara | diāo | 100 | 襻 | tasuki | jǔ |
| 70 | 簁 | shiishi | jiǎn | 101 | 甕 | fumu | wèi |
| 71 | 籾 | momi | rèn | 102 | 諚 | jo | dìng |
| 72 | 粏 | nukamiso | tài | 103 | 愨 | nerau | rěn |
| 73 | 粐 | sukumo | hù | 104 | 觧 | segare | fēn |
| 105 | 躾 | shitsuke | měi | 136 | 鮎 | namazu | piàn |
| 106 | 腔 | utsuke | kōng | 137 | 鯻 | todo | máo |

| 序号 | 国字 | 罗马音 | 推荐音 | 序号 | 国字 | 罗马音 | 推荐音 |
|---|---|---|---|---|---|---|---|
| 107 | 軈 | yagate | yīng | 138 | 鮖 | kajika | shí |
| 108 | 雛 | yagate | yàn① | 139 | 鮗 | konoshiro | dōng |
| 109 | 辷 | suberu | yī | 140 | 鮘 | koi | dài |
| 110 | 轌 | sori | xuě | 141 | 鮱 | oobora | lǎo |
| 111 | 込 | komeru | rù | 142 | 鮲 | kochi | fú |
| 112 | 迚 | totemo | zhōng | 143 | 鮴 | mebaru | xiū |
| 113 | 迶 | sako | gǔ | 144 | 鯎 | ugui/igui | chéng |
| 114 | 逎 | appare | nán | 145 | 鮅 | subashiri | zǒu |
| 115 | 酛 | sakenomot | yuán | 146 | 鯑 | kazunoko | xī |
| 116 | 鈝 | tuku | wán | 147 | 鯱 | shachi | hǔ |
| 117 | 鈗 | habaki | yuán | 148 | 鰌 | dojyou | yú |
| 118 | 銯 | kasugai | sī | 149 | 鰔 | suketou | dǐ |
| 119 | 鋏 | hasami | ài | 150 | 鱛 | halaka | xuān |
| 120 | 鋲 | byo | bīng | 151 | 鮏 | muroaji | shì |
| 121 | 銧 | nata | kè | 152 | 鱛 | eso | zēng |
| 122 | 錺 | kazari | fāng | 153 | 鰰 | hatahata | shén |
| 123 | 鈇 | buriki | wǔ | 154 | 鱩 | hatahata | léi |
| 124 | 鎹 | kasugai | sòng | 155 | 鰷 | kyō | xiāng |
| 125 | 鎺 | habaki | zǔ | 156 | 鰻 | ai | ài |
| 126 | 鐢 | magaki | fán | 157 | 鱪 | shira | shǔ |
| 127 | 鑓 | yari | qiǎn | 158 | 鳰 | nio | rù |
| 128 | 間 | tsukaeru | shān | 159 | 鴫 | shigi | tián |
| 129 | 閖 | yuri | shuǐ | 160 | 衡 | qidori | xíng |
| 130 | 靊 | ho | fēng | 161 | 鴾 | toki | nián |
| 131 | 鞆 | tomo | bǐng | 162 | 鵥 | kasidori | pàn |
| 132 | 鞐 | kohaze | kǎ | 163 | 鵥 | isuka | yì |
| 133 | 颪 | oroshi | xià | 164 | 鵥 | kikuyitadaki | zōng |
| 134 | 餫 | un | wēn | 165 | 鶫 | tugumi/tou | jiǎn |
| 135 | 魞 | eri | rù | 166 | 麿 | maro | málǔ |

---

① 据笹原宏之先生考证，"雛"乃"鹰"之异体字，参见《国字の位相と展开》，第808页。

# 参考文献

何华珍：《日本汉字和汉字词研究》，中国社会科学出版社2004年版。

丁锋：《日汉琉汉对音与明清官话研究》，中华书局2008年版。

何华珍：《日文汉字在汉语辞书中的有关问题》，《北方论丛》1999年第5期。

宋文军：《日文汉字中的"和字"和它的音译问题》，《日语学习与研究》1980年第4期。

费锦昌、松冈荣志：《日本"国字"的汉语读音》，《语言文字应用》2005年第3期。

笹原宏之：《国字の位相と展开》，三省堂2007年版。

# 日本简体字探源*

日本1981年制定的《常用汉字表》，共选定1945个常用汉字。这些汉字，在字形上有的与我国繁体字或现行简化字完全相同，有的则大异其趣。《中华字海》在收录这些日式汉字时，或据古之《龙龛》《篇海》，以明其源，或据今之《宋元以来俗字谱》《敦煌俗字谱》，以示其用，做了大量的工作。但以下71个汉字，《字海》均标明"见日本《常用汉字表》"，这种示源性文字，很容易使人误解为这些字是日人独创之后传入我国。事实上，这些汉字几乎都是我国的历代俗字，或者在我国历代俗字的基础上稍加改造而已。从汉字史的角度，探讨这些字的本末源流，无论对于近代汉字研究还是对于汉语辞书编撰，都具有十分重要的意义。

## 一 栄 労 蛍

按："榮"作"栄"、"勞"作"労"，早见于居延汉简（《简帛》p.446、p.103）；"螢"作"蛍"，至迟见于元代赵孟頫书法（《书法》p.462）。《同文通考》谓"栄""労""蛍"等为日式省文，亦非。（p.296）

## 二 単 禅 弾 厳 獣

按：居延汉简"嚴"作"厳"（《简帛》p.67），唐颜真卿书法亦作"厳"；元鲜于枢书法"獸"作"獣"；《草书韵会》"單"作"単"；宋米芾书法"彈"作"弾"。（分别见《书法》p.87、p.331、p.84、p.163）《正楷录》（p.213）谓"単"（《同文通考》作"单"）为"倭楷"，亦非。

## 三 桜

按："嬰"，草书楷化作"妛"，见于唐碑；明文徵明书法"櫻"作

---

* 本文原载《语言研究》2003年第4期。

"樱"。（分别见《书法》p.116、p.272）

## 四　猟

按："蠟"作"蝋"，李卓吾等明人书法已见，稍异之处，"冎"字上部写成"丷"（《书法》p.464）。"猟"，缘"鐵"简作"冎"而类推。又，"冎"，《字海》谓"音义待考"，日本《大汉语林》谓"鼠"之俗字。

## 五　悩　脳

按："囟"手书作"凶"。明李卓吾、祝允明书帖，"惱"作"悩"（《书法》p.183）；明《娇红记》，"腦"作"脳"（《俗字谱》p.66）。《同文通考》谓"惱"作"悩"或"腦""瑙"从"凶"为日式省文，非。（p.300）又，王羲之、李邕、苏东坡书帖，"巛"多作"丷"，"巢"作"巣"（《书法》p.144）。"巣"，亦见于日本《常用汉字表》。《同文通考》谓"巣"为日式省文，亦非。（p.299）

## 六　倹　険　験

按："僉"，草书楷化作"佥"。宋《取经诗话》，"臉"作"脸"、"撿"作"捡"、"劒"作"剑"，清《岭南逸事》"劍"作"剑"。（分别见《俗字谱》p.67、p.41、p.5、p.32）元《敕封英济王石刻》，"檢"作"捡"。（《碑别字》p.382）《同文通考》谓"僉"作"佥"，从"僉"之字如險、檢、驗、歛等从"佥"，为日式省文，亦非。（p.296）

## 七　謁　喝　褐

按：据《隶辨·曷韵》，"曷，《郑固碑》：猒~敢忘。按：《说文》曷从匃，匃从亾，碑变作匕，今俗因之"。（p.173）《示儿编》谓"曷、葛、謁、竭、歇、揭、褐、偈、喝、愒，皆从匃，而俗从匂"。（p.183）隋《张盈墓志》"曷"亦作"曷"。（《碑别字》p.93）唐碑"謁"作"謁"，（《书法》p.486）清《岭南逸事》"喝"作"喝"，元《古今杂剧》"褐"作"褐"，元《太平乐府》"渴"作"渴"，（分别见《俗字谱》p.11、p.71、p.47），王羲之、苏东坡书帖，"揭"作"揭"。（《书法》p.212）"渴""揭"，亦见于日本《常用汉字表》。

## 八 栈 践

按："戋"，草书楷化作"戋"。汉帛书"殘"作"残"（《简帛》p.466）；王羲之书帖"錢"作"钱"（《书法》p.542）；元《通俗小说》，"淺"作"浅"（《俗字谱》p.46）。"残""钱""浅"，均见于日本《常用汉字表》，"栈""践"，缘此类推。

## 九 每 悔 敏 悔 繁

按：《隶辨·偏旁五百四十部》："毋，……每、侮、海、海，字皆从母。每或作每，……海或作海，皆讹从毋。"（p.234）《示儿编》谓"母近毋"为"画之相近而讹也"。（p.181）武威汉简，"每"亦作"每"（《简帛》p.472）。"悔"，见唐代李邕书法（《书法》p.180），"敏""繁"，见居延汉简（《简帛》p.371、p.646），"悔""梅"，见《五经文字》和《九经字样》。"海""梅"，亦见于日本《常用汉字表》。

## 十 層 憎

按：《隶辨·蒸韵》："曾，《尹宙碑》：会稽太守之～。按：《九经字样》云，曾，经典相承，隶省作曾。"（p.70）《九经字样·曰部》："曾曾：上《说文》，下经典相承隶省。"斯2071《笺注本切韵·蒸韵》从"曾"之字多作"曾"，如僧、憎、層等。汉帛书"增"作"增"，（《简帛》p.185）汉《樊安碑》"贈"作"赠"（《隶辨》p.155）。"僧""增""赠"，亦见于日本《常用汉字表》。

## 十一 墨 默

按：《隶辨·偏旁五百四十部》："黑，……隶变如上讹从田。"（p.229）居延汉简，"墨"作"墨"（《简帛》p.185），《隶辨·德韵》："墨"见于汉《刘熊碑阴》，"默"见于汉《祝睦后碑》。（p.190）《干禄字书》："嘿、默：上俗下正。"（p.65）

## 十二 練 鍊 欄

按：汉帛书、银雀山汉简"練"右部之"東"，连笔作"東"，字作"練"（《简帛》p.643）；斯388《正名要录》"本音虽同，字义各别"类："練，帛；鍊，铸。"同上："欄，枥。"《示儿编》谓"東

近柬""鍊近鍊""揀近揀"为"画之相近而讹也"。（pp.181—182）
《同文通考》谓"煉"作"煉"，如"棟""鍊"等从"柬"为日式省
文，亦非。（p.302）又，"勲""薫"，亦见于日本《常用汉字表》。
斯388《正名要录》"古典今要"类"勲"作"勲"，"本音虽同，字义
各别"类"薫"作"薫"。

## 十三 博 薄 縛 簿

按：汉帛书、居延汉简，"博"作"博"。（《简帛》p.122）
《干禄字书》（p.64）视"博"为通体字；又："簿、薄：上簿籍，下
厚薄。"（p.37）又，"敷""勇"，亦见于日本《常用汉字表》。
"敷"，《五经文字》《九经字样》以为隶变。《隶辨·董韵》：
"勇，……《说文》作勈，从甬从力。变隶作勇，与从男之字无别。"
（p.83）《俗书正误》："勇，从用，从田，非。"

## 十四 専

按：汉帛书"專"作"専"。（《简帛》p.247）《干禄字书》："専、
專：上通下正。"（p.25）《王二·仙韵》："專，职缘反，精。俗作
専字。"《五代本切韵·宣韵》所载"鱄""嫥""膞""籑""塼"
"鄟"诸字，其"專"均作"専"。

## 十五 発 廃

按：元《古今杂剧》、明《白袍记》、清《目莲记》等，"發"作
"発"。（《俗字谱》p.128）清《目连记》《金瓶梅》《岭南逸事》
等，"廢"作"廃"。（《俗字谱》p.23）。

## 十六 漢 嘆 難

按：居延汉简"漢"作"漢"。（《简帛》p.504）《隶辨·翰
韵》："嘆"见于汉《韩勅碑》。（p.143）《干禄字书》："嘆、歎，上
俗下正。"（p.52）宋《取经诗话》、元《太平乐府》"難"作"難"。
（《俗字谱》p.103）

## 十七 勤 謹

按：居延汉简"謹"作"謹"。（《简帛》p.762）《干禄字书》

"勤"作"勤"。（p.23）

## 十八 孃 壤

按：《示儿编》引《字谱总论》："襄之襄……俗书也。"（p.227）齐《象主法念造象》"孃"作"孃"。隋《曹海凝墓志》"壤"作"壤"。（《碑别字》p.442）

## 十九 涉 頻

按：《隶辨·暮韵》："步，《杨著碑》：～出城寺。按：《说文》步从止，少相背。碑变从少，今俗因之。"（p.131）又，《偏旁五百四十部》："步，《说文》作步，下从反止，隶讹从少。"（p.201）汉《石门颂》"涉"作"涉"。（《碑别字》p.129）

## 二十 壞

按：汉《景君碑阴》"懷"作"懷"。（《碑别字》p.425）《干禄字书》："懷、懷：上通下正。"（p.21）"壞"作"壞"，见于明《白袍记》、清《金瓶梅》。（《俗字谱》p.19）《隶辨·皆韵》："懷，《景北海碑阴》：永～□□。按：变襄为襄，今俗因之。"（p.27）

## 二十一 髮 拔

按：《龙龛·长部》："髮，今；髮，正。"（p.90）又，《手部》："拔，正，蒲八反。～，擢也，尽也。"（p.216）

## 二十二 齐

按：《示儿编》引《字谱总论》云："齐之齐，……俗书也。"（p.227）宋《列女传》、元《古今杂剧》等，"齊"亦作"齐"。《玉篇·水部》："济，同上（濟），俗。"（p.349）《重订直音篇·刀部》："剤……剂，俗。"（p.188）"济""剂"均见于日本《常用汉字表》。《同文通考》（p.307）谓"齐"为日式省文，又，《字海·文部》："斉，同'齐'。见《正字通》。"（p.942）亦非。

## 二十三 塚

按：《隶辨·董韵》："冢，《史晨后碑》：夫子～。按：碑复变

勹从宀，变豕从豕。"（p.83）《龙龛·土部》："塚，正，知勇反，墓
也，种也。"（p.249）斯388《正名要录》："冢，大；塚，墓。"

## 二十四　隆

按："隆"省笔作"隆"，见王羲之书法。（《书法》p.556）《正
名要录》"隆"字脚注"从生"。

## 二十五　臭

按：《正名要录》"臭"作"臭"，脚注："从犬。"

## 二十六　称

宋以前写本，"爾"作"尔"，多作"尔"。《正名要录》"字形
虽别，音义是同，古而典者居上，今而要者居下"类"爾"下为"尔"。
按：元《通俗小说》《古今杂剧》等，"稱"作"称"。（《俗字谱》
p.59）

## 二十七　壱

按：晋索靖《月仪帖》和隋智永和尚《千字文》，"壹"作"壱"。
唐以前书帖，草书"壹"作"壱"。（《五体字典》p.144）元至大二年
（1309）《三日浦埋香碑》，"壹"亦作"壱"。

## 二十八　涙

按：《龙龛·页部》："類，正，音涙。"（p.486）"淚"作
"涙"。《示儿编》谓"戾近戾"为"画之相近而讹也"。（p.182）

## 二十九　経

按："巠"，草书楷化作"圣"。宋《列女传》等，"經"作
"经"；元《通俗小说》《太平乐府》等，"徑"作"径"；宋《取经诗
话》等，"輕"作"轻"。（分别见《俗字谱》p.78、p.7、p.92）"径"
与"轻"，亦见于日本《常用汉字表》。

## 三十　齢

按："齡"，隋《宫人司饰程氏墓志》作"齢"，唐《顺陵碑题字》

作"齡"。(《碑别字》p.450)清《岭南逸事》作"齡"。(《俗字谱》p.136)《同文通考》(p.307)谓"齒"作"歯"或从"齒"之字从"歯"为日式省文,亦非。

## 三十一　溪　鶏

按:"奚"俗作"奀"。敦煌写本伯3025《楞严经音义》:"奀,胡西反,何也。""奚"旁俗书,或作"奀"。敦煌写本斯2144《韩擒虎话本》:"香汤沐浴,改撰衣装。""撰"为"换"的俗字,其义为换。《龙龛·言部》(p.46):"譏,今;誒,正。胡礼反,耻辱也。"(行均以"誒"为正体,不确。)"鶏"写作"鷄",古文献中或有出现。日语"溪""鶏"诸字缘此类推。《同文通考》谓"奚"作"奀"或从"奚"之字如"鶏""溪"等从"奀"为日式省文,亦非。(p.297)

## 三十二　臓

按:居延汉简"藏"作"蔵"。(《简帛》p.713)《隶辨·唐韵》:"蔵"见于汉《孔耽神祠碑》,"臧"见于汉《衡方碑》。(p.62)《龙龛·肉部》:"臓,乌朗反。"(p.412)

## 三十三　将

按:《五经文字·爿部》:"將将:上《说文》,下经典相承隶省。"《正名要录》"正行者楷脚注稍讹"类"将"下脚注"将"。《王一·阳韵》:"将,即良反,欲。通俗作将。"敦煌写本伯3911《曲子捣练子》:"莫将生分向耶娘。"明《金瓶梅》等"奬"作"奖"。(《俗字谱》p.130)"奖",亦见日本《常用汉字表》。

## 三十四　懲

按:武威汉简,"徵"作"徵"。(《简帛》p.318)《隶辨·蒸韵》:"徵,《北海相景君铭》:以病被～。按:《广韵》徵经典省作徵。"(p.70)《龙龛·彳部》视"徵"为正体。《广韵·蒸韵》:"懲,戒也,止也。"(p.57)

## 三十五　滞

按:汉帛书"帶"作"带"。(《简帛》p.274)元《太平乐府》、明

《东窗记》"帶"亦作"带",(《俗字谱》p.123)"滞",缘此类推。

## 三十六 满

按:明《白袍记》《东窗记》等"兩"作"両"。(《俗字谱》p.119)清《目连记》等"倆"作"俩"。(《俗字谱》p.2)"滿"作"满",缘此类推。

## 三十七 塩

按:《玉篇·鹽部》:"塩,同上(鹽),俗。"(p.301)《广韵·鹽部》:"塩,俗。"(p.65)1935年《第一批简体字表》"鹽"作"塩"。此"塩"字为上下结构,日语常用汉字"塩"为左右结构,乃一字之变。《干禄字书》"鹽"作"塩"。(p.33)敦煌写本斯617《俗务要名林》饮食部:"塩,移廉反。"

## 三十八 与 写 画

按:明刻本如《重订直音篇》"與"多作"与"。"寫"作"写"。元《太平乐府》《目连记》等,"畫"即作"画"。(《俗字谱》p.54)

# 引用书目

张涌泉:《敦煌俗字研究》,上海教育出版社1996年版。

冷玉龙等:《中华字海》,中华书局、中国友谊出版公司1994年版。

刘复:《宋元以来俗字谱》(简称《俗字谱》),文字改革出版社1957年版。

《书法字典》(据历朝名帖石刻影印,简称《书法》),上海书店1985年版。

陈建贡等:《简牍帛书字典》(简称《简帛》),上海书画出版社1991年版。

秦公:《碑别字新编》(简称《碑别字》),文物出版社1985年版。

(清)顾蔼吉:《隶辨》,中华书局1986年版。

（唐）颜元孙：《干禄字书》，紫禁城出版社1990年版。

（辽）释行均：《龙龛手镜》，中华书局1985年版。

（宋）陈彭年等：《玉篇》，北京市中国书店1983年版。

（宋）陈彭年等：《宋本广韵》，江苏教育出版社2002年版。

（明）章黼等：《重订直音篇》，载《续修四库全书》（231册），上海古籍出版社影印本。

《五体字典》（据历朝名帖石刻影印），黄山书社1985年版。

新井白石：《同文通考》（1760刊），雄山阁出版株式会社1973年版。

# 日本简体字探源（续）*

　　日本1981年制定的《常用汉字表》，共选定1945个常用汉字。这些汉字，在字形上有的与我国繁体字或现行简化字完全相同，有的则大异其趣。笔者以为，从汉字史特别是汉字传播史角度，探讨这些字的本末源流，无论对于汉语史研究还是中日文化交流研究，都具有十分重要的意义。

　　笔者对日本简体字的专题研究，历时数年。其主要成果，乃集中于《日本简体字探源》一文。该文共考证日本简体字161字。兹发表其中90字，其余诸字刊于《语言研究》2003年第4期。不妥之处，请读者指正。

## 一　兒　陷　稻

　　《干禄字书》："旧、臼：上俗下正。"（p.44）"旧"不成字，俗作"旧"。《龙龛·日部》："旧旧，其九反。二。"（p.427）苏东坡书帖"稻"作"稻"。（《书法》p.371）元《太平乐府》、明《东窗记》、清《岭南逸事》"陷"作"陷"（《俗字谱》p.101）；宋《列女传》、元《通俗小说》、明《东窗记》等，"兒"作"児"。（《俗字谱》p.118）

## 二　卆　醉　粋　砕　雑

　　《五经文字·衣部》："卒"作"卆"，讹。宋《取经诗话》、元《通俗小说》"醉"作"醉"。（《俗字谱》p.111）《示儿编》亦引《字谱总论》"醉"作"醉"。（p.227）《字汇·酉部》："醉，醉字省文。"（p.498）《龙龛·米部》："粋，俗。"（p.305）宋《取经诗话》、元《通俗小说》"碎"作"砕"。（《俗字谱》p.57）隋《徐之才墓志铭》"雜"作"雑"。（《碑别字》p.421）《龙龛·杂部》："雜

　　* 本文原载《杭师师范学院学报》2003年第6期。

雜，徂合反，集也，市也，狭也，穿也。"（p.543）《字汇·隹部》：
"雜，俗雜字。"（p.523）

### 三　聴　徳

《说文·耳部》："聽，聆也。从耳。"《干禄字书》："聡、聽：
上通下正。"（p.56）《笺注本切韵·青韵》亦载"聴"字。敦煌写本斯
2607《浣溪沙》词："万家姆（砧）杵捣衣声，坐更寒，懒频聴。"《隶
辨·德韵》谓"德"见于汉《武荣碑》《郑季宣残碑》等。（p.189）[1]
《示儿编》所谓"德为人十四心"，也许正说明了"恵"这一俗字构形。
（p.224）

### 四　勧　歓　観　権

元《太平乐府》、明《白袍记》等"勸"作"勧"。（《俗字谱》
p.7）清《岭南逸事》"歡"作"歓"。（《俗字谱》p.45）元《古今
杂剧》《太平乐府》等"觀"作"観"。（《俗字谱》p.82）清《岭南
逸事》"權"作"权"。（《俗字谱》p.32）《同文通考》谓"雚"作
"隹"或从"雚"之字如"歡""觀""權""灌"等从"隹"为日式省
文，亦非。（p.304）

### 五　歴　暦

《隶辨·锡韵》："歷，……按：《说文》歷从秝，秝从二禾，碑变从
林。今俗因之。"（p.185）隋《梁邕墓志》"曆"作"暦"。（《碑别字》
p.35）《龙龛·厂部》："歴，音暦，经也。"（p.302）敦煌写本伯2721
《新集孝经十八章皇帝感》："暦代已来无此帝，三教内外总宣扬。"[2]

### 六　乗　剰

《隶辨·蒸韵》："乘，《鲁峻碑阴》：济阴~碑。按：《说文》作
椉，《五经文字》云，乘，隶省。"（p.69）汉帛书"乘"亦作"乗"。
（《简帛》p.18）《玉篇·刀部》："剩，时证切。不啻也。"（p.321）
《龙龛·刀部》："剰，正，食证反，长也。"（p.98）

---

[1]　张涌泉：《汉语俗字研究》，岳麓书社1995年版，第447页。

[2]　张涌泉：《汉语俗字研究》，岳麓书社1995年版，第291页。

## 七　亚　恶

元《古今杂剧》《太平乐府》"亞"作"亜"。（《俗字谱》p.123）唐碑"恶"作"恶"。（《书法》p.183）"恶"又见于宋《列女传》、元《太平乐府》等。（《俗字谱》p.35）

## 八　稳　隐

《说文·禾部》："穩，蹂谷聚也。从禾，隱省。"《说文·阜部》："隱，蔽也。从阜，㥯声。""穩""隱"，日本常用汉字作"稳""隐"。《龙龛·禾部》："稳，俗。"（p.145）《干禄字书》："隐、隐、隱，上俗中通下正。"（p.38）《五经文字·㕛部》："隱，从爪从工，或作隐，讹。"汉碑中"隱"字多简省为"隐"。宋《取经诗话》"穩"作"稳"、"隱"作"隐"。（《俗字谱》p.60，p.102）

## 九　赖　濑

《说文·贝部》："賴，赢也。从贝，剌声。"《说文·水部》："瀨，水流沙上也。从水，賴声。""賴"和"瀨"，日本常用汉字作"頼""瀬"。《隶辨·泰韵》："頼，《柏桐庙碑》：黎庶～祉。按：《五经文字》云，赖从剌下贝，作頼，讹。"（p.136）《干禄字书》："頼、賴：上通下正。"（p.48）《龙龛·水部》："瀬，音頼，湍～也。"（p.233）

## 十　挿　搜

《龙龛·手部》："挿，正。"（p.216）《正字通·手部》："挿，俗插字。"（p.484）《龙龛·手部》："搜，俗。"（p.207）《重订直音篇·手部》："搜，同上（搜），古文。"（p.60）

## 十一　处　拠

《说文·几部》："处，止也，得几而止。从几从夂。處，处或从虍声。"日本常用汉字作"処"从古，我国现行汉字作"处"从俗，"几"作"卜"。《玉篇·几部》："处，充与切，止也。与處同。"（p.310）"據"，日本常用汉字作"拠"，我国现行汉字作"据"。元《古今杂剧》《三国志平话》"據"作"拠"。（p.40）"拠"盖据

"據"之异体"攄"字省形而来。

## 十二　舍　捨　舗

《说文·亼部》："舍，市居曰舍。从亼、屮，象屋也，口，象筑也。""舍"作"舎"，讹俗。"捨""鋪"，日本常用汉字类推作"捨""舗"。《隶辨·禡韵》："舍，《孔和碑》：鲍君造作百石吏~。"（p.150）唐《赵州司马参军赵晃墓志》"舍"作"舎"。（《碑别字》p.73）《重订直音篇·手部》："捨，同上（捨）。"（p.58）

## 十三　楽　薬

宋《列女传》、元《通俗小说》"樂"作"楽"；宋《列女传》、元《三国志平话》，"藥"作"薬"。（《俗字谱》p.30，p.76）《同文通考》谓"楽"为日式省文，非。（p.300）

## 十四　竜　滝

隋《董美人墓志铭》"龍"作"竜"，（《碑别字》p.374）《龙龛·立部》："竜，古文龍字。"（p.518）竜，即"竜"楷书的变体。[1]《六书分类·水部》："瀧、滝，《朱育集字》。"元《古今杂剧》《太平乐府》，"籠"作"笼"。（《俗字谱》p.63）

## 十五　恵　穂

汉帛书、居延汉简"惠"作"恵"。（《简帛》p.318）"恵"又见于《北海相景君铭》《衡方碑》等（《隶辨》p.133）。《王二·霁韵》："惠，仁。俗作恵。"敦煌写本斯516《历代法宝记》引王梵志诗："恵眼近空心，非关髑髅孔。"[2]《正名要录》"字形虽别音义是同古而典者居上今而要者居下"类："穗，穂。"《龙龛·禾部》："穗穂：音遂，禾秀也。二同。"（p.145）

## 十六　郷　響

秦简、汉帛书"鄉"作"郷"。（《简帛》p.836）"郷"又见于

---

① 张涌泉：《汉语俗字研究》，岳麓书社1995年版，第198页。

② 张涌泉：《汉语俗字研究》，岳麓书社1995年版，第380、427页。

《郑固碑》《张迁碑》等。（《隶辨》p.57）汉《刘宽碑阴》"響"作
"響"。（《隶辨》p.109）

## 十七　仏　払

齐《张龙伯造象》"佛"作"仏"。（《碑别字》p.32）《正字
通·人部》："仏，古文佛。宋张子贤言，京口甘露寺铁镬有文：'梁
天监造仏殿前。'"（p.104）"佛"何以省作"仏"？一般认为，
"厶"为"弗"的省文符号。据张涌泉研究，"仏"当为"厶""人
（亻）"的会意俗字。这与人们的避讳心理有关。①《四声篇海·手
部》："払，方犯切，取也。"（p.442）"佛""拂"，日本常用汉字
作"仏""払"。"拂"省作"払"，与"方犯切"的"払"字无涉。

## 十八　謡　揺

《玉篇·言部》："謠，与招切，独歌也。徒歌曰謠。"（p.166）
"謠"或作"謡"，日本常用汉字作"謡"，"䍃"讹作"畲"。《说
文·手部》："搖，动也。从手，䍃声。""搖"或作"揺"，日本常
用汉字作"揺"，"䍃"亦讹作"畲"。《隶辨·宵韵》："謠"见于
汉《刘熊碑》，"䍃"见于魏《横海将军吕君碑》。（p.49）《龙龛·言
部》："謠，正，余昭反。歌～。"（p.43）又《手部》："揺，正，羊
昭反，搖动也。"（p.206）

## 十九　従　縦

《说文·从部》："從，随行也。从辵，从从，亦声。"《干禄字
书》："従從从：上中通下正。"（p.14）《说文·糸部》："縱，缓
也。一曰舍也。从糸，從声。"宋《取经诗话》"從"作"従"，元《古
今杂剧》"縱"与"縦"几近。（《俗字谱》p.7，p.80）

## 二十　暁　焼

《说文·垚部》："堯，高也。从垚，在兀上，高远
也。""暁""焼"，均从堯得声。《示儿编》谓"堯、嘵、驍、燒、
曉、鐃、澆、僥、橈、撓、饒皆从垚，而俗皆从古"。（p.183）"晓"

---

① 张涌泉：《韩、日汉字探源二题》，《中国语文》2003年第4期。

见于元《通俗小说》《古今杂剧》等。（《俗字谱》p.26）敦煌写本"燒"作"烧"，习见。

## 二十一　様

"様"，日本常用汉字作"様"，我国现行汉字作"样"。《四声篇海·木部》："様，辞两切，栎实也。"（p.384）又《手部》："揲，余尚切，式揲也。"（p.445）《重订直音篇·木部》："様，同上（橡）。"（p.144）《同文通考》谓"様"为倭俗讹字，非。（p.293）

## 二十二　拜

《龙龛·手部》："拜，《说文》同拜。"（p.215）《四声篇海·手部》："拜，《说文》同拜。"（p.445）《中华字海》："拜，同'摆'。"（p.350）误。"拜"，日本常用汉字作"拜"，我国现行汉字作"拜"。

## 二十三　逸

《说文·兔部》"逸，失也。从辵、兔。兔谩訑善逃也"。日本常用汉字作"逸"，"兔"讹作"免"。《隶辨·质韵》："逸，《刘熊碑》：富者不独~。"（p.168）《干禄字书》："逸、逸：上通下正。"（p.59）

## 二十四　寛

《说文·宀部》："寛，屋宽大也。从宀，莧声。""寛"，日本常用汉字省点作"寛"。《隶辨·寒韵》："寛，《石经论语残碑》：~者得众。"（p.41）《正字通·宀部》："寛，……俗作寛。"（p.351）

## 二十五　器

《说文·品部》："器，皿也。象器之口，犬所以守之。""器"，日本常用汉字作"器"，"犬"讹作"大"。《隶辨·至韵》："器，《孔和碑》：庙有礼~。"（p.125）"器"，又见于居延汉简（《简帛》p.166），元《古今杂剧》（《俗字谱》p.12）。

## 二十六　突

《说文·穴部》："突，犬从穴中暂出也。从犬在穴中。一曰滑也。"　"突"，日本常用汉字作"突"，"犬"讹作"大"。《篇海类编·地理类·穴部》："突，同上（突），或从大。"（229册p.634）

### 二十七　遅

《说文·辵部》："遲，徐行也。从辵犀声。"　"遲"，隶变和俗体作"遅"。《隶辨·脂韵》："遲，《韩彦碑》。礼乐陵~。"（p.12）《龙龛·辵部》："遅，俗。"（p.488）《示儿编》引《字谱总论》："遅之遲……俗书也。"（p.227）

### 二十八　霊

《说文·玉部》："靈，巫以玉事神。从玉，霝声。靈，或从巫。"　"霊"为"靈"的简俗字。《王二·青韵》："靈，郎丁反，神。亦作霊。"敦煌写本伯2482《张怀庆邀真赞并序》："公乃天资霊异，神授宏才。"[①]元《三国志平话》《太平乐府》等，"靈"亦作"霊"。（《俗字谱》p.104）《同文通考》谓"霊"为日式省文，非。（p.306）

### 二十九　継

《隶辨·霁韵》："継"见于汉《陈球后碑》。（p.132）《玉篇·系部》："継，同上（繼），俗。"（p.493）《干禄字书》："継、繼：上通下正。"（p.49）《龙龛·系部》："継，俗；繼，正。"（p.402）《示儿编》引《字谱总论》云："繼之継，斷之斷，……皆俗书也。"（p.227）《同文通考》谓"継"为日式省文，亦非。（p.303）

### 三十　覧

《说文·见部》："覽，观也。从见、监，监亦声。"《干禄字书》："覧、覽：上通下正。"（p.42）《字汇·见部》："覧，俗覽字。"（p.444）

### 三十一　姉

"姉"，俗"姊"字。《隶辨·旨韵》："姉"见于汉《武梁祠堂画

---

① 张涌泉：《敦煌俗字研究》，上海教育出版社1996年版，第606页。

象》。（p.86）《龙龛·女部》："姊，咨死反，女兄也。"（p.281）

又："姊"讹作"姊"（从女从市）。《中华字海》："姊，音义待考。字出《ISO—IECDIS 10646通用编码字符集》。"（p.1678）斯2053号《礼记音》："姊，兹履（反）。"斯328号《伍子胥变文》："子胥贤士，逆知阿姊之情。"①

## 三十二　豊

居延汉简，"豐"作"豊"。（《简帛》p.768）《隶辨·偏旁五百四十部》："豊，读与礼同。……豐亦讹豊，相混无别。"（p.212）又：《隶辨·偏旁五百四十部》："豐……或讹作豊，与豊器之豊无别，经典相承用。"（p.212）《玉篇·豊部》："豐，芳冯切，大也。俗作豊。"（p.305）《同文通考》谓"豐"作"豊"为倭俗误用字，非。（p.285）

## 三十三　浜

"濱"，日本常用汉字作"浜"，我国现行汉字作"滨"。《广韵·耕韵》："浜，布耕切。安船沟。"（p.54）《集韵·庚韵》："浜，沟纳舟者曰浜。"（p.487）《正字通·水部》："浜，俗滨字。"（p.665）清翟灏《通俗编·地理》："潘之恒《半塘小志》谓吴音以滨为邦，俗作浜字。不知浜自在庚韵中，《广韵》亦载，并未因滨转也。"

## 三十四　証

《说文·言部》："証，谏也。从言正声。""證，告也。从言登声。""證"，日本常用汉字作"証"。《龙龛·言部》："証，音正。"（p.49）《正字通·言部》："証，一说与證通。"（p.1132）

## 三十五　遞

《说文·辵部》："遞，更易也。从辵，虒声。"《笺注本切韵·荠韵》："遞，更代。俗作递。"《正字通·辵部》："遞，……俗作递。"（p.1235）

---

① 张涌泉：《汉语俗字丛考》，中华书局2000年版，第511页。

## 三十六　県

《说文·県部》：“縣，系也。从系，持県。”又：“県，到首也。贾侍中说，此断首到縣。”“縣”，本为悬挂之义，后用为行政区划单位名。我国现行汉字简作“县”，日本常用汉字省“縣”之“系”旁作“県”。“県”，见于元《通俗小说》等。（《俗字谱》p.80）

## 三十七　賛

《说文·贝部》：“贊，见也。从贝从兟。”《五经文字·贝部》：“贊賛：上《说文》，下经典相承隶省。”《集韵·换韵》：“贊，隶作賛。”（p.1150）《隶辨·翰韵》：“賛，《马江碑》：～业圣典。按：《说文》作贊，《五经文字》云，賛，经典相承隶省。”（p.144）日本常用汉字从隶省，作“賛”。

## 三十八　庁

《集韵·青韵》：“廳，古者治官处谓之聽事，后语省直曰聽，故加广。”（p.516）“廳”作“庁”，以“丁”代“聽”，为后起形声字。元《古今杂剧》《三国志平话》，“廳”作“庁”。（《俗字谱》p.24）日本常用汉字从之作“庁”，我国现行汉字进一步简作“厅”。

## 三十九　鉄

《说文·金部》：“鐵，黑金也。从金，䤴声。”“䤴”简作“失”，日本常用汉字作“鉄”，我国现行汉字进一步简化为“铁”。元《古今杂剧》《三国志平话》，“鐵”作“鉄”。（《俗字谱》p.98）

## 四十　歳

《说文·步部》：“歲，木星也。越历二十八宿，宣徧阴阳，十二月一次。从步，戌声。律历书名五星为五步。”《隶辨·祭韵》：“歳，《华山庙碑》：五岁壹巡狩。”（p.133）《干禄字书》：“歳、歲、歲，上俗中通下正。”（p.48）《五经文字·止部》：“歳、歲：上《说文》，下经典相承，隶省。”

## 四十一　関

《玉篇·门部》：“関，同上（關），俗。”（p.212）《示儿编》

谓"関近閗"为"画之相近而讹也"。（p.181）宋《列女传》、元《古今杂剧》等，"關"作"関"。（《俗字谱》p.100）

## 四十二　帰

《说文·止部》："歸，女嫁也。从止从婦省，𠂤声。""歸"，日本常用汉字作"帰"，我国现行汉字作"归"。宋《列女传》《取经诗话》等，"歸"作"帰"。（《俗字谱》p.134）

## 四十三　鋳

《说文·金部》："鑄，销金也。从金，壽声。""壽"，隶变作"寿"。明《白袍记》"鑄"作"鋳"。（《俗字谱》p.99）

## 四十四　変

《说文·攴部》："變，更也。从攴，䜌声。""變"，日本常用汉字作"変"。宋《列女传》《取经诗话》，"變"作"変"。（《俗字谱》p.85）

## 四十五　鬪

《说文·𨶹部》："鬪，遇也。从鬥，斲声。"《干禄字书》："鬬鬪鬪：上俗中通下正。"（p.56）《玉篇·鬥部》："鬪，上同（鬬），俗。"（p.129）《字汇·鬥部》："鬪，俗鬬字。"（p.560）

## 四十六　糸

《说文·糸部》："糸，细丝也，象束丝之形。"《集韵·之韵》："絲，《说文》：'蚕所吐也。'或省。"（p.112）日本常用汉字从省，作"糸"。

## 四十七　粛

《中华字海》："粛，同'畫'。见《敦煌俗字谱》。"（p.1302）误。唐碑、赵孟頫书帖"肅"作"粛"。（《书法》p.86）《干禄字书》："粛、肅：上俗下正。"（p.57）《示儿编》引《字谱总论》："肅之粛……俗书也。"（p.227）《字汇补·米部》："粛，俗肅字。"（p.158）

## 四十八　為

《玉篇·爪部》："爲，俗作為。"（p.128）《五经文字·爪部》："爲，作為讹。"慧琳《音义》卷12《大宝积经》第36卷音义："爲，从爪作爲，正也。经文作為，略也。"①

## 四十九　犠

《说文·牛部》："犠，宗庙之牲也。从牛，義声。"《隶辨·支韵》："犠，《白石神君碑》：备其~牲。按：《说文》，犠从義，碑省从義。"（p.9）

## 五十　榖

《示儿编》："榖榖，并音谷。上禾实，下楮名。"（p.184）《隶辨·屋韵》："榖，《曹全碑》：敦煌效~人也。按：《六经正误》云，禾榖之榖与榖楮之榖不同，榖楮之榖从案从木，碑则通用无别。"（p.160）《干禄字书》谓"榖"为正体。（p.57）

## 五十一　市

"市"，日本常用汉字作"市"。"市""市"，音义迥异，俗体混同。《说文·市部》："市，韠也。上古衣蔽前而已，市以象之。天子朱市，诸侯赤市……韍，篆文市。"（p.160）《冂部》："市，买卖所之也。市有垣，从冂，从フ。フ，古文及，象物相及也。之省声。"（p.110）斯388《群书新定字样》："市、市，二同。"《干禄字书》："市市：上俗下正。"（p.35）

## 五十二　灰

《说文·火部》："灰，死火馀烬也。从火从又。又，手也。火既灭，可以执持。"《干禄字书》："灰、灰：上俗下正。"（p.21）《王一·灰韵》："灰，烬馀。从又。通俗作灰。"《王二·灰韵》："灰，俗作灰。"《龙龛·火部》："灰，今；灰，正。"（p.238）②

---

① 张涌泉：《敦煌俗字研究》，上海教育出版社1996年版，第334页。

② 张涌泉：《敦煌俗字研究》，上海教育出版社1996年版，第362页。

## 五十三　戱

《龙龛·戈部》："戱，今；戲，正。"（p.173）慧琳《音义》卷14《大宝积经》第81卷音义："戲，《说文》从戈，虘声。经从虚作戱，俗字也。"《金瓶梅》"戲"作"戱"。（《俗字谱》p.132）[1]

## 五十四　劾

"效"正"劾"俗。《说文·攴部》："效，象也。"《玉篇·攴部》："效，胡教切，法效也。"（p.331）《玉篇·力部》："劾，胡孝切，俗效字。"（p.149）《示儿编》："效傚皆从攴，而俗从力。……皆偏旁之讹也。"（p.184）

## 五十五　氷

《说文·仌部》："冰，水坚也。从仌从水。凝，俗冰，从疑。"伯3386号杨满川《咏孝经壹拾捌章·感应章弟十六》："严氷泉满出，鱼跃为王祥。"《干禄字书》："氷、冰：上通下正。"（p.33）《重订直音篇·冫部》："冰……氷，俗。"（p.212）《正字通·水部》："冰，俗仌字。"（p.649）

## 五十六　污

《正字通·水部》："污、汙、汚、洿同，本作污。《玉篇》从亏者古文，从于者今文。欧阳氏曰：'污、汙本一字，今经传皆以今文书之。'"（p.650）中日各取其一。

## 五十七　窻

《说文·穴部》："窻，通孔也。从穴，悤声。"《笺注本切韵·东韵》："窻，古作悤。仓红反。""悤"字上部"囱"隶变作"匆"或"公"，俗作"忩"或"窓"。"窓"，汉碑已见。斯388《群书新定字样》："窓，相承用。"敦煌写本斯4571《维摩诘经讲经文》："菩提道路教登涉，险恶门窓断去寻。"[2]

---

① 张涌泉：《敦煌俗字研究》，上海教育出版社1996年版，第263页。

② 张涌泉：《敦煌俗字研究》，上海教育出版社1996年版，第378、437页。

## 五十八　総

《说文·系部》："總，聚束也。从糸，悤声。""悤"，隶变作"怱"。《毛诗音》二："総"，祖工（反）。"《王二·董韵》："総，聚束。"《龙龛·系部》："総，作孔反，聚束。"（p.401）

## 五十九　霸

《说文·月部》："霸，月始生霸然也，承大月二日，承小月三日，从月，霎声。"《正名要录》"字形虽别音义是同古而典者居上今而要者居下"类载"霸"字。《示儿编》云："王荆公晚喜说字，客问：'霸'字何以从西？荆公以西在方域主杀伐，累言数百不休，或曰：'霸'从雨不从西也。荆公随辄曰：如时雨化之耳。"（p.231）

## 六十　齿

《说文·齿部》："齒，口齗骨也。象口齿之形。止声。"元《通俗小说》、明《白袍记》、清《木连记》等，"齒"俗作"齿"。（《俗字谱》p.132）

## 六十一　勅

《说文·攴部》："敕，诫也。舀地曰敕，从攴束声。"《示儿编》："敕字亦作勅字。此诏敕之字也。敕，不若勅之从力则顺于行草书而美看。故古今写敕字惟用从力之勅。"（p.229）

## 六十二　斎

《说文·示部》："齋，戒洁也。从示齊声。"敦煌写本中，"齋"俗作"斎"。①《示儿编》引《字谱总论》云："斎之斎，……俗书也。"（p.227）

## 六十三　繩

《说文·示部》："繩，索也。从糸，蠅省声。""黽"，俗作"黾"，故"繩"写作"縄"。其字见于汉碑。《隶辨·青韵》："繩，《郭究碑》：口～弹枉。"又："繩，《刘熊碑》：动履规～。"

①　张涌泉：《汉语俗字研究》，岳麓书社1995年版，第72页。

（p.69）《广韵·蒸韵》："繩，俗作繩。"（p.57）《同文通考》谓
"繩"字从"黾"为日式省文，非。（p.307）

# 参考文献

（唐）颜元孙：《干禄字书》，紫禁城出版社1990年版。

（辽）释行均：《龙龛手镜》（简称《龙龛》），中华书局1985
年版。

上海书店：《书法字典》（简称《书法》），上海书店1985年版。

刘复：《宋元以来俗字谱》（简称《俗字谱》），文字改革出版社
1957年版。

（唐）张参：《五经文字》，丛书集成初编本。

（宋）孙奕：《履斋示儿编》（简称《示儿编》），丛书集成初编本。

（明）梅膺祚：《字汇》，上海古籍出版社1991年版。

秦公：《碑别字新编》（简称《碑别字》），文物出版社1985
年版。

（清）顾蔼吉：《隶辨》，中华书局1986年版。

张涌泉：《汉语俗字研究》，岳麓书社1995年版。

［日］新井白石：《同文通考》（1760刊），雄山阁出版株式会社
1973年版。

陈建贡等：《简牍帛书字典》（简称《简帛》），上海书画出版社
1991年版。

（宋）陈彭年等：《玉篇》，北京市中国书店1983年版。

（明）张自烈：《正字通》，国际文化出版公司1996年版。

（明）章黼等：《重订直音篇》（《续修四库全书》231册），上海
古籍出版社1996年版。

张涌泉：《敦煌俗字研究》，上海教育出版社1996年版。

张涌泉：《韩、日汉字探源二题》，《中国语文》2003年第4期。

（金）韩道昭：《改并五音类聚四声篇海》，明正德十五年（1520）
刻本。

冷玉龙等：《中华字海》，中华书局、中国友谊出版公司1994年版。

（明）宋濂编：《篇海类编》，北京大学图书馆藏明刻本。

张涌泉：《汉语俗字丛考》，中华书局2000年版。

（宋）陈彭年等：《宋本广韵》（简称《广韵》），江苏教育出版社2002年版。

（宋）丁度等：《集韵》，北京市中国书店1983年版。

（清）吴任臣：《字汇补》，上海古籍出版社1991年版。

# "睪"旁为"尺"探源*

形声字声符"睪",现行日本汉字往往省写为"尺",如"択"（擇）、"釈"（釋）、"沢"（澤）、"訳"（譯）、"駅"（驛）等。"睪"何以简化成"尺"？"睪"旁为"尺",源出古汉语,抑或借自日语？

上揭"睪"旁为"尺"诸字,《中华字海》均已收录,以为"沢"（533页）、"釈"（1435页）、"訳"（1453页）、"駅"（1648页）源出日本《常用汉字表》,属于日本简化字①。

然而,清初抄本《绣屏缘》中已出现"睪"旁为"尺"之"駅""釈"二字,如第十回:"又守了半月有余,忽见一人慢慢行来,背了褡袱行李,走到駅前"（179页）第二十回:"便是吴绛英的大兄,也相约来,将以前的事都消釈了。"（354页）其时远在日本《常用汉字表》之前,因此,周先生说道:"我国清初文献中出现的'駅''釈'二字,是汉语自己的简省写法,还是借用了日本汉字的写法？记之,以质高明。"②

我们知道,日本室町时期（1336—1573）的古抄本李峤《百二十咏诗注》是现存最早的古抄完本。据该抄本可知,至迟在16世纪下半叶,简"睪"为"尺",在日本已广为流行。如《坤仪十首》"道"（22页）和"江"（25页）、《居住十首》"楼"（94页）、《玩服十首》"屏"（105页）、《文物十首》"墨"（125页）等张庭芳注中《釋名》之"釋",写本均作"釈";而《居住十首》"桥"（95页）和《玩服十首》"席"（101页）《釋名》之"釋"则从"米"从"尺"。不光是"釋"字,"擇"亦作"択":"孟轲母三徙,択邻复近学,以教轲也。"（92页）;"澤"作"沢":"《尔雅》云:'沢障曰陂也'。"

---

\* 本文原载《语言研究》2004年第3期。

① 《中华字海》"択"（332页）字下仅言"同择",未注出处,亦无书证。

② 周志锋:《字词杂记》,《词库建设通讯》1997年7月总第20期。

（42页）；"鐸"作"釞"："有金釞也。木釞以振文教，金釞以振武教也。"（157页）①

不仅如此，日藏古抄本《尚书》文字中，"釈""択""沢""忬""峈""紁"作为"釋""擇""澤""懌""嶧""繹"的简俗字，亦屡见不鲜；而我国的石经、敦煌本、吐鲁番本则无一省"睪"为"尺"。仅据日本室町时期写本足利本（以下简称"足本"）、上图1578年写本天正本（以下简称"天本"），这种用字情况足见一斑。例如"禹贡"篇"澤"作"沢"："沢名""大沢""震沢""九沢""滎沢""菏沢""云梦沢"（足本414—428页、天本429—443页）；"禹贡"篇"嶧"作"峈"："峈，山之阳，特生桐，中琴瑟也"（足本417页、天本432页）；"吕刑"篇"擇"作"択"："何択非人，何敬非刑，何度非及"（足本2952页、天本2964页）；"顾命"篇"懌"作"忬"："惟四月哉，生魄，王弗忬"（足本2719页、天本2728页）；"武成"篇"釋"作"釈"："釈箕子囚，封比干墓，式商容闾"（足本1448页、天本1454页）；"立政"篇"繹"作"紁"："克由紁之，兹乃俾义国"（足本2546页、天本2555页）；"洪范"篇"驛"作"駅"："气落，駅不连属。"（足本1523页、天本1535页）

由上可知，作为形声字声符"睪"，在日本手书文献中大多省作"尺"。上揭"釈""択""沢""釞""峈""忬""紁""駅"等字，早见于日本14世纪至16世纪，在时间上远在清初抄本《绣屏缘》之前而与明代相交。陆锡兴先生说，"沢"字，"明人手迹中已经流行"，是"相近的楷体部件代替草书部件"使然，现代日本汉字省"睪"为"尺"当源出汉语。②

笔者以为，"睪"之草书能够楷化成"尺"，这失之牵强；而仅据"明人手迹"遽断"睪"旁为"尺"源出中国，也失之偏颇。

《尚书文字合编》收集了日本各个时期的12种不同写本。比较这些写本文字，我们不难发现，凡元亨三年（1323）或元亨三年以前的写本，省"睪"为"尺"甚为罕见。以内野本（1322）为例，文中"釋""擇""澤""懌""嶧""驛""繹"屡有出现，"睪"旁为"尺"似乎仅此一例："釈，废也。"（175页）又据日本13世纪中叶古

_____

① 《中华字海》（1777页）："釞，音义待考。"按，此字见于日本工业规格汉字（JIS汉字）。
② 陆锡兴：《方字论》，载《汉字的应用与传播》，华语教学出版社2000年版，第264页。

抄本《世尊寺本字镜》："恔，タクマシ"，与"快"字同训。①据此可以说明在明代以前，日语写本中已间或出现了这种省"睪"为"尺"的字体，只是到了室町时期，才广为流行罢了。

　　然而，臧克和先生认为，日本的《尚书》文字源出唐写本，所以现代日语从"尺"之字并非"日本地区使用过程中经过改造的结体"，而是"中国的原产"。②这种观点需要具体分析。如前所述，我国的石经、敦煌本、吐鲁番本《尚书》文字，"睪"旁之字不胜枚举，可无一省"睪"为"尺"者；而日本的传抄文字也因时代不同而呈现不同的书写面貌。后世抄本虽多出唐本，但并非按唐本文字摹写，相反，它随着时代的推移而表现出不同的时代特征。关于这一点，只要对《尚书》文字的各种刻本、写本做一番比较，就清楚了。

　　考圆仁（794—864）《入唐求法巡礼行记》（现存早期写本为1291年观智院抄本），日人将"釋迦"写作"尺加"或"尺迦"、"釋"写成"尺"。例如，该书记开承四年十一月廿二日事："梵呗讫，讲师唱经题目，便开题，分别三门，釋题目讫。"校勘云："'釋'，抄本作'尺'。"（192页）又如"釋教"作"尺教"："圆仁钦慕尺教，淹留唐境"（202页）；"釋迦牟尼"作"尺迦牟尼"："又大庄严寺开尺迦牟尼佛牙供养"（373页）；"釋门"作"尺门"："二个道士赐紫，尺门大德总不得著"（391页）；"釋梵王"作"尺梵王"："为廿八天（帝）尺梵王等，敬礼常住三宝"（272页）。不一而足。据考，日本中世文书"釋"大多写作"尺"。③江户时期汉学家近藤西涯，在《正楷录》（339页）中共收五个异体"釋"字，以为"釋"之为"尺"乃"同音借用"，进而说道："释，倭俗如'澤''譯''擇''驛'等之从'睪'，皆误作'尺'"。太宰春台《倭楷正讹》（78页）亦谓"沢""释"乃"倭俗所为"。新井白石《同文通考》（305、306页）："释，釋也。按，《娑婆论》'釋迦'作'尺加'，佛氏因造'释'字，亦因造'訳'字为'譯'。后人承讹，凡如'擇''懌''澤''驛'等皆从'尺'，并非。"松本愚山《省文纂考》（163页）："'釋'俗作'释'。愚按，《娑婆论》'釋迦'作'尺加'，因作'释'字。见《同

---

① 《世尊寺本字镜》，第96、98页，汲古书院1980年影印本。按，"恔"即"憭"字简体。

② 臧克和：《尚书文字校诂》，上海教育出版社1999年版，第501页。

③ 参见［日］佐藤进一《古文书学入门》所附"中世文书频出异体字略字一览"，法政大学出版局1971年版。

文通考》。"当代日本学者林大亦承前辈之说,谓"沢、訳、釈、駅、择"以"尺"代"睪",源出"釋迦"写作"尺加"。①如此看来,谓"睪"旁为"尺",源出倭俗,在日本几成定论。

在日语汉字音而言,"釋"和"尺"音读相同,吴音シャク,汉音せき,以"尺"代"釋",完全符合汉字日语化的规律。"睪"及从"睪"得声之字"釋""譯""擇""澤""驛"等,中古音均属于入声昔韵,韵尾带"-k"。从日本汉字译音看,凡属入声韵尾"-k"的,日语均以"ク"或"キ"对译。如"擇""澤",吴音ジャク(或ぢゃク),汉音タク;"譯""驛",吴音ヤク,汉音エキ,呈现整齐对应规律。可见,日本从"睪"之字写作"尺"是日人译读汉语特别是译读汉译佛经时在汉字字形上留下的历史烙印。

从简化字角度论,从"睪"之字我国简作"𮋮","釋""譯""擇""澤""驛"作"释""译""择""泽""驿",属草书楷化之结果。日语简"睪"为"尺",形成新形声字,既与汉字原音有关,又受到日语语音的影响。

尽管如此,倘若寻绎我国中古文献,"睪"旁为"尺",仍然可以找到蛛丝马迹。故宫博物院藏王仁昫《刊谬补缺切韵·昔韵》(519页):"𦥑,白泽,又公老反。""𦥑"字实为"臭"字之误,《说文·大部》(215页):"臭,大白;泽也。从大,从白。古文以为'泽'字。"王筠《说文解字句读》(215页):"大白者,以形解义,此句言其色;泽也者,光润也,此句言其光芒也。通两句言之,只是白而有光耳。"至《广韵》《集韵》《刊谬补缺切韵》,"臭"字入昔韵,昌石切,义为"白泽"。由于"白泽"释义的影响,"臭"字又讹作"𦥑"。"尺"者,"泽"也;"自"者,"白"字俗写也。明陈士元《古俗字略·陌韵》(165页):"臭,古又音尺。"段玉裁《说文解字注》(499页):"'臭'字,《广韵》又昌石切,《集韵》又昌石施只二切,皆训白泽,未详其由。"其实,以"尺"代"澤"或"睪",乃音近相通,以简代繁。俄藏敦煌文献ДX00941《字谱》收有"驿、沢"二字。②可见,省"泽"为"尺"、"睪"旁作"尺",唐宋时期民间已露鳞爪。直至明清时期还偶或用之。易熙吾先生说:"譯"字"现常作译,睪换成尺,恐是

---

① 参见《当用汉字字体表の问题点》,载《覆刻文化庁国语シリーズⅥ·汉字》,教育出版株式会社1964年版。

② 张涌泉老师认为,《字谱》写卷的真伪有待考证,很可能是宋代以后的写本。

方音简换，新形声字。"①

　　是的，"罢"旁为"尺"，源出同音借用，并非草书楷化。始而用之者，在中国而非日本；承而用之，推而广之，乃至进入《常用汉字表》成为规范文字者，则在日本而非中国。

　　然而日学者论及此题时，或见其流而不明其源，或明于此而昧于彼，缺乏中日文献的对比探源，今试为钩沉，抛砖引玉，以教于方家。

# 参考文献

周志锋：《字词杂记》，《词库建设通讯》1997年第20期。

陆锡兴：《方字论》，载赵丽明、黄国营：《汉字的应用与传播》，华语教学出版社2000年版。

臧克和：《尚书文字校诂》，上海教育出版社1999年版。

易熙吾：《简体字原》，中华书局1955年版。

---

① 　易熙吾：《简体字原》，中华书局1955年版，第29页。

# 《朴通事》"爨"字源流考*

《语言研究》2017年第4期刊载了朱炜先生《"爨"字音义考——〈老乞大〉〈朴通事〉词汇研究之二》（以下简称"朱文"），文章利用域外文献《朴通事》考证了不为人们熟知的"爨"字，为我们了解"爨"字音义提供了文献资料。但朱文认为"爨"是一个在中国文献失载的汉字，并且在清人入关后，"爨"也在中国文献中消失了，这一论断恐怕与语言事实不合。本文从文献、音义、字形等多方面考证得出，"爨"出现在宋元以来历代汉籍，清人入关后亦未消失。试分析如下，以就教于作者和方家。

## 一 "爨"字的文献用例

《朴通事》是朝鲜时代重要的汉语教科书，记录了当时通行的汉语口语，其成书年代大致相当于中国的元末明初。①汪维辉（2006）指出，传世的《朴通事》的版本主要有《翻译朴通事》（1517）、《朴通事谚解》（1677）和《朴通事新释》（1765），目前所见最早的版本为《翻译朴通事》，是崔世珍对朴通事所作的谚解，只存上卷，而《朴通事谚解》则是显宗时期边暹、朴世华等对《翻译朴通事》所作的修订。

朱文所举的"爨"字文献例证来自《翻译朴通事》和《朴通事谚解》，两处用例均为"爨잔잔鸽子弹"。据我们调查，朱文所引的"爨"字，汪维辉《朝鲜时代汉语教科书丛刊》点校本《朴通事谚解》也作"爨"，但《翻译朴通事》原文献中字形为"爨"②，《朝鲜时代汉语教

---

\* 本文原载《古汉语研究》2019年第3期，署名何华珍/逯林威。

① 关于《朴通事》的成书时间，朱德熙先生（1958）据书中所记步虚和尚说法事考定，《朴通事》当作于至正六年（1346）以后、元亡（1368）以前的二十余年之间，汪维辉（2006）认为其说可信。

② 1517年《翻译朴通事》原始图像，见于网站http://waks.aks.ac.kr/rsh/?rshID=AKS-2011-AAA-2101，汪维辉编《朝鲜时代汉语教科书丛刊》中未收录。

科书丛刊》收录的《朴通事谚解》影印本字形为"燌"，《朴通事谚解》与《翻译朴通事》中的字形一致。那么，"燌""燌"与"爨"又是什么关系呢？

"贊"，亦作"賛"。《隶辨》："賛，马江碑，~业圣典，按《说文》作賛，《五经文字》云：贊，经典相承，隶省。"①又《集韵·换韵》："賛，隶作賛"，《正字通》："賛，俗贊字。"由此，我们可以认定"燌"是"爨"的异写字形，"燌""燌"都是"爨"字的异写俗字。

古代朝鲜的汉语读本《翻译朴通事》与《朴通事谚解》保留了"爨"的异写俗字，这不等于"爨"字在中国文献中已经失载。众所周知，元朝与当时统治朝鲜半岛的高丽王朝交往密切，有着频繁的政治、经济、文化交流。《老乞大》和《朴通事》两书，就是这种密切交流的例证。《翻译朴通事》和《朴通事谚解》中记载的"爨"这种烹饪方法无疑就是元朝与朝鲜半岛饮食文化交流的印记，也是中华文化在朝鲜半岛传播的见证。

通过调查发现，《古本戏曲丛刊四集》收有明代赵琦美辑校的《脉望馆钞校本古今杂剧》，其中《望江亭》第三折宾白部分出现"爨"字，用例如下：②

（一）（正旦云）媳妇孝顺的心肠，将这尾金色鲤鱼，一径的来切鲙来，将砧板刀子来，我切鲙。（衙内云）着小娘子如此般用心，怎敢着小娘子切鲙，衬了手，张稍挙了去，与我姜辣煎 ~ 了来。

《望江亭》还见于明藏懋循编校的《元曲选》，据哈佛大学燕京图书馆珍藏的明万历时期刊本，其中"爨"作"爨"。这两个版本中的字形与《翻译朴通事》《朴通事谚解》中的字形一致，均为"爨"的异写俗字。可见，"爨"字最晚在明代的中国文献中已经出现。

宋代的饮食业非常发达，留下了丰富的饮食文献资料。在这些饮食文献中，我们找到了多处"爨"字用例，因版本不同、时代不同，俗字、正字互有出现。

《东京梦华录》，宋代孟元老著，是一本追述北宋都城东京（今开封）繁华的市井生活、饮食风俗、桥梁建筑等城市风貌的著作。中国国家图书馆藏元刻本《幽兰居士东京梦华录》③卷二《州桥夜市》，亦出现

①　句中"~"代替"賛"，《隶辨》中用"—"表示。
②　此处所列举的字形，在例句中用"~"代替，下同。
③　所用元刻本《幽兰居士东京梦华录》为中华再造善本，据中国国家图书馆藏元刻本影印。

"爒"字用例："旋煎羊白肠、鲊脯、爒冻鱼头。"同一用例，日本国立公文书馆藏的《秘册汇函》本（明沈士龙/胡震亨同校）作"爒"；《津逮秘书》本（明胡震亨/毛晋同订）作"爒"；哈佛大学汉和图书馆藏明崇祯时期汲古阁刊本（明胡震亨/毛晋同订）作"爒"；中国国家图书馆藏明弘治十七年刊本（善本书号10520）作"爒"、明刻本（善本书号11306）作"爒"、清抄本（善本书号03668）作"爒"；《四库全书》本作"爒"、《学津讨原》本作"爒"。可知，"爒"字在《东京梦华录》元刊本、明刊本、清刊本以及清抄本中均为其俗写字形"爒"。

《事林广记》，南宋末年陈元靓编，成书约在南宋绍定以后，其原本今已无存，现在流传的元、明刊本，其内容均有增广和删改。日本国立公文书馆藏元至顺年间西园精舍刊本《新编纂图增类群书类要事林广记》（以下简称"《事林广记》"）中记载了"爒豆腐"的制作方法，为了解"爒"这种烹饪方法提供了原始资料。"爒"字出现在《别集》卷十《面食类》，字形作"爒"，用例如下：

（二）~豆腐。每豆腐一片，切作块，用醇酒半升，加盐渍两三时，于铛内起葱油，漉豆腐入油内，爒令黄色。次取甜酱、椒、姜研细，和元浸汁并以熟菜同煮数沸食。

元刻本《东京梦华录》与元至顺年间西园精舍刊本《事林广记》中均出现"爒"字，字形分别为"爒"与"爒""爒"，可见"爒"字在中国文献中并没有失载，至迟在元代文献中出现。[1]

除《东京梦华录》和《事林广记》外，《玉食批》《梦粱录》《北行日录》等宋代文献中也有"爒"字的用例。《玉食批》是一本宫廷菜单集，记载了南宋皇帝每日赐给太子的美食名称。其宋代的版本已不可见，但在元末明初陶宗仪编纂的《说郛》中有收录。《说郛》卷九十五《玉食批》记载了"爒石首鱼""燕鱼干爒"两种宫廷美食，其"爒"字在早稻田大学藏本《说郛》（宛委山堂藏板）中分别作"爒""爒"，在《四库全书》本中分别作"爒""爒"。由此可见，"爒"字在《说郛》的这两种版本中均为其异写俗字"爒"。

《梦粱录》在描写南宋临安的饮食生活时，记载有"大燶爒鱼"这种美食。清乾嘉间藏书家鲍廷博父子刊刻的《知不足斋丛书》本《梦粱录》

---

[1] 刘朴兵（2007）认为现代烹饪的不少用语是从宋代开始出现的，如煠、撺、萩、焔、爒、鲙等。

卷十六《面食店》，"爁"用其正字："豉汁鸡、炰鸡、大燠爁鱼等下饭。"其他版本，如《学津讨原》本为其正字，作"爁"，《四库全书》本作"爁"，是其俗写字形，《学海类编》本作"攌"①。

宋代的日记体外交行记《北行日录》中也记载有"爁"字。《北行日录》初未单行，收录在《攻媿集》卷一百十一和一百十二。《四部丛刊初编》收录的武英殿聚珍本《攻媿集》卷一百十一"十二月十一日宴请"记录中出现"爁"字，为其正字字形，用例为"又下爁鱼、咸豉等五楪"。《攻媿集》的其他版本，正俗间出，广雅书局光绪二十五年重刊武英殿聚珍本中作"爁"，《四库全书》本中作"爁"。"爁"字不仅多次出现在宋元文献之中，在明代笔记体史书《酌中志》、清代侠义公案小说《忠烈侠义传》以及民国十五年刊本《续修江都县志》中也有例证。

《酌中志》二十三卷，明宦官刘若愚著，国家图书馆藏有多种抄本，卷二十《饮食好尚纪略》出现"爁"字，用例为"烧荀鹅、鸡、煠鱼、柳蒸煎爁鱼"。这些抄本用例中的"爁"字，均为其异写俗字"爁"，如清初抄本（善本书号17985）作"爁"、明末抄本（善本书号11564）作"爁"、清道光二十二年抄本（善本书号09772）作"爁"。除抄本外，清潘仕成编《海山仙馆丛书》收录有《酌中志》，清道光二十五年（1845）刊刻而成，其用例中的"爁"字为正字字形，作"爁"。

《忠烈侠义传》又称《三侠五义》，俞曲园先生将《三侠五义》改为了《七侠五义》，除第一回外，没有更动。因此，《忠烈侠义传》与《七侠五义》可以作为异文互相比勘。《古本小说集成》（以下简称《集成》）收录有清抄本《忠烈侠义传》，第八十八回出现"爁"字，为其俗写字形，用例为"又要端那碗酒时，方看中间大盘内是一尾鲜爁鲤鱼"（清抄本p.2758）

此外，用例中的"爁"字：《古本小说丛刊》（以下简称《丛刊》）第二十九辑收录的清光绪五年刻本《忠烈侠义传》为其俗写字形，作"爁"；《集成》收录的清光绪十六年刊本《七侠五义》为其正字字形，作"爁"。②《续修江都县志》，钱祥保等修，桂邦杰纂，成文出版社据民国十五年刊本影印。其书卷七《物产考下》："馓子：以䴵置条，屈

---

① 《学海类编》本中作"攌"，究其原因，我们认为可能是受到同一卷中多处"攌"字用例的影响，《梦粱录》卷十六中有多处"攌"的用例，如"羊攌粉""攌香螺"等。

② 《集成》本收录《忠烈侠义传》和《七侠五义》中的该处"爁"字用例及字形，曾良（2017：154—155）有揭出。

曲如环状，用膏油爨之，用麻油者谓之麻油馓子"，"油条：以夔环其两端，用油煎之，俗称油爨鬼"。该地方志出现的以上两处"爨"字用例，其字形分别为"爨""爨"。

如上所述，"爨"字在中国文献中并没有失载，清人入关后亦未消失。宋元以来文献中的"爨冻鱼头""爨豆腐""爨石首鱼""燕鱼干爨""大燔爨鱼""爨鱼""煎爨（鲤鱼）""柳蒸煎爨鱼""鲜爨鲤鱼""膏油爨之""油爨鬼"等是其例。此外，这些用例中不仅有"爨"字的正字字形，还有常见的俗写字形"爨"，朱文所举例证"爨鸽子蛋"中的"爨"字，在《翻译朴通事》和《朴通事谚解》中，分别为"爨""爨"。这种字形在元刊本、明刊本、清刊本以及清抄本等历代中国文献中均有出现。可以说，《朴通事》所见"爨"字，是一个地地道道的传统汉字，属于从中国传播至朝鲜半岛的"传承俗字"[①]。

## 二 "爨"字的音义

从以上文献用例来看，"爨"是古代的一种烹调方法，其烹调对象多为"鱼"，或为"豆腐""馓子""油条"。而在古代朝鲜的汉语读本《翻译朴通事》和《朴通事谚解》中，"爨"的烹调对象为"鸽子蛋"。那么，"爨"究竟是怎样一种烹调方法呢？

在上述中国文献的用例中，元至顺年间西园精舍刊本《事林广记》详细记载了"爨豆腐"的原料构成及烹调过程，民国刊本《续修江都县志》记载有"馓子""油条"的烹调过程，而其他文献都只是记载了用"爨"这种烹调方法做出的菜肴名称。从《事林广记》中"爨豆腐"的烹调过程来看，"爨"是一种"先油煎、后放调料及配菜同煮"的烹调方法，简而言之，就是"煎煮"。元杂剧《望江亭》宾白中的"煎爨（鲤鱼）"及《酌中志》中的"柳蒸煎爨鱼"，"煎"与"爨"两字连用。由《续修江都县志》里记载了"馓子""油条"的烹饪过程可知，"馓子"是"用膏油爨之"而成，"油条"是"用油煎之"而成，俗称油爨鬼。由此看来，"爨"字确有"油煎"之义。《东京梦华录笺注》（宋孟元老撰、伊永文笺注）对《东京梦华录》记载的"爨冻鱼头"作有注解："顾仲《养小录》卷之下、鱼之属'冻鱼'：鲜鲤鱼，切小块，盐醃过，酱煮熟，收

---

① 何华珍（2013）："传承俗字"是指在中国典籍或碑刻等文献中有迹可循的那部分俗字，即"国际俗字"。

起。用鱼鳞同荆芥煎汁，澄去渣，再煎汁，稠，入鱼。调和得味，锡器密盛，悬井中冻就。浓姜、醋烧。［文案］煠，犹煎煮也。煠冻鱼头与元《易牙遗意》带冻姜醋鱼、明《养余月令》猪蹄膏、《多能鄙事》冻鸡所载大同小异。"（pp.123—124）

　　此外，在古朝鲜汉语教科书的用例中，《翻译朴通事》和《朴通事谚解》均记载有"爨鸽子蛋"，"爨"下面的谚文注音均为"잔잔"。不同的是《朴通事谚解》对"爨鸽子蛋"的烹调过程有着详细的记载，而《翻译朴通事》并未记载其烹调过程。《朴通事谚解》对"爨鸽子蛋"的解释内容为："质问云：鸽子蛋，掺于滚肉汤食之。又云：用肉汤在锅，再加些椒料、菜葱花，烧火至滚沸，方下鸽子卵，盛之于碗，以献宾客。"①朱文认为"爨鸽子蛋"是《朴通事》保留的元朝菜品，而"质问"对"爨"的解释，是明初朝鲜人亲自前往中国咨询所得。可见，《朴通事谚解》对"爨鸽子蛋"的解释应该是可信的。在此用例中，"爨"字，表示"将食物放到滚沸的汤中略煮即取出"的烹调方法，类似于今天常用的烹调方法"氽"。另外，《翻译朴通事》和《朴通事谚解》中的汉字下面，都有左右两个谚文注音，左侧音是《洪武正韵译训》的俗音，也就是十五世纪韩国语学大师申叔舟等所记的中国北方音，右侧是当时编译时的北方音，也就是所谓的"今俗音"②。在这两个文献中，"爨"的谚文注音中左音与右音都为"잔"，根据韩语汉字音与汉语声韵的对应关系，"잔"对应当时的汉音"zan［tsan］"。

　　此外，中国文献中也有对"爨"读音的记载。本文前面提到，元杂剧《望江亭》宾白部分出现的"爨"字，明臧懋循编校的《元曲选》在《望江亭》［音释］部分注明了："爨，鑽上声。"鑽，见于《广韵》上平与去声。上平声，音"借官切"，见精母桓韵；去声，音"子算切"，见精母换韵。且《韵镜》中"鑽"为齿音清音，属于桓韵一等。由此可知，"鑽"字为合口一等，有两个读音，分别为"zuàn""zuān"。"爨"，鑽上声，也即"zuǎn"。"爨"的谚文注音与元杂剧《望江亭》中的音释有所不同，差别就在于有无介音"u"。"爨"的谚文注音无介音"u"，可能是受到了

---

① 朱炜（2017）提到《朴通事集览》中也有对"爨鸽子蛋"相同的解释。所谓"质问"，朱文（2017）中提到，《朴通事集览·凡例六》有解释说："'质问'者，入中朝质问而来者也。两书皆元朝言语，其沿旧未改者，今难晓解，前后质问亦有抵语，姑并收以袪初学之碍。问有未及，质问大有疑碍者，不敢理解，其竢更质。"

② 参看1978年台湾联经出版社《老乞大谚解·朴通事谚解》中的《序文》（丁邦新撰）。

韩国语音韵系统的影响,元杂剧《望江亭》中的音释"鑚上声"则完整记录了"爨"字的读音"zuǎn"。

综上用例,"爨"字读音为"zuǎn",有两个义项,一是"先油煎、后放调料及配菜同煮"的烹调方法,即"煎煮";二是"将食物放到滚沸的水或汤中略煮即取出"的烹调方法,用同"汆"。

### 三　"爨"的相关异体用字

《集成》收录的清抄本《忠烈侠义传》,不仅有"爨"字最常见的异写俗字"爨",还有其替换声符的俗字,用例如下:

(三)爨　金生又道:"你收什好了,把他鲜~着,你们加甚么配头。"(第三十三回,p.1097)

(四)爨　就在此开膛,收拾好了,把他鲜~着,你们加配头,除了香蕈、口蘑、紫菜,可有尖上尖没有呢。(第三十三回,p.1114)

(五)爨　吃东西不香,就用鲤鱼~汤,拿他开胃。(第六十三回,p.1997)

(六)爨　方看中间大盘内,是上(一)尾鲜~鲤鱼,刚吃了不多。(第八十八回,p.2758)

此外,作为清抄本《忠烈侠义传》的异文材料,《集成》收录的清光绪十六年刊本《七侠五义》,上述用例"~"代替的字形分别作"爨""爨""爨""爨";[1]《丛刊》收录的清光绪五年刻本《忠烈侠义传》,上述用例"~"代替的字形分别作"爨""爨""爨""爨"。从清抄本的用例(三)(四)(六)来看,鲜爨着(鲤鱼)、鲜爨着(鲤鱼)、鲜爨鲤鱼,这三个表达的意思明显一致,可见"爨"与"爨"的含义相同。"纂",《广韵》音"作管切",据反切,应读"zuǎn",与"爨"即"爨"读音相同,由此我们可以得知"爨"是"爨"字替换声符的俗写字形。对照清抄本的两种异文材料,用例(三)中的"爨",清光绪五年刊本《忠烈侠义传》作"爨"、清光绪十六年刊本《七侠五义》作"爨",两种刊本的字形基本一致。

"爨"与"爨"的右半部分有所不同,一个为"纂",另一个为"篡"。"纂"与"篡"的字形差别只在于右下部分一个为"糸",一个

---

① 《集成》本收录《忠烈侠义传》和《七侠五义》中"爨"的异体用字及相关用例,曾良(2017:154—155)有揭出。

为"厶";另一方面"纂"与"篡"读音相近,韵母相同,声母只有送气与不送气的区别。此外,《明清小说俗字典》(p.853)中提道:

攥zuàn捼　　《集成》庚辰本《脂砚斋重评石头记》第三十一回:"翠缕听了,忙赶上拾在手里攥着,笑道:'可分出阴阳来了。'"(p.723)

古籍俗写中"竹"旁于"艹"旁常常相混,"攥"字作"捼",即"糹"简省作"厶"。"攥"字右半部分的"纂"俗写为"撴",亦即"纂"俗写为"篡"。此与"爨"作"爤"变化相同,可以作为佐证。

光绪五年刊本《忠烈侠义传》前三个用例中字形基本保持一致,仅有细微差别:"爤"右下部分是"厶","爤""爤"两个字形右下部分为"么"。光绪十六年刊本《七侠五义》前三个用例中的字形保持一致,左边部分为"火",右半部分均为"篡"。《字鉴·卷四·去声》:"篡,初患切,俗作篡、篡";《增广字学举隅·卷一·三字辨似》:"篡,初患切,逆而夺取曰篡,从厶,或从么,非",《增广字学举隅·卷二·正讹去声》:"篡,篡非。无丿,从厶。"由此,光绪五年刊本《忠烈侠义传》的"爤""爤""爤"均可看作"爤"的异写字形。

由此可知,"爨"是"爨"字的正字字形,"爤"为"爨"的常见异写俗字,"爤""爤"均为"爨"字替换声符的俗字。与两种清刊本的异文材料有所不同,清抄本《忠烈侠义传》前两个字形保持一致,为"爤""爤",但第三个字形与前两个字形差别较大,为"爤"。"爤"的右半部分应为"竄"的俗写字形,《宋元以来俗字谱》中"攛"在《太平乐府》中俗作"揎",可以佐证。对照异文材料,"爤"在两种刊本中字形分别为"爤""爤","篡"与"竄"字音相同,"爤"可以看作"爤"的异体用字,亦即"爨"的异体字。

关于字形"爤",我们在元代饮食典籍《云林堂饮食制度集》中发现了与之相近的字形。明嘉靖年间抄本《云林堂饮食制度集》[①]中出现"燷"字,与"爤"字形非常相近。"燷""爤"这两个字形的右半部分均为"竄"的俗体。

倪瓒撰的《云林堂饮食制度集》是介绍元代无锡地区饮食的唯一著作,反映了元代以无锡为代表的江南水乡饮食风貌,对元代饮食文化研究具有重要的参考价值。明嘉靖年间抄本《云林堂饮食制度集》中出现

---

① 中国国家图书馆藏,嘉靖甲寅茶梦散人姚咨抄写。

"爆"字的多处用例，例如[1]：

（七）青虾卷～：生青虾，去头壳，留小尾。以小刀薄批，自大头批至尾，肉连尾不要断。以葱、椒、盐、酒、水淹之。以头壳擂碎熬汁，去查。于汁内～虾肉，后澄清，入笋片、糟姜片。供元汁，不用辣，酒不须多，～令熟。

（八）香螺：先生敲去壳，取净肉洗，不用浆。以小薄刀卷批，如敷梨子法。或片批，用鸡汁略～。

（九）田螺：取大者，敲取头，不要见水。用沙糖浓拌，淹饭顷，洗净。或批，用葱、椒、酒淹少时，清鸡元汁～供。或生用盐、酒，入莳萝，浸三、五日，清醋供。夏不可食。

（十）～肉羹：用臀肉，先去筋膜净。切寸段小块，略切碎路，肉上如荔枝。以葱、椒、盐、酒淹少时，用沸汤投下，略拨动，急连汤取肉于器中，养浸以肉汁提清，入糟姜片，或山药块，或笋块，同供元汁。

（十一）新发蟹：用蟹，生开，留壳及腹膏。股、脚段作指大、寸许块子，以水洗净，用生蜜淹之良久，再以葱、椒、酒少许拌过。鸡汁内～以前，膏腴蒸熟，去壳，入内糟姜片子，清鸡元汁供，不用螯，不可～过了。

《云林堂饮食制度集》存在其他版本，"爆"字在清初汲古阁抄本（《续修四库全书》辑录影印）中作"㸆"、清方功惠编《碧琳琅馆丛书》刻本作"爆"。"爆"，右半部分正是"竆"字，可以证明抄本字形"爆""㸆"的右半部分为"竆"字的俗写。

明刘若愚《酌中志·饮食好尚纪略》亦有用例。国家图书馆藏明末抄本（善本书号11564）："是月也，天已寒，每日清晨吃爆辣汤、吃生炒肉、浑酒以御寒"，清道光二十二年抄本（善本书号09772）："是月也，天已寒，每日清晨吃爆汤、吃生炒肉、浑酒以御寒。"《增广字学举隅·卷二·正讹去声》："竆，竆竆均非"，"爆"字的右半部分正与"竆"相近，可知"爆"为"爆"字的俗写，"爆"作为异文材料，同样为"爆"字俗写。

清代饮食著作《调鼎集》中也有用例。中国国家图书馆藏抄本一种，抄本前有成多禄于庚辰年（1928）所写的《调鼎集序》。序文提道："是

---

书凡十卷，不著撰者姓名，盖相传旧钞本也。"①国家图书馆藏抄本《调鼎集》中的三处用例如下：

（十二）春班汤②：鸡汁、冬笋片、木耳、火腿爩汤。（卷五江鲜部·水族有鳞部）

（十三）爩蟹：生蟹膏瘦，蒸熟，入糟姜片、鸡汤爩。又，别配蘸雄蟹兜内油，配菜。（卷五江鲜部·水族无鳞部）

（十四）虾捲：生虾，去头壳，留小尾，小刀披菹，自头自尾内连不断，以葱椒盐酒水醃之，其头壳研碎，熬汁去渣，于汁内爩虾肉，入笋片、糟姜片，少加酒。（卷五江鲜部·水族无鳞部）

三处用例中的字形一致，"爩"的右半部分明显为"窻"的俗写，"爩"即"爨"字之俗，《宋元以来俗字谱》"窻"，《岭南逸事》作"窝"，可以佐证。另外，对于"爩蟹"与"虾捲"的制作方法，《调鼎集》中的记载与上文所提到的《云林堂饮食制度集》中"新发蟹""青虾卷爩"的做法一致，并且《调鼎集》中还详细记载了"云林鹅"的制作方法，盖《调鼎集》中"爩蟹"与"虾捲"的制作方法摘抄自《云林堂饮食制度集》。

"爨"字出现在元代饮食著作《云林堂饮食制度集》、明宦官记载的笔记体史书《酌中志》以及清代饮食专著《调鼎集》，但在宋代文献中尚未发现这种字形。《汉语大字典》《汉语大词典》《中华字海》等大型辞书均未收录"爨"字，从《云林堂饮食制度集》记载的五种饮食的详细做法中，可知"爨"应是"把食物放到热汤汁或沸水中略煮一下或将沸水投入食材中，略发动即取出"的烹调方法。张标（2001）曾论及"焯"字，认为其在宋代作"撺"，用同"汆"。从其所举例证来看，"焯"实为"爨"，"撺"即"擦"。③的确，"爨"字，宋代作"擦"，用同"汆"。宋代文献《梦粱录》卷十六中有多处"擦"的用例。其中的《分茶酒店》记载有"羊擦粉""擦香螺""擦望潮青

---

① 《中国烹饪古籍丛刊》整理本《调鼎集》（中国商业出版社1986年版）简介中提道：抄本中多处署有"北砚"字样，卷八"酒谱序"署名"会稽北砚童岳荐书"，并作按语：童岳荐，字北砚，是乾隆年间江南盐商，他或即本书的最早撰辑者。

② 春班鱼即土步鱼，《调鼎集》卷五《江鲜部·水族有鳞部》中的"土步鱼"条："土步鱼（正月有、四有止）：一名虎头莎，又名春班鱼。杭州以土步鱼为上品，而金陵贱之，目为虎头沙，可发一笑，肉最松嫩，煮之、煎之、蒸之俱可，加醃芥作汤、作羹尤鲜。"

③ 张标（2001）所举用例为《云林堂饮食制度集》中的"青虾卷焯"条、"香螺"条、"新发蟹"条，以及《调鼎集·水族无鳞部》中的"焯蟹"条。

虾""攛鲈鱼清羹""攛小鸡""清攛鹌子""清攛鹿肉""科头攛鱼肉";《面食店》记载有"攛肉粉羹""攛肉羹";《荤素从食店》记载有"攛粉"。

《汉语大字典》（第2版）中"攛"读音为cuān，义项11引用《梦粱录·分茶酒店》的用例，释义为"用同'氽'，把食物放到开水里稍微煮一下就捞出"。《梦粱录》并没有记载这些菜品的具体制作方法，而清代农书《农圃便览》则详细记载了"攛鸡"的烹调过程。《农圃便览》，清丁宜曾撰，全名《西石梁农圃便览》，其内容不仅涉及农耕、气象、饲养、园艺，饮食的内容也很丰富。清乾隆二十年（1755）刻本《农圃便览》中"攛鸡"的"攛"字形作"攛"，用例如下：

（十五）～鸡：用鸡胸肉切薄片，加香油、黄酒、粉团，入白盐些须，再将鸡骨煮汤，去骨，入粉条、笋丝、香蕈，同煮汤极沸，入鸡肉，才熟即速取起，加葱姜少许。

从"攛鸡"的烹调过程来看，"攛"字的含义正如《汉语大字典》的释义"用同'氽'，把食物放到开水里稍微煮一下就捞出来"。通过对比可知，"爝"与"攛"表示的烹调手法基本相同，区别只在于造字的理据不同。"爝"与"攛"的烹调对象，都有"青虾""香螺""肉羹"，并且"爝"与"攛"的声符都为"竄"，只是义符有所差别，"攛"字义符为"手"，表示这种烹调方法需要用手操作；"爝"的义符为"火"，表示这种烹调方法要用火。

"氽"字产生的时间较晚，未见于中国古代字书。《汉语大字典》（第2版）对"氽"字的解释是："氽cuān，一种烹调方法；即把食物放到沸水中稍微一煮，如氽汤、氽丸子"，并没有文献例证。据目前掌握的材料来看，"氽"字可能是清代才出现的会意字，也可以看作是烹调手法"攛"的后起俗字。"入水为氽"即将食物放入水中，很好地解释了"氽"字的由来。"氽"字的最早形态可能就是"入水"，如清代饮食著作《调鼎集》就记载有"入水银鱼：配火腿片、姜汁、酱油、盐、醋入鲜汤水"。古代的书都是竖排，"入水"两字相连，很容易被看作或抄写为"氽"，后来可能就直接使用"氽"字了。清代宫廷饮食就有不少"氽"的菜肴，如张桂素（2001）提及的光绪六年正月初一日的宫中膳单："羊肉片氽萝卜一品、羊肉丝氽南豆腐一品、氽鲜虾丸子一品"；郑南（2010）提及《清宫膳档》"光绪二十一年正月糙卷单"的膳单："味羊肉氽黄瓜、豆秧氽银鱼、羊肉片氽冬瓜。"由此可以看出，烹饪手法

"氽"在清代光绪年间的宫廷饮食中已经比较普遍，"豆秧氽银鱼"正可以说明《调鼎集》中的"入水银鱼"就是"氽银鱼"。

清代小说《清风闸》第四回亦有"氽"字用例，如下：

（十六）二姑娘问："大爷，今日中上，喜吃甚么菜，叫人办去。"大爷说："随便。"二姑娘吩咐："买母鸡，用汤汁氽大潮鱼，热切火腿罢。"

清道光元年（1821）刊本《绣像清风闸全传》（华轩斋藏版）中"氽"字作"氽"；《集成》本《绣像清风闸》（据吴晓玲藏本影印）中"氽"字作"氽"。"氽"字如今在日常生活中仍然使用，如"氽鱼汤""氽鱼圆""氽西施舌""清氽丸子""龙井氽鸡丝"等。浙江杭州地区著名的特色传统汤面"片儿川"，原本名为"片儿氽"，"川"与"氽"谐音，现在很多餐馆的餐牌上，一般写成"片儿川"。据说"片儿氽"已有百余年的历史，最早由杭州老店奎元馆首创，供给当时来赶考的读书人。总之，"爓"是"擩"的换旁俗字，"氽"应该是清代出现的会意字，也是"擩"的后起俗字。作为一种烹调方法，"擩""爓"使用已经相对较少，今多作"氽"。

从清代小说《忠烈侠义传》中"鲜爓鲤鱼"的用例来看，"爓"字在该文献中的意义与《朴通事谚解》中"爓鸽子蛋"记载的"爓"字意义相同均为"用同'氽'"。可见，从字义上亦可说明，清抄本《忠烈侠义传》中的"爓"是"爓"的异体用字。曾良《明清小说俗字研究》（2017：154—155）指出，《集成》清抄本《忠烈侠义传》中的"爓""爓""爓"，《集成》清刊本《七侠五义》中的"爓""爓"，在《三侠五义》（人民文学出版社2001年版）中均作"氽"，通过异文可知都是"氽"的俗写。我们认为拿清代的版本同现代校理本作异文比较，不是很妥，需要谨慎。上文我们已经做过分析，"爓""爓""爓""爓"都是"爓"字的异写字形。这里的"爓"字，意义与"氽"相近，"爓"今多作"氽"。综上，"爓"字的异体用字不一而足，常见的有"爓""爓""爓""擩""爓"等。

## 四　字典辞书中的"爓"字

朱文认为，在《集韵》《康熙字典》《中文大辞典》《汉语大词典》《汉语大字典》（第2版）以及号称收录汉字最多的《中华字海》等大型汉语工具书也没有收录"爓"字。试问，这些字典辞书真的没有收录"爓"字吗？其实不然。

据查验，《集韵》《康熙字典》的确没有收录"爨"字，而且很多古代的其他字书如《玉篇》《类篇》《龙龛手镜》《字汇》《正字通》等也没有收录。但是《中华字海》《汉语大字典》《汉语大词典》却都收录有"爨"字的常见俗字"爛"，如：

《中华字海》：爛zuǎn，音钻上声。烹，《说郛》卷九十五："～石首鱼。"（p.967）

《汉语大字典》（第2版）：爛zuǎn。一种烹调方法。明陶宗仪《说郛》卷九十五引司膳内人《玉食批》："爛石首鱼。"元关汉卿《望江亭》第三折："拏了去，与我姜辣煎爛了来。"臧晋叔音释："爛，鑽上声。"（p.2406）

《汉语大词典》：爛zuǎn，一种烹调法。犹煎煮。宋孟元老《东京梦华录·州桥夜市》："至朱雀门，旋煎羊白肠、鲊脯、爛冻鱼头、姜豉剝子"元关汉卿《望江亭》第三折："难的小娘子如此般用意，怎敢着小娘子切鲙俗了手。李稍拏了去，与我姜辣煎爛了来。"臧懋循音释："爛，鑽上声。"《七侠五义》第八八回："方看中间大盘内是一尾鲜爛鲤鱼，刚吃了不多。"（第七卷p.309）

此外，《辞海》（第6版彩图本）中也收录了俗字"爛"。不仅如此，《中华字海》和《汉语大词典》中还收录了"爨"字的另一个俗字"爤"，如下：

《中华字海》：爤，同"爺"。《三侠五义》第六十三回："就拿鲤鱼～汤，拿他开胃。"（p.969）

《汉语大词典》：爤，同"爺"。《三侠五义》第六三回："在陷空岛时，〔二哥与老五〕往往心中不快，吃东西不香，就用鲤鱼爤汤，拿他开胃。"（第七卷p.315）

字典辞书中不仅收录有"爛""爤"等异体用字，而且还有收录"爨"字。例如：

《中华字海》：爨zuǎn，音钻上声。煎～，同"煎烩"。把已熟的蔬菜或肉类，调和浓汁煎炒而成。关汉卿《望江亭》第三折："李稍，拏了去，与我姜辣煎～了来。"（p.969）

《辞源》（第三版）：爨zuǎn，一种烹调方法。《元曲选》关汉卿《望江亭》三："李稍拏了去，与我姜辣煎爨（一作爛）了来。"（p.2596）

两部辞书中对"爨"字的解释，读音一致，意义基本相同，《中华字海》的释义更加详细，并且所举的例证都是来自关汉卿的《望江亭》。不仅有字典辞书收录"爨"字的正俗异字，还有辞书收录"爨"字的类推简化字。如白维国主编的《近代汉语词典》就是如此：

爨zuǎn，一种烹调法。犹"煎煮"。宋孟元老《东京梦华录》卷二："至朱雀门，旋煎羊白肠、鲊脯、~冻鱼头。"《元曲选·望江亭》三折："李稍拿了去，与我姜辣煎~了来。"（p.2768）

在收录"爨"之正字、俗字、类推简化字的字典辞书中，"爨"字的读音一致，都为"zuǎn"。明臧懋循编校的《元曲选·望江亭》[音释]"爨，鑚上声"，也可以说明"爨"读作"zuǎn"，而不是朱文根据《朴通事谚解》中的谚文注音"잔"得出的读音"zan"。另外，在释义方面，《汉语大词典》《近代汉语词典》都解释为"犹煎煮"，与由《事林广记》"爨豆腐"的制作方法中得出的"爨"字意义一致。《汉语大字典》（第2版）只收录了俗字"爨"，引用《说郛》卷九十五《玉食批》以及元关汉卿《望江亭》的用例，解释为"爨，zuǎn，一种烹调方法"。我们认为应将"爨"字补充收录为字头，读音为"zuǎn"；有两个义项，一是"先油煎、后放调料及配菜同煮"的烹调方法，即"煎煮"，二是"将食物放到滚沸的水或汤中略煮即取出"的烹调方法，用同"氽"。同时，文中提到的宋元以来有关文献用例均可作为辞书例证。

## 五 结语

"爨"字在中国文献中没有失载，清人入关后也未消失。"爨"字及相关异体用字出现在宋元以来历代汉籍，或作"爨""爨""爨""擭""爨"等，有关用例至迟出现于元刊本《东京梦华录》《事林广记》等。"爨"字，音"zuǎn"，其义有二，一是"煎煮"义，二是用同"氽"字。

值得注意的是，目前学界对域外汉字文献非常关注，用中国汉字书写的域外文献，既是对汉字的传承，也是对中国文化的传承。诚然，域外文献为我们的汉字研究提供了宝贵的资料，但我们在研究过程中不能只是关注到域外文献，同时代或更早期的本土语料同样重要，必须将域内域外汉籍结合起来研究。[①]特别在判断汉字的国别、汉字在域内文献失载与否时，不仅要关注域外汉籍，更应该回到域内文献中，域内文献更重要。

---

① 参见何华珍《参天台五台山记中的汉语词汇探源》，载《汉语史学报》第十二辑，上海教育出版社2012年版。

# 参考文献

白维国主编：《近代汉语词典》，上海教育出版社2015年版。

（清）曹溶辑、陶越增订：《学海类编》，涵芬楼据道光十一年晁氏木活字本影印。

（宋）陈彭年：《宋本广韵》，江苏教育出版社2008年版。

（清）方功惠：《碧琳琅馆丛书》，清光绪年间巴陵方氏广东刻宣统元年刻本。

古本小说集成编委会：《古本小说集成》，上海古籍出版社1994年版。

古本戏曲丛刊编辑委员会：《古本戏曲丛刊四集》，商务印书馆影印1958年版。

（元）关汉卿：《关汉卿戏曲集》，中国戏剧出版社1958年版。

（清）顾蔼吉：《隶辨》，中华书局据康熙五十七年（1718）项姻氏玉渊堂刻本影印1986年版。

汉语大字典编辑委员会：《汉语大字典》（第2版），四川辞书出版社/崇文书局2010年版。

汉语大词典编辑委员会：《汉语大词典》，上海辞书出版社/汉语大词典出版社1986—1993年版。

何华珍：《俗字在韩国的传播研究》，《宁波大学学报》（人文科学版）2013年第5期。

何华珍：《参天台五台山记中的汉语词汇探源》，载《汉语史学报》第十二辑，上海教育出版社2012年版。

何九盈、王宁、董琨主编：《辞源》（第3版），商务印书馆2015年版。

冷玉龙、韦一心主编：《中华字海》，中华书局、中国友谊出版公司1994年版。

李运富：《汉字学新论》，北京师范大学出版社2012年版。

（元）李文仲：《字鉴》，《中华汉语工具书书库》据清康熙年间吴郡张士俊刊泽存堂本影印，安徽教育出版社2002年版。

刘复、李家瑞：《宋元以来俗字谱》，文字改革出版社1957年版。

刘朴兵：《唐宋饮食文化比较研究——以中原地区为考察中心》，博士学位论文，华中师范大学，2007年。

（宋）楼钥：《攻媿集》，载《四部丛刊初编》集部（上海涵芬楼影印武英殿聚珍本），商务印书馆1929年版。

马淑香：《中世韩语吸纳汉字音介音的规则》，《南开语言学刊》2017年第1期。

毛远明：《汉魏六朝碑刻异体字字典》，中华书局2014年版。

（宋）孟元老撰、伊永文笺注：《东京梦华录笺注》，中华书局2007年版。

倪瓒：《云林堂饮食制度集》，《续修四库全书》影印清初汲古阁抄本。

钱祥保等修、杜邦杰纂：《续修江都县志》，成文出版社据民国十五年刊本影印。

（清）铁珊：《增广字学举隅》，《中华汉语工具书书库》据清代同治年间兰州郡署刻本影印，安徽教育出版社2002年版。

汪维辉《朝鲜时代汉语教科书丛刊》，中华书局2005年版。

汪维辉：《朴通事的成书年代及相关问题》，《中国语文》2006年第3期。

夏征农：《辞海》（第6版彩图本），上海辞书出版社2009年版。

佚名编、邢渤涛注释：《中国烹饪古籍丛刊·调鼎集》，中国商业出版社1986年版。

曾良：《明清小说俗字研究》，商务印书馆2017年版。

曾良、陈敏：《明清小说俗字典》，广陵出版社2018年版。

张涌泉：《汉语俗字研究（增订本）》，商务印书馆2010年版。

张标：《俗字考辨》，《古汉语研究》2001年第3期。

张桂素：《光绪帝节日膳食一瞥》，《历史档案》第3期。

（清）张海鹏：《学津讨原》，上海商务印书馆据嘉庆十年张氏照旷阁刊本影印1922年版。

郑南：《慈禧太后时代清宫御膳的特点与意义》，《浙江社会科学》2010年第2期。

朱炜：《"爦"字音义考——〈老乞大〉〈朴通事〉词汇研究之二》，《语言研究》2017年第4期。

# "匁"与"円"*

## 一　匁

　　"匁"字见于汉语辞书，盖始于1915年出版的《中华大字典》和《辞源》。《中华大字典》于"匁"之"日本衡名"释之甚详，没有示源；而《辞源》则明确指出"匁"为"日本字"，"钱字之略写"也。

　　"匁"是日本字吗？它与"钱"究竟是什么关系？

　　《大汉和辞典》"丿"部和"勹"部都收有"匁"字，也都明确标示为日本"国字"。该辞书认为"匁"字或源于"钱"之古体，或出自"文"字草书与片假名"〆"之合体会意。藤堂明保《学研汉和大字典》《旺文社标准汉和辞典》《角川汉和中辞典》等皆倾向于"合体会意"说。"匁"何以会是"文"和"〆"的合体会意呢？大概因为日语"匁"字训读monme；而monme同时又可用"文目"两字训之。"文"，本为中国古时计算货币的基本单位；因铜钱外圆方孔，南北朝以来其反面又多铸有文字，故铜钱一枚谓之一文。《六书故·动物四》："贯，今以千钱为一贯。"日语"匁"的义项之一为重量单位，"贯"的千分之一，显然承汉语而来。"目"，孔也，孔方兄之谓也；因此"文目"日语亦略称为"目"，片假名写作"〆"。可见，"文目"既记音也表义；从表音来说，类似万叶假名，从表义来说，属于"匁"字的同训：以"文目"来附会"匁"之字形显然是牵强的。

　　然则，视"匁"为"钱"之古体，依据何在？考唐宋以来"钱"字俗体有作"夛""劧"等形者。《字汇补》例言谓"'劧'字制于昌黎"，《篇海类编·身体部·足部》："趪，收钱了讫。昌黎子作。俗用。"《字汇》亦承此说。《正字通·足部》"趪"字按："韩通字学必不背谬至此。旧注沿篇海误。"很显然，"趪"就是"钱（夛）足"的合体会

＊　本文原载《浙江学刊》2001年第2期。

意。所言"昌黎"或"昌黎子"，盖《四声篇海》的作者韩孝彦、韩道昭之谓。松本愚山《省文纂考》（1799）："禾，钱。俗作—。见《篇海》。"其实，不光是《篇海》（1196），宋代孙奕《履斋示儿篇》卷二十二引《字谱总论讹字》即已论及："又如顾之顾，钱之禾……凡此皆俗书也。"诚然，唐宋时期，"钱"之俗体同种殊异，或"禾"，或"禾"，或"禾"，或"另"，或"禾"，不一而足。由于这些俗体与"钱"字相去甚远，故校勘之中多有所失。或误录为"身"①，或误录为"分"②，甚者误录为"欠""名""劣""不""物"等③。商务印书馆1957年据《国语辞典》缩编的《汉语词典》中，"禾"是附在"钱"字的后面作为异体出现，义项三即"日本币制"。胡适说："例如一个'錢'字，有十六画；小百姓嫌他太难写了，就改用一个四画的'禾'字，甚至于改用一个两画的'于'字。"④可以说，"钱"之俗体历代流传、渊源自远；这大概也就是旧《辞源》所谓"古体"之立论所在吧。

《国语·周语下》："景王二十一年，将铸大钱。"韦昭注："钱者，金币之名，所以贸买物，通财用者也。古曰泉，后转为钱。"《史记·平准书》："或钱，或布，或刀，或龟贝。"司马贞《索隐》："钱本名泉，言货之流如泉也。故周有泉府之官。及景王乃铸大钱。"可见，"钱"古称"泉"，本为币制之名。据《旧唐书·食货志》载，武德四年行"开元通宝，径八分，重二铢四絫，积十文重一两。"顾炎武《日知录》卷十一《以钱代铢》曰："积十文钱重一两，得轻重大小之中。所谓二铢四絫者，今一钱之重也。后人以其繁而难晓，故代以钱字。"可知，"钱"用为衡名，始自武德四年（621）。贝原好古《和尔雅》（1694年）卷七《权衡名》言："一分以下小数见于上，十分为禾。"注曰："禾与钱同。钱一文之重也。"彭信威《中国货币史》有论，后代的钱币"不再称铢絫而称一钱，意即开元通宝一文的重量。这是中国衡法改为十进制的关键。"⑤考之出土之唐代金银器，"钱"作为"两"下的衡名用法不胜枚举；而敦煌的中医汉籍，亦有所见。斯5435《失名医方》："中，更入腻粉一钱，同更以绢罗漱。""羌活半两　麝香半钱　人参

① 张涌泉：《汉语俗字研究》，岳麓书社1995年版，第208页。
② 张涌泉：《敦煌俗字研究》，上海教育出版社1996年版，第190页。
③ 陈垣：《校勘学释例》，上海书店出版社1997年版，第53页。
④ 参见1923年《国语月刊》第一卷"卷头语"。
⑤ 彭信威：《中国货币史》，上海人民出版社1958年版，第293页。

半两。""转取药半钱，空心干草汤口。"伯2662《药方书》："右擣筛为散，温水服一钱匕，当吐黄。"日本丹波康赖《医心方》（984）亦也间有用"钱"表衡名者。张偓南旧藏敦煌写卷《辅行诀脏腑用药法要佚书》"硝石五钱匕　雄黄一钱匕"。其"钱"传抄本写作"乄"。[1]特别要指出的是，"钱"的这种俗体用于钱币表示重量亦屡见不鲜，如明代"天启通宝"（1621—1627年铸）"壹錢"又写作"一犭"，"崇祯通宝"（1628年始造）"一犭""一劤""乙犭""二劤""八劤"，应有尽有。[2]而远在金代泰和四年（1204）制造的盐税银铤上即錾有"肆拾玖两三犭""肆拾玖两柒犭""肆拾玖两肆犭半"字样。[3]众所周知，日本最早的金属货币是708年仿唐"开元通宝"铸造的"和同开珎"，[4]而自平安朝末期开始唐代钱货不断流入日本，及镰仓室町时期宋钱、明钱更是接踵而至，可以说，日本古代钱币受汉唐影响相当深远，包括钱币上的文字图案。例如江户时期的"藩札"和"小判"多以"钱"为单位，而"钱"之字形几乎皆承前揭古之俗体，元禄十五年（1702）、享保十五年（1730）、文政六年（1823）所铸之"壹犭"藩札，秋田藩文久元年（1861）所铸之"二匁""四匁""八匁"小判，文久二年所铸之"一匁一分五厘""九匁二分""四匁六分"小判，等等，是其证。而"小判"中的"匁"字与日本今日"匁"之字形完全相同。[5]可以断言，日本所谓"国字"的"匁"，正是据上述"钱"之俗体楷化而来，《中华字海》据《日文汉字对照表》谓"匁"同"匆"，[6]显然是错误的。

　　试问，"钱"之俗体，从何而来？这的确是一个"不解之迷"。日本以"文""乄"附会字形，大概是不得已而为之。易熙吾谓"钱"俗体作"犭"乃"泉"字简化而来也未必可靠。[7]

① 马继兴等：《敦煌医药文献辑校》，江苏古籍出版社1998年版，第194、199页。按，该原抄卷无以见到，恐因印刷之故而为"乄"形，原卷很可能写成"犭"形之类。

② 尚龄：《吉金所见录》，嘉庆年间刻本；余继明：《中国元明清古钱图鉴》，浙江大学出版社1997年版。

③ 朱捷元：《介绍三笏金泰和年间的盐税银铤》文中拓片，《考古与文物》1982年第1期。

④ "和同开珎"即"和銅開寶"，"同""珎"是"銅""寶"的简体，而中日学界多有误"珎"为"珍"者。参见郭沫若《出土文物二三事》，人民出版社1972年版。

⑤ 以上所示日本古钱资料见矢部仓吉《古钱の集め方と鉴赏》拓片，绿树出版。

⑥ 冷玉龙等：《中华字海》，中华书局、中国友谊出版公司1994年版，第17页。

⑦ 易熙吾：《草书楷化可采为简体字》，载《文字改革论集》，新知识出版社1956年版；日本亦有持此论者，参见大岛建彦等《日本を知る事典》，社会思想社1971年版，第422页。

　　1980年我国陕西铜川出土了一批银器，其上錾有"信永禄六两三夕"等文字。①这又一次涉及"钱"字的俗体问题。"六两三夕"是多少呢？胡戟认为这里的"六两三夕"其实就是"六两三絫"，"分（夕）"和"絫"可视为"铢"以下的同一级标重单位。②杨东晨、卢建国两位也认为"唐代金银器铭文中的计量单位有'两''钱''分'三级"；"唐代衡制在实际运用中，'絫'与'分'通用，两者实际是同一重量单位；'絫'是唐政府规范性的衡制单位，'分'则是人们实际生活中通用的重量计量单位。"③而朱捷元则以为"分（夕）"并不等于"絫"，出土的唐代银器上（包括金属器物），从来就没有一件器物的錾文与墨书的标重是按"两、铢、分"或"两、钱、分"的顺序来记其重量的，况且，"人们在标重单位制度上，多系采用记大不记小，标前不标后的方式记录的。因此，决不可能在'两'以下标重，舍'铢'而去标出比'铢'小的'絫'重（即所解释的'分'）"。所以，他进一步推论："分"与"钱"，应是"两"以下同一等级标重的计量单位，释"分"与"钱"为同级一计量单位，比较合理，也较为妥当。④丘光明则认为唐代记重器物上所谓的"分"字都是写作"夕"，与宋代的重量单位"为（钱）"字的写法十分相似，故从字形上看，"夕"实际上就是"錢"的简体。⑤

　　"夕"不是"絫"，大概用不着怀疑。那么，是"钱"还是"分"呢？从衡名而论，初唐或盛唐期间，"钱"和"分"都同属于"两"以下的计量单位，其数量差异之小乃微乎其微，甚至诚如顾炎武《日知录》卷十一所言"随人所命而无定名也"，可以说在一些工匠俗人眼里，其差异简直就忽略不计，故朱捷元认为"分"与"钱"属于"两"以下同一等级标重单位的观点，基本可信。⑥但是，从字形而论，"夕"不是"钱"，

---

① 参见卢建国《铜川市陈卢出土唐代银器》文中拓片"信永禄六两三夕"，《考古与文物》1981年第1期。
② 胡戟：《唐代度量衡与亩里制度》，《西北大学学报》（哲社版）1980年第4期。
③ 杨东晨、卢建国：《唐代衡制小识》，《文博》1984年第1期。
④ 朱捷元：《唐代金银器、银铤与衡量制度的关系问题》，《文博》1986年第2期。
⑤ 丘光明：《中国历代度量衡考》，科学出版社1992年版，第444页。
⑥ 顾炎武：《日知录》卷11《以钱代铢》："是则今日以十分为钱，十钱为两，皆始于宋初所谓新制者也。"按，"钱"和"分"以十进位制正式计量盖始于宋代；朱捷元认为："盛唐时期的金银器上，记重以'两'和'分'为主，以'钱'作为'两'以下的记重单位，始于开元年间的器物，是铸造银器的工匠首先使用的，以后逐渐为社会所采用。"（参见《唐代白银地金的形制、税银与衡制》，载《唐代金银器》，文物出版社1985年版，第36页。）

是"分"的通体俗字。《干禄字书》：兮分，上通下正。如果说前拓之"兮"与"分"之通体尚有一"钩"之差的话，那么江苏丹徒丁卯桥出土的银酒筹上所錾"五兮""七兮""十兮""四十兮"的"兮"，则完全相同了。丘光明判断"兮"即"钱"的观点是错误的，由此推论"钱"由"兮"（分）字而来也是靠不住的。

小学馆《日本国语大辞典》收有"匀"字，认为"匀"是"錢"字声符"戋"的俗体，并引用《书言字考节用集》为证："一匀则一钱也，十分之量重如一钱，故支那俗借戋象制匀字，自呼为钱音。"这与《辞源》的观点"钱字之略写"相近。蒋冀骋曾有文论及"兵"字："'钱'俗书作'兵'，尚见于中医土方，其形与隶书'介'和草书的'介'都相似，故有相乱，然俗书何以作'兵'，尚待研究。颇疑'钱'俗省作'戋'，'戋'的草书作'お'，进一步讹变则为兵。但其讹变之迹尚有待说明，故不为确论。"①笔者以为，"錢"字讹变为'兵'，大概有三种可能性，一是由"戋"之草书而来；二是"戋"进一步省作"戈"，讹为"兵"；三是"錢"字的整体省形，一撇是其首笔，左右一撇一点或一撇一捺乃省形符号而已。②

## 二　円

1871年5月10日，日本明治政府发布了一个《新货条例》，宣告废止二百多年来使用的两、分、铢四进位制，实行円（圆）、钱（匀）、厘十进位制。从此，"円"作为正式的货币基本单位，登上了历史舞台。那么，日本的货币单位为什么选择"円"呢？

据1887年《明治货政考要》（大藏省编）载，1869年3月4日，京都议事院召开了有关货币会议，本拟定承用既有的两分铢制，币形以方形为主，然而却遭到与会的大隈八大郎和久世治作的强烈反对，以为方形不便携带，不耐磨损，宜采用宇内通用之圆形，又谓十进位制乃世界潮流，百钱为元，十厘为钱，省事便利。③

百钱为元。"元"应该说是大隈等最早提出来的作为日本货币基本单

---

① 蒋冀骋：《评〈汉语俗字研究〉》，《古汉语研究》1996年第4期。

② 《居延汉简甲乙编》（中华书局1980年版）中"钱"字出现近30处，右边"戋"部的省略最为明显，或作"戈"，或作"人"，或作"乙"，或作"ナ"，或作"ス"，等等；而形符"金"字亦都已简化，甚者一撇之后既与右部连写成"牜"。

③ 刀祢馆正久：《円の百年——日本经济侧面史》，朝日新闻社1986年版，第5页。

位的汉字。然而，同年7月7日明治政府送达各国公使的照会中却将"元"换成了"円"。[①]个中原因何在？

《六合新闻》首创于1869年3月，但只发行到了第7期就停刊了。停刊之由，据说与"円"的问题有关。1869年3月24日，《六合新闻》第2号刊登了一篇关于"円"的报道，——这也是日本关于"円"作为新的货币单位的最早报道。报道中出现了"一円""二円半""五円""拾円"等内容，也出现了"匁""分""厘""両"等换算单位。[②]如果说7月7日明治政府致外交公使的照会使用"円"字是不自觉地受到《六合新闻》的影响，那么《六合新闻》又为什么易"元"为"円"呢？

魏源《圣武记》（1841）卷八："凡商船出洋者，勒税番银四百圆。""番银"，即外国银圆；银圆，以其质为银、其形为圆而名之也。1866年，英国在香港设置造币局铸造香港银圆，币面文字有"香港壹圆""香港半圆"等。[③]由于香港的这家铸币厂生产的这种"香洋"其成色不及墨西哥的"鹰洋"，结果倒闭了；1868年，遂将全部造币机器售与日本。日本政府1871年即令大阪国立造币厂铸造日本银圆，其币面即仿"香洋"使用了"圆"这个单位。[④]"圆"字笔画甚多，书写不便，加之自古就有"元宝"之物，故"银圆"又称"银元"，元宝一枚谓之一元。[⑤]袁枚（1716—1797）《答秋帆制府书》："才还山中，见案上手书及国宝四元。"也许正是这种背景，大隈等才提议用"元"作为日本新的货币单位。

众所周知，日本江户时期，崇尚汉学，其知识层深受中国文化之影响，表现在货币称量上，则大有以"yuán"（圆、元、円）代"两"的趋势。[⑥]甚至不仅是知识层，普通百姓之间也有用"円"之例。京都的京福寺保存着一帘"檀引"（佛檀前的垂幕），上面有着庆应三年（1867）的布施记录及墨书"一金五円"等文字。[⑦]"一金五円"的"円"就是使用当

① 刀祢馆正久：《円の百年——日本经济侧面史》，朝日新闻社1986年版，第6页。

② 参见《円の百年——日本经济侧面史》第9页《六合新闻》第2号图版文字。

③ 余继明：《中国早期外国银币图鉴》，浙江大学出版社1997年版，第293—294页。

④ 矢部仓吉：《古钱の集め方と鉴赏》"明治时代の货币"一节（绿树出版）。

⑤ "元宝"之称，始于唐代，因"开元通宝"误读为"开通元宝"而得名。《旧唐书·食货志上》："其词先上后下，次左后右读之。自上及左回环读之，其义亦通，流俗谓之开通元宝。"元代之后银锭亦谓之"元宝"。

⑥ 参见《大百科事典》第2册"円"条，平凡社1984年版。

⑦ 《円の百年——日本经济侧面史》第15页图片。

时中国对"银圆"的称呼。不过,从字形字义而论,迄今所见用于货币之"円",最早出现于嘉永四年(1851)七月三日兰学之士桥本左内给笠原良策的书简中。①《六合新闻》选用"円"字,想必正是当时风气之使然。

《汉语大字典》收有"円"字,谓同"圆"。字义有二:首先表示圆形,徐珂《清稗类钞·舟车》:"吉林有以木刳作小舠,使之两端锐减;底円弦平者,称曰觖舻。"其次为日本货币单位,鲁迅《书信·致蒋抑卮(一九○四年八月二十九日)》:"今此所居,月只八円。"注:"円,日本货币单位。"然则,"圆"(圆)写作"円",到底始于日本还是中国?

最早回答这个问题的,大概是太宰春台,他在1753年的《倭楷正讹》中,列举了15个"倭俗所为省文",其中就有"圆"的简体"円"字。继之,新井白石《同文通考》(1761)谓"円"为"本朝俗字";近藤西涯《正楷录》(1791)特于"円"旁标一"倭"字;松本愚山《省文纂考》(1799)言"円,圆俗作—"。②以上可知,"円"作为"圆"简体俗字,早为日本文字学家所关注;从字形而论,本从口从1,中间的一竖或作一撇,显然是"員"(员)之省写符号而已。前揭《六合新闻》1868年3月24日报道中的"一円""二円半",其"円"写作"円",  "五円""拾円"则"口"下出头,与今字形逼近。不过,"圆"字的这种俗体并非江户以后才出现,成书于12世纪左右的《类聚名义抄》(观智院本):"圖,……円", "困,唱伦反,円仓。"③永久二年(1114)传写本《篆隶万象名义》:"鹄,胡笃切,知山川曲,知天地方円。"④"円",皆为"圆"之俗体,可见,"円"字早见于东瀛抄本,由一笔代替声符"員"字,初作"円",后讹为"円"⑤。

行文至此,谈谈"¥"字。严格说来,这不是字,而是一个符号,是日本"円"和人民币"元"的代用符号。

我国的人民币为什么用"¥"呢?学界以为我国"1955年3月1日起,

---

①　《円の百年——日本经济侧面史》第15页图片。

②　《倭楷正讹》《同文通考》《正楷录》《省文纂考》均见杉本つとむ《异体字研究资料集成》1期影印本,雄山阁出版社。

③　《类聚名义抄》,风间书房1954年版,第840、974、995页。

④　释空海:《篆隶万象名义》,中华书局1995年版,第6、241页。

⑤　张涌泉也认为"円"是日本创造的"独特的俗体字",参见《汉语俗字研究》,岳麓书社1995年版,第38页。

发行新人民币，以代替原来面额较大的旧人民币。新人民币1元折合旧
人民币1万元。人民币的符号为‘￥’，取人民币单位‘元’字汉语拼音
‘yuan’的首字Y加两画而成，读音‘元’。"①Y为什么要加上两横呢?
那"主要是为了防止在书写‘Y’时与7、9等数字混淆"，"也表明人民
币的金额数码"②。日本1872年发行的新纸币"明治通宝"，"二円"西
文字母为"TWO YEN"③。显而易见，这里是将"円"音译为YEN了。
日本货币符号"￥"就是据此按通行惯例取其首字Y而成。然而，令人疑
惑的是，"圆"（円）日语音读EN，1939—1947年日本发行的邮票，"5
圆"记作"5EN"④。对此，日本学界众说纷纭，较为流行的说法是，西
方国家称"江户"为YEDO而不是EDO，即读E作YE，1867年的《和英
语林集成》ゑ和え一概作ye⑤。其实，YEN很可能是受我国南方语音的影
响⑥，北京话"圆"读作yuán，华南地区则读为yan或yen，而我国和日本
用罗马字母记录汉字汉语，皆与西方传教士有关。我们知道，自明朝万历
三十三年（1605）天主教耶苏会士利马窦《西字奇迹》始，用西洋文字书
写汉字汉语在我国即已出现;尔后的基督传教士马礼逊1807年到广州，
1815—1823年出版了中英对照的《中文字典》，书后附有广州方言的拉丁
字母音节表。日本用罗马字表记则始于天正十九年（1591）出版的基督教
书籍，后扩展至文学、语言、辞书等⑦。因此，中日同用"￥"作为货币符
号，可以说是中日欧文化融合的产物，也是所谓中日"同文同种"的一个
小小注脚。

---

① 参见陈立主编《现代金融大辞典》"人民币"条，吉林大学出版社1991年版。
② 参见马洪、孙尚清主编《金融知识百科全书》"人民币'元'符号"条，中国发展出版社
1993年版。
③ 见《円の百年——日本经济侧面史》第17页图文。
④ 见《円の百年——日本经济侧面史》第17页图文。
⑤ 参见《大百科事典》第2册"円"条，平凡社1984年版。
⑥ 日本也有这种观点，见《円の百年——日本经济侧面史》第19页。
⑦ 参见周有光《汉字改革概论》，文字改革出版社1961年版，第16—25页;武部良明:《日
本语の表记》，角川书店1979年版，第257—283页。

# "贰"字发微*

张良佐先生多年前写过一篇短文，题目是《人民币上汉字字体的变化》。①文章从文字规范的角度谈到"贰分"硬币和"贰角""贰圆"等老版纸币上的"贰"字，认为"二"的大写是"贰"不是"贰"。近来，《中国语文》又发表了周志锋先生写的短文《"贰"字小议》。②周先生列举了长篇白话小说《野叟曝言》中的"贰"字用例，认为"贰"字至迟出现于19世纪末叶，是一个流行极广人人皆知的民间俗字，大型字书应当补收。

周先生的观点无疑是对的，然而，令人疑惑不解的是，人民币为什么会选用一个不见于古今字书的"贰（贰）"③字呢？"贰（贰）"，在我国货币史上曾经扮演过什么角色？它到底最早出现于什么时代？

从社会因素论，人民币上"贰"字的出现并非偶然，它与钱币文字的传承有关。据有关资料表明，旧中国中央银行在1942年和1945年分别发行过法币券"贰拾圆"和"贰仟圆"，中国农民银行也发行过"贰角"（1935年）和"贰拾圆"（1940）等。④而解放区冀南银行1939年同时发行了20元币种"贰拾圆"和"贰拾圆"，北海银行1940年也同时发行了"贰角"和"贰角"，华中银行1946年和1948年则分别发行过"贰百圆"和"贰仟圆"等。⑤其他如东北银行、长城银行、中州农民银行等在1945至

---

* 本文原载《汉字书同文研究（3）》，华夏文化出版社有限公司（中国香港）2002年8月版。按，文章部分内容以《也说"贰"字》为题刊于《中国语文》2002年第2期。

① 张良佐：《人民币上汉字字体的变化》，《语文建设》1992年第10期。

② 周志锋：《"贰"字小议》，《中国语文》2001年第3期。

③ 旧版人民币上使用的大多是繁体字形"贰"，但也有用"贰"，例如1980年发行的"贰角"硬币。

④ 见余继明《旧中国纸币图鉴》丛书，浙江大学出版社2000年版。

⑤ 见余继明《中国解放区纸币图鉴》丛书，浙江大学出版社2000年版。

1948年发行的地方货币中也是"貳""贰"并用。[①]可见，在新中国成立前的纸币及流通券上，"貳"与"贰"的使用，几乎是平分秋色。及至1948年12月1日，中国人民银行在石家庄宣布成立，我国发行了第一套人民币。这套人民币，由于产生在新旧交替的特殊时期，加上汉字尚未整理与规范，所以当时是"貳拾圆"与"贰拾圆""貳佰圆"与"贰佰圆"同时发行，"貳""贰"互用。大概就是由于这种文化的积淀与延续，1955年发行的第二套人民币、1962年发行的第三套人民币，"贰"字均作"贰"；虽然1987年第四套人民币"贰角""贰圆"用上了规范的简化字，但是1992年仍然发行了"贰分"硬币，真正是"积重难返"了。可以说，人民币由使用"貳（贰）"字到使用"贰"字，经历了40多年的漫长历程，其中既有深刻的社会原因——与抗日战争时期和解放战争时期我国解放区货币文字有着直接的继承关系，[②]同时也与文字本身的继承和变异分不开。

　　从文字学角度论，"贰"是"貳（贰）"的俗字。《说文·贝部》："貳，副益也。从贝，弍声。弍，古文二。""二"本在长横之下，俗书移置其上，填补左角"空白"，这既符合俗字"变换结构"的成字原理，[③]也合符汉字匀称协调的审美要求。考诸吐鲁番出土文书及敦煌写卷，"贰"之俗体，触目皆是。斯514号背面《沙州敦煌县悬泉乡宜禾里大历四年（769年）手实》，"贰"字出现50余次，"贰"用例清晰可辨："妹桃花年贰拾叁岁"；伯3354号《天宝六载（747）敦煌县龙勒乡都乡里户籍》，"贰"字异体不胜枚举，亦有"贰"作"贰"："合应受田贰顷陆拾贰亩。"由于"二"字手书常连笔写成"工"或"ユ"，甚至略写为"丅"或"ㄱ"，所以"贰"字往往写成"贰"或"贰"，不一而足。《唐乾封三年（668年）张善熹举钱契》《唐咸亨五年（674年）王文欢诉》《唐永淳元年（682年）氾德达飞骑尉告身》"贰"均作"贰"

---

①　见周广斌《人民币收藏与鉴赏》，中国商业出版社2000年版。

②　其实，不光是货币，邮票及其他证券上的"贰"字也多作"贰"。据杨科：《中原解放区豫西、桐柏、皖西地方流通券初探》（《中国钱币》1992年第3期）附图可知，宝丰县和方城县于1948年分别发行了"贰圆"流通券。又据《毛泽东邮票图集——纪念毛泽东诞辰100周年》（中国邮票博物馆编，人民教育出版社1993年版）发现，抗日战争时期和解放战争时期毛泽东像邮票上的"贰"字多印作"贰"；即便是1950年2月1日发行的"中国人民政治协商会纪念"邮票也是以"贰萬圆"面貌出现。

③　参见张涌泉《汉语俗字研究》第三章"俗字的类型"，岳麓书社1995年版。

（"弋""戈"相乱）。①伯2567号背面《莲台寺出纳账》癸酉年（793）写卷，"贰"作"貮"。上揭文献资料表明，二横居上的"貮"字在民间久已流行，人民币"贰"字的源头起码可以追溯到8世纪的唐代。然而必须指出的是，六朝《成氏浮图》石刻文字早已有二横居上的"貮"字，只是"贝"符讹成"日"旁罢了。②倘若单从二横居上这一书写特点而论，"贰"字的源头在魏晋而非唐代。

奇怪的是，在我国，无论是古代的《龙龛手镜》，还是当代的《中华字海》，竟无一收录"貮"（貮）字。在这方面，倒是日本人做得比我们认真。成书于9世纪的高山寺传写本（1114年写本）《篆隶万象名义》"贝"部收有"貮"字。③《类聚名义抄》（成书于12世纪）则于"戈"部收有"貮"和"貮"，并在"貮"下标注"俗欤"的委婉断语。④较《类聚名义抄》稍后的世尊寺本《字镜》则分别在"戈"部收有"貮"字，在"弋"部收有"貮""貮"和"貮"字。⑤那么，日本的古典字书为什么会收录"貮（貮）"字呢？

正仓院文书，大多是8世纪日本天平年间的写本，异体俗字，盈篇满目，书写情况与吐鲁番或敦煌写卷近似。就"贰"字而论，除写作"貮"外，普遍写成"貮"。如天平九年（737）《长门国正税帐》，"贰"字出现49次，"貮"4次，"貮"45次。⑥天平十九年（747）二月十一日《大安寺伽蓝缘起并流记资财帐》，"贰"字87见，均作"貮"。⑦而天平十三年（747）四月三十日《校生等解》："用纸壹仟貮佰陆"，⑧"贰"写作"貮"。再看看《古事记》《日本书纪》各种写本，俗体"貮"字，举不胜举。⑨日本字书收录"貮"字，在一定程度上反映了"貮"字在中日民间广

---

① 分别见唐长孺等《吐鲁番出土文书》第3册第219、269、404页，上海古籍出版社1996年版。

② 参见马向欣《六朝别字记新编》"王妃胡智造象"（33页），书目文献出版社1995年版，又，赵㧑叔在出示"贰"的别字正体时，写的也是"貮"，可见清代的确十分流行这种写法。

③ 释空海：《篆隶万象名义》，中华书局1995年版，第261页。

④ 正宗敦夫编校：《类聚名义抄》，风间书房1989年版，第1095页。

⑤ 《字镜》（《古辞书音义集成》第6卷），汲古书院1980年版，第294、303页。

⑥ 《大日本古文书》第2册，东京大学出版会1912年版，第32—40页。

⑦ 《大日本古文书》第2册，东京大学出版会1912年版，第624—662页。

⑧ 《大日本古文书》第2册，东京大学出版会1912年版，第284页。

⑨ 参见小野田光雄编《诸本集成古事记》，勉诚社1981年版。国学院大学日本文化研究所编《校本日本书纪》，角川书店1995年版。

为流传的真实面貌，也说明了人民币"贰"字的确是渊源自远，绝非"错别字"三字了得。汉语字书失收该字，可说是一种失误或遗憾。

不过，《中华字海》据《ISO—IECDIS10646通用编码字符集》还收了一个"音义待考"的"贰"字。[1]其实这也是个"贰"字，即"贰"字的省讹。据有关资料可知，我国解放区发行的纸币中早已出现过"贰"字，如"贰拾伍圆"（冀南银行1945年）、"贰百圆"（华中银行1946年、北海银行1947年）、"贰仟圆"（华中银行1947年）等。[2]实际上，早在1926年荣江县就发行过"贰拾伍""临江场周转钱票"；1927年，国民联军总司令部财政委员会发行过"贰圆""国民军金融流通券"；1945年，余姚县在浒山区铸有"贰角"等临时辅币。[3]又如内蒙古人民银行，1948年也发行过"贰百圆"地方货币，至1951年4月1日停用。[4]

那么，"贰"字到底见于何时源自何方？查检"日本标准汉字编码（JIS规格）"，发现收有"贰"字。太宰春台《倭楷正讹》（1753）在收录这个"贰"字时，认为这是一个"倭俗字"。[5]据《校本万叶集》所附"异体字表"，《万叶集》写本中早出现"贰"字。[6]再考诸正仓院文书，"贰"字屡见不鲜。天平宝字五年（835）十月一日《法隆寺缘起资财帐》"贰"出现22次，"貳"9次，"贰"2次，"贰"11次。[7]甚至1989年出版的《类聚名义抄》"第贰卷"的"贰"字也写作"贰"。然而，这种一横居上的"贰"字，实非日人独创。斯514号《唐大历四年（749年）沙州燉煌县泉乡宜和里手实》，"贰"字出现11次；伯3236号背面《壬申年（972年或912年）三月十九日敦煌乡官布籍》，"贰"字出现6次（其中还出现29次一横居下的"戒"字）。斯5952号2V残卷"贰"字5见，均写成"贰"。而实际上不仅在唐代，六朝石刻《三级浮图颂碑阴》里就有"贰"的俗体"貳"和"貳"。[8]可见，"贰"字的源头和

---

① 《中华字海》，中华书局、中国友谊出版公司1994年版，第1776页。

② 参见余继明《中国解放区纸币图鉴》丛书，浙江大学出版社2002年版。

③ 见《中国历代钱币通鉴》图版，人民邮电出版社1999年版。

④ 周广斌：《人民币收藏与鉴赏》，中国商业出版社2000年版，第139页。

⑤ 《异体字研究资料集成》1期4卷，雄山阁1973年版，第31页。

⑥ 《万叶集》（日本古典文学大系），岩波书店1957年版。

⑦ 《大日本古文书》第2册，东京大学出版会1912年版，第510—519页。

⑧ 参见马向欣《六朝别字记新编》"王妃胡智造象"书目文献出版社1995年版，第33页。又，赵撝叔在出示"贰"的别字正体时，写的也是"贰"，可见清代的确十分流行这种写法。

"貳"字一样，至迟在六朝。

众所周知，在日本《常用汉字表》中，"贰"写作"弍"。林大先生认为，在1936年《汉字字体整理案》公布之前，字书里是找不到"弍"的；"弍"字的简化过程大概是兼顾"貳""贰"省"貝"而来。[1]笔者以为，其间还有一个中间环节，直言之，即由"貳"字省"貝"而来。近藤西涯《正楷录》（1750）"貳"字下列举了4个异体：贰、貳、貳、貳。[2]"贰"也许是受"貳""貳"影响产生的一个俗字，"弍"则是日人整理字形时缘"貳"字创造的一个新的简化字。

总之，"贰"字的异体确实不少。倘若要探寻其变异轨迹，则大致不出以下三端。一是"弋""戈"相乱；二是"貝"简作"贝"或讹作"目""日""百"等；三是"二"的不同组合或省讹。[3]《汉语大字典》"异体字表"中，"贰"字只列两个异体，遗漏太多；《碑别字新编》也收集不全，而学界于此亦未深究，尤其未能结合日人写本或字书做比较探讨，这不能不说是汉字研究史上的一个小小的缺憾。

---

① 见林大《当用汉字字体表の问题点》，载《覆刻文化厅国语シリーズⅥ·汉字》，教育出版株式会社1974年版，第298页。

② 见《异体字研究资料集成》1期7卷，第285页。

③ "贰"又作"貳"，如华中银行1947年发行"貳仟圆"（参见上揭《中国解放区纸币图鉴·华中银行纸币券》第96页）；或作"貳"，如中州农民银行1948年发行"貳拾圆"和"貳佰圆"（参见上揭《人民币收藏与鉴赏》第146、148页）。

# "癌"字探源<sup>*</sup>

  "癌"字不见于《康熙字典》等传统字书,至1915年才正式出现于《辞源》和《中华大字典》中,谓恶性肿瘤,生于身体内外,凹凸不平,硬固而疼痛。然1979年《辞源》修订时,"癌"字又悄然退出。这大概是因为"癌"字来路不明,既无字书依据,又无文献用例,与《辞源》的修订宗旨——"阅读古籍用的工具书和古典文史研究工作者的参考书"①相悖,于是只能作为现代医学用语编入《辞海》和《现代汉语词典》。也许正是滥觞于此,学术界才忽视了对"癌"字的探源讨流,以至错误地认为,它是一个"日译汉字",其"字形和词义都是由日本人创造"②,"是日本造出后传入我国的"③。

  试问,日本是什么时候开始使用"癌"字的呢?或以为1873年作为英文cancer的译词出现于《医语类聚》里④,或以为1792年大槻玄泽在《疡医新书》中用以翻译荷兰语kanker⑤。这里且不管它是对译英语还是荷兰语,单从时间而言,其"癌"字的出现落后于我国已足足有六百余年了。

  《卫济宝书》是宋东轩居士(1170)的外科专著。其中有"痈疽五发"之说:"一曰癌""二曰瘭""三曰疽""四曰痼""五曰痈"。且附有图示。这就是"癌"字第一次出现于我国医籍的记录。⑥其时之"癌"是指什么呢?曰:"癌疾初发者,却无头绪,只是肉热痛,过一七

---

 * 本文原载《杭州师范学院学报》1997年第4期。

 ① 1979年修订本《辞源》"出版说明"。

 ② 王立达:《现代汉语中从日语借来的词汇》,《中国语文》1958年第2期。

 ③ 曹先擢:《汉字文化漫笔·在日本,右字先写撇笔》,语文出版社1992年版。

 ④ 曹先擢:《汉字文化漫笔·在日本,右字先写撇笔》,语文出版社1992年版。

 ⑤ 高柏:《经由日本进入汉语的荷兰语借词和译词》,载《学术集林》卷7,上海远东出版社1996年版。

 ⑥ 我国高等院校《中医外科学》教材认为,宋《仁斋直指附遗方论》最早论述癌症的临床特点,这是不确切的。《中医外科学》,上海科学技术出版社1996年版。

或二七，忽然紫赤微肿，逦迤软熟紫赤色，只是不破。宜下大车螯散取之，然后服排脓败毒托里内补等散，破后用麝香膏贴之，五积丸散疏风和气，次服余药。"①

元代危亦林亦承其说，其著《世医得效方》中绘有"五发形图"，谓"痈发""疽发""癌发""瘰发""痼发"。认为"此疾（癌）初发之时，不寒不热，肿处疼痛，紫黑色，不破，里面坏烂。二十以前者积热所生，四十以后者皆血气衰也"。②

《中国医学大辞典》③"癌"词条，则又承危亦林说："此证由热毒积于膀胱所致。生于神道、灵台二穴间。色紫黑不破，里面先自黑烂。初起不作寒热，亦不疼痛。治宜内托外散。若二十岁以外之人，由房劳积热而成者，不治"。这就是"癌"作为病名，在宋元时期即我国最早的语义。它是作为中医"五发"④之一表示痈疽疮属，与今日之"癌"不可同日而语。

从字形而言，"癌"从疒，嵒声，声中寓义。《说文》："嵒，山巖也。"《正字通》："巖，俗省作岩。""岩，俗嵒字。"所以"癌"字又省形为"嵒"，俗作"巖""岩"。⑤宋代杨士瀛《仁斋直指》（1264）⑥："癌者，上高下深，巖穴之状，颗颗累垂，裂如瞽眼，其中带青，由是簇头，各露一舌，毒根深藏，穿孔透里，男则多发于腹，女则

---

① 《卫济宝书》卷七，《四库全书》，上海古籍出版社。
② 《世医得效方》卷十九，《四库全书》。
③ 《中国医学大辞典》，商务印书馆1963年版。
④ "痈疽之大者，谓之发。"《卫济宝书》认为："五发各有起因，瘰癌疽痼之四发，各有颜色，惟小者痈，所治颇为易耳。"又"画出五发形象颜色图之形于后"，甚为直观。《世医得效方》"五发形图"亦从痈疽的形、色两方面配合文字加以说明。《仁斋直指》则认为："痈疽五发，发脑发鬓发眉发颐发背是也。""俗以癌痈瘰附于痈疽之列以为五，岂知瘰与痼癌不过痈疽之一物，古书所载，仅有所谓瘰疽，则瘰亦同出而异名也。若癌若痼，前未之闻，合是以为五发，其可乎？"这里对俗之"五发"提出了怀疑，但谓"癌"属"痈疽之一物"，十分明白。
⑤ 李荣据清《医宗金鉴》推论，"'癌'字是从'巖（岩）'字来的"，似可商榷。笔者以为，作为病名，先有"癌"而后有"巖（岩）"，"巖（岩）"是"癌"省形后的形象说法。再，"巖（岩）"表病名，一般不单用，需联系上下文以确定其义，参看李荣《汉字的演变与汉字的将来》，《中国语文》1986年第5期。
⑥ 《仁斋直指》卷二十二，《四库全书》。

多发于乳，或项或肩或臂，外证令人昏迷。"①明李时珍《本草纲目》②本《直指方》谓"癌疮如眼，上高下深，颗颗累垂……用生井蛙皮，烧存性为末掺，或蜜水调傅之"。这都是"癌"字单列，因声求义释其病征。盖自元代朱震亨《格致余论》《丹溪心法》《脉因证治》《朱丹溪医案拾遗》③等始有"乳岩""奶岩（妳岩）"之名。"谓之岩者，以其如穴之巅岈空洞，而外无所见，故名曰岩。"④此释名之法本乎宋之杨氏甚明。其"岩"即取山形以喻疾也。

　　那么，"乳岩"（"奶岩""妳岩"）是什么疾病呢？朱氏盖以"疮"类视之。可见其"岩"之语义仍源乎"五发"之"癌"。"一妇人，年六十，厚味郁气，而形实多妒，夏无汗而性急，忽左乳结一小核，大如棋子，不痛，自觉神思不佳，不知食味，经半月，以人参汤调青皮、甘草末入生姜汁细细呷，一日夜五六次，至五七次消矣。此乃乳岩之始，不早治，隐至五年、十年以后，发不痛、不痒，必于乳下溃一窍，如岩穴出脓。又或五七年、十年，虽饮如故、食如故，洞见五内乃死。⑤著名医史学家范行准先生引用朱震亨的这一病例时有言："此案似非恶性肿瘤。"⑥

　　是的，"乳岩（巖）"始名之义即为生于乳上之"癌发"，为可治之症。朱震亨《格致余论·乳硬论》举一"奶岩"病例，谓"始生之际"，有"可安之理"："予族侄妇年十八时，曾得此病。察其形脉稍实，但性急躁，伉俪自谐，所难者后姑耳。遂以《本草》单方青皮汤，间以加减四

<hr>

① 　《中医外科学》认为，这里"不但描述了癌的症状、好发部位和严重后果，而且也符合某些癌症的发展情况。"这一种"癌症"观值得怀疑。李时珍《本草纲目》"癌疮"或作"喦疮"。《正字通》收有"喦"字，《汉语大字典》据此认为"喦"同"癌"，《中华大字典》则释之为"疮也"。

② 　《本草纲目》，人民卫生出版社1982年校点本。

③ 　见《金元四大家医学全书·朱震亨医学文集》，天津科学技术出版社1996年版。又，《中医外科学》谓"乳岩"病名首见于陈自明（1190—1270）《妇人大全良方》，今查《四库全书》本。未见有此文字。《简明中医辞典》，人民卫生出版社1979年版，认为"乳岩"一名出《丹溪心法》。

④ 　见《朱震亨医学文集·朱丹溪医案拾壹》"痈疽疮疡"出《金元四大家医学全书》，下同。

⑤ 　见《朱震亨医学文集·朱丹溪医案拾壹》"痈疽疮疡"出《金元四大家医学全书》，下同。

⑥ 　范行准：《中国病史新义》，中国古籍出版社1989年版。其实，即使是明代，"乳岩"谓"乳痈"亦常见。江瓘父子《名医类案》卷十："一妇人右乳内结核三年，余年不消，朝寒暮热，饮食不甘，此乳岩。以益气养荣汤百余剂，血气渐复，更以木香饼熨之，年余而消。"见《名医类案》，中国医药出版社1996年版。

物汤，行以经络之剂，两月而安。"《辞海》①"乳岩"条云："中医外科病名。类似乳腺癌。"此处下语十分谨慎。因为作为中医学概念，其"乳岩"与现代西医的"乳癌（乳腺癌）"是不能混为一谈的，虽"似"而未必相同。《中文大辞典》收有"乳巖"和"乳癌"。编者虽在二者之间划了等号，但在解释"乳癌"时却是遵循中医而论，并引《医宗金鉴》为据，谓"乳腺发生肿疡也"。②不过，它在解释"乳巖""乳癌"时考虑到了中医的历史概念，而于"癌"字条（包括《辞海》）则都是舍"古"而存"今"、舍"源"而取"流"。

应该承认，古代的"癌疮"和"乳岩（巖、癌）"病例中，可能有与现代"癌"症相似或相同者。朱震亨云：（妳岩）"以其疮形嵌凹似岩穴也，不可治矣"。③又：（滞乳）"浅者为痈；深者为岩，不治。"④"妇人此病，有月经悉轻病，五六十岁后，无月经时不可作轻易看也。"范行准先生据此又言："盖妇人年轻时多为乳痈，年老时为乳癌。"⑤《辞海》"乳腺癌"条云，此症"多见于绝经期前后"。明陈实功《外科正宗》⑥列有"乳痈乳岩论"，对二疾的辨别与治疗，论述详备，有言："乳岩中空如岩穴，边肿若泛莲，其死候也。"这大概也属"癌肿"了。因此，黄金贵先生在论及"癌"疾时指出："祖国医学对癌肿的发现、研究，曾领先于世界各国。"⑦

虽然如此，我国中医学"癌"之概念与现代西医之"癌"万万不可混为一谈《辞海》"癌瘤"云："简称'癌'。由上皮细胞所形成的恶性肿瘤。常见的有鳞状细胞癌、腺癌、未分化癌、基底细胞癌等。多发生于胃肠道、肺、肝、子宫颈、乳腺、鼻咽、皮肤等处。"实事求是说，这一现代医用义是日本引进的。日本在未借用"癌"之前，也有"乳岩"之说，1686年出版的《病名汇解》⑧一书中就列有此名，其概念与我国相同。"癌"呢？这是我国既有之字，且有特定含义。日本明于此，在翻译英语

① 《辞海》，上海辞书出版社1989年版，下同。

② 《中文大辞典》"乳癌"条有西译名：Earcinama of mamma按，Earcinama恐为Carcinoma之误。如此，则名实相违、中西不分。

③ 见《丹溪心法》"痈疽"。

④ 见《脉因证治》。

⑤ 见《中国病史新义》。

⑥ 《外科正宗》见《中国科学技术典籍通汇》，河南教育出版社1984年版。

⑦ 黄金贵：《古代文化词义集类辨考》，上海教育出版社1995年版。

⑧ 见小学馆《日本国语大辞典》"癌"条和"乳岩"条。

cancer或荷兰语kanker时，不是像翻译荷兰语klier那样，临时创造了一个"腺"①字，而是借用我国原有的"癌"字赋以新义，表示一个新的西医概念。日本这种借古汉语已有词汇来译西方新术语的造词法，刘正埮《汉语外来词词典》有大量收录。比如"麦酒"，本指用麦作原料酿的酒。《后汉书·范冉传》："（王）奂迁汉阳太守，将行，冉乃与弟协步赍麦酒，于道侧设坛以待之。"日语中也有"麦酒"一词，音读为bakushu。指用麦酿造的烧酒、白酒，与古汉语义同。但，日本又拿这个词来对译荷兰语bier。而这里对译bier的"麦酒"与古汉语"麦酒"则同形而异义。②它是指"以大麦和啤酒花为主要原料发酵制成的酒，有泡沫和特殊的香味，味道微苦，含酒精量较低。"③因此现代日语中"麦酒"有二义，一指烧酒类的"麦酒，二指饮料类的"啤酒"。④而第二义项则进入了现代汉语。⑤这就是日本"旧瓶装新酒"式的翻译法。也许正是从这个意义上讲，岑麒祥《汉语外来语词典》谓"癌"借自日本⑥。然而必须指出，这里"旧瓶"是中国的，"新酒"是西方的，"装"是在日本进行的。本来嘛，"旧瓶"里头是有酒的，是"陈年老酒"，可是人们却"喜新厌旧"，偏爱"新酒"。这是十分不公平的。诸如《汉语大字典》《汉语大词典》，⑦在"癌"字的释义时，皆仅列"病名，恶性肿瘤"这一日本翻译的现代医学义，而且都是选用鲁迅《书信集·致许钦文（一九二五年九月二十九日）》中的同一句子为首例："（内子）本是去检查的，因为胃病；现在颇有胃癌嫌疑。"很明显，鲁迅这里的"癌"义是借日本的现代

---

① 高柏：《经由日本进入汉语的荷兰语借词和译词》，载《学术集林》卷7，上海远东出版社1996年版。

② 参见《汉语外来词词典》，上海辞书出版社1984年版；杉本つとむ：《现代语语源辞典》，开拓社1984年版。

③ 见《现代汉语字典》"啤酒"条，商务印书馆1996年修订本。

④ 陈涛主编：《日汉大辞典》，机械工业出版社1991年版。不过"啤酒"之称，一般不用汉字表示，而是用片假名写作：ビール。

⑤ 《现代汉语词典（修订本）》谓"啤酒"也叫"麦酒"。"麦酒"条云：啤酒。《汉语大词典》"麦酒"仅列"用麦酿的酒"一义项。又，"癌"应列入《现代汉语中从日语借来的词汇》一文中的"五"："本为古汉语词汇，后来被日本人借用做为西方近代术语的意译语，而现在又被我国人从日本借用过来，变成与古义不同的现代汉语词汇者。"

⑥ 俞忠鑫师认为，这不能算是外来词，称作"回归词"更为恰当。见香港《词库建设通讯》1996年总第10期。

⑦ 《汉语大字典》卷四，湖北辞书出版社、四川辞书出版社1988年版。《汉语大词典》卷八，汉语大词典出版社1991年版。

义。如此无视"癌"字数百年的意义和用法，以今概古，不能不说是辞书里的一大缺憾。

总之，"癌"字的发明权在中国而不是在日本。其义项有二，一是中医病名，痈疽疔疮之属；二是日源译名，恶性肿瘤之谓。唯有如此，才还"癌"字之本来面目。

# "烦"字辨考*

　　"烦"字不见于《康熙字典》等传统辞书，至《汉语大字典》卷八始作"补遗"。然而，《汉语大字典》舍"烦"之单字义而仅释"烦船"一词，认为也作"颁船"，船名。①谓"颁"为"船名"，乃古已有之，清吴任臣《字汇补》："颁，古送切，音贡，船名。今有八颁船。"谓"烦船"为"颁船"，乃《汉语大字典》所发明。本此，《中华字海》在收释"烦"字时，则将"烦船"与"颁船"去尾留头，在"烦"与"颁"之间划上了等号。②

　　果真"烦"等于"颁"、"烦船"就是"颁船"么？

　　明何汝宾《兵录》卷十三："夫行营之内，鸟铳虽速准而力小，难御大队；佛狼机又太重，而难于扛随。又有一器名为'赛烦铳'，既无下木马延迟之艰，又不坐后，可铅子又胜佛狼机之大，其声势可比发烦，其速可比鸟铳。用之守险甚妙。"③"赛烦铳"为戚继光"臆创"，"每五百人之中用以五六门"，④是一种声势可比"发烦"的小型火炮。史载，顺治年间又有"烦铳""中烦铳""小烦铳"之称。⑤

　　"发烦"，其义为"发射出去的炮"。⑥因"发烦"之材不同而有铜竹之分。明茅元仪《武备志》卷一百二十二："铜发烦：每座约重五百

---

　*　本文原载《古汉语研究》1998年第3期。

①　《汉语大字典》卷八，湖北辞书出版社、四川辞书出版社1990年版。另，《汉语大词典》
　　"烦""颁"均未收。
②　冷玉龙、韦一心：《中华字海》，中华书局、中国友谊出版公司1994年版，第960页。
③　（明）何汝宾：《兵录》卷13，崇祯元年1628年浙江正气堂抄本，见《中国科学技术典籍
　　通汇》技术卷5，河南教育出版社1994年版，第697页。
④　（明）戚继光：《纪效新书》卷十五。
⑤　"清代台湾档案史料丛刊"《郑成功档案史料选辑》第132、146条，厦门大学台湾研究
　　所、中国第一历史档案编辑部编，福建人民出版社1985年版。
⑥　"文物鉴赏丛书"《古兵器》，上海古籍出版社1985年版，第128页第67条目。

斤。用铅子一百个，每个约重四斤。此攻城之利器也。大敌数万相聚，亦用此攻之。其石弹如小斗，大石之所击触者，无能留存。墙遇之即透，屋遇之即摧，树遇之即折，人畜遇之即成血漕，山遇之即深入几尺。不但石不可犯而已，凡石所击之物，转相搏击，物亦无所不毁者，甚至人之支体血肉，被石溅去亦伤坏。又不但石子利害而已。火药一爇之后，其气能毒杀乎人，其风能扇杀乎人，其声能震杀乎人。故欲放发烦，须据土坑，令司火者藏身后燃药线，火气与声但向上冲，可以免死。仍须强捍多人为之护守，以防敌人抢发烦之患。"①又有"冲锋追敌竹发烦"，一种用于马上作战的火器。《中国古代兵器图册》谓"截毛竹一筒，长三尺，经过精心加工后，内装发药五升，次装石子二十四块（每块重半斤），磁锋一升（用毒药炒制过），神砂三合，毒火一合，装完用黄泥塞口。竹筒装坚木柄，长二尺"。②《武备志》卷一百二十四载有图文，云："每士卒马上携之四捆，甚为轻便，行营出边追袭，与贼对敌取胜，无逾于此。"

可见，"烦"并非"船名"，实为"炮"义。清江日升《台湾外纪》卷二十九之用例更是有力证据："被砲伤死官兵，三百余员名；烦伤，一千八百余员名。"③

那么，"烦船"是否为装有"烦"或"发烦"之船呢？

《武备志》卷一百二十二："或问：（铜发烦）用之于水战可乎？曰：贼若方舟为阵，亦可用其小者，但放时火力向前，船震动而倒缩，无不裂而沉者，须另以木筏载而用之也。"可见因铜发烦太重，且有后座之力，置于战船不便，倘置以"发烦"则可以。戚继光《纪效新书》卷十八："福船应备器械数目：大发贡一门，大佛狼机六座，碗口铳三个，喷筒六十个，鸟嘴铳十把，烟罐一百个，弩箭五百枝，药弩十张……"据考证，戚继光"福船"上的"大发贡"属"舰首炮"，共有四门，"射程较远，摧毁力较大，是水军战舰的主'舰炮'，适合于海上击毁敌船。"④又《西洋记》第十八回言郑和"战舰器械"，亦有"大发贡

① （明）茅元仪：《武备志》卷122，明天启刻本，见《中国兵书集成》第32册，解放军出版社、辽沈书社1992年版，第5170—5172页。
② 刘旭：《中国古代兵器图册》，书目文献出版社1986年版。
③ （清）江日升：《台湾外纪》，江苏广陵古籍刻印社《笔记小说大观》本。
④ 王兆春：《〈纪效新书〉提要》，载《中国科学技术典籍通汇》技术卷5，河南教育出版社1994年版，第455页。

十门"。①可见明代战舰确备有"大发熕"。又据钱海岳考证，"郑成功水师的船舰，计有大熕船、水艍船、犁缯船、沙船、乌尾船、乌龙船、铳船、快哨等八种。大熕船、水艍船是参考原来福船和西洋夹板船式样制造的，每船广阔两寻，高度八九寻，吃水一丈二尺，船上施楼橹，环以睥睨，面裹铁叶，外挂革帘，中凿风门，以施炮弩，其旁设水车一乘，激轮如飞，推动前进，不怕风浪"。②可知"大熕船"乃郑成功创制，源于"福船"。又说："郑成功军队的武器，以铳炮为长技。威力最大的炮名龙熕，红铜铸造，重一万斤，炮身长一丈，受大弹重二十四斤，弹之所向，四五里中，人马倏忽糜碎。其次叫灵熕、大熕，都是铜制装置每舰船头，一称斗头熕，又其次称连环熕，百子炮装置每舰船腰，又有攻城大铳，是陆攻坚所用，这些都是重武器。"③因此，"大熕船"的得名之由实乃船上装有各种"大熕"。据《台湾外纪》载，郑军水战，与敌军"彼此望见"之时，每每"发斗头熕迎敌"，"以攻穿敌船"；而在与荷兰军交战时，亦有"带铳手五百名，连环熕二百门"④之语，与钱海岳所论相合。

然则，"大熕船"是否即"熕船"？

《台湾外纪》卷十三："（郑）经令将泰缢死，即遣周全斌督大熕船随之。……全斌曰：'红毛在台湾，当时先藩施德不杀，放彼归国。今投耿藩，借兵报仇，亦是伤弓之鸟。斌愿领熕船前往破之。"又："旭曰：'……可速将赤嵌密筑炮台，设大熕船十只，把守鹿耳门。再令一将督舟师澎湖御之。澎湖固守，则东陵可以高枕。'锡范曰：'督熕船守鹿耳门者，非杨祥不可。"卷二十七："督驾大熕船、鸟船、赶缯船，环泊娘妈宫前口子，并内外堑东西时各要口守候。邱煇向前请曰：'乘彼船初到，安澳未定，兵心尚摇，煇愿领熕船十只，同左虎江胜前去冲杀。'……将熕船、战船、赶缯船，排列攻打。"可见，"大熕船"就是"熕船"。

《汉语大字典》《中华字海》所举"熕船"例，为清徐鼒《小腆纪年附考》卷十八："朱成功令林顺等以大熕船十四只驻围头上风以待。"⑤

---

① （明）罗懋登：《三宝太监西洋记通俗演义》，上海古籍出版社1985年版。
② 钱海岳：《郑成功在军事上的贡献》，载《南京大学学报》1962年第3期。
③ 钱海岳：《郑成功在军事上的贡献》，载《南京大学学报》1962年第3期。
④ （清）江日升：《台湾外纪》卷十一、卷二十七、卷二十八，江苏广陵古籍刻印社《笔记小说大观》本。
⑤ （清）徐鼒：《小腆纪年附考》，中华书局1957年版。

朱成功即郑成功,此"大烦船"与《台湾外纪》"大烦船"同。因此,释"烦"为"船",大谬不然。或曰:"舺"即"烦"、"舺船"即"烦船"可乎?从《字汇补》"八舺船"而论,似可通。又《清史稿·兵志六》记有"外海战船名号凡十类",其中之一为"平底舺船"①,此处以"烦"通之,亦无不可。然而,《郑成功档案史料选辑》记顺治十六年事云:"沙船、水底舺百十余只,起帆前来。"其中之"舺"单用,若以"烦"释之,显然扞格不通。所以,"舺"为"船名",非"炮"也。

值得注意的是,《大汉和辞典》《广汉和辞典》《学研汉和大字典》《日本国语大辞典》均收有"烦"字,其义为"大砲",与拙论相合。可是,他们都在"烦"字下特别标明为"国字",谓日本所造。②此又大谬不然矣。

《学研汉和大字典》认为"烦"是形声字,本义乃"砲声"。但这不足以证明"烦"是日本字。我国吴方言、赣方言、闽南方言都有"gòng的一声炮响"的说法。正因为此,拟声之词,重在声音,其字形可有不同的书写形式。"烦"也可写作"贡"。比如"铜发烦",同是明代典籍,《武备志》《火龙经》《兵录》皆为"烦",而《三才图会》《筹海图编》③则为"贡"。又如"赛烦铳",《兵录》为"烦",而《纪效新书》则为"贡""发烦"为"发贡"。而且,《普通话闽南方言词典》④就有"烦"字,读gòng(《汉语大字典》注音gōng,非),谓"旧式铁砲"。该词典还告诉我们,在闽南话中,"大砲"又叫"大烦",指口径大的炮。而"炮弹"也叫"烦子"可"大烦子"。再从日方辞书所举用例来看,其"烦"字出现远在我国之后。《大汉和辞典》《广汉和辞典》引有杉田成卿"烦碫用法"和大冢庵"烦砲射掷表"等语;《日本国语大辞典》则援用明治四二年"海军工厂条例"第六条中"砲烦部掌管有关砲烦企业"之句。据平凡社《日本人名大事典》和三省堂《コンサイス人名辞典》介绍,首例中的杉田成卿(1817—1859)是德川末期的"兰学

① 赵尔巽:《清史稿》,中华书局1986年版。

② 诸桥辙次等:《大汉和辞典》(1968年版)、《广汉和辞典》(1982年版),大修馆书店。藤堂明保:《学研汉和大字典》,学习研究社1978年版。《日本国语大辞典》,小学馆1974年版。

③ (明)焦玉:《火龙径》。(明)郑若曾:《筹海图编》。

④ [日]前田勉:《近世日本对中国兵家思想的受容与变容》(见周一良、中西进主编《中日文化交流史大系》"思想卷")刘萍译,浙江人民出版社1996年版。

医"，为杉田玄白后代，是汉学家，也是翻译家。曾在铁砲洲别墅专门从事砲术书的翻译，著有《砲术训蒙》一书。可以断言，像戚继光《纪效新书》、茅元仪《武备志》这样的兵家名著，杉田不会没有研究。据考证，戚继光的兵家思想对近世日本兵学影响巨大。长沼澹斋《兵要录》（1666年左右完成），"多处援引戚继光的《纪效新书》《练兵实纪》"，特别言及"海战无长策"，"唯所重者，在于弓弩、火炮"。而《武备志》二百四十卷1621年出，日本宽文四年（1664）即有和刻本。徂徕《钤录》选录了《武备志》中的"福船"图，"提出引进大炮技术"的主张，而"人们普遍认为，此为后来杉田玄白的'兰学'提供了契机。"①因此，"烦"字形义由中国而传入日本自然是情理之中，它正体现了日本对中国兵家思想的受容。况且，"烦"在日语中是音读，而音读汉字词一般来自汉语。拿《大汉和》所引"烦炮"一词来说，现藏于我国八达岭特区的一尊制于崇祯元年（1628）的"铜发烦神炮"，其炮身68字铭文中就有"头号节裹铜发烦炮一位"等语，"烦炮"二字赫然。②也许有人会问：郑成功不是向日本引进过"铜烦"吗？是的，《台湾外纪》至少有三处言及郑"上通日本，制造铜烦、倭刀、盔甲，并铸永历钱"，"富国""以资兵用"等事。③然而"铜烦"之语源乎"铜发烦"，不是显而易见么？其实，在"烦"字的"国籍"问题上，角川书店版《大字源》则处理得较为客观而明智，它非但没有把"烦"字列入"国字"，相反，还引用《武备志》中的"铜发烦"语以示源。

总之，"烦"非"船名"，为"旧式铁砲"之谓。

① ［日］前田勉：《近世日本对中国兵家思想的受容与变容》（见周一良、中西进主编《中日文化交流史大系》"思想卷"）刘萍译，浙江人民出版社1996年版。
② 见《中国古代兵器图集》"明代火器"，解放军出版社1990年版。
③ （清）江日升：《台湾外纪》卷六、卷十三、卷十六，江苏广陵古籍刻印社《笔记小说大观》本。

# 中日汉字词辨考<sup>*</sup>

日语词汇是由"和语""汉语""外来语"和"混合语"四部分构成。"和语"是指日语中固有的词汇，一般是训读；"汉语"是指从中国借入的古汉语词汇以及日本人利用汉字自创的词汇，大多是音读；"外来语"是指从外国语主要是西方各国语言中引进的词汇，基本用片假名书写；"混合语"顾名思义就是指由前述二种或三种词汇混合构成的词汇。从中日词汇研究以及辞书编纂等角度而论，对日语中的"汉语"汉字词进行源流辨考有着特殊的价值和意义。以下所论，意在说明日本汉字词其词形词义与我国古汉语词汇有着不可分割的联系，即便是日人之所谓"和制汉语"，其语素义也与古汉语字义密不可分；只是因为这种联系或隐或显、错综复杂，故在中日学界都存有不同程度的失误。具体说来，这种失误主要表现在三个方面：一是本为我国古代既有之词，却误以为是"和制汉语"，结果是源流倒置（如"遊女""风邪"）；二是日人在古汉语的基础上稍作变通，从词形上来说是属于"和制汉语"，但词义没变或变化不大，不明于此其结果则是误源谬释（如"老若""看板"）；三是的确为日人创制但对构词语素的理解和使用却又多种多样甚至扑朔迷离，因此在对语素义的把握方面也会造成误解（如"放埒""调制""勾配"）。不妥之处，敬请指正。

## 遊女

"遊女"在日语中音读yuzyo，义同"遊君""女郎"，指歌妓或妓女。《日语汉和辞典》认为"遊女"这一词形是汉语中没有的，属"和制汉语"。<sup>①</sup>诸桥辙次《大汉和辞典》"遊女"一词下也仅列举了三个日本

---

\* 本文原载《杭州师范学院学报》2001年第2期。

① 赤塚忠、阿部吉雄编著：《日语汉和辞典》，世界图书出版公司1997年原版引进，原名《旺文社汉和中辞典》。

的文献用例。《和名类聚抄·人伦部·男女类》："遊女，杨氏汉语抄云，遊行女儿，和名宇加礼女，又云，阿曾比，一云，昼遊行谓之遊女，待夜而发其淫者，谓之夜发。"《东鉴》十："建久元年十月十八日，于桥本驿，遊女等群参，有繁多赠物。"《色道大鉴》序："我朝弘仁之御宇，海内人安，黎民时雍，遊女并见，尔来相续不断，逮于元龟天正之间渐盛。称遊女号倾城，盖哲妇倾城之谓也，都下竞而耽之，终成习俗也。"《和名类聚抄》是承平年间（931—938）编写的汉和辞典，其间记录了大量的汉语语汇，表现了汉语对日语的影响。由该辞书可知，"遊女"和名叫做宇加礼女（うかれめ）或阿曾比（あそび），所指一为出遊之女，一为"待夜而发其淫"之"夜发"，即妓女之谓也。可以说《和名类聚抄》记载的这两个义项正是我国古时"遊女"之真貌。小学馆《日本国语大辞典》"遊女"一词所列义项有三：一为出游之女，举《诗经·周南·汉广》中的"汉有游女，不可求思"为证；二为歌妓、妓女，例证所及《日本纪略》长保二年三月二十六日和《左经记》宽仁元年九月二四日之所记事；三为特指江户时的官妓或私妓，《正宝事录·七·庆安元年二月二十八》《浮世草子·好色一代男》之"遊女"是其证。由此可见，该词自弘仁（810—823）、长保（999—1004）、宽仁（1017—1021）、建久（1190—1203）、元龟（1570—1572）、天正（1573—1591）以下乃至江户时期（1603—1868），日本历代历朝皆相承为用。必须指出的是，《日本国语大辞典》在列举第二义项时，还引了唐代杜牧《长安杂题长句诗》为证："少年羁络青纹玉，遊女花簪紫蒂桃。"笔者以为这是颇有见地的，它不但比《大汉和辞典》高明，与我国《汉语大词典》相比，亦略胜一筹。《汉语大词典》"遊女"的第二义项为"妓女"，其引首例为明代陈继儒《〈楚江情〉序》："自《西游记》出，海内达官文士，冶儿遊女以至京都戚里、旗亭邮驿之间，往往抄写传诵。"这显然太迟了。其实，我国唐诗中称"歌妓"或"妓女"为"遊女"者不在少数。孟郊《相和歌辞杂怨三首》："夭桃花清晨，遊女红粉新。夭桃花薄暮，遊女红粉故。"张说《同赵侍御乾湖同作》："乍见灵妃含笑往，复闻遊女怨歌来。"又，不仅唐人诗歌，史籍书传中"遊女"之词亦非鲜见。李延寿《北史》卷94列传第88记高丽"风俗尚淫，不以为愧，俗多遊女，夫无常人，夜则男女群聚而戏，无有贵贱之节"。《隋书》卷81列传第46言及高丽风俗亦有相似记载："夫人淫奔，俗多遊女。"由此可见，我国唐代前后，"遊女"一词的确是指轻薄女子。日本所谓"和制汉语"的"遊女"，实际上是唐土借用而已。应该承认，日本用我国"遊"之"冶遊"义也的确是造了些和式汉字词。郭沫若《喀尔美萝姑娘》："她说她年青的时候住家和'遊廊'相近，娼家唱的歌她大抵都记得。""遊廊"，郭沫若自注："日本的娼楼。"便是一例。

## 风邪

清代吴谦等《医宗金鉴·外科心法要诀·股部》"寒热往来不焮红"注："初觉寒热往来，如同感冒风邪。"俞忠鑫师认为："感冒风邪是动宾词组，中国和日本各取其半。中国叫感冒，日本称风邪，前者是歇后，后者为藏头。"[1]《当代港台用语辞典》谓台湾当今犹有称"感冒"为"风邪"者，以为源出日语。[2]认为"风邪"源自日语，那当然只是着眼于当代而不见本源。《后汉书·皇后纪上·明德马皇后》："帝尝幸苑囿离宫，后辄以风邪露雾为戒。"《大汉和辞典》举此孤例认为此中"风邪"乃"感冒"之谓。这到底有些牵强，大概仅是为了证明日本"风邪"之语源吧。同样是这个用例，《汉语大词典》则认为"风邪"为"六淫"之一，谓受外邪而感得风寒、风热、风湿等症。六淫者，风、寒、暑、湿、燥、火是也。风为百病之长，六淫之首，故谓之风邪。《素问·风论》："风之伤人，或为寒热，或为热中，或为寒中，或为病中，或为偏枯，或为风业，其病各异，其名不同。"可见，"风""风邪"是致病之由；作为疾名，所指为何？《汉语大词典》没有说。它在首举前揭《后汉书》词例后举了以下二例：（一）《红楼梦》第83回："着了点风邪，不大要紧，疏散疏散就好了。"（二）郭沫若《落叶》："哥哥，你倒要应该保重，不要再受风邪才好。""着风邪"和"受风邪"是什么意思呢？其实就是"感冒"。《仁斋直指方·诸风》（1264）："治感冒风邪，发热头痛，咳嗽声重，涕唾稠粘。"其中"感冒"当然是动词，义为"感受"；也许这就是"感冒风邪"的最早出处。《汉语大词典》举《初刻拍案惊奇》卷12用语为首例证明"感冒"的"感受"义，太迟了。朱震亨（1281—1358）为金元四大医家之一，其著《丹溪心法·中寒附录》有言："初有感冒等轻症，不可便误作伤寒妄治。"这大概又是"感冒"作为病名的最早用例。《汉语大词典》举《二十年目睹之怪现状》为首例，

---

① 俞忠鑫：《常语寻源》，《语文建设》1997年第3期。
② 朱广祁：《当代港台用语辞典》，上海辞书出版社1994年版。

证明"感冒"指称"一种传染病",也太迟了。实际上,早在宋代,"感冒风邪"就有"感风"之称。陈鹄《耆旧续闻》卷十所载"感风簿"的典故足以证之。[1]可见,日本"风邪"之称,的确源自汉语;俞忠鑫师所论极是,只是未曾溯源。笔者以为,"感冒"日语训读kaze,汉字表记可写作"风",这大概是承《黄帝内经》"风为百病之长"而用之;谓之"风邪",则大概是伴随"感冒风邪"之类语境而出现。丹波康赖《医心方》(984)中"风""风邪"屡有所见,只是表"感冒"之义尚不明显;而据《日本国语大辞典》可知,"风邪"又音读huzya,《日葡辞书》(1603)、《净瑠璃·源平布引泷》(1749)、人情本《春色梅儿誉美》(1832前后)等文献中的"风邪"则均用作"感冒"疾名。如果仔细琢磨一下《汉语大词典》"风邪"用例,我们又发现郭沫若《落叶》中的"风邪"诚为日本用法;他创作于同年(1925)也同样是以日本生活为背景的小说《喀尔美萝姑娘》也用到"风邪":"我问她:'你得了病么?是受了风邪吗?'——'唉,不是。是瘰疬。在大学病院行了手术。'"

## 老若

"若"字在日语中音读zyaku,训读wakai,大都表示年轻之义。如若者、若手、若妻、若辈、若草、若旦那,等等。《大汉和辞典》《日语汉和辞典》以为"若"的这种用法是日人独创,属于"国训"。《孟子·梁惠王下》:"君之民老弱转乎沟壑,壮者散而之四方,几千人矣。""老弱",杨伯峻先生《孟子译注》译为"年老体弱",[2]而《汉语大词典》则释作"年老与年轻的人"。"弱"到底是"弱小"还是"年轻"?《日本国语大辞典》释"老弱"为老人和孩子,首例为空海《性灵集·五·与福州观察使入京启》:"老弱连袂,颂德溢路。"可以推断,该词至迟在唐时已传入日本;而《太平记·二八·慧凉禅苑南方合体事》(1374前后)载"丁壮は军旅に苦しみ、老弱は转漕に罢る",其义承《孟子》用法显而易见。实际上,"若""弱"音同义通,唐宋时期常见。《敦煌变

---

① 在宋代,"感风"也叫"伤风",《五灯会元·雪峰存禅师法嗣·鼓山神晏国师》:"山门下不得咳嗽,时有僧咳嗽一声,师曰:'作什么?'曰:'伤风。'"在金元四大医家笔下,"伤风"作为疾名多有出现。刘守真(约1120—1200)《伤寒直格》卷中和《伤寒标本心法类萃》卷上都有论及,朱震亨《丹溪心法》卷一也有"治伤风头痛发热"诸方;不过,当时所谓"伤风"多与"伤寒"并论,与今人所言不完全一样。

② 杨伯峻:《孟子译注》,中华书局1960年版,第47页。

文集·李陵变文》："小弱不诛，大必有患。"蒋礼鸿先生认为"'弱'是'若'的假借字"，并引苏联科学院亚洲人民研究所所藏《维摩碎金》为例，说明"'弱'假借作'若'，信而有征"。[1]不过，蒋先生这里所说的"弱"通"若"，是虚词的用法。《释名·释长幼》："二十曰弱，言柔弱也。"《左传·文公十二年》"赵有侧室曰穿，晋君之婿也，有宠而弱，不在军事"。杜预注："弱，年少也又未尝涉知军事。"故"弱龄"除指弱冠之年外，常泛指少年。南朝沈约《齐禅林寺尼净秀行状》："弱龄便神情峻彻，非常童稚之伍，行仁尚道，洗志法门，至年十岁，慈念弥笃。"日语"弱龄"盖承此而来。查《现代日汉大词典》，"弱龄"zyakurei又可写作"若龄"，"弱年"（zyakunen）又写作"若年"。[2]"弱"既指少年，当然就与"老"相对了。《集韵·马韵》："今人谓弱为若"，《中华大字典》据此以为"弱""若"相通，并以日文证之："按，日本文，幼弱字亦以若为之。"可惜，除《集韵》和《中华大字典》外，其他的任何一部汉语辞书似乎都不曾收录"若"的这个义项。杨伯峻先生前揭"老弱"之译乃大醇小疵，而《日语汉和辞典》和藤堂明保《学研汉和大字典》将"老若"（rozyaku）视为"和制汉语"，则未免失之武断。

## 看板

郭沫若《喀尔美萝姑娘》："咖啡店的主人为招揽生意计，大概要选择些好看的女子来做看板。"《汉语大词典》据此认为"看板"是"方言"，义为"招待服务"。同文："她是在一家糖食店做'看板娘'，坐在店头招致来客。"《汉语大词典》也据此认为"看板娘"是"方言"，指"商店的女服务员"。这当然是望文生义。《学研汉和大字典》和《日语汉和辞典》"看板"条下都明确标为"和制汉语"。旧《辞源》："日本语。谓商肆之招牌也。"《港台语词词典》："日语用汉字造的词。招牌。"[3]考汉语古籍，的确没有"看板"之词。《老学庵笔记》卷3载："元丰中，王荆公居半山，好观佛书，每以故金漆板书藏经名，遣人就蒋山寺取之。人士因有用金漆板代书帖于朋侪往来者。已而苦其露泄，遂有作两板相合，以片纸封其际者。久之，其制渐精，或又以缣囊盛而

---

① 蒋礼鸿：《敦煌变文字义通释》，上海古籍出版社1988年版，第396页。

② 宋文军等：《现代日汉大词典》，中国商务印书馆·日本小学馆1996年版。

③ 黄丽丽等：《港台语词词典》，黄山书社1997年版。

封之。南人谓之简版，北人谓之牌子。后又通谓之简版，或简牌。"简者，书简也。陆游所记之"简版"，盖主要是用于书信往来的。明代郎瑛《七修类稿·辩证八·简板水牌》"俗以长形薄板涂布油粉，谓之简板，以其易去错字而省纸，官府用之，名曰水牌"。其中的"简板"则与日本"看板"大致相同。《文明本节用集》（1474前后）、《日葡辞书》（1603）载有"简板"，皆本诸《老学庵笔记》。大致在江户时期，因日语"简""看"音读相同，加之这种"简板"主要用于"看"的，故易"简"为"看"；而"看板"用之于商店、剧场等，其"广告牌"之义显然。杭州学院路上有家小店，店头有一醒目广告展示其经营范围：广告、看板、道具。这里的"看板"就是指广告牌。《汉语大词典》所引郭文之"看板"是用其比喻义，谓年轻貌美的招牌女店员。《玉篇》女部："娘，女良切。少女之号。""看板"之后缀以"娘"字，"美人"之义显然。那么，"看板"一词的发明权属于日本还是中国？佐藤喜代治先生认为该词并非地地道道的"和制汉语"，而是据"简板"而来的汉语既有之词。[1]笔者赞同这种观点。

## 放埒

朱京伟先生《"和制汉语"的结构分析和语义分析》一文对"和制汉语"做了较为全面的分析与研究。其文论及"放埒"一词，云：

"放埒"，日语词义为"気ままに遊乐にふけること"。"埒"是生僻字，《淮南子·本经训》注云："埒，形也。""放埒"犹言"放形"，即放荡形骸之义。古汉语"放+N"结构的例词有：放怀、放迹、放浪、放意，等。由此可证，"放埒"的字义和结构基本上与古汉语相合。[2]

是的，"埒"在现代汉语中是个生僻字，而日语则据此创制了"不埒""埒内""埒外""放埒"等所谓的"和制汉语"。"放埒"也的确符合古汉语的字义和结构，不过它并不等于"放浪形骸"。《淮南子·本经训》："阴阳者，承天地之和，形万殊之礼，含气化物，以成埒类。"高诱注曰："埒，形也。"《汉语大字典》"埒"字条据"含气化物，以成埒类"释之为"涯际，界限"，《汉语大词典》"埒类"条亦引此例谓"埒类"为"种类、万物"。《说文·土部》："埒，卑垣也。"徐楷系

① 佐藤喜代治：《和制汉语の历史》，见《讲座日本语·语汇史》，明治书院1982年版，第89页。

② 朱京伟：《"和制汉语"的结构分析和语义分析》，《日语学习与研究》1999年第4期。

传："晋王济马坊，谓于外作短垣绕之也。"可见，"坊"本为矮墙。《字汇·支部》："放，逸也。"日语"放坊"音读horatu，本指马儿逸出栏栅成了脱缰的野马，喻指毫无约束、放荡不拘，其"坊"之义即缘于"卑垣"；《淮南子·本经训》中的"坊类"，高诱注"坊"为"形"，亦本乎"卑垣"，非形骸之谓。《日本国语大辞典》《学研汉和大字典》《日语汉和辞典》均持此观点。这是正确的。

### 调制

"调制"一词，旧《辞源》已收，言"日本语，谓调查而制作之"。梁启超《国会开会期与会计度开始期》："而各部大臣之调制概算书，必须在四月以前。"张裕昆《文学社武昌首义纪实·文学社与共进会之联合会议》："军事筹备员则调制武昌街道图，预定分布队伍及首事一切方略。"《汉语大词典》据以上用例将"调制"释为"调查编制"。"制"是"制作"还是"编制"呢？《汉语大词典》所举二例之"调制"对象分别是"概算书"和"街道图"，因此在这里释为"编制"是可以的。然而诸如日语"调制食品"，谓现成的副食品、熟食，这里的"制"显然不是"编制"。那么，"调"是"调查"吗？《现代日汉大词典》"调"（cho）字下列举了六个义项，认为"调制"的"调"不是"调查"而是"调制"；《日本国语大辞典》的"调"字下也罗列了七个义项，第六义项是"作る。こしらえる。ととのえる"。"作る、こしらえる"当然是制作的意思，而"ととのえる"则除此之外尚有"配制"或"准备"之义。正因为如此，"调制"的准确汉译应该如《新日汉词典》所释："承制、承做。"《日本国语大辞典》也正是如此解释："きまりなどに合うようにととのえてつくること。注文に合わせてこしらえること。"日本《国有财产法》三十六条第一款："每会计年度末における国有财产偿贷付状况报告书を调制し。"显而易见，章太炎的"调制概算书"与此例中的"调制""报告书"用法一致，这大概也就是旧《辞源》之立论所在吧。笔者以为：调，置办也。《汉书》卷七十六赵广汉传："至冬当出死，豫为调棺，给敛葬具。"颜师古注："调，办具之也。"这就是日语"调制"之"调"汉语来源，它不光是"制作"，更重要的是具有事先"预备"之义。

## 勾配

夏衍《上海屋檐下》第二幕："灶庇间向左，是上楼的扶梯，勾配很急。楼梯的边上的中间已经踏成圆角，最下的一两档已经用木板补过。"《汉语大词典》据此释"勾配"为"构造配合"，并且为"勾"的这一用法特立义项："犹构。参见'勾配'。""勾"果真等于"构"吗？《中华大字典》"勾"字条："日本以地面倾斜之度曰勾配。"《学研汉和大字典》《日语汉和辞典》"勾配"条下也特别注明为"和制汉语"。《现代日汉大词典》"勾配"（kobai）：倾斜（面），斜坡：坡度，梯度。《日本国语大辞典》解释为"水平面に对する倾きの度合"，也是这个意思。1603年《日葡辞书》收有该词，认为是"雨水が流れるように屋根につけてある倾斜。"笔者推测"勾配"最初大概是指那种为便于流水的屋顶斜沟的倾斜度，故《日葡辞书》作如斯释义。当然，后来如森鸥外、夏目漱石等都使用了该词，然多用于地面山坡。日人言及"勾配"又多谓之"缓"或"急"，夏衍言"扶梯""勾配很急"，似乎是受到日语的影响，其"勾配"为"斜度""梯度"之义显而易见。《汉语大词典》为"勾"字特立义项似乎没有必要，而释"勾配"为"构造配合"又有望文生义之嫌。《现代日汉大词典》"勾"（ko）字条下列有二义，其中之一为"倾斜"，例词就是"勾配"。这是十分正确的。王仁昫《刊谬补缺切韵·侯韵》："句，俗作勾。"《说文·句部》"句，曲也。"宋王禹偁《月波楼咏怀》："山形如八字，会合势相勾。"日语承此"勾"之义有所引申而已。

# 《汉语大词典》中"日语词"释义指瑕*

　　在鲁迅、郭沫若等留日作家笔下，曾经使用了大量的日语汉字词。这些汉字词有的已经成了现代汉语词汇的一部分，是一般意义上的"外来词"；有的则是一时的借用而已，并未真正进入现代汉语词汇系统，因而也就没有为普通辞书所收录，这种词我们姑且称为"日语词"。由于这些日语词有的是据汉语构词方式创制而成，有的是借汉语原词赋予新义，所以如果按照中国人的常规理解，往往容易产生偏差甚至错误。按《汉语大词典》（汉语大词典出版社，1986年至1993年版；以下简称《大词典》）的收词原则，这种日语这一般不予收入，然而笔者发现由于编者不明其源，误将日语当汉语，或随文释义，或望文生义，或日汉杂糅，为数不少。兹举以下八例试做说明。

　　**"看板"**（7—1182，指《大词典》第7册1182页，下仿此）

　　　　方言。指招待服务。郭沫若《塔·喀尔美萝姑娘》："咖啡店的主人为招揽生意计，大概要选择些好看的女子来做看板。"

　　**"看板娘"**（7—1182）

　　　　方言。指商店的女服务员。郭沫若《塔·喀尔美萝姑娘》："她是在一家糖食店做'看板娘'，坐在店头招致来客。"

　　"看板"和"看板娘"是方言吗？查了许多方言词典都没有结果。记得山东教育出版社出版过一本《方言小词典》（1987），其中收有"万年笔"一词，举曹禺《蜕变》用语为例。其实"看板""看板娘""万

---

* 本文原载《词库建设通讯》（中国香港）2000年总第22期。

年笔"都是日语词,而不是什么方言。试查小学馆《日本大百科全书》(1984),其"看板"(kanban)一条图文并茂,对日本、中国、西欧之"看板"文化做了详尽介绍。原来日本称"招牌""广告牌"为"看板"。而查查日汉词典、日本国语辞典一类辞书,"看板"为"招牌"或"广告牌"之义显然毋庸置疑。黄山书社《港台语词词典》(黄丽丽等编,1997)亦收有"看板"一词,谓"日语用汉字造的词",指"招牌",并举有康道乐《失业》一文中的例证:"擦得金亮亮的铜看板,上面浮现着几行漆黑的文字'肥料商信昌行'显得冰冷,时常射出耀眼刺目的反射。"联系郭沫若1925年以日本生活为背景创作的小说《塔·喀尔美萝姑娘》以及"看板"用例,"看板"用之于比喻,指年青貌美的招牌女店员甚明。《大词典》释为"招待服务",完全是不明其源的"随文释义"。况且日本据"看板"之义又创造了"看板娘"一词。《玉篇》女部:"娘,女良切。少女之号。""娘"在日语中多指姑娘、少女。《现代日汉大词典》(中国商务印书馆、日本小学馆,1996)"看板娘"(kanbanmusume)云:"(吸引顾客的)美貌女店员,招牌女店员。"细读郭沫若《塔·喀尔美萝姑娘》全文,不难发现文中的"看板""看板娘"表示的意义是一样的,其言外之意也十分清楚。这里我们不妨将《大词典》所引书证的前后文及有关背景做更为完整的引述:

> "她是在替一家糖食店做'看板娘',坐在店头招致来客。有这样的父亲肯把自己的女儿来做这样的勾当吗?这不等于卖身吗?"
>
> "她又在那儿替人做招牌了!仍然是糖食店,店前安置着两个球⋯⋯。"
>
> "咖啡店的主人为招揽生意计,大概要选些好看的女子来做看板,入时的装束,白色的爱布笼,玉手殷勤,替客人献酒。这是一种新式的卖笑生活⋯⋯。"

**"控所"**(6—714)

> 看守所。黄中黄《孙逸仙》第四章:"越数日而审问,审问处在狱门傍⋯⋯词既毕,又如式送至看守长之控所。"

《大词典》之所以认为"控所"是"看守所",大概是因为"审问之处在狱门傍",又"送至看守长"处,所以顾名思义,"控所"就是被控制了的地方,换言之即"看守所"了。其实"控"在日语中除"控制"义外还有"等候""准备"之义。《现代日汉大词典》hikaejo:"控所,等候的地方,休息处。"郭沫若《三叶集》:"我又走往控室去看时,呀!死刑宣告书来了!"句中的"控室"与"控所"义近,指"候客室"。查《中华大字典》(中华书局,1915)"控"字,收有"控所"一词,云:"日本语,休憩处也。"所释甚是。

## "乱暴"(1—803)

　　粗鲁混乱。郭沫若《落叶·第三二信》:"我的信总是无礼乱暴的,我真是不好,请你容恕我罢。"

　　《大词典》释"暴"为"粗鲁"是对的,谓"乱"为"混乱",大概是因为此为郭沫若信中用词,该是"语无伦次"了。其实,在日语中,"乱暴"之"乱"是"胡乱"之"乱",与"暴"义近,多用于人的品格或对人的态度,与日语"丁宁"相对。《现代日汉大词典》"乱暴(ranbo)"义项有三:①粗暴、粗鲁、粗野;②蛮横、蛮不讲理;③胡乱、胡来、动手打人。在分析第一义项时,该词典所举之例甚多,其中有两例对我们颇有启发,一是用之于语言,"乱暴"是粗鲁,二是用之于书写文字,"乱暴"是字迹潦草。我们知道,《落叶》是郭沫若1925年写的书信体中篇小说,是以日本生活为背景的,"乱暴"一词用之于自己所写的信件,并与"无礼"连用,盖"粗鲁""潦草"兼而有之,绝非"混乱"之无条理也。

　　又,鲁迅《杂文·爱罗先珂华希里君》(《鲁迅译文集》卷十)也有"乱暴"之例:"于是围住了因为过于恐怖而哭喊的他,践踏,踢,殴打之后,不但乱暴到捉着手脚,拖下楼梯……"句中"乱暴"表示"粗鲁""蛮横"之义显然。

## "调印"(11—299)

　　调换印信。借指换文。蔡锷《致上海各报馆电》:"此系双方调印有效条约,滇军索饷,自属正当行为。"

　　《大词典》认为"调"读diào，调换。"印"指"印信"。何谓"印信"？《大词典》释为"公私印章的总称"。查上海天马书店《外来语词典》（1936），收有"调印"一词，谓"由日本而来，即订约签字之意"。又查有关日语辞书，没有不收"调印"的。小学馆《日本国语大辞典》（1975），"调印（choin）"词下列有二义，一是"捺印""押印"，二是在条约合同等文件上签字、盖章。《大汉和辞典》（1986年修订版）收有第一义项。《广汉和辞典》（1982）、《新编日汉辞典》（辽宁人民出版社1997年增订本）等则收录第二义项。而陈涛主编的《日汉大辞典》（机械工业出版社，1991）尤特别注明这是法律用语；赤塚忠等《日语汉和辞典》（世界图书出版公司，1997）则于"调印"词下标以"国"字，言其为和制汉语。细察蔡锷电文中"调印"用语，"签署"之义甚明。释为"调换印信"，实有望文生义之嫌。

　　又考"调印"中"调"之本义，《现代日汉大词典》释为"调整""调训"（见"调cho"字条），恐为不妥。颇疑其"调"字乃日语"名乘"（nanori）（人名训读）"tuki"的借用。《广汉和辞典》"调"字"名乘"下举有"调川"（tukinokawa）"调月"（tukizuki）"调殿"（tukidono）等"难训"用例。tuki常为"付"之训读，有附着、胶附之义，"调印"之"调"据此有所引申而已。

## "讲谈"（11—368）

　　《大词典》认为"讲谈"就是"讲说谈论"之意，举赞宁和徐念慈用语例，这是对的。然第三例鲁迅《集外集拾遗·哈谟生的几句话》："通俗的讲谈和真的思索之间，放一点小小的区别，岂不好么？"其中的"讲谈"当别为一类，并非一般意义上的讲讲谈谈。鲁迅《集外集拾遗·〈浮士德与城〉后记》中也用"讲谈"："他最先的印本是哲学底讲谈。他是著作极多的作家。"据小学馆《日本大百科全书》介绍，"讲谈（kodan）"是日本的一种传统艺能，大致相当于我国传统的"说书""讲故事"一类的娱乐艺术。古时一般称"讲释"，明治之后则多称"讲谈"，其说书先生就叫"讲释师"或"讲谈师"。"讲谈"的内容大多是与佛教、神道、古典、《太平记》有关，今人关根默庵《讲谈落语考》（雄山阁出版，1967）、佐野孝撰有《讲谈五百年》（鹤书房，1943）。日本著名的出版社"讲谈社"，创建于1909年，创日本雄弁会，发行"雄弁"杂志，后创刊的"讲谈俱乐部"与讲谈社并称，其"讲谈"之义显然与"娱乐""有趣"有关。查《现代日汉大词典》和《新日汉辞典》，都收有"讲释""讲谈""讲释师""讲谈师"等词，"讲谈"就是"说评书""讲故事"。这正是鲁迅"通俗的讲谈"或"哲学底讲谈"的用意所在。

### "意味"（7—640）

《大词典》释"意味"为意境、趣味，并举有四条书证。其中《敦煌变文集》《复丘长孺书》《儿女英雄传》等三例与释义相合。而鲁迅《集外集·文艺与政治的歧途》一文的"直到没有钱，一个钱都有它的意味"用例中的"意味"，该当别论。鲁迅《〈呐喊〉自序》有言："所谓回忆者，虽说可以使人欢欣，有时也不免使人寂寞，使精神的丝缕还牵着已逝的寂寞的时光，又有什么意味呢，而我偏苦于不能全忘却，这不能全忘的部分，到现在便成了《呐喊》的来由。"琢磨鲁迅之"意味"，的确不能释之为"意境"或"趣味"。王力先生《汉语史稿》（中华书局，1980）下册第四章"词汇的发展"谈及"日本译名"时举有"意味"一例，认为"意味"在汉语中本来是"乐趣""意趣"，日本又用之于对译英语的signify或mean，于是就产生了一个新义项。这正是鲁迅用例中"意味"所本：意义、价值。"意味"日语训为yimi。

### "车掌"（9—1193）

旧称电车司机。鲁迅《南腔北调集·上海的少女》："如果一身旧衣服，公共电车的车掌会不照你的话停车。"郭沫若《塔·喀尔美萝姑娘》："车掌搓着我下了车，我立着看那比我力量更大的电车把我的爱人夺去。"自注："日本称电车司机为'车掌'。"

郭沫若《喀尔美萝姑娘》一文有大量日语词，如"荷车""寝台""青味""野球"等，其中如"雨户""游廊""丸髻""车掌"等作者有自注。查核原文，作者的确是说："日本称电车司机为'车掌'"。但遍查日本国语辞典或我国的日汉辞典，"车掌"（shajo）都一般释作乘务员、列车员、（随车）售票员。《港台语词词典》也收有该词，谓："日语用汉字造的词，意为公交车辆的售票员"，并举有六条书证。《当代港台用语辞典》（宋广祁编著，上海辞书出版社，1997）"车掌"词条下也明显标示该词源出日语，其义有二，皆承日语用法。说是中国"旧称"，《辞源》《辞海》《中文大辞典》均未见有该词收录。而"车掌"作为日本的一个常用词，表义十分明显。笔者以为郭注大概有误，《大词典》据此传讹矣。

顺便提及郭沫若在该文中用了"土股"一词："园在海中的一个土股上"。"土股"即半岛，《大汉和辞典》收入，《大词典》不载。周振鹤先生《〈遐迩贯珍〉中的一些过渡性的地理学术语》（载《词库建设通讯》总第19期）有论考。另外郭文中还出现有"息安酸"一词，笔者寡闻，诚不敢妄论其为何物也。

# 《参天台五台山记》与中日汉字词研究[*]

　　《参天台五台山记》（以下简称《参记》），又称《善惠大师赐紫成寻记》，是日本旅宋僧成寻用汉语撰写的一部巡礼日记，记载了他在熙宁五年（1072）三月至熙宁六年（1073）六月间，到中国求法游历过程中的所见所闻，内容涉及宋代社会生活的方方面面，是了解和研究宋史极其珍贵的第一手资料，同时也是研究宋代中日语言接触的宝贵材料。因此，在学术界受到高度评价，与圆仁《入唐求法巡礼行记》齐名，被誉为日本僧侣中国旅行日记之双璧。

　　作为日本旅宋僧人撰写的历史文献，其词汇构成颇为复杂，其中既有继承唐宋以前的古汉语词汇，亦有唐宋时期出现的新词新义；又由于潜意识受母语影响，文中不时出现日本式新词新义，即和制汉字词、和训汉字词。此外，由于成寻汉语水平的局限，有时为了表达某种概念，他甚至还可能生造了一些词汇。对《参记》词汇进行全面的调查整理，对理解文意以及探讨中日两国间汉字词汇的传承变异关系，有着十分重要的意义。

　　本文全面调查《参记》中的汉字词汇，以《汉语大词典》（以下简称《大词典》）和《日本国语大辞典》（以下简称《日国》）为参照，结合历史文献，择要举例对《参记》汉字词汇，进行中日比较的初步分析与历时考察，以推动域外汉籍与中日汉字词比较研究的深入展开。

## 一　汉语新词

　　与圆仁等入华僧人相比，成寻的汉语水平相对较差，因而在记录的过程中就会尽可能地使用日常接触或听到的汉语词汇，所以《参记》中就保留了当时出现的许多新词，这是十分宝贵的宋代语料，试将与《大词典》比照，可以对《大词典》进行查漏补缺。

　　* 本文原载《中国语学研究·开篇》（第29卷）［日本］，好文出版株式会社2010年版。

### （一）祈乞

1. 每日念圣观音咒一万遍，风天真言一万遍，祈乞海安。（卷一，熙宁五年三月十六日）

2. 从此向北，经数里，到开宝寺，次中门额名敕寿禅院，塔额名感慈塔，入塔烧香礼拜，先奉祈圣主，次祈乞心愿泗州大师真身塔，入奥处也，庄严非眼所及。（卷四，熙宁五年十月廿四日）

3. 虽似之言，颇以有思，依之弥祈乞雨。其后有雨气，虽小雨下，风频吹，不快也。（卷七，熙宁六年三月四日）

按：祈乞，《大词典》未收，为唐宋语词，有"祈祷，乞求"之义。《元氏长庆集》卷59："神又何情受人祈乞"。《云笈七签》卷117："一家闻之，俱为嗟痛。其妻子就东明大殿上焚香祈乞，续买净土五千车填送。所穿坑处设斋告谢，求赐宽赦。"同卷122："又每岁三月三日，市之辰远近之人祈乞嗣息，必于井中探，得石者为男，瓦砾为女。古今之所效验焉。"

### （二）申乞

1. 午时，府使到来，随申乞安下寺，可下府宣者。（卷一，熙宁五年四月廿七日）

2. 最初，申乞令作茅青龙八座，长一尺，以纸卷茅画之，头面好作画，依之所奏也。（卷七，熙宁六年三月七日）

3. 答云："至于新经文字者，一贯先了。至于师号者，非所申乞，只朝恩所致，何与钱乎？"（卷七，熙宁六年三月廿三日）

4. 客省宣惑来，与朝辞文：客省据日本国僧成寻等状，欲乞于四月初二日朝辞，赴台州国清寺，申乞指挥者。（卷八，熙宁六年四月一日）

按：申乞，《大词典》未收，宋代习见，有"申请、乞求得到"之义。《范文正公集补遗》："奏乞许农民作保申乞，先请价钱，限一月内入纳。"《晦庵先生朱文公文集》卷14："全州守臣韩邈所申乞减添差员数，可见一端。"《止斋先生文集》卷25："右某再具奏，申乞守本官致仕。"

### （三）茶器

1.先入敕罗汉院，十六罗汉等身木像、五百罗汉三尺像，每前有茶器。（卷一，熙宁五年五月十三日）

2.午时，文慧大师随身银茶器、银花盘来向，诸僧皆吃茶，最可云殷勤人也。（卷四，熙宁五年十月廿日）

按：茶器，《大词典》未收，唐宋习见，谓茶碗等喝茶所用的器具。《白氏长庆集》卷63《睡后茶兴忆杨同州》："此处置绳床，傍边洗茶器。"《唐甫里先生文集》卷10："蒲团为拂浮埃散，茶器空怀碧饽香。"《朱庆馀诗集·凤翔西池与贾岛纳凉》："拂石安茶器，移床选树阴。"

### （四）廨院

1.山以赤岩叠。过一里，入州城朝京门，至国清寺廨院，有元表白从国清寺来会。（卷一，熙宁五年五月廿七日）

2.巳时，寺主相共参向天台县官人许，于国清廨院点茶。（卷一，熙宁五年五月廿日）

3.退还出，还廨院，见普照明觉禅师影像，又见右行廊行康行者影，真身以漆涂彩色，作定印端坐入灭形也。（卷一，熙宁五年五月廿日）

按：廨院，《大词典》未收，为唐宋时禅寺专名，指禅林中办理会计或待人接物的地方。《故唐律疏议》卷8："其廨院或垣或篱，辄越过者，各杖七十。"同卷27："诸于官府廨院及仓库内失火者徒二年。"《景德传灯录》卷19："师闻乃趋装而迈初上雪峰廨院憩锡。"同卷23："师有师叔，在廨院患甚。"

### （五）流教

1.花水已来，将归天台。景德国清寺是智者流教之地。三贤垂迹之处。（卷七，熙宁六年三月廿三日）

2.本寺是智者流教道场之地，欲要就看经一百日了毕。（卷二，熙宁五年六月七日）

3.本寺是智者大师流教道场，就此读诵莲经，答还宿愿。"（卷

二，熙宁五年六月九日）

　　按：流教，《大词典》未收，唐宋习见，即传教，流布教义。《意林》卷5："矜赏若春，重罚若秋，行礼若火，流教若水。"《广弘明集》卷6："自释氏流教，其来有源。"《资治通鉴》卷34："岂有肯加恻隐于细民，助陛下流教化者邪？"

## （六）艮风

　　1.午时，天晴，少有乾风，船人骚动，祈神卜之，艮风出来。（卷一，熙宁五年三月廿一日）
　　2.艮风大吹，唐人为悦，中心思之，万遍咒力也。（卷一，熙宁五年三月廿二日）
　　3.艮风大吹，波浪高扇。（卷一，熙宁五年三月廿三日）

　　按：《易·说卦》："艮，东北之卦也。"艮风，即东北风，《大词典》未收该此，汉籍早见。《春秋正义》卷22："乾风不周，坎风广莫，艮风调，震风明庶。"《通志》卷182："须臾，果有艮风。"

## （七）茶药

　　1.申时，出寺，大小教主送大门前，有茶药。（卷一，熙宁五年四月廿九日）
　　2.令见杭州公移，以通事陈咏通言语，大守点茶药。（卷一，熙宁五年五月廿日）
　　3.同二点，参少卿房，以珍果、茶药、补桃酒馂。（卷四，熙宁五年十月廿九日）
　　4.与使二人钱各二百文毕，令吃茶药毕。（卷六，熙宁六年一月十日）

　　按：茶药，《大词典》未收，即茶之谓，唐时习见。《唐陆宣公翰苑集》卷19："继以茶药之馈，益以蔬酱之资。"《白氏长庆集》卷68："茶药赠多因病久，衣裳寄早及寒初。"《三朝名臣言行录》卷11："遣中使至永州赐茶药。"

## （八）别纸

1. 龙华宝乘寺金刚经会请书到来，而依雨，不行向。廿三、四、五，三个日斋，每日二十人云云。会主请书在别纸。（卷一，熙宁五年四月廿四日）

2. 教主咸阇梨将向房，点茶，法门问答在别纸。（卷二，熙宁五年七月廿九日）

3. 写取文惠大师书别纸，告云："土僧视真已是梦中梦，更观身外身了。"（卷六，熙宁六年一月廿九日）

4. 达摩来朝年纪相违，在第五奥，别纸抄取了。（卷七，熙宁六年三月廿二日）

按：别纸，《大词典》未收，即另一张纸、别的纸，又指书仪的一种，唐宋习见。《白氏长庆集》卷60："和晨兴一章录在别纸，语尽于此，亦不修书。"《欧阳文忠公文集书简》卷6："老年衰病，常理，不足怪也。余在别纸。"《资治通鉴》卷163："王绎遣使以书止之曰：蜀人勇悍，易动难安，弟可镇之。吾自当灭贼。又别纸云。"

## （九）夏衫

三藏献紫夏衫，成寻得绫汗衫，皆曳手布。（卷八，熙宁六年四月六日）

按：夏衫，《大词典》未收，即夏天衣服，唐宋习见。鲍溶《采莲曲》："夏衫短袖交斜红，艳歌笑斗新芙蓉。"《周元公集》卷2："遂州平纹纱轻细者，染得好皂者，告买一疋自要作夏衫。"

## （十）金罗

准祇候库赐到下项对见分物：金罗紫衣一副三件，金罗褐僧衣七副各三件，白绢定一百六十疋。（卷四，熙宁五年十月廿二日）

按：金罗，《大词典》未收，即掺杂着金丝编成的绸缎，唐宋习见。《云笈七签》卷20："金罗碧裙，腰带天骨，首戴华冠，赐某隐书，得行天关。"《丹渊集》卷40："暨登于朝，取宠自国，轴瑂囊锦，金罗五色。"

## 二　汉语新义

《参记》中有一部分《大词典》已收的语义新词，但比《大词典》所举首例时间早，在《参记》同时代或更早的我国文献中亦可发现它们的踪迹。我们可以把它看作《参记》中记录的汉语新义。

### （一）便宜

1. 诸僧共见，来日可渡十方教院，最可云便宜处。（卷一，熙宁五年五月十六日）

2. 依井便宜，诸人皆沐浴，使臣洗濯，因之逗留。（卷五，熙宁五年十一月廿三日）

3. 有便宜宿所之，道士店无宿。（卷五，熙宁五年十二月廿五日）

按：《大词典》"便（biàn）宜"义项有：①谓斟酌事宜，不拘陈规，自行决断处理，亦指便宜行事之权；②指有利国家，合乎时宜之事；③方便；顺当。第三义项首引《红楼梦》第42回："你这会子闲着，把送老老的东西打点了，他明儿一早就好走的便宜了。"《参记》即此用法。又见《唐陆宣公翰苑集》卷2："但为其立法劝谕不得收管，仍各委本道观察使逐便宜处置，闻奏敦本厚生必资播殖。"

### （二）盘缠

1. 参少卿衔，见转运使牒，钱二百贯可充日本僧上京盘缠，沿路州军镇厚致劳问旨也。"（卷二，熙宁五年闰七月廿三日）

2. 成寻等八人并通事客人陈咏，令台州选差使臣一名，优与盘缠，暂引伴赴阙。（卷三，熙宁五年八月一日）

3. 先支官钱二百贯文，应副成寻等一行人，赴发及沿路盘缠使用。（卷三，熙宁五年八月一日）

按：《大词典》"盘缠"义项有：①费用，特指旅途费用；②花费，亦指供养；③指钱币。"旅途费用"项首例为元代高文秀《黑旋风》第三折："俺娘与了我一贯钞，着我路上做盘缠。"《参记》即此用法。又见《范文正公集政府奏议》卷下："人员兵士三百五人，须是勇壮，吃得辛

苦，或曾经使唤之人，限一两日内引见，面赐盘缠钱并冬寒绵衣及大与逐
月添支。"

## （三）引领

1.陈咏作通事，引领赴杭州。（卷二，熙宁五年六月五日）

2.蒙客人陈咏引领到国清寺烧香，本寺是智者说教道场，就此读
诵莲经，答还心愿。（卷二，熙宁五年六月五日）

3.有客人陈咏，带杭州公据，引领日本国僧成寻等八人，到寺烧
香，欲在本寺看经。（卷二，熙宁五年六月五日）

按：《大词典》"引领"义项有：①伸颈远望，多以形容期望殷切；
②犹引退；③带领；④宋金商业行会的首领。第三义项首例为关汉卿《五
侯宴》第四折："雌鸡终日引领众鸭趁食。"《参记》即此用法，用例出
自宋代公文。

## （四）学人

当寺文慧大师译经证义议者来向，通内外学人由，三藏以笔言示
之。（卷四，熙宁五年十月十七日）

按：《大词典》"学人"义项有：①求学的人；②学者，在学术上
有一定成就或造诣的人。第二义项首例为袁枚《随园诗话》卷4："陆陆
堂、诸襄七、汪韩门三太史，经学渊深，而诗多涩闷，所谓学人之诗，
读之令人不欢。"《参记》用例即此用法。早见于《大唐西域记》卷8：
"使报王曰：有异沙门欲雪前耻。王乃召集学人而定制曰：论失本宗，杀
身以谢。"《法苑珠林》卷63："此名学人，于诸凡夫。"

## （五）至要

告云："虽在俗身，常持法花，最至要也者。"（卷一，熙宁五
年六月一日）

按：《大词典》"至要"义项有：①事理或学问的要旨、要诀；
②紧要；极其重要。第二义项首例为明代沈德符《野获编·禨祥·甘露瑞
雪》："又言七日奏请青词，尤为至要。"《参记》用例即此用法。又见

于《范文正公集政府奏议》卷上："则天下讲学必兴浮薄，知劝最为至。"

### （六）光降

1.十四日备斋祗迎，伏望法慈早赐光降。（卷六，熙宁六年二月十二日）

2.左街崇福院讲经赐紫尼惠饶今月六日参请，就大相国寺供养佛牙，至日仍备斋，日本阿阇梨并侍者等三人，伏冀赐光降者。（卷七，熙宁六年三月一日）

按：《大词典》"光降"义项有：①犹惠赐；②光临。第二义项首例为《水浒传》第102回："二位光降，有何见教？"《参记》用例即此用法。又见于耶律楚材《湛然居士文集》卷13："住持开堂陈谢之仪，仍请知事大众同垂光降者。"《秋涧先生大全文集》卷70："择于今月二十八日就弊圃，聊备芳罇，伏望群英早垂光降。"

### （七）遗恨

1.频虽请，出立沙汰无暇，不向，颇遗恨也。（卷四，熙宁五年十月卅日）

2.未时，留宿。虽遗恨，使臣称辛苦切留了。（卷五，熙宁五年十一月十日）

3.省顺和尚送菩萨石四颗，副僧正送五颗，药枕二、石提子二，依无可然物，答不志，遗恨不少。（卷五，熙宁五年十二月一日）

4.使臣取书，追还，不入内，不奉谒，遗恨最深。（卷五，熙宁五年十二月七日）

按：《大词典》谓"遗恨"为"到死还感到悔恨"，"亦谓事情已过去但还留下的悔恨"。第二义项首例为郭沫若《黑猫》一："提婚已经是二三月间的事了，母亲说着都好像还有遗恨。"《参记》用例即此用法。又见于《分门集注杜工部诗》卷4："发兴自我辈，告归遗恨多。"卷12："到今有遗恨，不得穷扶桑。"《刘梦得文集》卷4《金陵五题·序》："余少为江南客，而未游秣陵，尝有遗恨。"

### （八）眷属

　　1.丑时，梦见多闻天太子并眷属。（卷一，熙宁五年四月十一日）

　　2.官人乘舆，具五六十眷属，出入大门多多也。（卷一，熙宁五年四月十四日）

　　3.问官着客商官舍，乘轿子，具数多眷属来着。（卷一，熙宁五年四月十六日）

　　《大词典》"眷属"名词义有：①家属，亲属；②夫妻。动词义有：①眷顾，属望；②顾盼，环视。上举《参记》例中，"眷属"有"随从"义，与《大词典》诸义项异。《学研汉和大字典》认为是和训："③〔国〕恩顾を受けているもの。家の子。配下の者/受恩惠的人、家里的孩子、下属。"其实亦早见于在我国文献中，《法苑珠林》卷9："依高庙体附重楼……三千眷属、五百徒党，悉为忏悔。"卷40："毗首羯磨天子五千眷属，迦毗罗夜义大将五千眷属，乃至双瞳目大天女十七大将各领五千眷属。"

### （九）安存

　　1.除已下天台国清寺，安存僧成寻等宿食外，事须出给公据，付随来客人陈咏候收执，前去杭州。（卷二，熙宁五年六月五日）

　　2.又无上命指挥，不敢安存，恐有病患。乞赐帖下国清寺，将殊与安存，及乞公据与客人陈咏，赴杭州橄纳。"（卷二，熙宁五年六月五日）

　　3.本寺已蒙州帖下本寺，安存日本国僧成寻等八人，在寺安下读经已讫。（卷二，熙宁五年六月七日）

　　按：《大词典》"安存"义项有：①安定生存；②安抚存恤；③犹安歇。上举各例中"安存"有"安排、安顿、安置"之义，《大词典》未收。其实，这也是汉语用法，《参记》各例均出现于宋代公文，在当时已广泛使用。

### （十）附带

从是本客船上，附带本国僧人成寻等八人，出来安下。（卷二，熙宁五年六月五日）

按：《大词典》"附带"义项有二：①另有所补充，顺便；②非主要的。《参记》中"附带"有"搭载、捎带"之义，亦见于宋代公文。又，《温国文正司马公文集》卷44："近准朝旨，义勇上番，令附带干粮一秤，至屯戍州，军须合预行变造干粮，准备支遣附带前去。"

## 三　和制汉语

日本在吸收中土汉字词的同时，也模仿汉语构词特点创制了不少新的汉字词汇，即所谓和制汉语。由于《参记》作者为日本入宋僧，在记录见闻时势必受母语影响，或多或少夹杂些日语词汇。这些和制汉语，既是研究日语词汇史的珍贵语料，也是研究汉语传播与变异的重要内容。

### （一）参内

1.御药午一点参内毕，还房斋，种种菓菜过差也。（卷四，熙宁五年十月十四日）

2.今日斋，大卿不坐。依召参内，依御生日，大卿一人对御斋云云。（卷五，熙宁五年十二月廿八日）

3.同天节者，皇帝生日四月十日，诸僧参内，读新经，祈圣寿云云。（卷七，熙宁六年三月卅日）

4.至于成寻者，依朝辞了，不参内。（卷八，熙宁六年四月八日）

按：参内，日语音读"さんだい""さんない"，有"晋谒、朝见、朝靓"之义。《参记》即此用法。《日国》引《贞信公记》延喜十年（910）四月十二日条为首例："依召参内。"又见《小右记》天元五年（982）二月二十九日条："今明殿上物忌，仍不参内。"《明衡往来》（11世纪中期）："自内有召，仍触事由於彼中将，即参内，为御使参斋院。"

## （二）出立

1.卯一点，使臣入内，内侍省内侍殿供奉官来，即出讲堂，少卿并三藏来会，点茶，容貌优美，年可廿五六，即借马九疋出立，先徒行向太平兴国寺，广大伽蓝也。（卷四，熙宁五年十月廿三日）

2.终日竟夜，伎乐歌赞，饮食粥菓，频虽请，出立沙汰，无暇不向，颇遗恨也。（卷四，熙宁五年十月卅日）

3.还亭，出立处，雁门县监酒王上官、雁门令黄炎送石提子一口、烧石一颗。（卷五，熙宁五年十二月二日）

4.丑时，梦从真容院还出时，路盘缠真容院廿石，大石卅石，以马出立由云云。（卷五，熙宁五年十二月三日）

按：出立，音读"しゅったつ"，训读"いでたち""いでたたす"，有"门前""出发、动身、起程"等义。《参记》即此用法。《日国》"いでたち"下引《日本书纪》（720）雄略六年二月四日歌谣："隐国（こもりく）の 泊瀬の山は 伊底拕智（イデタチ）の よろしき山 走り出の よろしき山の。"又见《高野山文书》正庆元年（1332）七月十二日《荒河庄庄官等请文》："可停止狩猎、出立、落付事、又号放喰，不可取无名牛马事。"

## （三）返事

1.寺主大师许送纳袈裟一具、日本织物横皮，依被要，人送镜筥一口，两度返事在左（卷一，熙宁五年五月廿二日）

2.未时，双顶童行取寺主返事来，而未仕之。七时行法了。（卷二，熙宁五年六月廿六日）

3.过一里间，知府重送酒大一瓶、糖饼五十枚，有文状，送返事既了。（卷三，熙宁五年九月卅日）

4.十三日上元节茶菓，文惠大师不在间，未志送，今日从廨院归来，即以菓五种送房，返事如左。（卷六，熙宁六年正月卅日）

按：返事，训读"かえりごと"，音读"へんじ"，早期指使者回来后的报告之类，后指"回信、复信"等。《参记》即此用法。《日国》"かえりごと"下引《日本书纪》："大臣、使を以て报（かへリコトまうし）て曰く。"又见《竹取物语》（9世纪末—10世纪初）："翁（おきな）かしこまりて御返事申すやう。"《平家物语》（13世纪前）"へんじ"下引："知康返事に及ばず、院御所に帰り参って。"

## （四）奉纳

百官图二帖、百姓名帖、杨文公谈苑三帖八卷、天州府京地里图一帖、传灯语要三帖（宇治御经藏奉纳），法花音义一卷（大云寺经藏奉纳）。（卷六，熙宁六年正月廿三日）

按：奉纳，音读"ほうのう""ほうどう"，有"（向神佛）供献、献纳"等义。《参记》即此用法。《日国》"ほうのう"条引《叡岳要记》（鎌仓中期）："奉纳三个ヶ所，先新日吉御经供养宪实律师。"又《源平盛衰记》（14世纪前期）亦有"法华の千部を奉纳せり"之例。

## （五）见物

1.见物之人，满路头并舍内。（卷一，熙宁五年四月廿二日）
2.见物之人济济也。（卷一，熙宁五年四月廿六日）
3.大门外，见物道俗济济列立，渐过京中，经五里，至顺天门外。（卷五，熙宁五年十一月一日）
4.诸僧行兴国寺见物，种种舞乐、雅乐、女舞、童舞等，如相国寺，元三日见物云云。（卷六，熙宁六年一月十四日）

按：见物，训读"みもの"，音读"けんぶつ"，有"值得一看""游览、观赏"等义。《参记》即此用法。《日国》"けんぶつ"首引《御堂关白记》长和五年（1016）三月一二日条："此晓女方渡堂见物。"又见于《后二条师通记》《太平记》等。

## （六）清书

1.以三藏令书案文，以寺能书僧令清书，进表已了。（卷四，熙宁五年十月廿四日）
2.虽廿五卷译出，第三以下未清书进览，因之不能拜见。（卷六，熙宁六年二月廿七日）

3.归天台申文以照大师清书，付司家永和了。（卷六，熙宁六年二月廿七日）

4.奏状以照大师清书，以通事送御药许了。（卷七，熙宁六年三月十八日）

按：清书，音读"せいしょ"、"せいじょ"，训读"きよがき""きよめがき"，有"誊清、誊写、抄写清除、膳清"等义。《参记》即此用法。《日国》"せいしょ"首引《贞信公记》天庆二年（939）八月二十七日条："议了召右大将，令清书。"又见《御堂关白记》宽弘四年（1007）正月二十日："勅书大内记宣义作之。奏草清书等，清书无御画日。"

## （七）细工

从阁鹿出游，有一男，细工也。件男所饲鹿也。（卷三，熙宁五年九月廿一日）

按：细工，音读"さいく"，在日语中有诸多义项，主要指工人或手工艺品。《参记》承此用法。《日国》首引《观智院本三宝绘》（984）："细工をやとひ据ゑてはこぞつくりいださしめたるに、经は长く、はこは短うして入れ奉るに足らず。"又见于《宇津保物语》《徒然草》《浮世草子》等。

## （八）宿坊

1.宿坊壁上，悬阿閦佛真言，以圣秀令取，书取了。（卷一，熙宁五年四月十九日）

2.巳时，家主张三郎来，示云："参天台申文，为令加宿坊主名，有召，仍参府者。"（卷一，熙宁五年五月一日）

按：宿坊，音读"しゅくぼう""すくぼう"，指出差僧或参拜者的宿舍、宿院。《参记》即此用法。《日国》"しゅくぼう"下释为"宿舍。また、そこに宿泊すること"，并引《参记》"宿坊壁上，悬阿閦佛真言为"首例。又见《信长记》（1622）："廿六日に信长卿三井寺の极乐院に宿坊（シュクバウ）し给ふに。"

## （九）委旨

丰干诗："余自来天台，凡经几万回。一身如云水，悠悠任去来。"委旨在传录。（卷一，熙宁五年五月十四日）

按：委旨，音读"いし"，指具体主题、详细旨意。《日国》引《参记》上文"委旨在传录"为首例。此外，又见《治承元年公卿勅使记》（1177）八月四日条："委旨注别记了。"

## （十）调备

1. 文慧大师送茶三杯，次送调备菜七种。（卷七，熙宁六年三月廿二日）
2. 从第四门廊东面有休息处，曳幕立倚子装束，备斋四前，以银器盛珍菓美菜，多以调备。（卷八，熙宁六年四月二日）

按：调备，音读"ちょうび"，即烹调之义。《日国》引《参记》上文"送调备菜七种"为首例。又见《色叶字类抄》（1177—1181）："调备饮食部 テウヒ。"《古今著闻集》（1254）："鲤调备するやうをば存知したりとも。"《日葡辞书》（1603—1604）："Chobi（チョウビ）。トトノエソナユル〈译〉食べるものをととのえる。つまり调理すること。"

## 四　汉日同形异义词

《参记》中有不少词语在《大词典》等辞书中已有收录，然而二者意义差殊，以《大词典》中的义项去理解《参记》词汇，往往文意不通。这就是在汉语的基础上，由意义引申而产生的和训汉字词，即汉日同形异义词。这是成寻受母语影响而不自觉带入的日语成分，词形这一外在形式虽然和汉语词汇相同，意义却有了变化，这反映了日本在吸收汉语过程中产生的语义变异。

## （一）大家

有四浦，多人家，一浦有十一家，此中二宇瓦葺大家，余皆萱屋。（卷一，熙宁五年三月廿七日）

按：《大词典》"大家"义项有：①犹巨室，古指卿大夫之家；②奴仆对主人的称呼；③宫中近臣或后妃对皇帝的称呼；④犹言大作家，大专家；⑤众人，大伙儿；⑥即大姑，古代对女子的尊称；⑦妇称夫之母。《参记》"大家"是大房子之义。显然，该词是由"家"的"居室"义发展而来，日语中"おおや"可写作"大屋""大宅""大家"等汉字表记。"大家"，亦读"おおいえ""おほや"或"たいか"。

## （二）约束

1.客省宣惑来，五人归乡，可乞朝辞，几日朝辞者，二十七日可宜由议定毕，依先日约束，与绢一疋了。（卷六，熙宁六年一月廿二日）

2.日中时毕，如例僧录官勾分佛供，次为回见宫中，依同道约束行向诸大乘师宿房，慈照大师、惠净和尚以风药、丹药各一丸与小僧，点茶。（卷七，熙宁六年三月九日）

3.张三郎亦水银、砂金直钱十三贯将来，船赁且二贯与了。约束四贯也。（卷一，熙宁五年五月三日）

按：《大词典》"约束"义项有：①缠缚，束缚；②限制，管束；③规章，法令。《参记》各例中的"约定"义是在"限制、管束"基础上引申而来。据《日国》，此义亦见于日本其他文献，如《圣德太子传历》（917左右）孝德天皇元年："成婚姻之昵。相通谋事。以为内扶。约束已讫。"《中右记》元永元年（1026）二月三日："而欲申行政之处，帅中纳言日来约束俄变改，有御恩者着行哉。"

## （三）沙汰

1.知县并少府来向沙汰，乞人力十二人、轿三乘约束了。（卷三，熙宁五年八月七日）

2.频虽请，出立沙汰，无暇不向，颇遗恨也。（卷四，熙宁五年十月卅日）

3.司家三人来，乞新经文字并师号文字沙汰之间，往还深泥，辛苦殊甚，可与钱者。（卷七，熙宁六年三月廿三日）

4.辰一点，以牛十二头曳越船，堰司来沙汰，出兵士七人乘，今渡曹娥江已了。（卷八，熙宁六年六月六日）

按:《大词典》"沙汰",亦作"沙汰",单有"淘汰、拣选"之义。日语在此基础上产生"评判是非""吩咐,命令""音信,消息,通知"等义。《参记》诸例中的"慰问、拜访"义,由"音信、消息"等义发展而来。《日国》于此词条列举诸多用法,此义项下首举《宇治拾遗》(1221左右)例:"いまより、此翁、かやうの御あそびに、かならず参れといふ。翁申すやう、沙汰に及び候はず、参り候べし。"

### (四)火玉

以百千七宝庄严,一处或二三百灯,以琉璃壶悬并内燃火玉,大径五六寸,小三四寸,每屋悬之,色青赤白等也。(卷一,熙宁五年四月廿二日)

按:《大词典》谓"火玉"为"传说能发热的一种红色宝玉"。火玉,日语训读"ひだま",有"火团、火球"义。《日国》引《日葡辞书》(1603—1604)、《净瑠璃·井筒业平河内通》(1720)等,例晚。《杜阳杂编》卷下:"武宗皇帝会昌元年,夫余国贡火玉三斗……火玉色赤,长半寸,上尖下圆,光照数十步,积之可以燃鼎。置之室内,则不复挟纩。"所记"红色宝玉"与"蜡烛"一样发光、发热,颇有相似之处。成寻所记录的"火玉"当是蜡烛。

### (五)承引

1.巳时,着张九郎家。钱小八郎志与印香一两,礼拜百遍,虽制止,不承引。(卷一,熙宁五年五月十日)

2.寺中上臈十余人皆出大门送,寺主自取手乘轿,虽固辞,不承引。(卷二,熙宁五年闰七月十一日)

3.又殿直同来,示不承引,但于在殿直船,不可制止由了。(卷八,熙宁六年六月一日)

按:《大词典》"承引"只收"招认罪行"一义,举《魏书·刑罚志》为首例:"或拷不承引,依证而科;或有私嫌,强逼成罪。"承引,日语训读"うけひく"、"うけひき"音读"しょういん",有"听从、接受、允许、应允"之义,在汉语"招认、承认"基础上加以引申。《日国》"しょういん"下引《将门记》(940左右)为首例:"件の玄明等を国土に住せしめて、追捕すべからざる牒を国に奉ぜよと。而るに承引せずして、合戦すべき由の返事を示し送る。"又见于《色叶字类抄》："承引ショウイン。"

## （六）取遣

1.次诸共入宿房，殷勤数刻，宛如知己。又次吃茶，寺主大师取遣唐历，见日吉凶。（卷一，熙宁五年五月十三日）

2.内殿崇班来，入船内，数克殷勤，取遣茶共吃。（卷四，熙宁五年十月十一日）

3.天吉祥、三藏共来，取遣茶令吃毕。（卷六，熙宁六年一月七日）

按：《大词典》"取遣"有"取舍""遣发"二义。取遣，日语训读"とりやり""とりづかい"，在汉语的基础上产生"交换、赠答、授受"之义，《参记》用例为"取来、赠与"之义。《日国》"とりやり"下首引《应永本论语抄》（1420）为证，又见《日葡辞书》（1603—1604）"Toriyariuo（トリヤリヲ）スル〈译〉互いに送り、または与え、受け取る"。

## （七）用意

1.申时，到着国清寺庄，房主有种种用意，宿料五十文，外加廿文。（卷三，熙宁五年八月四日）

2.途中使臣殊有用意由也。（卷八，熙宁六年五月七日）

3.至州前，即参府。学士用意最多，即安下广惠禅院。（卷八，熙宁六年六月十日）

按：《大词典》"用意"义项有：①犹立意；②谓用心研究或处理问题；③意向，意图；④着意，留意。《参记》中"用意"为"准备、预备"之义，现代日语承用之。《日国》此义下首引《宇津保物语》（970—999左右）用例，又见《吾妻镜》文治三年（1187）九月四日："而如杂色申者。既有用意事欤云云。"

## （八）留守

1.巳二点，寺主坊有食，七人皆参向，以沙弥一人为留守。（卷一，熙宁五年五月十四日）

2.以沙弥长命为留守人，行者双顶从房房运取，与沙弥为例事也。（卷二，熙宁五年七月十九日）

3.圣秀一人为留守人，不行见。（卷六，熙宁六年一月十五日）

按：《大词典》"留守"义项有：①居留下来看管；②指军队进发时，留驻部分人员以为守备；③古时皇帝出巡或亲征，命大臣督守京城，便宜行事，谓之"京城留守"。《学研汉和大字典》："（二）［国］①主人や家人がいない间、その家を守ること。また、その人。/主人及家人不在时，守家或守家的人。"《参记》"留守"此义，即从汉语发展而来。《日国》此义下首引《落窪》（10世纪左右）用例，又见《古今著闻集》（1254）："そこの留守する男、くくりをかけて鹿を取ける程に。"

## （九）神道

国中专奉神道，多祠庙，伊州有大神，或托三五岁童子，降言祸福事。（卷五，熙宁五年十二月廿九日）

按：《大词典》：①神明之道，谓鬼神赐福降灾神妙莫测之道；②神术；③神祇、神灵；④墓道，谓神行之道；⑤俗语，谓了不起，有本领，精神强悍。《参记》中，指称日本固有的一种宗教，在汉语既有词形基础上赋予新义。《日国》此义下首引《续日本纪》延历元年（782）七月庚戌："神道难诬。抑有由焉。"次引《参记》"国中专奉神道，多祠庙"例。又见《无难禅师假名法语》（1670—1676左右）、《随笔·胆大小心录》（1808）等。

## （十）料钱

巳时，于食堂斋，尽珍膳，予料钱三百文，快宗供奉六十文，圣秀、惟观、心贤、善久各三十文，是印成阇梨志也。（卷一，熙宁五年五月十九日）

按：《大词典》谓唐宋旧制，官吏除俸禄外，有时另给食料，或折钱发给，称料钱。白居易《送陕州王司马建赴任》诗："公事闲忙同少尹，料钱多少敌尚书。"料钱，日语音读"りょうせん"，指"费用、经费"，意义与汉语异。《日国》首引《延喜式》（927）："庭火并平野灶神祭（坐内膳司）神座十二前（略）福酒料钱一贯文。"次引《参记》"于食堂斋，尽珍膳，予料钱三百文"例。

总之，《参记》词汇构成复杂，唯有将其置于中日语言接触大背景下，从语言传承和变异的视角，充分利用中日辞书与汉文典籍，借助数据库资料，全面调查，个案分析，仔细甄别，方能确定何为汉语固有词，何为日语变异词，以此反映一定时期内的语言真实以及语言接触过程中的传承变异规律。这也是在域外汉籍语言研究中应该特别注意的。

# 参考文献

东福寺本：《参天台五台山记》（复制本），1220年成书。

岛津草子：《对校译注参天台五台山记》，大藏出版1959年版。

改订史籍集览本：《参天台五台山记》，すみや书房1968年版。

大日本佛教全书本：《参天台五台山记》，讲谈社1972年版。

平林文雄：《参天台五台山记　校本並に研究》，风间书房1978年版。

白化文、李鼎霞：《参天台五台山记》，花山文艺出版社2008年版。

王丽萍：《新校参天台五台山记》，上海古籍出版社2009年11月版。

罗竹风：《汉语大词典》，汉语大词典出版1986—1993年版。

大辞典刊行会：《日本国语大辞典》2001年第2版。

藤堂明保：《学研汉和大字典》，学习研究社1978年版。

山田孝雄：《国语の中に於ける汉语の研究》，宝文馆出版1958年版。

佐藤喜代治：《日本の汉语》，角川书店1979年版。

柏谷嘉弘：《日本汉语の系谱》，东宛社1987年版。

陈力卫：《和制汉语の形成とその展开》，汲古书院2001年版。

笹原宏之：《国字の位相と展开》，三省堂2007年版。

笹原宏之：《日本の汉字》，岩波新书2006年版。

笹原宏之：《训读みのはなし》，光文社2008年版。

董志翘：《〈入唐求法巡礼行记〉词汇研究》，中国社会科学出版社2000年版。

王丽萍：《〈参天台五台山记〉语词初探》，《语言研究》2006年2期。

何华珍：《日本汉字和汉字词研究》，中国社会科学出版社2004年版。

# 《参天台五台山记》中的汉语词汇探源\*

《参天台五台山记》是日本旅宋僧成寻用汉语撰写的一部巡礼日记，记载了他从熙宁五年（1072）三月十五日至熙宁六年（1073）六月十二日，在中国求法游历过程中的所见所闻。该书内容真实，叙述详尽，是了解和研究宋代社会生活的珍贵资料，也是利用域外汉籍研究汉语词汇史的宝贵材料。笔者曾撰《〈参天台五台山记〉与中日汉字词研究》一文，探究《参天台五台山记》中的汉字词汇之中日关系。本文主要调查见于《参天台五台山记》而《汉语大词典》（简称《大词典》）书证晚出的有关词汇，借域外汉籍之石，攻汉语词汇史之玉，以再现古代汉字词在域外的传播轨迹，揭示域外汉籍语料对于大型辞书编纂及汉语词汇史研究的价值和意义。

## 比试

明州、温州、台州三州秀才，并就台州比试取解，约五百来人已上，取十七人，将来春就御试，取三人作官，五百人秀才中，只取三人给官。天下州府军镇秀才约廿万余人，春间御前比试，只取三百人作官，约千中取一也。（卷二，熙宁五年闰七月十七日）

《大词典》"比试"词条列有二义，一指彼此较量高低，多指比武，首举《水浒传》用例。二指模拟某种动作，未举书证。按，该词唐宋习见，指文武较量。《旧唐书·杨绾传》："其明经比试帖经，殊非古义，皆诵帖括，冀图侥幸。"《范文正公集·政府奏议·奏乞在京并诸道医学教授生徒》："有近上朝臣三人奏举者，亦送武成王庙比试。"

---

\*　本文原载《汉语史学报》（第12辑），上海教育出版社2012年版。

## 大褂

　　申时，与陈咏织物青色三重**大褂**一领、沙金一两、银三两，还杭州粮料也。七时行法了。（卷二，熙宁五年六月五日）

　　《大词典》谓"大褂"为身长过膝的中式单衣，首举茅盾《官舱里》例："那位老先生自然是'中装'，蓝绸的**大褂**，老式花样。"按，该词早见于《参天台五台山记》，清代文献屡见。《二十年目睹之怪现状》第一〇八回："回头看时，只见一个人，穿了玄青**大褂**，头上戴了没顶的大帽子，一面走过来，一面跺脚道：'起来啊！这是朝廷钦命的，你们怎么拦得住？'"《官场现形记》第二四回："贾大少爷无奈，只得把小褂、**大褂**一齐穿好。"

## 等身

　　1.大佛殿释迦三尊。次礼十六罗汉院，皆**等身**造像也。次礼天台九祖**等身**造像。次礼五百罗汉院，长三尺造像。（卷一，延久四年四月廿九日）

　　2.同四点，过十五里，至白塔山酒坊，过一里，至敕护圣禅院，先拜十六罗汉院木像、**等身**中尊千手观音。（卷一，五月七日）

　　3.先入勒罗汉院，十六罗汉**等身**木像、五百罗汉三尺像，每前有茶器，以寺主为引导人，一一烧香礼拜，感泪无极。（卷一，五月十三日）

　　《大词典》释"等身"为"与身高相等"，首举李渔《闲情偶寄》例："生平所著之书，虽无裨于人心、世道，若止论**等身**，几与曹交食粟之躯，等其高下。"按，该词早见于唐代文献。《大唐西域记·僧伽罗国》："佛牙精舍侧有小精舍，亦以众宝而为莹饰。中有金佛像，此国先王**等身**而铸，肉髻则贵宝饰焉。"《酉阳杂俎续集·寺塔记下》："今地底下树根多露，长安二年内出等身金铜像一铺并九部乐。"

## 房主

　　1.过五十里，申时，至国清寺庄宿，**房主**老僧绘应无极，与宿料

钱五十文。（卷一，熙宁五年六月三日）

　　2.申时，到着国清寺庄，<u>房主</u>有种种用意，宿料五十文，外加廿文。（卷三，熙宁五年八月四日）

　　《大词典》释"房主"为"房屋所有者"，首举《醒世恒言·卖油郎独占花魁》例："（王九妈）道：'齐衙内又来约过两三次了，这是我家<u>房主</u>，又是辞不得的。'"按，该词早见于唐代文献。《法苑珠林·请僧部》："若有檀越来请众僧，客僧有利养分，僧<u>房主</u>应次第差客僧受请，而先住僧独受请。而不差客僧，<u>房主</u>得无量罪，畜生无异。"同书《河海部》："尔后<u>房主</u>药王尼所住房，床前时时有光照。"

## 告送

　　1.未时，寺主从州还，<u>告送</u>云："知府少卿表并目录感喜无极。通判'观心注'随喜千万承悦者。'参五台表'上京了"云云。（卷二，熙宁五年六月十五日）

　　2.崇班<u>告送</u>云："此县有女子，暂可逗留者。"（卷三，熙宁五年十月九日）

　　3.早旦，从大平兴国寺传法院<u>告送</u>：八月四日，安下处宣旨下了，早可来入者。（卷四，熙宁五年十月十三日）

　　《大词典》谓"告送"为方言，告诉之义，未列书证。按，该词宋代以来习见，亦有上告之义。《醒世恒言·张孝基陈留认舅》："倘或逆子犹在，探我亡后，回家争执，竟将此<u>告送</u>官司，官府自然明白。"《王阳明全集·知行录之五》："据江西布政司呈：查勘新建知县李时，<u>告送</u>佥事李素丧归云南，任内无碍缘由。"

## 根问

　　移日本国僧成寻："昨今出杭州巡礼，欲往台州天台山烧香，供养罗汉一回。成寻等是外国僧，恐关津口本被人<u>根问</u>无去着，乞给公移，随身照会。"（卷二，熙宁五年六月五日）

　　《大词典》释"根问"为"寻根问底"，首举《醒世姻缘传》用例。

按，该词宋代习见。《晦庵先生朱文公文集·按唐仲友第四状》："遂送司理，<u>根问</u>来历。"《西山先生真文忠公文集·泉州申枢密院乞推海盗赏状》："总计一百三十六人并赃仗等，分送州司理院及左翼军勘院<u>根问</u>。"《龟山先生语录·余杭所闻》："又其所养多聚异乡之人，不许<u>根问</u>来处。"

## 麦粉

> 人见庄家，以驴马二疋，覆目口，悬<u>麦粉</u>石臼，独回率，无人副。（卷三，熙宁五年九月十七日）

《大词典》"麦粉"词条列有二义，一指麦子磨成的粉，首举元代何中《河间晓行》诗："饥寻<u>麦粉</u>粗，到夕当得粥。"二指小粉，首举《本草纲目》例。按，该词宋元以来习见。《太平广记》卷三四六"太原部将"条（出《宣室志》）："挈一囊，囊中有药屑，其色洁白，如<u>麦粉</u>状，已而致屑于鼎中而去。"《道园学古录·缙山》："<u>麦粉</u>劝尝银缕熟，梁炊持献玉浆还。"《皇明文衡·先妣吴孺人墓版文》："遣从故老硕德道远以<u>麦粉</u>作饵，俾撷之。"

## 纳还

> 恳告国师阇梨，樧子数珠，幸求一串，未悉可容，果允前者，即舟<u>纳还</u>，其当受恩大矣。（卷二，熙宁五年七月一日）

《大词典》释"纳还"为"归还"，首举《水浒传》例："既然是杨制使，就请到山寨吃三杯水酒，<u>纳还</u>行李如何？"按，该词宋代以来习见。《晦庵先生朱文公文集·癸未垂拱奏札》："已将元米陆百石<u>纳还</u>本府。"《元史·世祖纪四》"乙酉，许衡以老疾辞中书机务，除集贤大学士、国子祭酒，衡<u>纳还</u>旧俸，诏别以新俸给之。"

## 染纸

> 以通事问："印经了不？"院主告云："印了。今<u>染纸</u>间也。十四、五日可出来者。"（卷八，熙宁六年四月三日）

《大词典》释"染纸"为"印刷",举清代叶廷琯《〈石林燕语〉后序》例:"今复遇心耘细意绌书,刻期染纸,洵为艺林快事矣。"按,"染纸"本指给纸张染色,唐宋以来习见。《疑狱集》卷八:"以茶染纸,类远年者。"《农政全书》卷二八:"葵叶可染纸,所谓葵笺也。"

## 衫裙

1. 前有等身释迦,东弥勒,西泗州大师立像,着衫裙袈裟,后人人所供养也。(卷四,熙宁五年十月廿四日)
2. 塔前坐梁朝志公和尚等身像,瘦黑,比丘形,着见紫袈裟衫裙。(卷四,熙宁五年十月廿七日)

《大词典》释"衫裙"为"短衫和裙子,亦泛指衣服",首举郁达夫《青烟》例:"无聊的时候,把我自家剪裁,自家缝纫的纤丽的衫裙,打开来一看,我的郁闷,也定能消杀下去。"按,该词宋代习见。《晦庵先生朱文公文集·答黄商伯》:"即见三礼图者,当与直领衫裙为称,今则加四者。"《平斋文集·促织》:"水碧衫裙透骨鲜,飘摇机杼夜凉边。"

## 收领

1. 大卿以金银器置坛上,皆取领,耳铛、手环全收领,况碗器乎?(卷七,熙宁六年三月七日)
2. 卯二点,借马一疋,为谒五台山副僧正向启圣院,即出向,点茶汤,志献绢二疋汗衫料,两度虽返,遂收领了。(卷七,熙宁六年三月十三日)

《大词典》"收领"词条列有二义,一指拘禁,举《清平山堂话本》例;二指领取,举《清会典事例·户部·恤孤贫》例:"如有余额,转给养济院收领。"按,该词第二义项早见于六朝时期。《魏书·李崇传》:"崇在官和厚,明于决断,受纳辞讼,必理在可推,始为下笔,不徒尔收领也。"《晦庵先生朱文公文集·牒粮料院契勘供职月日帮行请给》:"忽有吏人抱印前来令熹交割,熹以未曾供职,不敢收领。"《阳明先生集要·经济编·犒送湖兵》:"各舍目收领,以慰其劳。"

## 剃头

1.三藏来坐，剃头之间不谈话。（卷六，熙宁六年一月廿一日）

2.此六日不剃头，鬓发极白，因之不出亭外。（卷七，熙宁六年三月七日）

3.辰时，官家被赐剃头人，乍悦于僧录宿房剃之了。（卷七，熙宁六年三月九日）

《大词典》"剃头"列有二义。一指剃发，理发，首举清代潘荣陛《帝京岁时纪胜》用例；二指落发出家，举明代梅鼎祚《玉合记》用例。按，该词早见于南北朝时期，唐宋习见。《弘明集·理惑论》："今沙门剃头何其违圣人之语，不合孝子之道也。"《法苑珠林》卷十引《佛本行经》："即以利刀剃头，时天帝释生稀有心，所落之发，不令一毛坠堕于地。"《白氏长庆集·卢头陀诗》："卢师深话出家由，剃尽心花始剃头。"

## 物货

一问："本国要用汉地是何物货？"答："本国要用汉地香药、茶碗、锦、苏芳等也。"（卷四，熙宁五年十月十五日）

《大词典》释"物货"为"货物"，首举《元史·世祖纪十四》例："唯泉州物货三十取一，余皆十五抽一。"按，该词唐宋以来习见。《南史·张敬儿传》："敬儿在雍州贪残，人间一物堪用，莫不夺取。于襄阳城西起宅，聚物货，宅大小殆侔襄阳。"又，《资治通鉴·宋纪十》："魏晋以降莫之能改，诚以物货既均，改之伪生故也。"《范文正公集·附录·规矩》："闻有无赖族人，将物货高价亚卖，显属不便。"《温国文正司马公文集·乞去新法之大病民伤国者疏》："罢物货专场及民所养户马，又宽保马年限，四方之人无不鼓舞。"

## 物件

1.如更要钱及所须物件，并申经过处，请领应副者。（卷三，熙宁五年八月一日）

2.如更要钱及所须**物件**，即请计会，管伴郑崇斑申报经过州军请领。（卷三，熙宁五年八月一日）

《大词典》"物件"列有二义，一指东西、物品，首举董解元《西厢记诸宫调》例："寄来的**物件**，斑管、瑶琴、簪是玉，窃包儿里一套衣服，怎不教人痛苦？"二指对人贬称，举鲁迅《书信集·致曹聚仁》例。按，该词宋代习见。《石门文字禅·题让和尚传》："于是一夕通悟，尽能追忆二十年间**物件**，不遗毫发。"《晦庵先生朱文公文集·按唐仲友第四状》："其余钱五百余贯，即未见买到**物件**。"

## 吸取

（甘蔗）如未煎，极甘美也。**吸取**汁后吐舍。（卷一，熙宁五年四月十五日）

《大词典》"吸取"词条列有二义，一指用嘴、鼻或管道装置把液体、气体等吸进去，首举清代陈维崧《念奴娇》用例："况值杯中山色好，**吸取**晴崖翠壁。"二指采取、吸收，首举柳青《铜墙铁壁》例。按，该词唐宋习见。《重修政和证类本草》："铛下着炭，少时歆冬烟自从筒出，则口含筒**吸取**烟咽之。"《太平广记》卷四五六"吴猛"条（出《豫章记》）："永嘉末，有大蛇长十余丈，断道，经过者，蛇辄**吸取**，吞噬已百数。"

## 押伴

延和殿进呈，奉圣旨，赖缘等五人，传宣枢密院，差三班使臣一名，**押伴**前去，并给与递马驿券。（卷六，熙宁六年正月廿九日）

《大词典》"押伴"词条列有二义，一指陪伴客使，首举明代冯梦龙《智囊补》例；二指压抑、羁绊，首举清代侯方域《南省试策二》例。按，该词宋代习见。《三朝名臣言行录》："即与富丞相入奏，许之，延州遣指使杨定**押伴**西人入贡。"《范文正公集附录·遗文》："差使臣**押伴**赴阙。"《温国文正司马公文集·备边札子》："延州差指使高宜**押伴**入京。"

## 印造

　　1.本院勘会，今来所要新译经五百余卷，切缘所管经板万数浩瀚，逐时印造。（卷七，熙宁六年三月廿四日）
　　2.今来日本国僧乞赐雍熙元年后来新经五百余卷，缘贵院自见得逐部经名题目，更不须再来会问，幸早与印造了。（卷七，熙宁六年三月廿四日）

　　《大词典》释"印造"为"印刷制作"，首举鲁迅《书信集·致郑振铎》例："以后印造……末后附一页，记明某年某月限定印造一百部。"按，该词宋代习见。《晦庵先生朱文公文集·小帖子》："但恐其间或有谬误，只乞行下取索，精加校勘印造。"《攻媿集·周伯范墓志铭》："君恐其久而坠失，手加编校，以千缗为锓版印造之费，始得家有此书。"《后村先生大全集·宝学颜尚书》："圣训上又曰：'楮尚折阅公奏：物，少则贵，多则贱，近印造数多知散而不知敛'。"

## 乍到

　　蒙圣恩，特差使臣，引押成寻等往五台山，巡礼圣境，伏缘成寻等，乍到大国，言语不通。（卷四，熙宁五年十月廿七日）

　　《大词典》释"乍到"为"初到、刚刚到"，首举金代元好问《半山亭招仲梁饮》例："孤城矗矗山四周，外人乍到如累囚。"按，该词唐宋习见。《酉阳杂俎·诺皋记》："方张灯临案，忽有小人才半寸，葛巾杖策，入门谓士人曰：'乍到无主人，当寂寞。'"《白氏长庆集·再到襄阳访问旧居》："旧游都似梦，乍到忽如归。"《丹渊集·晓入东谷》："东谷素所爱，乍到若创见。"

## 昭鉴

　　法轮永茂，凤历延鸿，虔祷文殊，冀垂昭鉴。（卷五，熙宁五年十二月一日）

　　《大词典》释"昭鉴"为"明鉴"，首举《醒世恒言·两县令竞义婚孤女》例："颠倒任君瞒昧做，鬼神昭鉴定无私。"按，该词唐宋习见。《唐丞相曲江张先生文集·贺祈雨有应状》："方躬自祈请，诚勤夙夜，上灵昭鉴，嘉瑞必臻。"《刘梦得文集·代谢平章事》："兹伏乞皇明，俯赐昭鉴。"《云笈七签·刘载之诵天蓬咒验》："是则太帝之昭鉴，天蓬之威神，不遗毫分之善也。"

## 竹轿

> 竹轿买实分三百五十文了。参府轿持兵士与廿五文了。（卷八，熙宁六年五月十一日）

《大词典》释"竹轿"为"即竹兜"，举《红楼梦》用例："远远见贾母围了大斗篷，带着灰鼠暖兜，坐着小竹轿，打着青绸油伞，鸳鸯、琥珀等五六个丫鬟，每人都是打着伞，拥轿而来。"按，该词宋代习见。《温国文正司马公文集·乞与诸位往来商量公事札子》："乞遇假日或日晚执政出省后，有合商量公事，许乘小竹轿子往诸位商量。"《老学庵笔记》卷三："达明恐亡之，乃置首函于竹轿中，坐其上。"

## 庄家

> 人见庄家，以驴马二疋，覆目口，悬麦粉石臼，独回牵，无人副进。（卷三，熙宁五年九月十七日）

《大词典》"庄家"词条列有三义，一指庄稼人、农家，首举元代杜仁杰《耍孩儿·庄家不识构阑》例；二指赌博或某些牌戏中每一局的主持人，举鲁迅《书信集·致山上正义》例；三指庄稼，举汤显祖《邯郸梦》例。按，谓农家为"庄家"，唐宋习见。牛僧孺《周秦行记》："更十余里，一道甚易，夜月始出，忽闻有异气，因趋进。行不知近远，见火明，意谓庄家。"《后村先生大全集·宿庄家二首》："初秋风露变，偶出愬庄家。"《攻媿集·可宝申之求诗感而有作》："庄家时有茅三间，桥梁楼观各有趣。"

值得注意的是，日本汉籍中的汉字词汇，日汉杂糅，构成复杂。只有在中日语言接触的大背景下进行观照，从语言传承变异的规律着手，对其中的词汇进行甄别，确定哪些是汉语固有之词，哪些是汉语在传播过程中产生的域外变异，这样才能客观地反映一定时期内的语言真实以及语言接触过程中的传承变异规律。比如，在判断新词新义时，理应包括汉语的新词新义和日语的新词新义。而在判断汉语新词时，包括汉语辞书尚未收入的新词、已经收录但例证晚出的新词以及作为旁证材料的同时代新词。同理，在判断汉语新义时，也包括汉语辞书尚未收入的新义、收录但例证晚出的新义以及作为旁证材料的同时代新义。当然，由于材料的局限，找到同时代或者更早时代的例证，不是件容易的事情。但是，随着出土文献的全面整理以及数据库的不断完善，域内域外文献语言合璧的时代已经不远。因此，日本汉籍固然是研究汉语史的重要材料，但同时代或更早时期的本土语料同样重要，必须将域内域外汉籍结合起来研究。这也是在域外汉籍语言研究中应该特别注意之处。

# 征引书目

张元济等《四部丛刊》，上海商务印书馆影印1929年版。

# 参考文献

白化文、李鼎霞：《参天台五台山记》，花山文艺出版社2008年版。

大辞典刊行会：《日本国语大辞典》（第2版），小学馆2000—2002年版。

《参天台五台山记》，讲谈社1972年大日本佛教全书本。

《参天台五台山记》，1220年东福寺复制本。

《参天台五台山记》，すみや书房1968年改订史籍集览本。

岛津草子：《成寻阿阇梨母集·参天台五台山记の研究》，大藏出版1959年版。

董志翘：《〈入唐求法巡礼行记〉词汇研究》，中国社会科学出版社2000年版。

何华珍：《〈参天台五台山记〉与中日汉字词研究》，载《中国语学研究·开篇》（第29卷），好文出版株式会社2010年版。

何华珍、方国平：《白本〈参天台五台山记〉与王本〈参天台五台山记〉比较》，载《中国语学研究·开篇》（第29卷），好文出版株式会社2010年版。

江蓝生、曹广顺：《唐五代语言词典》，上海教育出版社1997年版。

罗竹风：《汉语大词典》，汉语大词典出版社1986—1993年版。

平林文雄：《参天台五台山记 校本并に研究》，风间书房1978年版。

斎藤圆真：《参天台五台山记Ⅰ.Ⅱ.Ⅲ》，山喜房佛书林1997—2010年版。

藤善真澄：《参天台五台山记》（上、下卷），关西大学出版部2007—2011年版。

汪维辉：《域外借词与汉语词汇史研究》，《江苏大学学报》（社会科学版）2009年第1期。

王丽萍：《〈参天台五台山记〉语词初探》，《语言研究》2006年第2期。

王丽萍：《新校参天台五台山记》，上海古籍出版社2009年版。

王云路：《日本汉籍与近代汉语研究举隅》，载《钱江学术》（第一辑），百花洲文艺出版社2003年版。

袁宾：《宋语言词典》，上海教育出版社1997年版。

# 近现代中日汉字词源流考述*

　　本文所说的"近现代"，泛指明末清初至1949年前后，即西学东渐背景下的中日欧语言文化交流时期。从中国方面看，往前涉及明末清初的早期西学，往后涉及民国时期汉语新词。从日本方面看，往前涉及江户时期的兰学译语，往后涉及明治维新之后的汉字新词。

　　关于近现代中日汉字词汇交流史研究，中日学界成果丰富，各类论著不胜枚举。本文在此对近现代中日词汇交流史不进行宏观描述，只是选取不同时段的汉字词做个案源流探讨，揭示传统的汉语词汇在近现代新词产生发展中的重要作用，再现中日近现代同形词的演变轨迹，补正中日词汇交流研究的有关疏漏，以此推动中日词汇交流史深入研究。

## 一　中国早期西学与中日词汇源流

　　明末清初的西学东渐历时300多年，可以大致分为前后两个时期。前一时期从1582年利玛窦入华传教到1724年雍正禁教，历时140多年。早期西学主要是传教士的"学术传教"，如利玛窦著译《坤舆万国全图》（1602）、《乾坤体义》（1605）、《西字奇迹》（1605）、《几何原本》（1607）、《泰西水法》（1612）、《同文算指》（1614）等。诸如此类的西学著作很快传播至日本，为日本吸收西方科学技术提供了方便，也为译语的流播提供了契机。日语中的"地球、月球、半球、赤道、南极、北极、地平线、子午线、热带"等地理学新词，"直线、平行线、直角、钝角、平角、余弦、正弦、长方形"等数学词汇，均是中国早期西学新词，从汉语传播至日语。下文略举数例做具体分析。

---

　　*　本文是在"近代日中間における漢語の交流の歴史"（何华珍，2011）日文版基础上修改而成，原载《汉语史研究集刊》（第三十四辑），四川大学出版社2023年6月，署名何华珍/丁鑫美。

## （一）蒸馏

"蒸馏"，在日语中也写作"蒸餾"或"蒸留"，一般都认为是日制汉字词，早见于《舍密开宗》，是兰学时期出现的一个化学新词。黄河清在《谈〈近现代辞源〉的得与失》一文中说：

> "蒸馏"这词，原以为这是一个来自日语的词，《近现代辞源》所提供的书证选自1889年傅云龙《游历日本图经》。本来以为这个书证算是早的了，因为它在20世纪初日语外来词大批涌入之前。可谁料想，最近我发现在熊三拔《泰西水法》（1612年）卷四中有这样一句话："凡诸药系草木、果蓏、谷菜诸部具有水性者，皆用新鲜物料依法蒸馏得水名之为露。今所用蔷薇露，则以蔷薇花作之。其他药所作皆此类也。"这里就有"蒸馏"这词，而其意义与今义相当。这样一来，此例就比傅云龙例足足提前了227年。而且这一书证的发现，还能证明这词并不是日语词，而是汉语原本就有的词，至少也是日本将它借去，经过广泛使用后，又来到中国的回归词。①

众所周知，熊三拔，德国人，1606年来华，同年到北京协助利玛窦工作。1612年，承徐光启之请，撰著《泰西水法》六卷，介绍取水蓄水之法。该书三处出现"蒸馏"一词，除上文所引之外还有：

1. 又蒸馏所得，既于诸物体中，最为上分。复得初力，则气厚势大焉。不见烧酒之味醲于他酒乎？（卷4）②

2. 当其上时，皆如蒸馏。今用鹻卤之水，如法蒸之，所得馏水，其味悉淡。海中之水，蒸气成云，海云作雨，雨亦淡焉。（卷5）

其实，"蒸馏"一词，在明代已经使用得相当普遍了。徐光启在《农政全书》（卷31）中介绍了"蒸馏茧法"：

> 《韩氏直说》曰："蚕成茧硬，纹理粗者，必缲快。"此等茧可以蒸馏，缲冷盆丝。其茧薄，纹理细者，必缲不快，不宜蒸馏。此上

---

① 《近现代汉语辞源》"蒸馏"条（1915页）对此进行了增补更新，首引1612年熊三拔《泰西水法》用例。

② 文中所引用例大多利用《四库全书》电子版检索系统，并与原图像文献对照。陈力卫《语词概念研究中的古典追溯有何意义？——以〈四库全书〉电子版为例》（2021）指出《四库全书》对日本汉语词源研究之重要价值，详参《亚洲概念史研究》（第7卷）。

宜缫热盆丝也。其蒸馏之法，用笃三扇，用软草札一圈，加于釜口，以笃两扇坐于上。

再如，方以智《物理小识》（卷1）介绍"水火本一"时云："不见夫雨露霜雹，皆阳气之<u>蒸馏</u>。"《佩文韵府》（卷85）收有"蒸馏"词条，引用宋濂诗："今年度庾岭，热气甚<u>蒸馏</u>。"

宋濂（1310—1381），明初诗人。"今年度庾岭，热气甚蒸馏"出自《赠刘俊民先辈》诗。《汉语大词典》[①]中"蒸馏"第一义项"形容热气蒸腾"，即引该诗为例，《日本国语大辞典》[②]"语志"栏亦引用该诗，义指热气蒸腾。宋濂既然用"蒸馏"来形容热气，想必其时已经出现蒸馏技术。前述熊三拔、徐光启、方以智，其时代都在宋濂之后。因此，"蒸馏"至迟应该出现于明初吧。

关于"蒸馏"的起源，科技史研究者有不同看法。大致有五种说法：东汉说、唐代说、宋代说、金代说、元代说。这涉及蒸馏器的出现、蒸馏技术的发展、蒸馏酒的制作等。按，《农桑辑要》是元初大司农司根据《齐民要术》《务本新书》等书编纂的综合性农书，成书于至元十年（1273），其中记载了"蒸馏茧法"。徐光启《农政全书》所言正是直接引自《农桑辑要》。可见，从"蒸馏"一词起源来看，其产生时间最迟应该出现在元代。

### （二）视角

"视角"一词，《大词典》未收，《近现代汉语辞源》（以下简称《汉语辞源》）新增该词条，释义为"观察物体时，从物体两端引出的光线在人眼光心处所成的夹角"（1379页），首例引自1875年丁韪良等《中西闻见录》。

《日国》认为"视角"是荷兰语"gezichtshoek"的译语，解释为"眼睛与物体两端引出的直线在人眼光心处所构成的夹角"，首例出自《气海观澜广义》（1851—1858）："其视角〈略〉これが为に一倍大をなして。"

其实，该词屡见于徐光启《新法算书》（卷30），其"视角"语义与《日国》的解释一致："凡角之末锐，必在瞳心，名为视角。角之大小，称物之大小。若视角极微，目不见物，乃不能定其大小。若视角过大，则

---

① 以下简称《大词典》。
② 以下简称《日国》。

目眶所限，不能尽角之广，必移目。两视乃得全见。"

### （三）视线

"视线"一词，《日国》"语志"认为其作为医学用语，开始一般使用"视轴"，明治中期以后在小说中大量使用"视线"，表示眼睛朝向之义，至明治后期则作为一般用语固定下来。

在日语中，该词早见于《新精眼科全书》（1867），对译荷兰语"Gezichetslijn"。在《大词典》中，表示"用眼睛看东西时，眼睛和物体之间的假想直线"的"视线"，早见于《九尾龟》（1906—1910）。

《汉语辞源》（1380页）义项有二，一是"用眼睛看东西时，眼睛和物体之间的假想直线"，首例引用1674年南怀仁《新制灵台仪象志》（卷1）："凡测天之法，必从天之中心，以天之经线为窥目之视线，指定夫在天之度分也。"二是比喻注意力，首引1910年《图画日报》。

倘若调查明代西学文献，可见"视线"一词早已出现。利玛窦《乾坤体义》（卷中）："论曰：首图目在甲视乙丙一球，则如作甲乙丙三角形，其乙丙即球之径线为底边，乙甲丙甲二条视线为两旁腰边，乙甲丙角为目内角也。"

众所周知，《新法算书》是明代徐光启等中西人士译述的西洋历书。该书中"视线"一词出现20余处，如卷28："系凡简会食不当在戊与丁两切线之上，盖目在己巳丁巳戊两视线切圈。其所切之处，难辨其高下之准分也。"自注："视法曰：'凡斜望圆圈，圈作一直线'。又曰：'视线切圆圈之两旁，人目谬见曲线为直线，其谬直线中间有上行下行者，虽动而目视之若不动。'"

## 二 日本兰学与中日词汇源流

日本兰学的成立，以1774年《解体新书》出版为标志。继之，出版了一批有关医学、天文学、地理学、化学、物理学、植物学、语言学、博物学等著作，如《兰学阶梯》（1788）、《西说内科撰要》（1792）、《地球全图略说》（1793）、《历象新书》（1798）、《医范提纲》（1805）、《眼科新书》（1815）、《气海观澜》（1825）、《植学启原》（1835）、《舍密开宗》（1837）、《扶氏经验遗训》（1857）等。这些著作中出现了许多新的汉字词，后来为明治期译书所继承，进而为汉语所吸收，如"膝、腔、腺、瓦斯、沸点、静脉、神经、软骨、网膜、黏膜、纤维、绝缘"等。

关于兰学与中日词汇交流，有一个比较重要问题需要探讨，即兰学译词是否直接影响了中国后期西学翻译，英国传教士合信的《全体新论》是否参考过《解体新书》等兰学著作？

舒志田在《〈全体新论〉と〈解体新书〉（重订版を含む）との语汇について——日本の洋学から中国への影响の可能性》一文中，提出了34个《全体新论》与《解体新书》的同形词，指出有汉籍来源7词，有汉籍来源但无法确定源流4词，出自中国早期西学书如《医学原始》11词，词源不明12词。

笔者认为，这34个汉字词是研究兰学与中日词汇交流的标本词汇。其中既有中国古典医学词汇的继承，也有另起炉灶的意译新词。在利用古词新译时，既有原封不动的承用，也有语义的更新换义。问题在于哪些是古已有之，哪些是全新创造，该文并未进行原始资料的全面调查与甄别。比如，无法确认词源中的3个词，其实都是《解体新书》之前的中国古籍已见词汇。

### （一）腕骨

《大词典》已收"腕骨"一词，引文见清代《医宗金鉴》，用例偏晚。按，唐代《千金要方》（卷87）："腕骨在手外侧，腕前起骨下陷中。"明代《普济方》（卷416）："腕骨二穴在手外侧腕起骨下陷中。"这是医学文献中的早期用例，但东晋以来的佛经文献已出现"腕骨"一词，如东晋十六国时期译经《禅要经》（卷1）："两手甲骨、指骨、掌骨，腕骨、臂骨、肘骨、髆骨，胸骨、心骨、齿骨、肋骨。"①姚秦、竺佛念译《出曜经》（卷25）："扼腕骨碎五指血出，当时迷闷良久乃稣。"《大般涅槃经》（卷12）："依因臂骨以拄腕骨，依因腕骨以拄掌骨，依因掌骨以拄指骨。"

### （二）掌骨

《大词典》未收，《汉语辞源》（1901页）首引书证为1851年合信《全体新论》，用例偏晚。按，唐代《千金要方》（卷8）："二百一十日，掌骨成，能匍匐。"元代危亦林《世医得效方》（卷11）："掌骨不成，能匍匐而死。"如同"腕骨"一词，《禅要经》《大般涅槃经》（卷12）亦早出现"掌骨"一词。

---

① 本文佛经文献大多引用自"CBETA中华电子佛典协会全文检索平台"。

## （三）趾骨

《大词典》未收，《汉语辞源》（1945页）首例书证为1851年合信《全体新论》，用例偏晚。《医宗金鉴》（1742年刊）卷89列有"足五趾骨"条，谓"趾骨受伤多与跗骨相同。惟奔走急迫，因而受伤者多。"

至于出处不明的"眼球、采听、精囊、大脑、小脑、牙床、泪囊、泪管、胆管、尿管、坐骨、上臂骨"12词，有些是因为翻译之故，属于仿译过程中的偶合，或者尚未发现汉籍语源罢了。如："大脑""小脑"，《解体新书》开始翻译为"大脑髓""小脑髓"，属于仿译的偶合。如"尿管""牙床"等，古籍中已经出现，词汇形义没有发生变化，属于古词新用。

## （四）尿管

明代张介宾《景岳全书》（卷34）："使气从尿管透入膀胱，气透则塞开，塞开则小水自出，大妙法也。"同书卷39："又火之盛者，必热渴躁烦，或便结腹胀，口鼻舌焦黑，酷喜冷饮，眼眵尿管痛。"清代《医宗金鉴》（卷69）："凡生毒患，宜速溃，根浅。但遇根深，迟溃腐伤尿管，漏溺不能收敛者至险。"

## （五）牙床

《大词典》收录该词，义项有三，一是"饰以象牙的眠床或坐榻，亦泛指精美的床"，首举南朝萧子范《落花》诗："飞来入斗帐，吹去上牙床。"二是"即齿龈"，三是"中医指下颌骨"，后二义项未举用例。其实，作为医用术语，南北朝佛经文献已见。《正法念处经》（卷11）："既烧齿已，次烧牙床；烧牙床已，次烧项骨；烧项骨已，次烧背骨。"明清医学典籍亦可见。如《普济方》（卷66）："右等分为末，先以炭一块为细末，揩痛处，连牙床并揩净，以药擦痛处。"《证治准绳》（卷84）："上下牙床溃烂，舌板堆裹黄垢，名曰'口疳'。若不早治，则床脱牙落而成漏矣。"《医宗金鉴》亦有承用。

从目前的研究成果可知，《解体新书》等兰学文献没有直接影响合信等后期传教士译述，其兰学词汇主要通过明治后期进入中国语。但是，有一种情况必须特别注意，即见流不见源，模糊了中日间词汇交流的多维流向。例如："动机""分泌""化脓"等。

## （六）动机

《日国》认为，"动机"一词早见于兰学文献《历象新书》，指"推动物体、机械等活动的原因，动力"，后来用于哲学、伦理学、心理学等领域。《大词典》中该词包含两个义项，一是"推动人从事某种事情的念头或愿望"，举毛泽东《纪念白求恩》等用例；二是"契机"，举孙中山《北上宣言》。《汉语辞源》（355页）在"促使人从事某种活动的念头"义项下首引1897年3月3日《时务报》："有二大动机，推移于冥默之间，而最为关键。"

按，在宋代典籍中，"动机"一词多有出现，且与今义基本相同。

1.《庄子口义》（卷3）："杜权不动之动也，权与机同，但机微而权则露矣，于杜闭之中，而动机已露。"

2.《南华真经义海纂微》（卷21）："于杜闭之中而动机已露。"

"机"，指事物变化的缘由。《庄子·至乐》："万物皆出于机，皆入于机。"成玄英疏："机者发动，所谓造化也。""动机"也常常出现在道教、佛教典籍中，简省自"动之机"，表示自然万物生机之缘由。如唐代《成唯识论疏义演》（卷7）："佛即约现行次第，说诸法如幻、因果不离等四胜义也。故动机有异，不可齐责。"

明清文献多有其例。

1.《读易余言》（卷3）："夫风者，动机也。驱水气至则寒凉，驱火气至则温暖，风乌有寒暖哉！"

2.《天仙正理直论增注》（道原浅说篇）："此言凡遇有一动之炁，即要炼之以完一周天。若一天不炼，则真炁不长旺，而速于神化，又不可一周完。而不歇，虽无大害，亦迟其动机，为无益也。"又，"而静极之际，正有动机。"注曰："动之机，顿然之觉，不着世事，故言机。"

3.《御览经史讲义》（卷8《周易》）："自人言之则显，而立言行事微，而积虑处，心皆动机也。"

"动机"又作"动几"。王夫之《读四书大全说》（卷10）："盖吾心之动几，与物相取，物欲之足相引者，与吾之动几交，而情以生。然则情者，不纯在外，不纯在内，或往或来，一来一往，吾之动几与天地之动几相合而成者也。释氏之所谓心者，正指此也。"

## （七）分泌

《大词典》收有该词，释为从生物体的某些细胞、组织或器官里产生出某些物质，未举书证。《日国》首引《医范提纲》用例，揭示幕末至明治初又作为英语"secretion"的译语而固定下来。《汉语辞源》（455页）释义为"生物体内的腺体或细胞产生某种物质的过程"，首例引1903年项文瑞《游日本学校笔记》。

按，"泌"有"分泌"之义，本义指由细小的孔或缝排出、渗出。"分泌"一词，早见于明代医籍，其义表示初步经过胃消化的饮食，又需要经历小肠的泌别清浊作用，古今词义有别。古代医书中则明代李时珍《本草纲目》（卷1）已见该词："解肌（石膏　白芷　升麻　葛根），小肠主分泌水谷，为受盛之官。"《续名医类案》（卷26）："此中宫虚热，津液下陷，膀胱气化，不能分泌以归脾。"

作为表示"液体渗出"的"分泌"一词源自其本义，词义范围缩小至特指细胞液体渗出，从而固定使用于医学领域。

## （八）化脓

《日国》认为"化脓"一词早见于兰学医籍，明治初期的《医语类聚》用作"Diapyema"的译语因而固定下来。《大词典》释义为"人或动物体的组织因细菌感染而发炎生脓"，列举杨沫《青春之歌》第二部第二十章。《汉语辞源》（682页）中举1857年合信《西医略论》（卷上）之例。

按，"化脓"一词，宋代以来医书屡见，例如：

1.《卫济宝书》（卷下）："六化丹，即犀角丸。易名以神贵，其药而俗子所珍。因其能化风、化热、化毒、化结、化积、化脓为水，故曰'六'也。"

2.《仁斋直指》（卷22）："消毒只如汤泼雪，化脓渐使肉生肌。"

3.《妇人大全良方》（卷23）："如毒气已成，能化脓为黄水，毒未成，即于大小便中通，利疾甚。"

古典医籍中的"化脓"与现代含义稍有不同，它是指"从局部渗出"。日本兰学文献《厚生新编》正是使用古典医籍这一义项："内外诸科に於いて肿疡の于液を收敛して消散せしめず化脓を促して终に溃破せしめて其疮を愈す剂なり。"古代医籍中有"六化"之说，"化脓"意为"使脓变化"，如"化脓为黄水""化脓为水"。明代《普济方》《赤水元珠》《证治准绳》《本草纲目》《景岳全书》等，均多处可见。"化""脓"在古代医学典籍中词义逐渐黏合，变作合成词。同时，"化脓"之"化"，词义发生转移，由"变化"演化为"产生"，从而使得

"化脓"由"从局部渗出脓液"义演变为"产生脓液"。

## 三　中国后期西学与中日词汇源流

中国后期西学指1807年马礼逊来华后至20世纪初叶，前后跨度近一百年，主要是编撰英华/华英辞书，出版报纸、杂志、科学类书籍。辞书类如《华英字典》（1815—1823）、《汉英字典》（1842—1843）、《英华韵府历阶》（1844）等。新闻类如《察世俗每月统记传》（1815—1821）、《遐迩贯珍》（1853）、《六合丛谈》（1857）等。在此以马礼逊《华英字典》为例，说明从历时角度研究中日汉字词本末源流的意义。

关于《华英字典》中的新词问题，黄河清发表了《马礼逊辞典中的新词语》（2008）和《马礼逊辞典中的新词语（续）》（2009）二文，对马礼逊辞典中的新词语进行了整理研究，特别指出该辞典中新词在日本的传播和影响。经笔者统计，在流传至日本的词汇中，前一论文揭出31词，后论文揭出51词，除去二文重复的词汇，共计71词。其中，《汉语辞源》收录了52词，具体如下：

《马礼逊辞典中的新词语》：度量衡、堕胎、发酵、灌木、海运、合法、奇数、精神、乐园、卵生、炮火、炮眼、批评、铅笔、乔木、肉欲、使徒、新闻、胸骨、眼科、演习、英文、折尺、支出、知识、直肠。

《马礼逊辞典中的新词语（续）》：磅、包皮、被告、薄荷糖、草纸、雕塑、堕胎、发酵、帆布、风化、关系、海獭、合法、奇数、精神、狂犬、卵生、码、末日、默示、柠檬、品质、上告、手淫、显微镜、行为、阴茎、阴毛、宇宙、预言、真理、知识、直肠、纸张。

在此，不妨以上述52词为标本，对中国后期西学与中日词汇交流问题做初步考察。首先，有些汉字词只要查检《大词典》或《日国》所示语源，源流问题基本清楚，如"度量衡、灌木、海运、奇数、卵生、炮火、乔木、胎生、堕胎、胸骨、眼科、原价、被告、草纸、狂犬、疟疾、上告、行为、阴毛、纸牌"等。

其次，有些汉字词虽然未被辞书收录，或即使收录亦用例晚出，但在历时文献中早已出现，并不属于马礼逊双语辞书创制的新词。例如：

### （一）发酵

《日国》首举《舍密开宗》（1837—1847）用例，意指酵母、细菌、霉菌等微生物，分解有机物或者因氧化还原而变成有机酸类、二氧化碳等情况。《汉语辞源》（403页）首例引1819年马礼逊《华英字典·PartⅡ》。

按，该词至迟明代即已出现。方以智《通雅》卷39："萧子显《齐书》曰：永明九年正月诏，大庙四时祭荐宣皇帝，起面饼。注曰：'今发酵也'。智按，韦巨源食单，有婆罗门轻高面，正笼蒸馒头发酵浮起者也。"清陈元龙《格致镜原》（卷25）："发酵使面轻高浮起，炊之为饼。"

## （二）海獭

《日国》视为"あしか（苇鹿）"的异名。《笺注和名抄》（1827）："苇鹿〈略〉按，本草拾遗云：海獭大如犬、脚下有皮、如人胼拇、毛着水不濡。"《汉语辞源》（619页）首举1643年方以智《物理小识》用例，亦引1819年马礼逊《华英字典·PartⅡ》用语。

按，宋代《证类本草》（卷16）："海獭，味咸无毒，主人食鱼中毒，鱼骨伤人，痛不可忍，及鲠不下者，取皮煮汁服之。"明代《本草纲目》（卷4）："海獭皮。"又，明代《山堂肆考》（卷219）："獭，……又有脚下皮如人胼拇毛着水不濡，谓之'海獭'。"元代王元恭修，王厚孙、徐亮纂，清代徐时栋校刊《至正四明续志》（卷5）："海獭，大如狗。脚下有皮，如人胼拇，毛着水不濡。"

## （三）炮眼

《日国》首举《玉石志林》（1861—1864）用例，意为"为了发射炮弹，打开炮塔、城壁、舰船而形成的洞穴"。《汉语辞源》（1143页）收列两义项，一是"工事上的火炮射击口"，与《日国》释义基本一致，首例引1822年马礼逊《华英字典·PartⅢ》。二是"爆破前在岩石等上面凿的孔，用来装炸药"，首举1953年《科学画报》。

按，《皇清开国方略》，成书于1786年，其卷7有例："二广五丈深，二尺皆刿木树。其内又筑拦马墙，间留炮眼，排列鸟枪炮，具众兵密布卫守城上，兵亦登陴坚守。"

## （四）纸张

《日国》首引《多闻院日记》（1543）用例："纸张沙汰了。"《大词典》举丁玲《一九三〇年春上海（之二）》："满地都是包过了东西的纸张。"《汉语辞源》（1943页）首举1819年马礼逊《华英字典·PartⅡ》。

按，明代《石洞集》（卷4）："本县榜文告示纸张工料四两。"明《辟邪集》（卷1）："若谓要人施舍些钱财，备办些斋饭，烧化些纸张，便是功果，恐彼二氏亦未必心服。"清代吴之振《宋诗钞》（卷57）载吴儆《寄题郑集之醉梦斋》："梅花霜雪姿，纸张蔬笋臭。"

当然，其中也有一些新词，就目前资料所见，可能最早见于马礼逊辞典，尚需进一步研究。如"乐园、肉欲、使徒、英文、折尺、磅、包皮、薄荷油、码、柠檬、手淫"等。还有一些据固有词汇引申的语义性新词，也许与马礼逊辞典有关。如"精神、批评、铅笔、新闻、知识、方向、东方、风化、关系、显微镜、预言、宇宙、真理"等。

## 四　日本明治维新与中日词汇源流

明治期间，日本出版了大量辞书及术语集，译介了许多西方文学作品和科学著作，形成数以千计的汉字新语。这些新的汉字词，随着晚清访日官员和清国留学生的文字西传，不断进入现代汉语词汇系统，形成庞大的日源词汇群。本节主要以鲁迅著作中的部分汉字词为例，说明明治之后日制汉字词对现代汉语的影响。

鲁迅著作中受日语影响的词汇主要有两类，一是尚未进入现代汉语系统的"日语词"，二是已被《大词典》等收录的日源汉字词。前者主要出现在鲁迅书信集及杂感之中，属于一时借用或个人用语，如"残念、名所、主催、食素、万年笔、自动车"等。后者则包括词汇性新词和语义新词，词汇性新词指日本创制的新汉字词，语义新词指借汉语固有词汇增添新义的汉字词。①

从《大词典》所收录的鲁迅词汇看，第一义项和首引用例出自鲁迅作品，可以初步判断为来自日本的词汇性新词。其中有的词汇已被《汉语外来词词典》等收录，有的则没有划入日源外来词研究的范围。被学界认定且被《大词典》等收录的日源外来词，如"版权、舶来品、策动、出版物、催眠术、毒素、废止、反感、敏感、社交、思潮、谈判、图案、喜剧、现实、象征、要素、意译、议员、债券、作品"等。

这些词未必最早见于鲁迅作品，但日词西传过程中，鲁迅发挥了重要作用，这一点是无疑的。笔者对以上汉字词进行初步文献调查，发现有的词古已有之，不能算是词汇性日源汉字词。例如：

### （一）裁判

《日国》认为"裁判"一词早见于《石清水文书》（1023），汉籍中

---

① 参见姚德怀《近现代汉语新词词源词典》"序"，汉语大词典出版社2001年版。

没有用例。《大词典》义项收列有四，一是"法院根据事实，依照法律，对诉讼案件加以裁定和判决"，首例引李大钊《"五一"MayDay运动史》；二是"泛指对事情的是非曲直进行评判"，首例引鲁迅《呐喊·一件小事》；三是"根据体育运动的竞赛规则，对运动员的竞赛成绩和在竞赛中发生的问题作出评判"，未举用例；四是"指在体育竞赛中执行评判工作的人"，首例举柯岩《快活的小诗·看球记》。

实际上，"泛指对事情的是非曲直进行评判"之"裁判"，唐代即已出现，如杜牧《樊川文集·原序》"樊川集原序"："至于裁判风雅，宰制典刑，标翌时济物之才，编志业名位之实，则恭俟叔父中书公于前序。"此处的"裁判"为对"风雅"进行评价判断，而非法学层面的词义。又，"依照法律，对诉讼案件加以裁定和判决"之"裁判"，宋代即已出现端倪，如吕祖谦《宋文鉴》（卷87）："故立大中之法，裁判天下善恶而明之以王制。"

可见，"裁判"一词无论是法学领域上的依法裁决之义，还是评判之义，古已有之。"裁判"一词经由鲁迅作品流播至日本，实非全新的和制汉语。

## （二）废止

《大词典》释义为"取消，停止使用"，引鲁迅《三闲集·无声的中国》用例："当时又有钱玄同先生提倡废止汉字，用罗马字母来代替。"《日国》引《布令字弁》（1868—1872）："废止，ハイシ　ヤメルコト。"

按，"废止"一词早见于宋代文献，词义一致。如《册府元龟》（卷500）："明帝即位，初禁鹅眼綖环钱，其余皆通用，复禁民铸，官署亦废止。"宋王得臣《麈史》（卷上）："近年如藤巾、草巾俱废止，以漆纱为之，谓之'纱巾'。"宋吕祖谦《春秋左氏传续说》（《续金华丛书》）（卷1）："自秦以来三时皆废止于秋时，讲武世之论者，遂谓古制三时。"

其中，有的虽然没有划入日源外来词范围，但《大词典》首例为鲁迅作品，基本可以作为候补性日源汉字词，如"排货、爆弹、布达、部员、残存、策源地、差违、超人、持续、初版、初等、锄烧、创刊号、创作家、趣旨、粗制滥造、催进、代价、投稿、读物、独身主义、飞行机、分店、公益、构图、购买力、国民性、机关炮、畸形、加盟、警吏、痉挛、局部、理想乡、女性、普通教育、轻气、全线、全权、燃料、人身攻击、神经质、世纪末、书店、新陈代谢、业绩、诊断"等。

这些词有的古已有之，为古汉语既有之词，只是没有收入辞书罢了。例如："布达"早见于明代孙传庭《白谷集》（卷4），"残存"早见于明代祝允明《怀星堂集》（卷13），"催进"一词早见于《晋书》（卷67），"业绩"一词早见于宋代韦骧《钱塘集》（卷9）。

语义新词中，不少也是经由鲁迅等引进现代汉语中，属于日源外来词研究范围。例如："反对、注射、水道、经济、经费、理论、浪人、历史、漫画、信用、唯心、影响、资料"等。但有些词作为语义新词大概没问题，至于是否源自日语，是否经由鲁迅作品引介，则需要进一步研究，如"同意、弛缓、出场、大将、登载、随笔、恶作、官报、观光、观赏、候补、幻灭、灰色、纪念、记事、剧曲、课题、广泛、凝固、偶像、前记、情死、热烈、胜利、书房、曙光、问题、学问、修辞、音译、语法、原状、赞同"等。

总之，以近现代为中心的中日词汇比较研究，是汉语词汇史和日本国语学研究的重要课题。前辈时贤做了大量的基础性研究工作，取得了不少成果。但是，中日词汇的双向流动，关系复杂，文献浩如烟海，要廓清其来龙去脉，绝非易事，亟须对一些疑难汉字词，做个案式文献调查，以此推动近现代中日词汇交流史研究。

# 参考文献

## （一）中国出版

王立达：《现代汉语中从日语借来的词汇》，《中国语文》1958年第2期。

高名凯、刘正埮：《现代汉语外来词研究》，文字改革出版社1958年版。

北京师范学院中文系汉语教研组：《五四以来汉语书面语言的变迁和发展》，商务印书馆1959年版。

刘正埮、高名凯、麦永干、史有为：《汉语外来词词典》，上海辞书出版社1984年版。

纪昀等：《景印文渊阁四库全书》，中国台北商务印书馆1986

年版。

纪昀等：《文渊阁四库全书》（电子版），上海人民出版社、迪志文化出版有限公司1999年版。

罗竹风主编：《汉语大词典》，汉语大词典出版社1986—1993年版。

［荷兰］高柏：《经由日本进入汉语的荷兰语借词和译词》，徐文堪译，载《学术集林（卷7）》，上海远东出版社1996年版。

何华珍：《日本汉字和汉字词研究》，中国社会科学出版社2004年版。

尚智丛：《传教士与西学东渐》，山西教育出版社2008年版。

沈国威：《近代中日词汇交流研究：汉字新词的创制、容受与共享》，中华书局2010年版。

沈国威：《汉语近代二字词研究：语言接触与汉语的近代演化》，华东师范大学出版社2019年版。

黄河清：《近现代辞源》，上海辞书出版社2010年版。

黄河清：《谈〈近现代辞源〉的得与失》，《语文建设通讯》（中国香港）2010年第96期。

李运博：《近代汉日词汇交流研究》，外语教学与研究出版社2018年版。

陈力卫：《东往东来：近代中日之间的词语概念》，社会科学文献出版社2019年版。

黄河清：《近现代汉语辞源》，上海辞书出版社2019年版。

史有为：《新华外来词词典》，商务印书馆2019年版。

朱京伟：《近代中日词汇交流的轨迹——清末报纸中的日语借词》，商务印书馆2020年版。

陈力卫：《语词概念研究中的古典追溯有何意义？——以〈四库全书〉电子版为例》，《亚洲概念史研究》（第7卷），商务印书馆2021年版。

## （二）日本出版

山田孝雄：《国语の中における汉语の研究》，宝文馆1940年版。

斋藤静：《日本语に及ぼしたオランダ语の影响》，筱崎书林1967

年版。

　　佐藤喜代治：《日本の汉语：その源流と变迁》，角川书店1979年版。

　　佐藤亨：《近世语汇の历史的研究》，樱枫社1980年版。

　　惣郷正明、飞田良文：《明治のことば辞典》，东京堂出版1986年版。

　　森冈健二：《改订近代语の成立》，明治书院1991年版。

　　沈国威：《近代日中语汇交流史：新汉语の生成と受容》，笠间书院1994年版。

　　荒川清秀：《近代日中学术用语の形成と传播——地理学用语を中心に》，白帝社1997年版。

　　大辞典刊行会：《日本国语大辞典》（第2版），小学馆2000—2002年版。

　　陈力卫：《和制汉语の形成とその展开》，汲古书院2001年版。

　　朱京伟：《近代日中新语の创出と交流：人文科学と自然科学の专门语を中心に》，白帝社2003年版。

　　舒志田：《〈全体新论〉と〈解体新书〉（重订版を含む）との语汇について——日本の洋学から中国への影响の可能性》，《或问》2004年第8期。

　　笹原宏之：《日本の汉字》，岩波书店2006年版。

　　笹原宏之：《国字の位相と展开》，三省堂2007年版。

　　佐藤亨：《现代に生きる幕末・明治初期汉语辞典》，明治书院2007年版。

　　黄河清：《马礼逊辞典中的新词语》，《或问》2008年第15期。

　　黄河清：《马礼逊辞典中的新词语（续）》，《或问》2009年第16期。

　　笹原宏之：《当て字・当て读み汉字表现辞典》，三省堂2010年版。

　　何华珍：《近代日中间における汉语の交流の历史》，《日本语学》2011年第7期。

## （三）数据库

　　CBETA中华电子佛典协会全文检索平台：https://cbetaonline.dila.edu.tw/search/

# 明治初期的《医语类聚》与
# 中日医学汉字词研究*

　　《医语类聚》，初版于1872年，1877年增订出版，是日本海军医生奥山虎章编纂的一部欧日对译辞书，集幕末明治初期西方医学译语之大成。考其汉字词之源流，实乃中日欧医学文化交流及语言接触之化石。其中，或直接继承汉唐以来传统医学词汇，包括明清时期传教士医学译词，或利用汉字语素全新创制医学语词，包括日本兰学新词和据古汉语词汇加以引伸、扩展、转用的语义新词。①本文继拙文《近代中日医学词汇探源》《近代日中间における汉语の交流の历史》之后，全面调查初版《医语类聚》②汉字词汇，对照《汉语大词典》《日本国语大辞典》《近现代辞源》等代表性辞书，检索《四库全书》等文献数据库，考察《医语类聚》医用词汇源流，揭示中日医学汉字词研究对于大型辞书编纂、汉语词汇演变、中日文化交流的价值和意义。

## 一　见于《医语类聚》的中国古代医学词汇

　　中医古籍，浩如烟海，博大精深。此为西医东渐在医学术语现代化方面提供便捷途径。对照《汉语大词典》，不仅可以窥见《医语类聚》蕴含着丰富的中国传统医学信息，而且可以弥补《汉语大词典》的缺失或不足，为汉语词汇史研究提供借鉴。

　　（一）《医语类聚》中的许多汉字词，为古代医籍常见语词，《汉

---

＊　本文原载《语文建设通讯》（中国香港）2012年第101期。

①　高野繁男从词汇结构视角，对《医语类聚》汉字词进行分类探讨，并编著语词索引。参阅高野繁男《医学用语における语基と基本汉字——〈医语类聚〉の译语》（《人文学研究所报》1983年17卷），《明治期·医学用语の基本语基と语构成——〈医语类聚〉の译语》（《人文学研究所报》1984年18卷）。

②　本文引用版本为高野繁男《明治期专门术语集·医语类聚》（有精堂出版，1985年）。

语大词典》不但收释且书证丰富，《医语类聚》以古语对译西语，域外证古，古为今用。如嗳气Eructation①、胞衣Afterbirth、病因Cause、齿龈Uloncus、胆汁Bile、堕胎Abortion、耳轮Auricle、耳鸣Bombus、分娩Apocyesis、感染Affection、关节Arthrosis、黄斑Yellowspot、回肠Ileum、健忘Amnesia、解毒Alexipharmie、金刚石adamas、禁酒Abstemions、苦闷Astasia、神医Asclepiadoea、生育Anaptyxis、失望Abulia、痛风Arthriticusveries、脱肛Archocele、腕骨Carpus、下痢Diarrhoea、消毒Antidote、消化Coctio、斜视Luscitas、性急Acute、羊脂adepsovillus、月经Menses、脂肪Adipose、赘肉Hypersascosis等。

（二）《医语类聚》中的许多汉字词，虽为古代医籍常见语词，《汉语大词典》收释而书证晚出。若单从书证时间上判断，极易理解为来自日语的汉字词汇，实际早见于中国传统医籍。如感觉Dysaesthesis、化脓Diapyema、健康Correlation、颈动脉Carotids、脑膜Meninges、摩擦Anatripsis、胎儿Basiocestrum、夜盲Hemeralopia、蒸发Effluvium、蒸馏Destilla等词，均出现于汉语古籍，古今中日语义一致，拙文《近代日中间における汉语の交流の历史》等已有发覆考辨。再如：

鼻管Ductusadnasum　《汉语大词典》举殷夫《血字·都市的黄昏》例："（汽油）的烟味刺入鼻管。"按，该词明清医籍屡见。《普济方·婴孩诸血痔疾门·治秋夏鼻衄》（卷389）："急以生萝卜取根捣自然汁，仰头滴入鼻管中即止。"《赤水元珠·鼻门》（卷3）："宜养胃实，营气阳气宗气上升，鼻管则通矣。"《续名医类案·鼻》（卷22）："丹溪治一中年人，右鼻管流浊且臭。"

病院Hospital　《汉语大词典》首举鲁迅《且介亭杂文·忆韦素园君》例："也许素园已经咯血，进了病院了罢，他不在内。"按，该词早见于宋代，至明清习见。《东坡全集·与王敏仲八首》（卷77）："莫可擘划一病院，要须有岁入课利供之，乃长久之利，试留意。"②艾儒略《职方外纪》（卷2）："又有病院，大城多至数十所。"

---

① 词条后的英语（含拉丁语等）单词见于《医语类聚》，原文排列于汉字词汇之前，不过有些汉字词并非一对一翻译，有多译或共译情况，个别地方出现讹误。又，本文所考汉字词汇均按汉语音序排列。

② 据高承《事物纪原·库务职局部·贫子院》（卷7），唐宋间有"养病院"一词："《事始》曰：开元二十二年，断京城乞儿，官置病坊给廪食，亦为悲田院，或曰养病院，记之为其所始。"

内脏Viscera　　《汉语大词典》举艾青《光的赞歌》例："X光，照见了动物的内脏；激光，刺穿了优质钢板。"按，该词早见于隋唐，明清习见。《巢氏诸病源候总论·妇人杂病诸候·八瘕候》（卷38）："骨肉皆痛，手臂不举，饮食未复，内脏吸吸。"《普济方·诸虚门·五瘘》（卷226）："若或妄用喜怒，不节劳佚，兼致内脏精血虚耗，荣卫失度。"

黏液Mucous　　《汉语大词典》举马南邨《燕山夜话·楮树的用途》例："过去我们只知道楮树皮是造纸的好原料，却没有想到它的树叶、枝、茎、果实、皮下黏液等都是一些非常难得的特效药。"按，该词宋代已见。《诚斋集·得寿仁寿俊二子中涂家书》（卷15）："客有馈荔枝，泡篮风露色，绛罗蹙宝髻，冰弹溅黏液。"

脱臼Dislocation　　《汉语大词典》举巴金《关于〈海的梦〉》例："刚刚摔了跤，左肩关节脱臼。"按，该词早见于明代。《普济方·折伤门·诸骨蹉跌·乌头膏》（卷311）："治诸骨蹉跌，脱臼疼痛，兼伤折恶血结滞肿痛。"同书，《针灸门·腧穴图·侧面部中行十六穴》（卷414）："牙车脱臼，其穴侧卧，闭口取之。"《本草纲目·谷·黍》（卷23）收列"闪肭脱臼"附方。

吸收Absorption　　《汉语大词典》该词条列有4个义项，分别举巴金、聂荣臻、洪深、毛泽东等用例。按，该词早见于明代。《通雅》（卷17）："地中多窍，水吸则物随之。弱水不载，必下有气吸收。黄河乍清，或水物吸收耳。"

眼睑Eyelid　　《汉语大词典》首举柔石《人鬼和他底妻的故事》例："他有一副古铜色的脸，眼是八字式，眼睑非常浮肿。"按，该词早见于元代，明清习见。《世医得效方·眼科·小儿睑中生赘》（卷16）："眼睑中生赘子，初生如麻子大，日渐如豆悬垂睑内。"《普济方·眼目门·鱼胆贴眼膏》（卷73）："即入少许熟水调似膏，涂于帛上，贴在眼睑。"《本草纲目·金石·井泉石》（卷9）："得大黄卮子，治眼睑肿赤。"

（三）《医语类聚》中的许多汉字词，虽为古代医籍常见语词，《汉语大词典》虽收释但书证空缺。此种情况，往往容易误解为源自日本的汉字词，但若调查汉唐典籍，则均有本有源，实为中国传统医学词汇。[①]如便秘Coprostasis、分泌Crinoses、股骨Femur、骨膜Periosteum、喉头Corniculumlaryngis、脊髓Medullaspinalis、脐带Funiculusumbricales、气管Trachea、软膏Emplastrum、上肢Upperextremity、鼠蹊Groin、外耳Antehelix、胃液Gastricjuice、胸骨Haemalspine等，拙文《近代中日医学词汇探源》等已有考证。再如：

赤痢Blennenteria　　隋·巢元方《巢氏诸病源总论·痢病诸候·赤痢候》（卷17）："此由肠胃虚弱，为风邪所伤，则挟热，热乘于血，则流渗入肠，与痢相杂下，故为赤痢。"宋元医书《仁斋直指》《妇人大全良方》《世医得效方》等习见。

肺脏Hepatization　　隋·巢元方《巢氏诸病源候总论·带下白候》（卷37）："肺脏之色白，带下白者，肺脏虚损，故带下而挟白色也。"宋·陈自明《妇人大全良方·姙娠子烦方论》（卷13）："夫姙娠而子烦者，是肺脏虚而热乘于心，则令心烦也。"

腹水Hydroperitoneum　　该词当为"大腹水肿"之略，唐·孙思邈《备急千金要方》（卷64）："治大腹水肿、气息不通、命在旦夕者方。"明·汪机《外科理例·囊痈》（卷3）出现"腹水"一词："腹水已去，小便如常。"

肝脏Hepatoncus　　晋·葛洪《肘后备急方·治食中诸毒方》（卷7）："凡物肝脏，自不可轻噉。"元·危亦林《世医得效方·肝虚雀目》（卷16）："雀目者，肝脏虚劳，时时花起，或时头疼，年深则双目盲。"

漏斗Infundibulum　　元·王祯《农书·农器图谱》（卷16）："凡磨上皆用漏斗盛麦下之，眼中则利齿旋转。"明·王肯堂《证治准绳·准绳·七窍门·齿》（卷17）："用小瓦片置油拌榧子，烧烟，阁在水碗上，以漏斗覆之，以蛀牙受漏斗口中烟，其牙内虫如针者，皆落水碗中。"

麻疹Phoenicismus　　元·危亦林《世医得效方·小方科·活幼论》

---

① 《医语类聚》还收录了《汉语大词典》义项用例空缺的医学词汇，其实此亦早见于中国传统医学文献。如"软骨"表示"人或脊椎动物体内的一种结缔组织"一义，早见于明代医籍，《针灸问对》（卷下）："跗阳踝上三寸量，金门踝下软骨上。申脉丘墟前后安，昆仑踝后跟骨逢。"《闽中海错疏·介部》（卷下）："鳖，一名团鱼，一名脚鱼，卵生，形圆穹，脊连胁，四周有群，外肉内骨，而以眼听，行蹒跚，以蛇为雄，颈中有软骨，与鳖相似，名曰丑，食时当剔去之，不可与苋同食。"《类经图翼·经络》（卷7）："照海，在足内踝下一寸，陷中容爪甲。一云在内踝下四分，微前高骨陷中，前后有筋，上有踝骨，下有软骨，其穴居中。""饱和、病毒、催眠、发酵、龟头、阴茎"等，亦属此类情形。

（卷11）："热者潮热如疟；风热不减乳食；积热多吐；伤寒脚手冷；耳、鼻、脚梢、手指尖冷，乃麻疹之证。"明·薛己《薛氏医案·保婴撮要》（卷71）："治疮疹初起，发热咳嗽，似伤寒未辨麻疹。"

偏头痛Hemicrania　宋·杨士瀛《仁斋直指·东垣头痛论》（卷19）："如头半边痛者，先取手少阳、阳明，后取足少阳、阳明，此偏头痛也。"明·朱橚《普济方·偏头痛论》（卷44）："夫偏头痛之状，由风邪客于阳经，其经偏虚者，邪气凑于一边，痛连额角，故谓之偏头痛也。"

祛痰Anacatharticus　宋·杨士瀛《仁斋直指·痰涎》收有"辰砂祛痰丸"。明·王肯堂《证治准绳·类方·诸气门·祛风丸》（卷22）："此药宽中祛痰，搜风理气，和血驻颜，延年益寿。"

舌苔Fur　明·卢之颐《痎疟论疏》："更有一种汗烦喘喝消渴，饮冷水舌苔白潚，随饮随涸者。此属胸中热。若舌苔白滑者，此又属胸上寒。"又："更有一种舌苔白滑垢腻涎浊者，此有宿食未化也。"

肾脏Ferreincanalof①　隋·巢元方《巢氏诸病源候总论·鼻病诸候》（卷29）："若劳伤血气，兼受风邪，损于肾脏而精脱，精脱者则耳聋。"南宋·张杲《医说》（卷3）："此肾脏风虚，致浮毒上攻，未易以常法治也。"

胎动Quickening　汉·张机撰、清·徐彬注《金匮要略论注·妇人妊娠病脉证》（卷20）："未及三月，漏下不止，则养胎之血伤，故胎动。……至六月胎动，此宜动之时矣，但较前三月，经水利时，胎动下血，则已断血，三月不行，乃复血不止。"

阵痛Odin　宋·陈自明《妇人大全良方·疗产后虚羸》（卷21）："产宝疗产后虚乏，不思饮食，四肢皆倦，心腹阵痛，补虚治气。"明·朱橚《普济方·寒暑湿门》（卷117）："或如息肉，不闻香臭，咳嗽痰沫上，热如火下，寒如冰头，作阵痛。"明·王肯堂《证治准绳·大小腑门·疝》（卷14）："面色青黄不泽，脐腹阵痛搐搦不可忍，腰曲不能伸。"

（四）《医语类聚》中的许多汉字词，虽见于古典汉籍且为近现代常用语词，但《汉语大词典》缺收，考之则早见于中国传统文献。如"半球、齿槽、腹膜、合剂、肩胛骨、尿管、尿石、胃痛、心脏病、胸痛、趾骨"等，拙文《近代中日医学词汇探源》等已有辨考。再如：

---

① 原文译语为"歇儿林氏管、眼睑ノ又肾脏ノ"。

半醒半睡Agrypnocoma　　清·朱彝尊《曝书亭集·满庭芳·鹅》（卷29）："白毛红掌群，泛拔轻涟，只合呼他舒雁，无端是引颈，嗔船茴香下，半醒半睡，侧眼小如钱。"

鼻骨Nasalbone　　隋·巢元方《巢氏诸病源候总论·黄病诸候·黄病候》（卷12）："若其人眼睛涩疼，鼻骨疼，两膊及项强，腰背急，则是患黄。"明·方以智《通雅·動物》（卷46）："所谓鼻角曰食角，即鼻骨也。"

病室Ward　　宋·宋祁《景文集·悼祚禅师》（卷11）："一床空病室，五叶谶诸孙。"宋·张纲《华阳集·喜门客至》（卷34）："檐桷纵横仅满筵，维摩病室故萧然。"宋·陈著《本堂集·次弟观与雪航韵》（卷19）："笑图难赘余人契，病室应关一世愁。"

不孕Acyesis　　宋·陈自明《妇人大全良方·褚尚书澄求男论》（卷9）："是以交而不孕，孕而不育。"明·薛己《薛氏医案·妇人良方·妇人症痞方论》（卷31）："得冷则作痛，冷入子藏则不孕，入胞络则月水不通。"

产科Acconchaur　　元末明初陶宗仪《辍耕录·医科》："医有十三科，考之《圣济总录》，大方脉杂医科、小方脉科、风科、产科兼妇人杂病科、眼科、口齿兼咽喉科，正骨兼金镞科、疮肿科、针灸科，祝由科则通兼言。"

初生儿Infanticide[①]　　元·危亦林《世医得效方·小方科·葱汤圆治积神效》（卷12）："初生儿以一粒放口中乳汁下。"明·朱橚《普济方·婴孩唇舌口齿咽喉门》（卷365）："治初生儿至七日以来口噤方。"

缓解Remissio　　唐·王焘《外台秘要方·千金疗自缢死方》（卷二十八）："以蓝青汁灌之又极须安定身心，徐徐缓解，慎勿割绳抱取，心下犹温者，刺鸡冠血滴口中即活，男用雌鸡女用雄鸡。"[②]明末清初黄宗羲《明文海》（卷453）："上疏言，臣不能委曲停调，从容缓解，而封还御批，咈上取罪，诚万死不敢辞。"

脚气Beriberi　　南宋·张杲《医说·三皇历代名医》（卷1）："僧深，齐宋间道人也。少以医术知名，疗脚弱脚气之疾。"同书《医书·脚气灸风市》（卷2）："此真脚气也，法当灸风市，为灸一壮。"李时珍

---

① 原文译语为"初生儿ヲ杀ス"。

② 此为缓慢解开之义，与医用义异。

《本草纲目·大麻》（卷22）有"脚气肿渴""脚气腹痹"等。

结肠Colon 唐·王焘《外台秘要方·虚羸方》（卷25）："集验结肠丸，疗热毒下不断，不问久新悉疗之方。"明·朱橚《普济方·食治门》（卷258）："乌鸡法，治结肠飞胃，饮食入腹，经宿则吐，食粒不化。"清代《御纂医宗金鉴·诊心法要诀》（卷34）："两关见之，则主膈噎、反胃、液亡结肠之病也。"

经闭Dysmenia 宋·陈自明《妇人大全良方·调经门·月经序论》（卷1）列有"室女经闭成劳方论第九"。宋·杨士瀛《仁斋直指·调经诸方》（卷26）："血枯经闭者，以四物汤加红花、桃仁。"

老龄Caducity 宋·陈著《本堂集·同离孙童蒙游净慈》（卷11）："一年最佳处，分付老龄吟。"清代《御制诗五集·中秋日即事》（卷68）："便教四度当归政，仍拟来兹娱老龄。"

面部Comedones 唐·孙思邈《备急千金要方》（卷87）："面部第三行，阳白在眉上一寸直瞳子。"孙思邈《银海精微·五轮八廓总论》："急用摩风膏，擦摩面部。"宋·陈自明《妇人大全良方·拾遗方》（卷24）："治面部生疮，或鼻脸赤风刺、粉刺，用尽药不效者，唯有此药可治，神妙不可言。"

难产Carpotica 宋·董汲《旅舍备要方》有"治因漏胎胞干难产横逆不下"之方。元·王好古《医垒元戎·海藏五积论》（卷2）："寒热咳逆加枣，妇人难产加醋，始知用之非一途也，惟知活法者择之。"李时珍《本草纲目·服器部·凿柄木·主治》："难产，取入铁孔中木，烧末酒服。"

内障眼Hypophysis 南宋·张杲《医说·眼疾·治内障》（卷4）："熟地黄麦门冬车前子相杂，治内障眼有效，屡试信然。"宋·杨士瀛《仁斋直指·眼目证治》（卷20）："五退散治内障眼。"明·朱橚《普济方·眼目门·内障眼论》（卷79）："内障眼，凝结数重，异象多般。"

尿道Urinarius 明·朱橚《普济方·小便淋沥》（卷415）：西方子云，主淋小便赤，尿道痛，脐下结块如覆杯。同书《大小便诸疾类·淋癃》（卷423）："治五淋小便赤涩及治尿道痛，失精脐下，结如覆杯，阳气虚惫。"

吐痰Expuition 东晋·葛洪《肘后备急方·治寒热诸疟》（卷3）："依前法更服，吐痰尽方差。"宋·杨士瀛《仁斋直指·痰涎·痰涎方论》（卷7）："须臾吐痰，其痛立止。"

**胃病Gastropathy**　隋·巢元方《巢氏诸病源候总论·五臟六府病诸候》列有"胃病候"。唐·孙思邈《备急千金要方·胃腑方·胃腑脉论》（卷52）："胃病者，腹䐜胀，胃管当心而痛，上支两胁膈咽不通，饮食不下。"

**胃管Gullet**　西晋·陈寿《三国志·魏志·华佗传》（卷29）："督邮徐毅得病，佗往省之，毅谓佗曰，昨使医曹吏刘租针胃管讫，便苦欬众，欲卧不安，佗曰，刺不得胃管，误中肝也。"唐·孙思邈《备急千金要方·胃腑方·胃腑脉论》（卷52）："胃病者，腹䐜胀，胃管当心而痛，上支两胁膈咽不通，饮食不下。"

**胃弱Bradypepsia**　隋·巢元方《巢氏诸病源候总论·痢病诸候》（卷17）："痢断之后，脾胃尚虚，不胜于食。邪搏于气，逆上，胃弱不能食。"明·朱橚《普济方·胃腑门》（卷35）："参苓白术散，治虚劳胃弱，饮食不进，呕吐泄泻，及大病后调助脾胃。"

**虚脱Exarysis**　元·危亦林《世医得效方·大方脉杂医科》（卷9）："虚脱正元散，治下虚手冷自汗。"明·朱橚《普济方·诸虚门·大金液丹》（卷226）：然大泻大吐大虚脱证，得之极妙。

**血浆Liquorsanguinis**　明·朱橚《普济方·诸虫兽伤门·治风狗伤》（卷306）："用吮去血浆水洗毕纸上炒黄丹赤色贴之。"明·徐谦《仁端录·灌浆杂症治法》（卷6）："酒浆服药后必大渴，索饮切勿与之，俟索三四次，方与之，即刻顿成一身血浆。"

**忧郁病Lypemania**　明·张介宾《景岳全书·论情志·郁证治》（卷19）："若忧郁病者，则全属大虚，本无邪实。"明·孙承恩《文简集·祭汤雪怀文》（卷48）："谓欲使君一读而喜，开释忧郁病。"

**月经不调Amenorrhoaa**　唐·孙思邈《备急千金要方·妇人方》（卷7）列有"月经不调第二十一""杏仁汤治月经不调"等。宋·陈自明《妇人大全良方·调经门·养生必用论经病》（卷1）："《救急》疗妇人月经不调，或一月不来，或隔月不来，或多或少，脐下绞痛，面色痿黄，四体虚吸，羸瘦不能食方。"

**指骨Phalanga**　明·王肯堂《证治准绳·幼科·肝脏门·寒热往来》（卷99）："右用虎睛爪并指骨毛，以系小儿臂上，辟恶鬼。"同书《外科·损伤门·跌扑伤损》（卷118）："如指骨碎断，止用苎麻夹缚腿上。"

（五）《医语类聚》中的一些医学新词，早见于我国传教士文献，是传教士译词在域外的传承之例。如半球Hemisphere，作为数学和地理学用语，在《奇器图说》《新法算书》《坤舆图说》等明代文献中已经出现。蛋白Albumen、蛋白质Peptone，见于卫三畏《英华韵府历阶》及罗存德《英华字典》。手淫Masturbation、包皮Foreskin分别见于马礼逊《华英字典》。胎盘Placenta、血管Haematites、寒暑針Thermometer、兔唇Diastematocheilia、截瘫Paraplegia、偏瘫Semiplegia、远视眼Hyperpresbytia等汉字词，合信《医学五种》已有出现。①

但是，有些词虽然见于传教士文献，但在古代典籍中早有用例。例如：

圆锥Conefibre②　《近现代辞源》谓"圆锥"在利玛窦《理法器撮要》中称为"员锥"，邓玉函、王徵《奇器图说》（1634）称"尖圆"。1858年艾约瑟译《重学》（卷6）："一率，圆锥全质。"1873年丁韪良等《中西闻见录》第1号："地月之体；皆半向日而生明，半背日而生影，因皆小于日，故长影若圆锥然"。按，"圆锥"为传统数学术语，早见于唐宋时期。李籍《九章算术音义》"方锥，职谁切。方锥者，其积之形，如锥之方者，圆锥亦然"。李淳风注释《九章算术》（卷1）："若令其中容圆锥，圆锥见幂与方锥见幂，其率犹方幂之与圆幂也。"沈括《梦溪笔谈》（卷18）："算术求积尺之法，如刍萌、刍童、方池、冥谷、堑堵、鳖臑、圆锥、阳马之类，物形备矣。"

胸骨Sternum　在日本，该词早见于《解体新书》（1873）："胸骨。肋骨不至于此者、向胸见之、则或一二不过三。其第一肋之所著、沈而在气管之前。而与欠盆骨重着焉以下七肋、左右各凑蔽骨也。其蔽骨者、软而形如短剑。"在中国，则早见于1822年马礼逊《华英字典》："BREASTBONE，胸骨heungkuh；胸膛骨heungtangkuh。"1851年合信

① 参见何华珍《近代日中间における汉语の交流の历史》及余园园《1858年的〈妇婴新说〉与当时的医学新词》[《语文建设通讯》（中国香港）2011年第99期]。按："寒暑针"见《西医略论·脉管跳血囊论》（1851）："绑扎后，寒暑针验之，本热当少三、四度，此因血瘤暂减之故。"《内科新说·霍乱证论》（1858）："盖此时周身本热顿减，以寒暑针试之，仅七十七度，较平人少二十度。""兔唇"见《西医略论》（卷中）："缺唇，又名崩口，又名兔唇。小儿胎中带来，或阔或窄，或当中，或偏一边，或两边各缺，有时累及上腭，言语不清。"又，合信《医学五书》中，有些词与日本兰学译词形义一致，如"大脑Cerebrum""小脑Cerebellum""巩膜Sclerotic""脉管Anastomosis""胆管Cysticduct"等。从目前的研究看，日本兰学对合信译词是否产生直接影响尚不得而知，有待进一步研究。参舒志田《〈全体新论〉と〈解体新书〉（重订版含む）との语汇について——日本の洋学から中国への影响の可能性》，《或问》2004年第8号。

② 原文译语为"圆锥纤维"。

《全体新论》："近外有凸骨，如马乳之形，垂下粘连动肉一大条，斜落至锁子及胸骨，以助左右顾盼。"[①]按，该词早见于宋代医籍。《圣济总录纂要》（卷25）："胸骨不成者，能立而死。"《仁斋直指》（卷7）："如斗家胸骨扑伤，刺痛无已，散血之剂罔功。"

倒经Gastromenia　1858年合信《内科新说》卷上："妇女月经不行，每月吐血一次，有定期，此名倒经。"按，该词在清代医籍中习见。《伤寒兼证析义·中风兼伤寒论》："次以金匮下瘀血汤作丸，归脾汤下之，倒经血溢于上者亦然。"《续名医类案·经水》（卷31）："意其经水过期，乘肝火上逆而出，即俗名倒经是也。"

腋下Acclla　1858年合信《妇婴新说》卷下："小儿污浊或尿布腌累致腋下、腿椏、肾囊等处皮红破或痒痛，应洗净。"按，该词早见于晋代。《肘后备急方》（卷6）："葛氏疗身体及腋下狐臭方，正旦以小便洗腋下即不臭，姚云大神验。"又，隋代《巢氏诸病源候总论·瘿瘤等病诸候》（卷31）："腋下常湿，仍臭生疮，谓之漏腋。"

食管Esophagus　1851年合信《全体新论·脏腑功用论》："破边胃经图：食管、贲门、幽门、胆管。"按，该词明清医籍习见。《仁端录·呛逆门》（卷10）："喉中气食二管。气管即喉咙，又名会掩，细容一线，在喉之前。食管即咽嗌也，甚宽，在喉之后，饮食入喉，先以会掩其气管，水谷方从食管入胃。"《续名医类案·伤损·小儿》（卷28）："盖骨哽之后，用哽物压之，伤其胃脘，必有瘀血停畜膈间，将食管逼向后，故饮食觉从背下也，但销去瘀血，使食管复原，胸膈之痛可瘳矣。"

失血Angiorrhagia　1851年合信《全体新论·血脉运行论》："西国有借血之法，或人失血病危及产妇濒死者，医士知其血小罔救，尝用机巧水筒，借取壮人之血，灌入病者回血管内，移时复苏，是以活者数矣。"按，该词早见于汉唐医籍。汉·张机撰、清·徐彬注《金匮要略论注》（卷20）："产后续下血不绝，此因失血血虚而正气难复。"又，隋代《巢氏诸病源候总论》（卷36）："夫金疮失血，则经络空竭，津液不足。"宋·严用和《济生方》（卷6）："有若崩漏者，失血过多，变生诸证，悉宜服之。"

止血Enaemon　1858年合信《内科新说》卷上："若血从断口标流不止，头昏面白，即时死，惟急用绑扎止血法，方可望救。"按，该词早见

---

① 参见《近现代辞源》，第835页。下文涉及合信引文时，亦有参照之处。

于唐宋。孙思邈《备急千金要方·妇人方》（卷7）："治崩中下血羸瘦少气调中补虚止血方。"宋·王衮《博济方·顺中散》（卷1）："服此顺中散，亦能解毒止血。"

## 二　见于《医语类聚》的近代日本医学新词

### （一）见录于《汉语大词典》的日本医学新词

1.结构新词。18世纪以来，日本在以兰学为中心的早期语言接触中，充分吸纳中国古代医学词汇，同时也创造了大量的"和制汉语"，甚至创制新汉字，并影响至明治期继而传入现代汉语，成为东亚汉字圈的通用医学词汇。如并发症Concomitant、利尿Diuresis、假死Asphyxia、结膜Conjunctiva、臼齿Cuspidate、下肢Lowerextremity、血球Bloodcorpuscle、神经病Neuraemia、韧带ligament、卵巢Ovarium、延髓Medullaoblongata等译词，源自日本兰学或英学文献，见录于《汉语大词典》，笔者有关文章已有考证。以下诸词亦为日本全新创造的医学词汇，早见于《医语类聚》或之前的日本文献，《汉语大词典》只有释义没有书证。[1]

（1）早见于《医语类聚》之前的兰学及相关文献。如百日咳（Chincough，俚言集览）[2]、处女膜（Hymen，扶氏经验遗训）、醋酸（Aceticacid，舍密开宗）、酒精（Spirit，七新药）、泪腺（Lachrymalgland，眼科新书）、马铃薯（Fuseloil[3]，物品识名）、肺动脉（Pulmonaryartery，解体新书）、溶解（Eliquatio，舍密开宗）、溶液（Solution，舍密开宗）、生理学（Physiology，百学连环）、输尿管（Ureter，医范提纲）、输精管（Vesdeferens，志都の岩屋讲本）、纤维（Funique，医范提纲）等。

（2）早见于《医语类聚》。如瓣膜Valvulae、干馏Drydistillation、过敏Allergy、呼吸道Tractusrespiratorius、结核病Phymatoses、流行病Panzootia、麦粒肿Stye、毛细管Capillaryvessels、脑神经Cranialnerve、气胸Pneumatothorax、乳腺Bulbifornicis、容量Pulmometer、摄护腺Prostatis、生殖器Aedoca、声门Glottisrima、液体Cyathus、液化Liquefaction、义眼Hypoblepharum、智齿Densspientiae等。

---

① 如果调查《人民日报》及相关数据库，大部分汉字词汇都可以找到书证。

② 括号中的文献出处参照《日本国语大辞典》，下同。

③ 原文译语为"马铃薯油"。

2.语义新词。有些医学词汇，日本借用古汉语既有之词对译西语，引而申之，赋予新义。例如，《医语类聚》中的癌Kelis、[1]恶性Malignant、动脉Artery、头盖Cranium、官能Function、灌肠Clysma、黄斑Yellowspot、寄生虫Ectozoa、蒸气Mephitism等。

### （二）尚未进入《汉语大词典》的日本医学新词

《医语类聚》中的一些汉字词，因其专业性强等原因，尚未被《汉语大词典》收录，但很多汉字词在现代汉语中频繁使用着。溯其源，这些词或早见于兰学及相关文献，或始见于《医语类聚》。

1.早见于《医语类聚》之前的兰学及相关文献。《医语类聚》将兰学译词对接英学词汇，在继承中烙上时代痕迹。如尺骨Ulna、点滴法Donehe、结石Lapis、皮疹Prurego、神经病Zenuwziekten、神经错乱Alienation、十二指肠Duodenum等，笔者已有考释。又如薄膜（Pallicula，解体新书）、肝胆管（Hepatocysticduct，解体新书）、干葡萄（Raisins，甲斐国志）、海绵（Spongia，重订解体新书）、间歇热（Aksis，厚生新编）、流产（Omotocia，和英语林集成初版）、尿酸（Urate，舍密开宗）、上腹部（Epigastricregion，重订解体新书）、视轴（Tractusopticus，新精眼科全书）、水晶体（Lens，新精眼科全书）、水样液（Aqueoushumour，解体新书）、预防法（Psophylatic，江木鳄水日记）、造鼻术（Rhinoplasty，远近新闻）、坐药（Suppository，内科撰要）等，亦在《医语类聚》之前的相关文献中出现。

2.始见于《医语类聚》的医学新词。《医语类聚》除继承前代医学词汇以外，还创译了不少新的汉字词汇。如癌肿Cancer、白血球Leucocythaemir、病毒感染Incubation、曹达Phosphassodae、耻骨Oodeocele、错视Crupsia、大便失禁Scoracratia、大阴唇Labiamajora、胆石Gallstone、蛋白尿Albuminuria、多血症Polyaemia、耳漏Blennotorrhoea、耳翼Pinna、骨质Osteotylus、黑癌Melanosis、黑胆汁Atrabiliarycapsule、黑内障Amaurosis、横膈膜Diaphragm、甲状腺Thyroidgland、甲状腺肿Cretin、精囊Vesiculascminalcs、泪管Lachrymalcanal、泪液Lachryma、马镫骨Stapes、盲孔Caecum、盲囊Shutsac、泌尿器Urinaryorgan、脑出血Encephalorrhagia、尿膜Allantois、尿素Azotouria、皮癌Epithelioma、强

---

① 　参见小川鼎三《医学用语の起り》，东京书籍1983年版。何华珍《日本汉字和汉字词研究》，中国社会科学出版社2004年版。

直症Tatanus、桡骨Radius、软骨膜Perichondrium、砂浴法Psammismus、舌癌Glossocarcinoma、舌癌肿Glossoscirrhus、舌带Fraenulumlingue、肾石Nephrolithiasis、肾盂炎Pyelitis、声门Glottisrima、石尿Lithuria、水癌Noma、髓癌Myeloma、糖尿Glucosuria、细胞膜Cellulosewall、细胞体Cell、小阴唇Labiainterna、斜颈Obstipitascapitis、心室Ventriclesofheart、血红素Cruorin、血液循环Circulation、咽喉炎Cynanche、咽头Pharynx、眼癌Scirrhophthalmis、硬癌Scirrhosis、造口术Stomatoplastic、砧骨Incus、镇痛Analgesia、镇痛药Analgicus[①]、蒸馏器Alembie、脂血症Piarhaemia、中耳Tympanum、中脑Mesocephale、子宫颈Cervixuteri等，亦首次以译词身份出现于《医语类聚》中。

　　总之，《医语类聚》蕴含着丰富的中日医学文化信息，几乎每个汉字词都可再现语言接触与文化交流之轨迹。以上通过辞书考索、数据调查、中日对比等方法，从语词源流视角对《医语类聚》中的主要汉字词进行了逐一的实证性考据分析，大致可以看出《医语类聚》汉字译词的基本来源，其中或为中国传统医学词汇的直接承用，或为古汉语词汇的启用、激活、转用，或承接兰学词汇进而扩大、融化、固化，或重起炉灶创造新词，等等。由于所涉语词众多，检索考证烦琐，加上资料有限，见闻不广，文中谬误在所难免，敬祈方家学者不吝赐教。

# 主要参考及引用文献

桂洲：《病名汇解》，植村藤右卫门1686年序。

谢观等：《中国医学大辞典》，商务印书馆1921年初版，中国中医药出版社1994年整理版。

王立达：《现代汉语中从日语借来的词汇》，《中国语文》1958年第2期。

高名凯、刘正埈：《现代汉语外来词研究》，文字改革出版社1958年版。

---

① 原文为Antalgicus。

马西尼：《现代汉语词汇的形成》，黄河清译，汉语大词典出版社1979年版。

高野繁男：《兰学资料の语汇—〈译键〉の语汇—》，《讲座日本语学5》，明治书院1982年版。

刘正埮等：《汉语外来词词典》，上海辞书出版社1984年版。

惣乡正明、飞田良文：《明治のことば辞典》，东京堂出版1986年版。

汉语大词典编纂委员会：《汉语大词典》，汉语大词典出版社1986—1993年版。

森冈健二：《改订近代语の成立》，明治书院1991年版。

沈国威：《近代日中语汇交流史：新汉语の生成と受容》，笠间书院1994年版。

大辞典刊行会：《日本国语大辞典》（第2版），小学馆2000—2002年版。

佐藤亨：《现代に生きる幕末・明治初期汉语辞典》，明治书院2007年版。

笹原宏之：《国字の位相と展开》，三省堂2007年版。

笹原宏之：《当て字・当て读み汉字表现辞典》，三省堂2010年版。

黄河清编著、姚德怀审定：《近现代辞源》，上海辞书出版社2010年版。

李汉燮：《近代汉语研究文献目录》，东京堂2010年版。

何华珍：《近代中日医学词汇探源——以〈医语类聚〉为例》，《中国语学研究开篇》（30卷），好文出版株式会社2011年版。

何华珍：《近代日中间における汉语の交流の历史》，《日本语学》，明治书院2011年第7期。

何华珍：《中日近现代汉字词源流摭考》，《语文建设通讯》（中国香港）2012年5月第100期。

《文渊阁四库全书电子版》，上海人民出版社、迪志文化出版有限公司1999年版。

# 近代中日医学词汇探源*
## ——以《医语类聚》为例

　　《医语类聚》，日本海军医生奥山虎章于明治六年（1872）撰成，明治十一年增订出版，收有英语医用术语4544词，日语译语4622词（单词总量4773词），是明治初期对译西方医学用语之集大成者。该书继承了《病名汇解》（1686）等传统医籍既有之词，也吸收了日本兰学及晚清传教士医学译词，同时也创造了新的医用术语。因此，《医语类聚》可说是研究中日欧医学文化交流及语言接触的标本库。本文以初版《医语类聚》为依据，以见于《日本国语大辞典》（下文简称《日国》）的词条为对象，对照《汉语大词典》（下文简称《大词典》）、《大汉和辞典》（下文简称《大汉和》）、《近现代辞源》（下文简称《辞源》）等代表性辞书，检索《四库全书》等文献数据库，对以下26个医学汉字词，进行中日源流对比的考察和辨正，揭示近代中日医学词汇研究对于大型辞书编撰、汉语词汇史研究的价值和意义。

## 一　半球

　　《大词典》《辞源》未收"半球"一词，《大汉和》收释而无用例。《日国》列有二义，一是数学用语，指球形一半，二是地理学用语，指地球一半。前者举《医语类聚》"Hemisphere半球"为首例，后者首举《米欧回览实记》（1877）用例。

　　按："半球"一词，作为数学和地理学用语，在明代文献中已经出现。《奇器图说》（卷1）："假如上圆图径线ae从径线开之，即作两半球，半球平面即重之径面也。"《新法算书·测量全义·论体》（卷92）："一面之体如球如卵，二面之体如半球半卵，圆角圆堆。"《坤舆图说·论地球大于月球》（卷中）："然地球大于月球，何验之耶？论

＊　本文原载《中国语学研究·开篇》（第30卷），日本好文出版株式会社2011年版。

曰：地影依前论为一尖圆体，而地之半球为底之环也。"

## 二 包皮

《大词典》"包皮"条下，列有三义，一指包装的外皮，举《儿女英雄传》例，二指表面的现象，举《西游记》例，三指阴茎前部覆盖龟头的外皮，例缺。《大汉和》亦收该词，未列用例。《日国》举《医语类聚》"Fore skin包皮"为首例。

按：据《辞源》，表阴茎前部覆盖龟头的外皮一义，早见于1822年马礼逊《华英字典》（卷1）"皮"条："包皮，the prepuee。"

## 三 便秘

《大词典》"便秘"条下，只有释义，没有用例。《大汉和》收"便祕"，谓同"便秘"，亦无用例。《日国》举《医语类聚》"Coprostasis便秘"为首例。《辞源》引用合信《西医略论》（1857）例："便秘不宜泻，只可用大黄一块，纳入肛门以引之。"

按："便秘"一词，源自"大小便秘涩"，隋唐医籍常见。合成"便秘"或"便祕"，屡见于明清医籍。《证治准绳·幼科·疮疡》（卷78）："口渴便秘，热毒内蕴也，用四顺清凉饮，佐以如圣饼。"《医门法律·辨黄长人伤寒疑难危症治验并详诲门人》（卷1）："凡伤寒病，初起发热，煎熬津液，鼻干口渴便秘，渐至发厥者，不问知其为热也。"《薛氏医案·妇人良方》（卷32）："便祕累日甚苦。"《外科理例·溃疡作痛》（卷2）："脉实便祕而痛者，邪在内也，宜下之。"

## 四 齿槽

《大词典》《辞源》，未收"齿槽"一词。《大汉和》，收释而无用例。《日国》举《医语类聚》"Alveolus齿槽"为首例。

按："齿槽"一词，明清医籍常见。《普济方·牙齿门·治齿不生》（卷70）："擦令热为佳。须擦齿槽，非齿断也。"《证治准绳·类方·治牙动摇疼痛》（卷37）："如齿初折落时，热贴齿槽中，贴药齿中，即牢如故。"

## 五 催眠

《大汉和》收有"催眠"一词，没有用例。《大词典》列有二义，一是"促使睡眠"，举叶圣陶《两封回信》例，二是"心理学上指用特殊方法引起一种类睡眠状态"，例缺。《日国》亦列二义，一指"促使睡眠"，举叶山嘉树1926年例，二指人为的使人进入睡眠状态，举《医语类聚》"Hypnagogic催眠"为首例。《辞源》举1906年吴荫培《岳云盫扶桑游记》中"催眠术法"例，证明"运用暗示等手段让人进入睡眠状态"义项。

　　按：表示"促使睡眠"义的"催眠"一词，早见于宋代文献，表示心理学意义的"催眠"，据古义引申，属于语义新词。《太仓稊米集·日出东南隅行》："吴蚕催眠欲成茧，罗敷采桑南陌头。"《刘彦昺集·题吕花园草堂代宋景濂先生作》（卷5）："官马乌鞲春踏霜，钟声催眠趋玉堂。"《敬业堂诗集·悯农诗和朱恒斋比部》："麦黄未及秋，晚蚕又催眠。"

## 六　蛋白

　　《大汉和》收"蛋白""蛋白质"，有释义无用例。《大词典》"蛋白"条下，列有二义，一指包在蛋黄周围，由蛋白质组成的透明的胶状物质，即蛋清，二指蛋白质，均无用例。《辞源》第一义项举1878年《格致汇编·化学卫生论》例："蛋分为三件，外为蛋壳，中为蛋黄，间为蛋白。"第二义项举1898年傅兰雅《植物须知》例："育养子胚之料，谓之植物蛋白（西名阿拉布门）。"《日国》举《医语类聚》"Albumen蛋白"为首例，"蛋白质"条下首举《七新药》（1862）例："土质·金质及び蛋白质と相结合して以て其の功を发す。"

　　按：《钦定四库全书总目·璇玑遗述》（卷107）："然如论日月东行，如槽之滚丸，而月质不变。又谓天坚地虚，旧蛋白蛋黄之喻，徒得形似，而喻为饼中有饼。其说殊自相矛盾。"晚清传教士文献中，"蛋白""蛋白质"译语，正式出现。卫三畏《英华韵府历阶》："GLAIR，蛋白，蛋青。"罗存德《英华字典》："Albumen蛋白。""Albuminous蛋白嘅，蛋白之类。""Protein蛋白质。"

## 七　腹膜

　　《大词典》未收"腹膜"一词。《大汉和》收释而无用例。《日国》举《医语类聚》"Peritonaeum腹膜"为首例。《辞源》举1907年孙佐译述《生理卫生新教科书》例："胃以下至直肠，皆覆于腹膜下。"

　　按："腹膜"一词，早见于宋代医籍，明代文献亦有用例。《圣济总录纂要·心腹痛》（卷12）："故上冲于心络而为心痛，下攻于腹膜而为腹痛，上下攻击则心腹疼。"《水蛊》（同上，卷10）："论曰，水肿之状，腹膜肿胀，皮肤粗黑，摇动有声。"《普济方·水病门·膜外气》（卷193）："水湿散溢于肌肤之间，气攻于腹膜之外，故谓之膜外气。"

## 八　肝管

《大词典》《辞源》《大汉和》，未收"肝管"一词。《日国》举《医语类聚》"Ductus hepaticus肝管"为首例，指肝脏组织内的细管。

按："肝管"一词，早见于唐代医籍，明代文献亦有用例。《外台秘要方·叙眼生起一首》（卷21）："黑白分明，肝管无滞，外托三光，内因神识，故有所见。"《普济方·眼目门·总论》（卷71）："此疾之源，皆从内肝管缺少，眼孔不通所致也。"

## 九　感染

《大汉和》收有"感染"一词，没有用例。《大词典》列有二义，一指传染，指病原体从有病的生物体侵入别的生物体，举清代《扬州画舫录》和《医宗金鉴》用例，二指通过语言或行动引起他人相同的思想感情和行为，举李大钊、巴金作品为例。《辞源》收列"传染"义项，举1919年汤尔和译《诊断学》下卷例。《日国》列有二义，第一义项举《医语类聚》"Affection感染"为首例，并在"语志"栏中说明，该词早见于中国的华英辞书及西医汉译书籍中，明治以来沿用至今。

按：表示疾病"感染"义，早见于明代医籍。《普济方·尸疰门·尸疰》（卷237）："夫尸疰者，尸病疰于人也，是五尸之一，挟外鬼邪毒之气，流疰于身，多因哭泣感染尸气而然。"《证治准绳·准绳·七窍门·目》（卷15）："此一章专为天时流行，热邪相感染，而人或素有目疾及痰火热病，水少元虚者，则尔我传染不一。"

## 十　合剂

《大词典》《大汉和》，未收"合剂"一词。《日国》举《医语类聚》"Raca hout马铃薯。〈略〉糊粉。及香窜物ノ合剂"为首例。《辞源》举1919年汤尔和译《诊断学》例："用炭酸苍铅和入水中或牛乳中为震荡合剂，或混于马铃薯粥、谷粉粥中，所谓苍铅粥，使患者咽下。"

按："合剂"一词，清代医籍屡见。《御纂医宗金鉴·订正仲景全书伤寒论注·柴胡桂枝干姜汤方解》（卷5）："少阳表里未解，故以柴胡桂枝合剂而主之，即小柴胡汤之变法也。"《订正仲景全书伤寒论注·辨温病脉证并治篇》（同上，卷12）："水解散，即天水六一散、防风通圣之合剂也。"《伤寒兼证析义·问中藏兼伤寒》："虽有合剂，不能复起，况兼伤于寒者乎？"

## 十一 肩胛骨

《辞源》未收"肩胛骨"一词。《大词典》《大汉和》，收释而无用例。《日国》举《医语类聚》"Omoplate肩胛骨"为首例。

按："肩胛骨"一词，见于明清医籍，现代日语表记又作"肩甲骨"。《普济方·折伤门》（卷309）列有"肩胛骨脱落法"。《御定医宗金鉴·周身名位骨度》（卷80）："髃骨者，肩端之骨也，即肩胛骨头臼之上棱骨也。"

## 十二 颈动脉

《大词典》《大汉和》《辞源》，未收"颈动脉"一词。《日国》举《医语类聚》"Carotids颈动脉"为首例。

按："颈动脉"一词，早见于晋代医籍。皇甫谧《针灸甲乙经·足阳明脉病发热狂走》（卷7）："因令偃卧，居其头前，以两手四指按其颈动脉，久持之，卷而切推之。"此语句，常为后代文献转述，如《灵枢经·刺节真邪》（卷11）、《类经·会通类·论治》（卷30）等。

## 十三 脑膜

《辞源》未收"脑膜"一词，《大汉和》收释而无用例。《大词典》首举柳亚子《二十世纪大舞台发刊词》"尽印于国民之脑膜"例，《日国》举《医语类聚》"Meninges脑膜（三膜ヲ总称ス）"为首例。

按："脑膜"一词，至迟见于清代医籍。《续名医类案·凉药遏经》（卷59）："且暂散，诊其脉洪浮，脑骨虽坠，脑膜未破，可救。"

## 十四 尿石

《大词典》《大汉和》《辞源》，未收"尿石"一词。《日国》举《医语类聚》"Urolithiasis尿石"为首例。

按："尿石"一词，至迟见于明代医籍。《普济方·小便淋秘门·治五淋》（卷214）："用燕尿取末，以冷水服五钱，旦服至食时当尿，尿石出。"《小便淋秘门·疗茎中淋有石方》（同上，卷214）："取鸡屎白半勺曝干，熬令香，捣筛为末散，酒服酩酊，日三服，到一二日，当下石，便当于器中，尿石下为验。"

## 十五　手淫

《大词典》《大汉和》，收释"手淫"，未列用例。《日国》举《医语类聚》"Masturbation手淫"为首例。

按：据《辞源》，"手淫"一词早见于1819年马礼逊《华英字典》（卷2）："手淫，manustupration。"1857年合信《西医医略论》（卷中）："男奸手淫为甚戒之。"1858年合信《内科新说》（卷上）："若心自不病，但因思虑过多，或读书太劳，或用力过度，或惊惧喜怒失度，或房事手淫，或醉饱无节，泻泄失血，或多食泻药，或夜不能寐，妇人或因月经不行，凡遇此等心跳病，医者应审察致病之故，断绝根由。"

## 十六　鼠蹊

《大词典》释"鼠蹊"为"大腿和腹部相连的部分"，没有用例。《大汉和》亦只有释义。《辞源》未收该词。《日国》举《医语类聚》"Groin鼠蹊"为首例。

按："鼠蹊"一词，古典医籍罕见。清卞永誉《式古堂书画汇考·居庸赋》（卷17）："填牛羊之牧谱，剧太行之回车，窘邯郸之故步，探鼠蹊于羞涩，问虬隧于迟暮。"

## 十七　胎儿

《辞源》未收"胎儿"一词。《大词典》首举茅盾《春蚕》用例："她第一次怀孕时胎儿在肚子里动，她也是那样半惊半喜的！"《大汉和》引《金匮要略·养胎》例句："儿在胎，日月未满，阴阳未备。"不见"胎儿"一词。《日国》举《医语类聚》"Basiocestrum胎儿ノ头ヲ穿ッ器"为首例。

按："胎儿"一词，宋代已出现，晚清传教士医籍屡见。《周易参同契解》卷中："谓君子居室，应在千里，正可为比，惟当顺阴阳之降，腾随行德而进止，如怀至宝，如获目睛，如养胎儿，如持满器，俟时之至，不可违于卦月。"《全体新论·胎盘论》（1851）："婴儿在胎，不饮不食。故孕妇脉管甚大，衔接胎儿脉管，（中略）胎儿肺经甚小，不能呼吸地气。"

## 十八　胎盘

《大词典》《大汉和》，收有"胎盘"，未列用例。《日国》举《医语类聚》"Placenta胎盤又娩随"为首例。《辞源》举1858年合信《妇婴新说》例："妊娠九月，胎盘径五分六寸，厚一寸。"

按："胎盘"一词，早见于合信医学译书中，不仅见于1858年《妇婴新说》，还见于1851年《全体新论》。该书专列"胎盘论"一节："胎盘，一曰胞衣，俗曰胎衣。乃胚珠胞外丝毛粘连子宫内膜，丝毛渐变为血管，妊胎三月而成，形圆如碟，径阔五分六寸，中厚一寸许。"

## 十九 唾液

《大汉和》收释"唾液"，未列用例。《大词典》该词下首举茅盾《某一天》例："他咽了一大口唾液，提高了调门说：'今天下午确息，抗战还是要继续！'"《辞源》首举1909年周树人《人生象学·本论》例："食品渐碎，唾液和之。"《日国》举《医语类聚》"Insalivation食物ノ唾液ニ混和スルコト"为首例。

按："唾液"一词，宋代已出现，明清医籍不乏用例。《圣济总录纂要·脏腑虚实门·肾虚多唾》（卷16）："治肾虚寒，唾液不休，心胸痞闷。"《普济方·肾脏门》（卷32）："人参散：治肾脏虚损，冷气所攻，下焦虚冷壅滞，唾液稠黏。"又："半夏丸：治肾脏虚损壅塞，唾液不休，心胸烦闷。"《痎疟论疏》："或食宿饮留，则唾液罔周，致齿舌燥涸者有之。"

## 二十 外耳

《大词典》《大汉和》，收释"外耳"，未列用例。《辞源》首举1851年合信《全体新论·耳官妙用论》例："水中传声亦易。人试浸耳于水，令人击水而听，其响数倍。故鱼无外耳，唯骨中有窍，窍内有膜，膜内有水，膜上有脑气筋近于脑际。若外水微响，应动耳中之水，即能闻听。至膀蟹虾类，时入水中，时出地上，亦无外耳。"《日国》举《医语类聚》"Antehelix外耳の内圆突起"为首例。

按："外耳"一词，见于明代医籍。《普济方·耳门·治耳久聋》（卷54）："以绵裹塞耳内，仍留一绵头垂在外耳中，脓出便可闻声，用时令热为妙。"

## 二十一 胃痛

《大词典》《辞源》，未立"胃痛"词条。《大汉和》收释而无用例。《日国》举《医语类聚》"Gastralgia胃痛"为首例。

按："胃痛"为病明，早见于宋元医籍，明清时广而用之。《仁斋直指·附诸方》（卷6）："草豆蔻丸，治客寒犯胃痛者。"《世医得效方·小方科·活幼论》（卷11）："其或四肢厥冷，吐泻加漱，面黯唇惨，胃痛鸦声，口生白疮。"《普济方·婴孩惊风门·总论》（卷373）："或胃痛，而啼哭无声，此证已危。"

## 二十二　胃液

《大词典》《大汉和》，收释"胃液"，然无用例。《辞源》首举1907年孙佐译述《生理卫生新教科书》例："胃液有强酸性。"《日国》举《医语类聚》"Gastric juice胃液"为首例。

按："胃液"一词，元明医籍屡见。《局方发挥》："其始也，胃液凝聚，无所容受；其久也，脾气耗散，传化渐迟。"《医宗金鉴·订正仲景全书伤寒论注》（卷6）："胃气虚则阳邪袭阴，故转属太阴。胃液涸则两阳相搏，故转属阳明。"《续名医类案·饮食伤》（卷12）："此始为火助胃弦而善食，继为火灼胃液而艰运。"

## 二十三　膝盖骨

《辞源》未立"膝盖骨"词条，《大汉和》收释而无用例。《日国》举《医语类聚》"Patella膝蓋骨"为首例。《大词典》举《水浒传》例："萧让、裴宣、金大坚三人睁眼大骂道：'逆贼快把我三人一刀两段了，这六个膝盖骨休想有半个儿着地！'"

按："膝盖骨"一词，宋代已经出现。《太平广记·异人四·张俨》（卷84）："又曰：'君可暂卸膝盖骨，且无所苦，当行八百。'张惧辞之。"《御纂医宗金鉴·编辑正骨心法要旨·胸背部·膝盖骨》（卷89）："膝盖骨即连骸，亦名膑骨，形圆而扁，覆于楗骱上下两骨之端，内面有筋联属其筋上，过大腿至于两胁下。"

## 二十四　心脏病

《大词典》《大汉和》《辞源》，未立"心脏病"词条。《日国》举《医语类聚》"Cardio pathia心脏病"为首例。

按："心脏病"一词，明清医籍已出现。《普济方·舌门·舌上出血》（卷59）："治舌上黑，有数孔大如箸，出血如涌泉，此心脏病。"《证治准绳·类方·戎盐丸》（卷24）："治舌上黑，有数孔大如箭，出血如涌泉，此心脏病。"

## 二十五　胸痛

《大词典》《大汉和》《辞源》，未立"胸痛"词条。《日国》举《医语类聚》"Pleurodynia胸痛"为首例。

按："胸痛"作为医用词汇，唐宋早已出现。《巢氏诸病源候总论·气病诸候·少气候》（卷13）："胸痛少气者，水在藏府。水者，阴气；阴气在内，故少气。"《圣济总录纂要胸痹门·胸痛》（卷11）："论曰，胸痛者，胸痹痛之类也。"《名医类案·血症》（卷8）："胸痛嗳气者，气虚不能健运，故郁于中而嗳气，或滞于上则胸痛也。"

## 二十六　血管

《大汉和》收有释"血管"，未有用例。《大词典》举茅盾《虹》例："青春的热力在血管里发酵了。"《日国》举《医语类聚》"Haematites血石又血管"为首例。

按："血管"一词，见于晚清传教士医学文献。《辞源》举1851年合信《全体新论·身体略论》例："人身肥网膜下，有动肉数层，其形圆扁，其色鲜红，周围裹合，坚骨在其中以辅佐之，使之有所附丽。在动肉与骨之间，有最要血管及脑气筋藏聚之处，所以免其易于被害也。"又，该词在《全体新论·胎盘论》中亦屡有出现，如"盘之体，半为孕妇血管，半为胎儿血管。"

# 参考及引用文献

## （一）参考文献

### 1.论著类

（1）日本出版

高野繁男：《医学用语における语基と基本汉字——〈医语类聚〉の译语》，《人文学研究所报》1983年，第17页。

高野繁男：《明治期・医学用語の基本語基と語构成——〈医语类聚〉の译语》，《人文学研究所报》1984年，第18页。

高野繁男：《医学类聚》（《明治期专门术语集》1），有精堂1985年版。

小川鼎三：《医学用语の起り》，东京书籍1983年版。

森冈健二：《改订近代语の成立》，明治书院1991年版。

沈国威：《近代日中语汇交流史：新汉语の生成と受容》，笠间书院1994年版。

陈力卫：《和制汉语の形成とその展开》，汲古书院2001年版。

朱京伟：《近代日中新语の创出と交流：人文科学と自然科学の专门语を中心に》，白帝社2003年版。

高野繁男：《近代汉语の研究：日本语の造语法・译语法》，明治书院2004年版。

笹原宏之：《国字の位相と展开》，三省堂2007年版。

宫田和子：《英华辞典の总合的研究：一九世纪を中心として》，白帝社2010年版。

千叶谦悟：《中国语における东西言语文化交流：近代翻译语の创造と传播》，三省堂2010年版。

何华珍：《近代日中间における汉语の交流の历史》，《日本语学》2011年第7期。

（2）中国出版

王立达：《现代汉语中从日语借来的词汇》，《中国语文》1958年第2期。

高名凯、刘正埮：《现代汉语外来词研究》，文字改革出版社1958年版。

北京师范学院中文系汉语教研组：《五四以来汉语书面语言的变迁和发展》，商务印书馆1959年版。

［意］马西尼著：《现代汉语词汇的形成》，黄河清译，汉语大词典出版社1979年版。

何华珍：《日本汉字和汉字词研究》，中国社会科学出版社2004年版。

沈国威：《近代中日词汇交流研究》，中华书局2010年版。

2.辞书类

诸桥辙次：《大汉和辞典》，大修馆书店1984—1986年修订版。

刘正埮、高名凯、麦永干、史有为：《汉语外来词词典》，上海辞书出版社1984年版。

惣乡正明、飞田良文：《明治のことば辞典》，东京堂1986年版。

汉语大词典编纂委员会：《汉语大词典》，汉语大词典出版社1986—1993年版。

大辞典刊行会：《日本国语大辞典》（第2版），小学馆2000—2002年版。

佐藤亨：《现代に生きる幕末・明治初期汉语辞典》，明治书院2007年版。

笹原宏之：《当て字・当て读み　汉字表现辞典》，三省堂2010年版。

黄河清：《近现代辞源》，上海辞书出版社2010年版。

## （二）引用文献

《景印文渊阁四库全书》，台北商务印书馆1986年版。

《文渊阁四库全书电子版》，上海人民出版社·迪志文化出版有限公司1999年版。

# 中日近现代汉字词源流摭考*

学界对中日汉字词的研究，主要集中在日源外来词方面。近年，对《现代汉语中从日语借来的词汇》《现代汉语外来词研究》《汉语外来词词典》《汉语大词典》等辞书及代表性论著，进行了纠谬补缺，取得了不少成果。但是，如果从汉语史角度入手，考察《汉语大词典》《大汉和辞典》《日本国语大辞典》《近现代辞源》等，联系中日学界的前期成果①，就会发现尚有许多问题。这些问题，有的已经划入外来词研究范围，有的尚未进入外来词研究视野。如果对日语学界的"和制汉语"②进行仔细的文献调查，进而梳理中日词汇流程，对于大型辞书编撰、汉语词汇史研究不无裨益。以下继拙文《近代日中间における汉语の交流の历史》③《近代中日医学词汇探源——以〈医语类聚〉为例》④之后，针对有关疑难语词，试探中日源流轨迹。不妥之处，请批评指正。

（一）充血　"充血"一词，《大汉和辞典》例缺。《汉语大词典》谓"因疲劳过度或受到刺激而引起的局部小动脉、毛细血管血量增加、血流加速的现象"，举方纪《三峡之秋》首例，《近现代辞源》举1904年《最新中学教科书》用语："Congestion，充血；血热。"《日本国语大辞典》首

* 本文原载《语文建设通讯》（中国香港）2012年第100期。

① 《明治のことば辞典》《现代に生きる幕末・明治初期汉语辞典》，汇集了大量的近代日语新词。个体词汇考证信息，参见李汉燮《近代汉语研究文献目录》，东京堂出版2010年版。

② "和制汉语"是一个日语概念，指日本人创制的汉字词。参见陈力卫《和制汉语の形成とその展》，汲古书院2001年版。

③ 《近代日中间における汉语の交流の历史》主要考证32词：蒸馏、视线、视角、趾骨、掌骨、腕骨、胛骨、脊髓、隔膜、股骨、胸骨、直肠、尿管、牙床、动机、分泌、化脓、摩擦、发酵、炮眼、人证、雕塑、帆布、海獭、默示、品质、阴茎、纸张、策动、裁判、象征、债券。

④ 《近代中日医学词汇探源——以〈医语类聚〉为例》主要考证26词：半球、包皮、便秘、齿槽、催眠、蛋白、腹膜、肝管、感染、合剂、肩胛骨、颈动脉、脑膜、尿石、手淫、鼠蹊、胎儿、胎盘、唾液、外耳、胃痛、胃液、膝盖骨、心脚病、胸痛、血管。

举《七新药》（1862）例："知觉机亢进し、下肢充血の模样あり。"

按："充血"一词，早见于明清医籍。其义盖指"血量增加、血流加速"，今义据此用之。《证治准绳·外科·心脏门·虚实》（卷81）："今治虚症，补气不补血者，何也？气有神而无形，补之则易充血。有形而无神，补血之药难收速效。"《御纂医宗金鉴·删补名医方论》（卷26）："俾饮食增而津液旺，以至充血生精，而复其真阴之不足。"

（二）抵抗　"抵抗"一词，《大汉和辞典》收列二义，没有用例。《汉语大词典》首举瞿秋白《乱弹·财神还是反财神》例，表"抗拒，抗击"义。《近现代辞源》举1903年汪荣宝等《新尔雅》例："二观念间之抵抗，能禁制之而归于静定者，谓之压制。"《日本国语大辞典》首举《舍密开宗》（1837—1847）例："然ども炊气も瓦斯も大气の压力に抵抗す气压弱きは为り易く盛なるときは为り难し。"

按："抵抗"一词，早见于明清文献。本义为"抗拒、抗击"之义，日本借用于化学领域。《明史·李敏列传》（卷185）："李敏诸人斤斤为国惜财，抵抗近幸，以求纾民。"同书，《列传第六十八》（卷180）："璋遂草疏，伪署御史陈景隆等名，言吉人抵抗成命，私立朋党。"《列传第八十七》（卷199）："王邦瑞抵抗权倖，踬而复起，郑晓谙悉掌故，博洽多闻，兼资文武，所在著效，亦不愧名臣云。"

（三）对抗　"对抗"一词，《大汉和辞典》收释而无用例。《汉语大词典》列有二义，一是哲学概念，指表现为剧烈的外部冲突的斗争形式，举艾思奇《辩证唯物主义讲课提纲》例；二指对立，抗拒、抗衡，举陈残云《山谷风烟》例。《近现代辞源》首举1900年《清议报》用例。《日本国语大辞典》分列二义，分别举《真理一斑》（1884）和《民法》（1896）用例。

按："对抗"表示"抗拒，抗衡"义，宋元时期早有出现。《资治通鉴·齐纪·和皇帝》（卷144）："请使两荆之众西拟随、雍，扬州之卒顿于建安，得捍三关之援；然后二豫之军直据南关，对抗延头。"《江湖长翁集·再次韵四首》（卷15）："翰墨场中对抗旌，黄陈一笔万钧轻。"《秋涧集·弹保定路总管侯守忠状》（卷92）："重之以官，凶焰何奈，以致不遵朝省，对抗使人，詈辱同僚，秽言肆口。"

（四）感觉　"感觉"一词，《大汉和辞典》收释而无用例。《汉语大词典》列有二义，一指接触事物所产生的知觉，举毛泽东《中国人民站起来了》用例；二指"觉得，认为"，举杨朔《雪花飘在满洲》例。《近现代辞源》首举1901年叶瀚译《泰西教育史》用例。《日本国语大辞典》认为该词由日本兰学者创制，首见于《译键》，之后作为"Sensation，Sense"译语，出现于幕末、明治初期的英和辞典。

　　按："感觉"一词，早见于唐宋文献。作为心理活动动词，其用法几乎与现代一致。李贺《酒罢张大彻索赠诗，时张初效潞幕》："陇西长吉摧颓客，酒阑感觉中区窄。"苏东坡《与佛印禅师三首》（卷81）"殇子之戚，亦不复经营，惟感觉老，忧爱之深也。太虚已去知之"。

　　（五）革新　"革新"一词，《大汉和辞典》收释而无用例。《汉语大词典》首举梁启超《近世文明初祖倍根笛卡儿之学说·绪言》用例，表示改革，更新。《日本国语大辞典》首举《小说神髓》（1885—1886）例。《近现代辞源》引1890年《日本国志》（卷14）："安政中，再收其地，置箱馆奉行，以总管全岛。王政革新，明治己巳八月，称全岛为北海道，设开拓使以治之。"

　　按："革新"一词，晋代以后多见。《宋书》（卷13）："但深练始终，大存整密，革新变旧，有约有繁。"《栾城后集·颍滨遗老传》（卷13）："自元佑初，革新庶政，至是五年矣。"

　　（六）幻觉　"幻觉"一词，《近现代辞源》未收，《大汉和辞典》《汉语大词典》收释而无用例。《日本国语大辞典》首举1907年用例，指在没有外在刺激的情况下而出现的不正常的知觉。

　　按："幻觉"一词，至迟出现于明代，与佛教禅宗有关。《武林梵志·幻住庵歌》（卷6）："幻住庵中藏幻质，诸幻因缘皆幻入。幻衣幻食资幻命，幻觉幻禅消幻识。六窗含裹幻法界，幻有幻空依幻立。"

　　（七）健康　"健康"一词，《大汉和辞典》收释而无用例。《汉语大词典》列有二义，分别首举周而复《上海的早晨》和魏巍《东方》用例。《日本国语大辞典》举有《七新药》（1862）、《西洋事情》（1866—1870）用例。《近现代辞源》举1890年《日本国志》例："施用可害健康物品使入疾苦者，与豫谋殴打创伤人者同刑。"荒川清秀撰有长文，论证中国古代用"康健"，日本近代译语用"健康"，[①]可商。

　　按："健康"一词，明代已出现。《翠渠摘稿·怀母歌送祁使君忧制东还》（卷6）："我昨有书来故里，书中亲致慈母语。谓我年来稍健康，弃官就养儿姑止。"同书，《贺林素庵处士应诏冠带序》（卷2）：

---

① 荒川清秀：《"健康"の语源をめぐって》，《文学·语学》2000年第3期。

"先生乌纱白髪，辉暎堂序，而且举止健康，犹少壮时。"①

（八）空气　"空气"一词，《汉语大词典》列有三义，一指清气，道教谓元气，举苏轼《龙虎铅汞论》等例；二指弥漫于地球周围的混合气体，举巴金《利娜》用例；三指气氛，举刘半农《拟装木脚者语》诗例。《近现代辞源》第二义项首举1857年《六合丛谈》用例："光射之，青色最易返照做空气、海水，皆见为青色也。"《大汉和辞典》举孙诒让《周礼政要》用例。《日本国语大辞典》认为该词为荷兰语"Lugt"译词，早见于《炮术语选》（1849），《英和对译袖珍辞书》（1862）承之对应英语air一词。荒川清秀撰长文，论证"空气"第二义项虽首见于前野良泽《管蠡秘言》（1777），而方以智《物理小识》（1664）已有"空气"一词，意为"空中之气"，认为"空气"源出明清早期洋学，传播至日本后广而用之。②

按："空气"一词，汉代多用"蒙气"或"濛气"，至宋代除指清气外，亦指天空之气。《营造法式》（卷25）记有用方砖造"透空气眼"一节。明代《新法算书·本气径差》（卷69）："彼所见满景四周之光，既不为蒙气所生，必为空气所生矣。"又："可见日四周之光，必生于蒙气以上，必为空气所生，或近于月轮在庚子两线之中，或在月轮之下不远矣。"《新法算书·历法西传》（卷98）："诸星运行，天体浑圆，地与海共为一球，地居天与空气之正中，地较天大不过一点。"

（九）内服　"内服"一词，《汉语大词典》列有二义，一指王畿以内的地方，与"外服"相对，早见于《尚书》等；二指将药物从口服下，与"外敷"相对，例缺。《近现代辞源》首举1857年《西医略论》"身弱内服补药"例。《大汉和辞典》于"内服"医用义下，列举《医按·灼艾痛痒论》示源。《日本国语大辞典》首举亦引《医按》语源例，同时首举《舍密开宗》（1837—1847）用语。

按："内服"一词，晋唐以来医籍屡见。《肘后备急方·治痈疽妬乳诸毒肿方》（卷5）："小品痈结，肿坚如石，（略）内服连翘汤下之。"《备急千金要方·少小婴孺方》（卷13）："以赤龙皮汤及天麻汤洗之，内服漏芦汤，不宜傅飞乌膏散，及黄连胡粉水银膏散，方具在别卷。"《仁斋直指·诸风》（卷3）："凡中风卒倒，用此膏加入汤药内

① 参见户川芳郎监修《全译汉辞海》，三省堂2011年版。
② 荒川清秀：《"空气"语源考》，载《香坂顺一先生追悼记念论文集》，光生馆2005年版。

服，或用此膏丸药。"

（十）确立　"确立"一词，《大汉和辞典》《近现代辞源》没有收列。《汉语大词典》举陈其通《万水千山》例："（会议）确立了毛主席的正确路线，确立了毛主席在全党的领导地位！"《日本国语大辞典》首举1899年《日本の下层社会》用例。

按："确立"一词，唐代早见，明清时承而用之。《晋书·列传》（卷37）、《册府元龟·宗室部》（卷283）："庶子确立。"《新法算书·历法西传》（卷98）："求太阳年日及时之平行，以定岁实，以确立推算之根。"《钦定授时通考·土宜·田制》（卷12）："令地方官将堤身所压之田，及两边取土之地，俱为丈明亩数，确立界址。"

（十一）确认　"确认"一词，《大汉和辞典》尚未收列。《汉语大词典》举1981年《小说选刊》例："当她第一次这样确认时，她脸红了。"《近现代辞源》举1921年《新青年》例："他们晓得确认资本家特权，妨碍社会主义的发展。"《日本国语大辞典》举坪内逍遥《内地杂居未来之梦》（1886）例："与论の方针は何处に向きけん。ほとほと确认（カクニン）する能はざりしといへば。"

按："确认"一词，明清屡见。《神农本草经疏·祝医》（卷1）："苟非确认形质，精尝气味，鲜有不为其误者。"《大清律例·刑律·强盗》（卷23）："凡强盗初到案时，审明伙盗赃数及起有赃物，经事主确认，即按律定罪。"《续名医类案·伤寒》（卷1）："门人问曰：病者云系阴症见厥，先生确认为阳症，而用下药果应，其理安在？"

（十二）软膏　"软膏"一词，《大汉和辞典》《汉语大词典》没有用例。《近现代辞源》举1909年《理科通证》例："鲸脑，即蜡分，可制蜡烛、石碱、软膏等。"《日本国语大辞典》举《七新药》（1862）例："外用は之を软膏となす、即ち十至二十を一包の脂膏に研和し用ふ。"

按：明代医籍有"软膏药"名。《普济方·诸疮肿门·诸肿》（卷278）："此药丸如黄豆大安于疮上，软膏药护之，开其疮口收住晕毒为妙。"《玉机微义·疮疡门》（卷15）："却用软膏药贴之，立验。"又，与"软膏"相对，有"硬膏"之名："右相和研令极细，以牛酥调如硬膏。"（《普济方·眼目门·目生肤翳》）

（十三）色盲　"色盲"一词，《大汉和辞典》没有用例，《汉语大词典》举茅盾《色盲》例，《近现代辞源》举严复《天演论》（1898）例如："色盲不能辨色。"《日本国语大辞典》引《思出の记》（1900—

1901）例："今の若い者に夫妻の撰択さすのは、色盲に幽禅の买物赖む
より犹ひどい。"

按：《老子》："五色令人目盲，五音令人耳聋，五味令人口
爽。""色盲"一词，盖源自宋元"五色盲"语。《淳熙稿·次韵王照邻
去秋送行并呈滕彦真》（卷3）："时时一披展，绝胜五色盲。"《紫山
大全集·观书既久目力稍弱作诗以自砺》（卷1）："不为五色盲，阅理
非所虑。"严复"色盲"用语早于日本，承用古语而非新造译语。

（十四）视觉　"视觉"一词，《近现代辞源》未收，《大汉和辞
典》没有用例。《汉语大词典》首举胡适《答蓝志先书》："其实'拼音
文字'是双方的，拼的音是'听觉的'，拼成的文字是'视觉的'。"
《日本国语大辞典》认为，"视觉"是兰学新词，首见于《和兰字汇》
（1855—1858），作为"gezigt"译词，之后为《英和对译袖珍辞书》承
用，并作为新的语词成分，至明治期普遍使用。

按："视觉"一词，作为眼科术语，早见于明代医籍。《薛氏医
案·原机启微》（卷7）："其病初起时，视觉微昏，常见空中有黑花，
神水淡绿色，次则视岐，睹一成二。"其中"视觉微昏"，还见于同书
卷8、卷57。《证治准绳》卷15、34、76，亦有引用。《景岳全书》（卷
60）则引为"视觉昏花"。

（十五）外用　"外用"一词，《近现代辞源》未收，《大汉和辞
典》例缺。《汉语大词典》列有二义，一指用于对外作战，举《商君书》
例，二指出任地方官，举袁枚《随园诗话补遗》例。《日本国语大辞典》
"外用"词下，列有医用义及其用例，如《厚生新编》《七新药》《医语
类聚》等。

按："外用"作为医学用语，早见于唐宋医籍。《银海精微》（卷
下）："右将吹咀阴连翘，外用净水二碗，先熬馀药仅半碗，入连翘同熬
至大盏许，去渣入银石器内。"《圣济总录纂要·疮肿门·丁肿》（卷
21）："共烂捣涂疮上，外用醋面纸封，自出。"《世医得效方·疮肿
科》（卷19）："右为末洗后掺疮上，外用绵子覆盖相护。"《物理小
识·医药类》（卷5）："内服胡麻丸，外用鳢肠。"

（十六）胸膜　"胸膜"一词，《大汉和辞典》《汉语大词典》，
未列用例。《近现代辞源》首举《生理卫生新教科书》（1907）例："胸
膜：肺之全部皆有薄膜包之，此薄膜曰胸膜，形如包肺之袋，肺之系定
处，但在其根部而下垂于胸腔。"《日本国语大辞典》认为，"胸膜"首

见于《解体新书》（1774），是对译荷兰语borstvliesde而产生的兰学新词。

按："胸膜"一词，早见于宋代。《圣济总录纂要·骨蒸付尸门·骨蒸肺痿》（卷14）："论曰，骨蒸肺痿者，由荣卫虚损，蕴热熏蒸上焦，传播胸膜，使人肺热叶焦，发为肺痿。"《医说·积·奇疾·檐溜盥手龙伏藏指爪中》（卷7）："此方书所不载也，当以意去之，归可末蜣螂涂指，庶不深入胸膜，冀他日免震厄之患。"

（十七）烟幕　"烟幕"一词，《大汉和辞典》谓"军事上、敌の目を遮蔽するために用ひる烟の幕"，未有用例。《汉语大词典》分列三义，一指军事上应用化学药剂造成的能发生遮蔽效果的浓厚烟雾，举魏巍《东方》用例，二指农业上为防止霜冻燃烧某些燃料或化学物质而造成的浓厚的烟雾，例缺，三比喻掩盖真相或本意的言行，举邹韬奋《我们对于国事的态度和主张》用例。《近现代辞源》收列"用化学药剂造成的烟雾"义项，举1934年《自然化学辞典》语例。《日本国语大辞典》列有军事用语例，见于1928年《步兵操典》。

按："烟幕"一词，早见于唐宋以来诗文，用于描写自然景象。《太平广记·张诜》（卷280）："至一城，舆马人物喧哗，阗咽于路，槐影四蓋，烟幕逦迤。"《可斋杂稿·霁后登水云阁凭栏偶成》："雨过云烟幕，天成水墨屏。"《莲峰集·春晚饮西湖上归借榻吴山睡起偶作》（卷1）："苍山为鬟水为鉴，烟幕霓裳秀而绮。"倪瓒《次韵曹都水》："隐几萧条听坞雨，竹林烟幕煮茶香。"

（十八）重力　"重力"表示"地球对地面物体的引力"一义，《大汉和辞典》《汉语大词典》均无用例。《近现代辞源》举《六合丛谈》（1858）例："凡引重物上斜面，则所抵者有面阻力。又有体质之重力，物在斜面上恒欲就下，即体质之重力也。"《日本国语大辞典》举《历象新书》（1798—1802）、《气海观澜》（1825）用例。

按："重力"一词，作为物理学概念，早见于明代西学文献。《奇器图说·第三十九款》（卷2）："提杠头平在支矶上，柄有重力。在中之比例，全杠丁戊与从支矶到力乙丙分数比例，等于力重之比例，假如丁戊为十二分，戊丙为四分，是三倍比例，力六十斤与重二十斤，亦是三倍，系重力常要倍于重，故少用。"《诸器图说·准自鸣钟推作自行车图说》："若作大者，可行三里，如依其法，重力垂尽，复斡而上，则其行当无量也。"

# 参考及引用文献

山田孝雄：《国语の中に於ける汉语の研究》，宝文馆1940年版。

斋藤静：《日本语に及ぼしたオランダ语の影响》，筱崎书林1967年版。

森冈健二：《改订近代语の成立》，明治书院1991版。

沈国威：《近代中日词汇交流研究》，中华书局2010年版。

陈力卫：《〈和制汉语辞典〉の构想》，《日本语辞书学の构筑》，おうふう2006年版。

笹原宏之：《日本の汉字》，岩波书店2006年版。

何华珍：《近代日中间における汉语の交流の历史》，《日本语学》2011年第7期。

何华珍：《近代中日医学词汇探源——以〈医语类聚〉为例》，《中国语学研究　开篇》（第30卷），好文出版株式会社2011年版。

诸桥辙次：《大汉和辞典》（修订版），大修馆书店1984—1986年版。

刘正埮等：《汉语外来词词典》，上海辞书出版社1984年版。

汉语大词典编纂委员会：《汉语大词典》，汉语大词典出版社1986—1993年版。

大辞典刊行会：《日本国语大辞典》（第2版），小学馆2000—2002年版。

香港中国语文学会：《近现代汉语新词词源词典》，汉语大词典出版社2001年版。

姚德怀审定、黄河清编著：《近现代辞源》，上海辞书出版社2010年版。

《景印文渊阁四库全书》，台北商务印书馆1986年版。

《文渊阁四库全书电子版》，上海人民出版社·迪志文化出版有限公司1999年版。

# 日本兰学汉字词探源*

    1774年杉田玄白出版《解体新书》以来，日本兰学家译述了大量的西方科技著作，医学如宇田川玄随《内科撰要》（1792）、大槻玄泽《重订解体新书》（1798）、宇田川玄真《医范提纲》（1805）、宇田川玄随《增补内科撰要》（1822）、宇田川榛斋《远西医方名物考》（1822）、绪方洪庵《扶氏经验遗训》（1857）、司马凌海《七新药》（1862）等，天文学/物理学如志筑忠雄《历象新书》（1798）、青地林宗《气海观澜》（1827）、川本幸民《气海观澜广义》（1851），植物学如宇田川榕庵《植学启原》（1833），化学如宇田川榕庵《舍密开宗》（1837—1847）。这些著作，或用汉文译述（内加训点符号），或用汉文训读体译述，使用着大量的汉字词。

    日本兰学汉字词，或承用传统汉语词汇，或据传统词汇加以引申，或创制汉字新词。本文选取《日本国语大辞典》首引兰学文献用例的汉字新词[1]，结合《汉语大词典》等大型辞书[2]，利用《四库全书》等数据库[3]，选择有关汉字词进行源流梳理[4]，以揭示日本兰学语料对于中日大型辞书编纂、汉语词汇史研究、中日语汇交流研究的价值和意义。

## 【饱和】

    《汉语大词典》"饱和"词条列有二义：一是在一定温度和压力下，溶液所含溶质的量达到最大限度，不能再溶解，或空气中所含水蒸气达到最大限度，例缺；二是犹充满，指事物达到最高限度，首举何其芳《〈工

---

  * 本文原载《或问》2012年第19号。

  ① 大辞典刊行会《日本国语大辞典》（第2版），小学馆2000—2002年版。

  ② 罗竹风：《汉语大词典》，汉语大词典出版社1986—1993年版。

  ③ 《景印文渊阁四库全书》，台北商务印书馆1986年版；《文渊阁四库全书电子版》，上海人民出版社、迪志文化出版有限公司1999年版。

  ④ 所列22个汉字词的考释，均按汉语拼音顺序。

人歌谣选〉序》例："不管是什么样的诗意，既然都是经过作者的强烈的感动的，它们就必然饱和着感情。"《近现代辞源》举《北洋师范学堂专修科教授预定案》（1905）为首例。《日本国语大辞典》亦列有二义，一是最大限度满足，即充满，引《伦敦塔》（1905）例："セピヤ色の水分を以て飽和したる空气の中にぼんやり立って眺めて居る"；二是化学概念，即《汉语大词典》第一义项，引《舍密开宗》（1837—1847）例："此瓦斯をて飽和する水を谮模尼亚水〈略〉と名く。"[①]

按："饱和"一词，早见于唐代。本为温饱自足之义，引申为满足、充满，化学专用义缘此而来。《送皇甫尊师归吴兴卞山序》："亦既合契，于焉饱和，百骸自理，滓浊如洗。"《佩文韵府》亦收"饱和"一词，举《送皇甫尊师归吴兴卞山序》例。又，"饱和"在《送皇甫尊师归吴兴卞山序》作者笔下，亦有分用之例。《贺苏常二孙使君邻郡诗序》："民乐其教，且饱其和。"

## 【表皮】

《汉语大词典》"表皮"词条列有二义，一指动、植物体表面的一层组织，举侯金镜《漫游小五台》例："这种树（桦树）的表皮可以一层层剥下来，做成精致的小盒子，并不妨害它的生长。"二比喻外表，举毛泽东《质问国民党》用例："这些人，表皮上没有标出汪记，实际上是汪记。"《近现代辞源》举汪荣宝等《新尔雅》（1903）为首例。《日本国语大辞典》首举《重订解体新书》（1798）例："表皮直译、屋百卢·福己铎（オッペル·ホイド）按に屋百卢者表也。上也。福己铎者皮也。"

按："表皮"一词，唐代以来屡见。《初学记》（卷27）引《诗义疏》曰："的，五月中生，生啖脆，至秋，表皮黑，的成可食，或可磨以为饭，如粟饭，轻身益气，令人强健。又可为糜。"《救荒本草·莲藕》（卷7）："表皮色黑而沉，水就蓬中，干者谓之石莲，其根谓之藕。"

## 【炽热】

《汉语大词典》"炽热"词条列有"极热""热烈""烧热"三个义项，分别举吴辰旭《周恩来总理永垂不朽》、巴金《春天里的秋天》、蔡东藩《五代史演义》用例。《近现代辞源》未收。《日本国语大辞典》首

---

① 文中所引兰学资料的文字表记，均据《日本国语大辞典》。

引《舍密开宗》（1837—1847）例："唯一味にて炽热すれば剧く燃ふ此れ谙摸尼亚の水素と消酸の酸素と和して然るなり。"

按："炽热"一词，明清屡见。徐元太《喻林》（卷120）引《出曜经》"火之炽热，不过于思想。火所烧疮可以药疗，思想火被烧不可疗治。"张景岳《景岳全书·泄泻·论治》（卷24）："其脏腑必多炽热，或脉见洪数，此当泻火去热。"喻昌《医门法律·答内经十问》（卷1）："身虽炽热而神则静，语虽谵妄而声则微。"

## 【放置】

《汉语大词典》释"放置"为搁置、安放义，首举鲁迅《书信集·致王志之》："我的意见，以为还是放置一时，不要去督促。"《近现代辞源》未收。《日本国语大辞典》首引《舍密开宗》（1837—1847）例："没食浸を数日放置すれば做黴して酸晶を结ぶ。"

按："放置"一词，宋代以来屡见。《朱子语类·朱子十二·训门人三》（卷150）："而今且放置闲事，不要闲思量。只专心去玩味义理，便会心精；心精，便会熟。"《筹海图编·经略二·御海洋》（卷20）："铁锅铁器入城，任从放置，专督官再行逐一查访。"《普济方·诸疮肿门·诸疮肿附论》（卷273）："治疗疮，以虱十枚放置疮上，以荻箔绳作炷灸虱，上根即出。"《格致镜原·乐器类·琴》（卷46）："大凡蓄琴之士，不论寒暑，不可放置风露中及日色中，止可于无风露阴暖处置之。"

## 【睾丸】

《汉语大词典》释"睾丸"为"男子或雄性动物生殖器官的一部分，又称阴丸、精巢或外肾"，例缺。《近现代辞源》首举邓玉函译述、毕拱辰润定《泰西人身说概》（1832）用例。《日本国语大辞典》首举《解体新书》（1774）例："沙亚度。此翻精其色白而粘。然不凝结也。成于睾丸。"

按，"睾丸"一词，明代习见。《普济方·癫疝门·阴肿痛附论》（卷249）："乳香丸治小肠受邪，睾丸控引上下，脐腹痛。"《玉机微义·诸疝门》（卷24）："其证上冲肝肺，客冷散于胸，结于脐，控引睾丸，上而不下，痛而入腹。"《薛氏医案·保婴粹要》（卷5）："小儿睾丸肿硬，小便黄涩，用小柴胡汤加山栀车前子并芦荟丸而消。"

## 【骨膜】

《汉语大词典》释"骨膜"为"骨头表面的一层薄膜，质地坚韧，由结构组织构成，含有大量的血管和神经"，例缺。《近现代辞源》举汪荣宝等《新尔雅》（1903）为首例。《日本国语大辞典》首举《解体新书》（1774）例："龈。色紅而肉之強者。其裏之者骨膜也。"《厚生新编》（1811—1839）："骨膜、罗甸'ペリオスチュム'和兰'ベーン・フリース'と名く。"

按："骨膜"一词，明代已有用例。《普济方·产后诸疾门》（卷347）："久患此，腐烂见骨膜，垂死者用。萱草根，其叶柔，其根如麦门冬。"

## 【龟头】

《汉语大词典》"龟头"词下首列"碑座下龟形的头部"义，举李白《襄阳歌》例。表示"阴茎前端膨大的部分"，只有释义没有用例。《日本国语大辞典》此义首列《解体新书》（1774）例："龟头、即阴器之尽处。"

按："龟头"生理学词义，明清习见。崇祯本《金瓶梅词话》（第77回）："西门庆拽出那话来，向顺袋内取出包儿，颤声娇来蘸了些在龟头上，攮进去，方才涩住淫津，肆行抽拽。"①《续名医类案》（卷26）："余年三十外，曾患遗精，龟头时有精微微流出，昼夜常然。"

## 【后脑】

《汉语大词典》"后脑"词下列有二义，一指脑的一部分，位于脑颅的后部，由脑桥、延髓和小脑构成，没有举例；二指头的后部，首举叶圣陶《潘先生在难中》例："于是对着前面的人的后脑叫喊，'你们跟着我！你们跟着我！'"《近现代辞源》举汪荣宝等《新尔雅》（1903）为首例。《日本国语大辞典》首举《解剖辞书》（1875）例："Cerebellum（achterhersen）后脑。"

按："后脑"一词，明清习见。《普济方·折伤门》（卷309）："凡碎进颈骨，用手巾一条，绳一茎，系在坊上捶下来，以手巾兜缚颏下，于后脑毂缚接绳头，却以瓦罂一个，五六寸高，看碎捽入浅深，斟酌

---

① 《近现代辞源》亦举《金瓶梅词话》为首例。

高低。"《薛氏医案·保婴撮要八》（卷61）："一小儿两耳后脑下各结一核，小便白浊，面色痿黄，体倦口干，大便不调，用芦荟丸而愈。"《名医类案·背痛疽疮》（卷10）："陈录判母年七十余，亦冬至后脑出疽，形可瓯面大。"

## 【加速】

《汉语大词典》释"加速"为"加快速度"，首举巴金《灭亡》例："他兴奋地回转身，在浴着月光的马路上加速了脚步。"《近现代辞源》首举丁韪良《中西闻见录》（1873）例。《日本国语大辞典》首举《历象新书》（1798—1802）例："厄世降下も务世正落も、皆重力に加速せらる、然ども加速の大小は异也、务世正落は、加速の全を得たり。"

按："加速"一词，宋代以来习见。《续文章正宗·欧阳伯和墓志》（卷9）："神宗召君问曰：浮漏以玉筒下水者，当坚久也。君对曰：玉不如铜，沈括尝用玉，今下水比初加速矣。上以为然。"《祠部集·剳子·代转对剳子》（卷13）："至于矫情饰貌，以哗众动俗，及名成而计得矣。而意有所未满，且惧进之不加速也。"《历算全书·五星纪要》（卷16）："然则岁轮之度，又何以同为右旋乎？曰：视行之法，远则见迟，近则见疾，上三星之左旋，虽速于日，而在岁轮上半则见，过日之度稍迟，下半则见过日之度加速矣。"

## 【滤过】

《汉语大词典》释"滤过"为"过滤"，举郭沫若《文艺论集·论国内的评坛及我对于创作上的态度》例："后者是由无数的感官的材料，储积在脑中，更经过一道滤过作用，酝酿作用，综合地表现出来。"《近现代辞源》未收。《日本国语大辞典》首举《舍密开宗》（1837—1847）："此を水に溶し滤过し煮て放冷すれば硫酸加里晶を结ぶ。"

按："滤过"一词，唐宋以来习见。《备急千金要方·舍病第四》（卷18）："以绵滤过，与前煎相和，令调乃内朱砂粉六两搅令相得。"《银海精微·丹药和论》："常以手擦过，使其味出，用细布滤过之。"《世医得效方·大方脉杂医科》（卷10）："用早禾秆烧灰，新汲水淋汁，绢巾滤过，冷服一碗，毒从利下，即安。"《普济方·头门·风脑旋》（卷47）："以慢火熬，令如鱼眼沸，即入绵袋，内药煎至半日，去药，别用绵滤过。"

## 【模型】

《汉语大词典》"模型"词条列有三义：一指模式，样式，举黄人《〈清文汇〉序》例。二指铸造用的模子。三指铸造时，制作砂型用的工具，例缺。《近现代辞源》首举《日本国志》（1890）例。《日本国语大辞典》首举《舍密开宗》（1837—1847）："蜡を以て造りたる摸型にり后温めて蜡型をし除きて。"《五国对照兵语字书》：（1881）"Moule〈略〉模型"。

按："模型"一词，明清习见。《明文海·二十四赋·司命赋》（卷24）："夫阳辉而穿圆垂象，阴禽而柔祇敷形，故形则为水土木石，象则为日月辰星，萃两间之精华，丽至道之模型。"《怀麓堂集·弘治乙未六月孔庙灾送李学士世贤奉诏祭告兼东衍圣公兄弟》（卷52）："此物幸不泯，瞻依尚模型。"《钦定康济录·事后之政计有六》（卷4）："明太祖曰：朕尝取镜自照，多失其真。冶工曰：模型不正故也。"

## 【脐带】

《汉语大词典》"脐带"一词，只有释义没有举例。《近现代辞源》未收。《日本国语大辞典》首举《解体新书》（1774）："脐，居腹之中央。是曾脱去脐带之痕也。"

按："脐带"一词，唐宋习见。《备急千金要方·少小婴孺方》（卷9）："儿生不作声者，此由难产少气故也。可取儿脐带向身却捋之，令气入腹，仍呵之至百度，啼声自发。"《妇人大全良方》（卷24）："先断儿脐带，可只留二寸许。更看带中，如有小虫，急拨去之，留之必生异病。"《世医得效方·小方科》（卷11）："初生气欲绝不能啼者，必是难产或冒寒所致，急以绵絮包裹抱怀中，未可断脐带。"

## 【气管】

《汉语大词典》释"气管"为"呼吸器官的一部分，管状，由半环状软骨构成，有弹性，上部接喉头，下部分成两支，通入左右两肺"，没有举例。《近现代辞源》首举《遐迩贯珍》（1855）例。《日本国语大辞典》首举《解体新书》（1774）例："气管、为岐而入于肺。"又，《医语类聚》（1872）："Trachea，气管。"

按："气管"一词，明清医籍习见。《证治准绳·诸中门·五绝》（卷1）："自缢死，但身温未久者，徐徐放下。将喉气管捻圆，揪发向上揉擦，用口对口接气。"《仁端录·咽喉门》（卷10）："喉中气食二管。气管，即喉咙，又名会掩，细容一线在喉之前。食管，即咽嗌也，甚宽，在喉之后。"《医门法律·律四条·虚劳论》（卷12）："声哑者，气管为虫所饵明矣。"

## 【容积】

《汉语大词典》释"容积"为"容器或其他能容纳物质的物体的内部体积"，没有举例。《近现代辞源》首举利玛窦《圜容较义》（1608）例。《日本国语大辞典》首举《舍密开宗》（1837—1847）："之を勒母斯浸を盛りたる麦酒盏内に笔立し排气钟に纳て气を夺へば亚的儿。尾斯と为り容积张充し青浸は挤されて盏内に下る。"

按："容积"一词，明代习见。《乾坤体义·容较图义》（卷下）："三边形等度者，其容积固大于三边形不等度者。四边以上亦然，而四边形容积恒大于三边形，多边形容积恒大于少边形。"《农政全书·水利·泰西水法下》（卷20）："为家池，必二年以上，代积焉，代用焉；为野池，专可也，随积而用之，皆计岁用之，数而为之。容积二年以上者，递倍之，或倍之容，或倍其处。"《新法算书·四开立方法》（卷22）："今依此借数以明立方之体，如初方体之边各四，则一面之积为一六，其容积六四，平廉之两大面亦一六，其高设五，相乘得容积八〇。"

## 【融解】

《汉语大词典》"融解"列有二义，一指溶解、融化，首举夏衍《复活》例；二指消失，消散，举谢觉哉《知识青年参加体力劳动问题》例；三指通晓了解，举黄远庸《外交总长宅中之茶会》例。《近现代辞源》未收。《日本国语大辞典》举《气海观澜》（1827）例："水质〈略〉此得温质而融解、引清气而发。"《舍密开宗》（1837—1847）："试に纯精の谙模尼亚瓦斯を槽の钟に充て〈略〉片冰を纳るれば乍ち融解して亦た此瓦斯をふ。"

按："融解"一词，宋代以来习见。《新唐书·列传第七十三》（卷148）："招讨使裴度诒书诮让，克融解而归，庭凑退舍。"《坦庵词·水调歌头》："静中乐，闲中趣，自舒迟。心如止水，无风无自更生漪。已是都忘人我，一任吾身醒醉，有酒引连卮。万法无差别，融解即同归。"《王文成全书·与陆元静》（卷4）："请一洗俗见，还复初志，更思平日饮食养身之喻，种树栽培灌溉之喻，自当释然融解矣。"

## 【上肢】

《汉语大词典》释"上肢"为"人体的组成部分之一，包括上臂、前臂、腕和手"，没有举例。《近现代辞源》首举柯为良《全体阐微》（1880）例。《日本国语大辞典》首举《解体新书》（1774）："手者。上支也。"又，《医语类聚》（1872）："pper extremity上肢。"

按，"上肢"一词，宋元版医籍早见。《灵枢经·邪气藏府病形第四》（卷1）："胃病者，腹膜胀，胃脘当心而痛，上肢两胁膈咽不通，食饮不下，取之三里也。"《普济方·脾脏门》（卷24）："秋冬伤寒凉物，胃脘当心而痛，上肢两胁咽膈不通。"

## 【适量】

《汉语大词典》释"适量"为"数量适宜"，首举翁偶虹《北京话旧·货声》例。《近现代辞源》首举《化学实用分析术》（1902）例。《日本国语大辞典》首举《七新药》（1862）例："今之を用ひんと欲せは、先初めに刺络して适量の血を放ち、而して后一时每に一至二を用ひ、其症剧烈なる者は十二时间に二十至四十を尽すに至る。"

按："适量"一词，清代文献已见。《甬上耆旧诗·春日独酌》（卷24）："适量不在醉，适意不在词。窗前有白雪，若与饮者期。"《中州人物考·方正·郭尚书淐》（卷5）："名其斋曰适量，谓穷通得丧，莫不有量，贫贱未尝无乐，富贵未尝无苦，贵适其量而已。"

## 【夜盲】

《汉语大词典》释"夜盲"为"夜盲症"，举洪深《戏剧导演的初步知识》例："又如果他目中的圆柱有异状，那人辨别明暗的能力也会减低而成为'夜盲'了。"《近现代辞源》首举《博物词典》（1921）"夜盲症"之例。《日本国语大辞典》谓"夜盲"为"夜盲症"之略，首举《新精眼科全书》（1867）例："夜盲（ナフトブリンド）此れ网膜の知觉衰耗せる者なり。"又，《医语类聚》（1872）："Hemeralopia夜盲。"

按：《病名药名和洋便览》（1855）收"夜盲"一词，谓源自"雀目、雀盲"古语。《尔雅翼》（卷15）："至其时，用目力不止者，亦得雀盲之疾。"明代已有"夜盲"词例。《薛氏医案·原机启微·阳衰不能抗阴之病》（卷7）："或问曰：人有昼视通明，夜视罔见，虽有火光月色，终为不能觌物者，何也？答曰：此阳衰不能抗阴之病，谚所谓雀盲者也。"李时珍《本草纲目》（卷46）："雀目夜盲。"

## 【蒸发】

《汉语大词典》释"蒸发"为"液体表面发生的汽化现象"，首举萧红《手》例："窗前的杨树抽着芽，操场好像冒着烟似的，被太阳蒸发着。"《近现代辞源》首举1900年《清议报》用例。《日本国语大辞典》首举《远西观象图说》（1823）例："地球より常に蒸发する所の气あり。これを游气と云ふ。即ち水气なり。"又，《舍密开宗》（1837—1847）："此瓦斯は自然に溝渎、泥泽或は机性体の腐败より蒸发し或は煤内に生じて夫の提灯に传烧し间生灵を损ふことあり。"《庆应再版英和对译辞书》（1867）："Transpire蒸发スル。洩ル。公ニナル。"

按："蒸发"一词，隋代以来屡见。原义为身体发热或热气发散之义。《巢氏诸病源候总论·疮病诸候凡六十五论》（卷35）："凡患诸疮及恶疮，初虽因风湿搏血气，蕴结生热，蒸发皮肉成疮。"《元史·列传五十八·刘因》（卷171）："至七月初二日，蒸发旧积，腹痛如刺，下血不已。"《元朝典故编年考·冕衮之制》（卷4）："今岁历夏迫秋，蒸发腹痛，下血不已。"又指液体等表面发生的汽化现象。《秋涧集·山中礵研歌寄商左山副枢》（卷7）："海霞蒸发烂朝暾，苍雪模糊点晴碧。"《说郛·宣和北苑贡茶录》（卷93）："或气候暴暄，茶芽蒸发，采工汗手熏渍，拣摘不给，则制造虽多，皆为常品矣。"

## 【症状】

《汉语大词典》释"症状"为"有机体因发生疾病而表现出来的异常状态，如发热、头痛、咳嗽等"，例缺。《近现代辞源》举合信《内科新说》（1858）例。《日本国语大辞典》首举《七新药》（1862）："少量を用ふること长久なるか、若くは其人各别に嫌忌あれば、则ち中毒の症状を发す。"

按："症状"一词，明清习见。《普济方·伤寒门》（卷142）："病源所在，症状一同。"又卷248："名义不同，症状则一。"《薛氏医案·名医杂著》（卷24）："以此观之，疮疹症状虽与伤寒相似，而其治法实与伤寒不同。"

## 【肢节】

《汉语大词典》释"肢节"为"四肢关节",例缺。《近现代辞源》未收。《日本国语大辞典》首举《解体新书》（1774）："诸筋者、互相佐使而为其动也。然若其强而屈肢节、则屈不伸、强而伸肢节、则伸不屈、其所以不动者亦筋之所为也。"

按:"肢节"一词,唐代以来习见。《备急千金要方·妇人方》(卷3)："伤寒方治妊娠伤寒头痛壮热肢节烦疼方。"《普济方·脚气门》(卷245)："专治脚气初发,一身尽痛,或肢节肿痛,便溺阻隔,先以此药导之,后用当归拈痛汤除之。"《本草纲目·妊娠禁忌》(卷2)："肢节肿痛。"

## 【装置】

《汉语大词典》"装置"列有二义,一指安装,举魏巍《路标》例："雷锋同志也正是装置了这样的'发动机',所以才精神奋发,力气无穷。"二指机器、仪器或其他设备中,构造较复杂并具有某种独立的功用的物件,例缺。《近现代辞源》未收。《日本国语大辞典》首举《舍密开宗》（1837—1847）例："酸素瓦斯中にて物をけば其容缩む试法の装置は世に造る者多し。"

按:"装置"一词,明清习见,为放置、安装之义。《武编·前集》(卷2)："若平置则后缩难放,其大连珠炮每出,用快药一两七钱,安铅子三个,每个亦重一两七钱,装置在地。"《练兵实纪·练手足第四》(卷4)："先看装置,如法照火箭打把。"《行水金鉴·运河水》(卷127)"旗甲将前所贮堤上粮米及前所撇竹木货物,仍装置船上。"

# 主要参考及引用文献

斋藤静:《日本语に及ぼしたオランダ语の影响》,筱崎书林1967年版。

杉本つとむ：《江户时代兰语学の成立とその展开》，早稻田大学出版部1976年版。

杉本つとむ：《语源海》，东京书籍2005年版。

小川鼎三：《医学用语の起り》，东京书籍1983年版。

汉语大词典编纂委员会：《汉语大词典》，汉语大词典出版社1986—1993年版。

沈国威：《近代日中语汇交流史：新汉语の生成と受容》，笠间书院1994年版。

沈国威：《近代中日词汇交流研究》，中华书局2010年版。

［日］高柏：《经由日本进入汉语的荷兰语借词和译词》，徐文堪译，《学术集林》（卷7），上海远东出版社1996年版。

香港中国语文学会：《近现代汉语新词词源词典》，汉语大词典出版社2001年版。

陈力卫：《和制汉语の形成とその展开》，汲古书院2001年版。

陈力卫：《「新汉语」とは何か—汉籍出典を有する语を中心に》，《言语变化の分析と理论》，おうふう2011年版。

大辞典刊行会：《日本国语大辞典》（第2版），小学馆2000—2002年版。

朱京伟：《近代日中新语の创出と交流》，白帝社2003年版。

笹原宏之：《日本の汉字》，岩波书店2006年版。

笹原宏之：《国字の位相と展开》，三省堂2007年版。

李汉燮：《近代汉语研究文献目录》，东京堂2010年版。

刘正埮等：《汉语外来词词典》，上海辞书出版社1984年版。

佐藤亨：《现代に生きる幕末・明治初期汉语辞典》，明治书院2007年版。

姚德怀审定、黄河清编著：《近现代辞源》，上海辞书出版社2010年版。

何华珍：《近代日中间における汉语の交流の历史》，《日本语学》2011年第7期。

何华珍：《近代中日医学词汇探源——以〈医语类聚〉为例》，《中国语学研究　开篇》（第30卷），好文出版株式会社2011年版。

何华珍：《中日近现代汉字词源流摭考》，《语文建设通讯》2012年5月第100期。

# 从《南风杂志》看越南20世纪初
# 汉越新词的传播<sup>*</sup>

  20世纪初越南在政治、文化以及教育方面都有着许多变动，法国政权强制在殖民地传播法语、推广国语字，希望借此减少汉字在越南的影响，试图从语言文字和精神文化层面实施同化政策。当时文学创作、教育制度与报纸杂志被视为普及国语字、传播新学的主要途径，在法国政府的支持下，越南知识分子自19世纪末开始陆续创办双语、三语并用的报纸杂志以普及国语字、介绍传播西方先进科学和哲学理论等。其中，被喻为"百科全书"的《南风杂志》是当时众多杂志中"寿命"最长的影响力最大的杂志之一。该杂志创刊于1917年，由阮伯卓和范琼担任主笔，共出版210期，1934年停刊，前后延续17年。《南风杂志》前期分为国语字文本和汉字文本，1923年开始加入法字文本，其内容涉及国学、西学的方方面面。《南风杂志》创刊于1919年科举取消的新旧交替历史时期，停刊于国语字确立为正式文字之前，其间历经越南文字重要改革时期，从方块文字逐步走向了拉丁化，是推广国语字和新学的平台。传播新学的同时，杂志中也出现许多用来表达新概念的词语，这批词汇是西学东传背景下所产生的新词。值得关注的是在文字改革之际，这批词语并没有直接从西方文字中吸收，而是通过东亚汉字词表达新思想新概念，其中有许多是汉语中的日源借词。这批词以汉越词形式进入越南语系统，我们称为"汉越新词"。《南风杂志》非常关注汉越新词问题，创刊之后连续刊登了12张词汇表，收录1千多词，用汉越音和汉字词形立目，用国语字释义，并与法语对译。随后阮伯卓于1920年连续发表三篇题为《汉字新名辞考》的文章，收录90多个专业新名词。在此，我们梳理越南学者在《南风杂志》发表的有

---

 \* 本文原载《汉字文化》2020年第21期，人大复印报刊资料《语言文字学》2021年第2期全文转载，署名何华珍/［越］江惠冰。

关汉字文化研究的论述，探讨20世纪初进入越南语的汉字新词，尤其是以国语字形式呈现的汉越新词，以拓展东亚汉字词整体研究视域。

## 一 《南风杂志》与中越汉字的历史认同与功能定位

越南民族在很长的时间里都把汉字视为官方文字，汉字在越南占有主导地位，许多越南古籍都是用汉字编写，汉字传入的同时也将儒家思想传播到越南，故汉字在越南又称为"儒字"。16世纪，西方传教士将拉丁字母传入越南并逐渐形成了国语字，随后法国政权的一系列政策使国语字迅速发展，最后成为越南正式文字。至20世纪初，汉字地位逐渐衰弱，国语字迅速发展。究其原因有二：一是法国政权于1919年取消了科举制度，使得学习汉字儒学失去了"实学"性质，十年寒窗盼能谋取功名已经无法实现，阅读古籍、苦读诗书便只成为修身养性的途径；二是因为西学东渐的因素，西学东传，许多新思想、新观念传入越南，令当时部分知识分子笃定汉字是向文明迈进的绊脚石，提倡要彻底地废除汉字。雪辉转述有关学者观点："一直沉迷于学习之乎者也，而忘了祖辈的语言……如此要彻底地废除汉字，我国文字才得以发展。"而雪辉本人则认为："我们是因为学习汉字，才吸收了东方文化……是因为学习汉字才知道什么是仁、义、礼、智。"[1]有许多学者持有相同观点，如范琼[2]、阮必济[3]、阮盾复[4]等。他们认为必须承认汉字在历史中的独尊地位及其对于越南语言文化的影响。阮盾复认为："儒字消失，则我国语言材料、精神语言也跟着消亡；儒字保存，则我国语言材料、精神语言尚存。"[5]儒家思想在越南影响颇深，塑造了民族素质和社会秩序，若舍弃汉字就等同于舍弃了古文化、人文道德。汉字由中国传到越南，但经过长时间的语言接触与文化交流，对于越南古代文人而言，汉字并不是外国文字。汉字自传入越南后，

---

[1] Tuyết Huy（雪辉）：《Bàn về vấn đề học chữ Hán》（《谈学习汉字的若干问题》），1919年第4卷第24期，第463—472页。

[2] Phạm Quỳnh（范琼）：《Bàn về sự dùng chữ Nho trong văn quốc ngữ》（《关于国文中使用的儒字》），1919年第4卷第20期，第83—97页。

[3] Nguyễn Tất Tế（阮必济）：《Bàn về việc học của quốc dân, chữ Nho có bỏ được không?》（《关于国民习字问题——可以废除汉字吗？》），1919年第4卷第21期，第197—201页。

[4] Nguyễn Đôn Phục（阮盾复）：《Mấy lời trung cáo với các bạn nhà Nho》（《对于儒学者的忠告》），1921年第9卷第51期，第189—199页。

[5] Nguyễn Đôn Phục（阮盾复）：《Lời phẩm bình sách quốc ngữ trong nhà giáo》（《对国语教科书的评语》），1922年第11卷第61期，第13—16页。

前阶段是主体文字，官方民间均使用汉字、历代越南皇帝命人撰写的史籍均是汉字，大量儒家文化经典均是汉文，汉字与越南古代历史、哲学、文学密不可分；而在汉喃并存时期，汉字仍占有主导地位，喃字亦以汉字为素材，不识汉字便难以掌握喃字，汉字与本国文字息息相关，汉字是保存古代文化精髓的不二选择。实学性质虽已消失，但从本质而言，汉字对越南的古代历史、哲学、文化、思想有着密不可分的联系。

　　20世纪初越南文字逐步趋向拉丁化，而国语字当时还属于一种尚未完善的文字体系，许多表述新概念的词语在国语字系统中词形未定，而弥补这一缺陷的途径主要是通过语词的新创和借用。对于创造新词或扩展原有词汇的词义以命名新事物，杨广函认为："创造新词并使其成为通用词汇，那新创的词必须能准确地表达事物，不易混淆，除词义准确还要达到简易、文雅等要求。"①而新学所涉及的事物概念都是一些较为新鲜甚至前所未闻的内容，要为这些事物概念造出明白准确、浅显易懂、不易混淆的一批词语并非一朝一夕所能完成，这批新词是当代社会亟须普及的词语，以开通民智，吸收科学文明知识。为此，当时知识分子普遍认为借用外语词汇是较为便捷的途径。而关于借用问题，杨广函也指出了新词借用的重要论点："要借用与我们同属语种的，发音方式相近的；而且还是一种丰富、准确、简易的语言体系。符合以上条件的只有儒字。"丛文更是指出了在新旧交替时期国语字与汉字之间的联系："儒字入籍国语字，用国语字写的文章大部分都有儒字，但只有儒字的音，没有儒字的形。换言之，儒字藏在国语字中，成为国语字的灵魂。如果不能突显儒字魂，那国语字也就不能成为国语。"②从某种程度而言，汉语与越南民族语言有较多的共同点。此外，明末清初西学传到中国，汉语中已产生了一批西学新词。再者，汉字在过去一直占有主导地位，社会中上至贵族下至普通百姓都会汉字，借用汉语词汇既便捷又可以快速普及。故此，越南学界普遍认为应该从汉语词汇中吸收新词。新学兴起时期，汉字成为了填补国语字空缺的重要桥梁，汉字字形退出了越南文字史的舞台，但其字音与字义仍存在于国语字中，正如丛文在《国文问题》中写道，汉字已化身为隐藏在国语字中的"灵魂"，是发展国语字体系的重要元素之一。

---

① Dương Quảng Hàm（杨广函）：《Bàn về tiếng An Nam》（《谈安南语》），1919年第4卷第22期，第287—297页。

② Tùng Văn（丛文）：《Vấn đề quốc văn》（《国文问题》），1928年第22卷第126期，第101—117页。

## 二 《南风杂志》与早期汉越新词的传承与越化

20世纪初越南处于多种文字并存时期，经过多番论辩，越南学界一致认为应逐渐弃用汉字字形，但汉学、汉语词汇在越南语系中仍占有重要的席位，汉语词汇和罗马拼音的国语字之间的联系纽带，便是汉越音。汉越音是越南语中一套独特语音系统，是旧时安南地区按10世纪唐末宋初时的汉字读音，随后又按安南语的语音规律演变而成的语音系统，与原来的读音有了一定的差异。由汉越音组成的汉字词称为汉越词，新旧交替时期出现的汉越词，我们称为汉越新词。汉越新词主要是一些表达西方科学、文明新进理念的各领域术语，是一批西学东传背景下所产生的词汇。就词形而言，相对于收录在越南古辞书如《大南国语》《指南玉音解义》《嗣德圣制字学解义歌》中的古汉越词，新型汉越词最突出的特点便是与汉字字形渐渐脱钩，逐步趋向拉丁化。就词义而言，主要包括两类，第一类是"纯正汉越词"，即是字音采用汉越音，词义保留汉语词汇的意义；第二类与汉语词汇相对比，词义已进行扩展或缩减的汉越词。20世纪初的汉越新词，主要是借用和新创，其中借自汉语的词汇居多。陈日政指出，20世纪初从1900年至1930年越南语系统新增的汉源借词占借词总量约86.9%，其中有近70%的新词成为不可或缺的术语名词并沿用至今。[①]越南语词汇系统通过借用途径大量融入各领域术语名词以表达西方新概念。

《南风杂志》作为"百科全书"月刊，涉及社会生活的方方面面，自然也成为记录和传播汉越新词的平台。然而，在《南风杂志》之前，越南也出版了一些传播新思想、推广国语字的报刊杂志，如《嘉定报》（Gia định báo 1865）、《南圻日报》（Nam kì nhật báo 1897）、《农贾茗谈》（Nông cổ mín đàm 1901）、《六省新闻》（Lục tỉnh tân văn 1907）、《大南同文日报登鼓丛报》（Đại Nam đồng văn nhật báo Đăng cổ tùng báo 1907）等，其中也出现有汉越新词。另外，虽然"东京义塾"成立于1907年3月，只延续了9个月，但编辑出版的《新订国民读本》《国文教科书》《新订伦理教科书》《文明新学策》等，涉及政治、经济、社会、文化、教育等领域，其中一批表达新概念的词汇被"转译"成汉越新词。据黎光添统计，"东京义塾"所涉新词大部分属于各学科领域新名词，分别

---

① Trần Nhật Chính（陈日政）：《Sự phát triển của từ vựng tiếng Việt hiện đại: 30 năm đầu thế kỷ XX: 1900—1930》（《现代越南语词汇的发展——20世纪30年代（1900至1930）》），博士学位论文，河内人文社会科学大学，2002年。

是政治社会类20%，经济类10%，文化教育类8%，工业技术类6%，宗教类3%。①据此可知，《南风杂志》词汇表也收录了许多早期汉越新词。例如：光学（quang học）、热带（nhiệt đới）、市场（thị trường）、工厂（công xưởng）、科学（khoa học）、政体立宪（chính thể lập hiến）、价值（giá trị）、舰队（hạm đội）、组织（tổ chức）、效果（hiệu quả）、原动力（nguyên động lực）、行政（hành chính）、卒业（tốt nghiệp）、进化（tiến hoá）、义务（nghĩa vụ）、关系（quan hệ）、交际（giao tế）、格致（cách trí），等等。

随着社会背景的变动，20世纪初有大量专业术语新词进入越南语词汇系统，值得注意的是，这时期出现的新词已渐渐脱离汉字字形，逐渐以国语字形式进入越南语中。这批新名词中有许多其实是源自日本，之后传到中国进入汉语词汇系统。据《新华外来词词典》，"科学"一词在日本早见于1881年，"舰队"1873年，"组织"1872年，"进化"1882年，"暴动"1868年，"政策"1888年，"机关"1886年，"现象"1886年，"观念"1884年②。此类新词经由中国再传播越南，并以汉越音结合国语字形成了汉越新词。

## 三　《南风杂志》与近现代汉越词的汇集与整理

《南风杂志》非常重视汉越新词的普及，在杂志发行初期，为便于读者理解查阅，另外附上了12张词汇表。范琼在词汇附表导言中写道："初阶段应该为这些新词下一个明确的定义以避免日后的混淆。再者现在很少人学汉字，那些西方学者也不是很精通汉字。基于以上的原因，本刊认为有必要附上《词汇篇》以对这些新词进行解释，同时使用国语字、汉字和法字，这样有助于一些只会汉字而不会西方语言的人，或是只会西方语言而不会国语字的人掌握这些词汇。"词汇表共收录1526个词，每个词都按照"汉越音（国语字）—汉字词形—国语字释义—法字对译"格式编排，如Chính-sách政策=phương-pháp thuộc về chính trị.-Méthode Politique，Politique。词汇表只收录汉越新词，一些同样是表达新事物新概念的纯越南语新词并没有收入表中，如"飞艇（tầu bay）""潜艇（tầu ngầm）""火车（xe lửa）""电车（xe điện）""汽车（xe hơi）"

---

① Lê Quang Thiêm（黎光添）：Mấy vấn đề ngôn ngữ văn bản Đông Kinh Nghĩa Thục（《〈东京义塾〉文章中关于语言的若干问题》），《语言杂志》2001年第5期。

② 史有为：《新华外来词词典》，商务印书馆2019年版。

等。词汇表不只是针对政治、经济、科技等术语，同时也收录文学、历史、文化等词语，包括一些用以表达古代文化、社会制度、历史名人等，如"揖逊（ấp tốn）""御驾（ngự giá）""女则（nữ tắc）""皇考（hoàng khảo）""合纵（hợp tung）""庭试（đình thí）""袍笏（bào hốt）""苏轼（Tô Thức）""唐律（Đường luật）""归宁（quy ninh）""列圣（liệt thánh）""黎庶（lê thứ）""本朝（bản triều）"等。这些词语都是表达越南社会传统的概念、制度，按理不属于新词的范畴，然而这些词语在过去是以汉字呈现，而且属于社会上流阶层所熟知的词语。我们认为之所以把这些词列入此表中，原因有二：其一，《南风杂志》的宗旨之一是传播东西方文化和古今中外思想及学术成就。故此不仅传播关于新事物概念的新词以便人民吸收先进的西方文化，同时也将涉及原有的东方文化普及给一般民众，提高民智；其二，如上所述，此前这些词语大多用汉字书写，现今以国语字呈现这些词语，并用法语对译，如此则不会汉字的人也能掌握这批词语，这有助于保存古代文化。《南风杂志》词汇表所收录的词语仅有1千多词，但所搜录的词涉及诸多领域，对表述新事物的新词进行释义，对于古代文化制度的词汇以国语字形式呈现，可见，词汇表同样贯穿了传播东西方文化的理念。

　　《南风杂志》对新词的关注，不只体现在创刊初期所编的12张词表，还表现在阮伯卓以《汉字新名辞考》为题的三篇连载文章中。[1]据《汉字新名辞考》引言，其旨在收录"中日各国现时所用之新名辞，以便考究，及期有裨益于今后之学习汉文并借汉文以为国文之用者。仍一初伸手随编，有见即录，未能分画列序，并我国汉学家向来已惯用之名辞，间亦从略，姑俟考究完结。另从次序汇成册，附以国文及法文，别印为汉越辞源一部"。可见《汉字新名辞考》与12张词汇表的编纂意图一脉相承，并表明编撰《汉越辞源》之构想。纵观《汉字新名辞考》所收90多个汉字词汇，其涉及诸多学科领域专有"名辞"。例如：

哲学：一元论、二元论。

宗教：一神教、人蜕、上帝教。

政治：三权鼎立、上议院、下议院、中立国、中央行政、中央政府。

经济：一览拂、丁赋、人口税、不均一之赋课、中央银行。

法律：一般法、一分判决、二级选举法、人格、人证、人权、不成文

① 阮伯卓：《汉字新名辞考》，1920年第41、42期，1921年第43期。

法、不法行为、不动产、不动产质、不可抗力、不变期间、不可分债务、三读会、上诉。

数学：一元方程式、一次方程式、二面角、二项定理、二等边三角形、三角形、三角板、三角表、三面角、三角测量、三角点标石、八线、不等式、中点。

物理：七色板、三稜镜、三色板、上压力、下压力、不动基点、不渗透质。

《汉字新名辞考》所收新名辞数量不多，其中有许多是日源汉字词，如"一览表、一览拂、一週间、一般化、一元论、不动产、人格、人力车、人权、不等速之运动"等。整体上看，在人文社科类新名辞中，法律术语较多；在自然科学类新名辞中，数学术语较多。这些术语大多是为普及新进学科所需的词汇，一方面有助于读者理解后期杂志出现的新概念，另一方面也是为将来编纂《汉越辞典》做准备。[①]

综上所述，《南风杂志》是越南近代文字改革和新学传播的重要平台，也是研究20世纪初汉越新词传播的珍贵文献。搜集整理《南风杂志》语言文字学论述，汇集20世纪前半期越南语汉越新词用例，并结合1945年前越南出版的汉越/越汉辞书，探讨近现代越南汉字词传播史，这对于汉语词汇通史研究、中越语言文化交流研究、东亚汉字词整体研究均具有重要价值和意义。

# 参考文献

Lê Quang Thiêm（黎光添）：《Lịch sử từ vựng tiếng Việt thời kỳ 1958—1945》（《越南语词汇史：从1858至1945》），河内社会科学出版社2003年版。

Nguyễn Tuấn Cường（阮俊强）：《西学东渐与书籍交流：近代越南〈新订国民读本〉的欧亚旅程》，"2017近世意象与文化转型"国际学术研讨会，中国台北，2017年。

---

① 《古学院编辑汉越辞典之手续》，1925年第97期。

岩月纯一：《"ベトナム语意识"の形成と"汉字/汉文"——〈南风杂志〉に见る》，《东南アジア——历史と文化》1995年第24号。

村上雄太郎、今井昭夫：《现代ベトナム语における汉越语の研究（1）：ベトナムの和制汉语の传播状况》，《东京外大东南アジア学》2010年第15号。

村上雄太郎、今井昭夫：《现代ベトナム语における汉越语の研究（2）：日本语にもベトナム语にも使われる"汉语"のうち、意味・用法の违うもの》，《东京外大东南アジア学》2011年第16号。

郑青青：《越南语吸收十九世纪汉语新词特点分析》，《外语教学与研究》2013年第1期。

罗文青：《当代越南语汉字词汇使用现状研究》，世界图书出版广东有限公司2018年版。

# "新闻"探源*

　　古之"新闻",多与"旧闻"相对。《说文·耳部》:"闻,知声也。"故"新闻"即指"新近听来的事情"。唐李咸用《春日喜逢乡人刘松》诗"旧业久抛耕钓侣,新闻多说战争功"中的"新闻",段成式《锦里新闻》、尉迟枢《南楚新闻》书名中的"新闻",是其证。①今之"新闻",除承古义"泛指社会上最近发生的新事情"外,一般是指"报社、通讯社、广播电台、电视台等报道的消息。"②也许是由于"新旧意义之间有着一个明显的语意连续",③所以新闻学界大都认为今之"新闻",古已有之。然李彬撰文力辩:"说古有新闻而今之新闻实出古之新闻,便无异于说汽车源于木牛流马,飞机来自嫦娥奔月。"④尽管如此,由于该文仅局限于新闻学领域的理论辨析,未涉"新闻"一词的语义演变,因此令人难以信服。⑤

　　大概是从高名凯等《现代汉语外来词研究》开始,语言学界就不断有观点认为,现代"新闻"源出日语,是日本以之对译"a newspaper"或"the press(总称)",⑥"是一个来自日语的原语借词"。⑦牛角《古代"新闻"辨义》一文说得最为明白:"'新闻'一词,古已有之,但是作

---

本文原载《词库建设通讯》(中国香港)2000年第22期。

①　"新闻"一词始见于初唐孙处玄"恨天下无书以广新闻"语,出《旧唐书·隐逸·孙处玄传》(卷192),因版本不同或作"新文""所闻"。参见王志兴《唐人孙处玄用过"新闻"一词吗》,载《新闻学论集》第8辑,中国人民大学出版社1984年版;姚福申:《唐代孙处玄使用"新闻"一语的考辨》,载《新闻大学》1989年第2期。

②　《现代汉语词典》,商务印书馆1996年修订本,第1402页。

③　马西尼著:《现代汉语词汇的形成》,黄河清译,汉语大词典出版社1997年版,第172页。

④　李彬:《评"古有新闻"的学科公设》,载《中国人民大学学报》(哲学社会科学版)1997年第1期。

⑤　牛角:《古代"新闻"辨义》,载《杭州大学学报》(哲学社会科学版)1998年第4期。

⑥　高名凯、刘正埮:《现代汉语外来词研究》,文字改革出版社1958年版,第95、125页。

⑦　见《现代汉语词汇的形成》,第256页。

为新闻（news）、新闻界（the press）、新闻报道（reportage）、新闻从业者（journalist）等相关概念的'新闻'一词，却来自日语，译示近代西方的新闻概念。"①

"新闻"果真源出日语？

马西尼《现代汉语词汇的形成》论及"新闻""新闻纸""报纸"②"日报"③等相关概念甚多，该书认为"新闻"（news或information）是中国"19世纪文献中发现的一个较早的本族意译词"，④"很有可能是从中国传至日本的"。⑤

显而易见，马西尼怀疑的属于上述第二种观点，与高名凯所论不完全是一个问题。高名凯等认为，日本"新闻"指"报纸"，现代汉语"新闻"的"报纸"义源出日语。马西尼的观点是，现代汉语的"新闻"指"消息"，日语"新闻"的"消息"义很可能是传自汉语。如果这种理解成立，那么，有两个问题是必须弄明白后方可定论。

## 一　"新闻"与"报纸"（newspaper）

宋教仁《宋渔父日记》："吾并将此文译为英、佛、露、独各文，送各国新闻登之。"《汉语大词典》援引此例以证"新闻"有"报纸"义。细察宋文，言法、俄、德为"佛""露""独"，显然是受日语影响。台湾作家赖和《不如意的过年》："他唾一空口沫，无目的地把新闻扯到眼

---

① 牛角：《古代"新闻"辨义》，载《杭州大学学报》（哲学社会科学版）1998年第4期。

② 《现代汉语词汇的形成》（第191页）认为"报纸"一词始见于1896年梁启超文章，而据方汉奇等考证，该词始见于1875年3月6日《申报》一则题为《福州创设华字新闻纸》的消息："福州有一印务局设立华字新报，系仿万国公报之例，每七日出报纸一章。"（方汉奇等：《中国新闻事业通史》第1卷，中国人民大学出版社1992年版，第392页）不过方氏《通史》第129页引明人平话小说《自作孽》文中就出现有"报纸版"一词："此时草堂上已点了灯，汪费就那一本书拿起来一看，是一本朝报，因笑道：'乡里人家看报纸，大奇大奇！'"查人民文学出版社1984年《古本平话小说集》（上册第292页）《自作孽》第2回，"报纸"乃"朝纸"之误。

③ 《现代汉语词汇的形成》（第236页）认为1864年《华字日报》"可能是在报名上使用此词（日报）的第一份报纸"。按，"日报"一词，明末清初东鲁古狂生的拟话本小说《醉醒石》（华夏出版社1995年，《醉醒石、石头点》第6页）第1回中已有出现："只见衙门中人，伸头缩颈，在那里打听，是何缘故留茶。那些府县间抄日报的，即将此事报与两司各道府县各官去了。"（参见《中国新闻事业通史》第1卷第156、222页）

④ 马西尼著：《现代汉语词汇的形成》，黄河清译，汉语大词典出版社1997年版，第172页。

⑤ 马西尼著：《现代汉语词汇的形成》，黄河清译，汉语大词典出版社1997年版，第256页。

前。"朱点人《脱颖》："这天早上，他比事务员们早三十分出勤，打扫室里，拭桌顶，扫涂脚，缀新闻，泡茶。"王拓《坟地钟声》："新闻都刊得那样大，呸！你以为你做老师稀罕？"《港台语词词典》认为上述三例的"新闻"是"日语用汉字造的词，指报纸"。[1]高名凯等《现代汉语外来词研究》所言"新闻"源出日语，指的大概就是这种情况。

随便翻翻日本国语辞典或日汉辞典，日语"新闻"（shinbun）的主要义项或者说唯一的义项即为"报纸"。"新闻"为什么可称"报纸"呢？小学馆《日本国语大辞典》认为是"新闻纸"的略称。从该辞书"新闻"条所提供的用例而论，日本第一次以"新闻"称"报纸"（含日报、周报、旬报、月报等）是始于文久二年（1862）发行的《官版バタビャ新闻》。又据该辞书"新闻纸"（shinbunshi）条可知，"新闻纸"最初或作"新闻志"，而《庆应再版英和对译辞书》即以"新闻纸"为"Gazette"之译语。其时福泽谕吉《文明论概略》就使用过"新闻纸"一词。[2]正如实藤惠秀所论，"新闻纸"是缘《万国新闻纸》出现于庆应三年（1867）的。[3]

显而易见，上述观点，实难自圆其说。"新闻纸"尚且出现在庆应年间（1865—1868），焉有作为"新闻纸"之略的"新闻"竟出现在1862年的道理？

其实，"新闻纸"并非日人据此对译"Gazette"。据考，"新闻纸"，始见于我国《东西洋考每月统记传》（1833），该刊1833年12月（阴历）所载《新闻纸略论》一文，是第一篇新闻学专文。[4]事实上"新闻纸"一词在我国19世纪30年代出现以后，已经是用得相当普遍了。林则徐组织翻译的"澳门新闻纸"、魏源《海国图志》、张德彝《航海述奇》等，"新闻纸"频频出现，即以作为对译西方"newspaper"的外来概念词。日本只不过是借用而已。

然则，日本"新闻"是否由中国"新闻纸"缩略而成呢？也不是。《大汉和辞典》"新闻"词下举宋赵升《朝野类要》用语证其为"新闻纸"之略。"其有所谓内探、省探、衙探之类，皆私衷小报，率有泄漏

① 黄丽丽等：《港台语词词典》，黄山书社1997年版，第277页。
② 小学馆：《日本国语大辞典》卷11，1984年版。
③ 实藤惠秀：《日本文化の支那への影响》，萤雪书院1940年版，第207页。
④ 方汉奇等：《中国新闻事业通史》第1卷，中国人民大学出版社1992年版，第391、393页。

之禁，故隐而号之曰新闻。"①这当然有牵强之嫌。此"新闻"不过是与"朝报"相对而言之"小报"而已。方汉奇等以为：《朝野类要》"第一次把报纸和新闻这两个词联系了起来，为新闻纸、新闻记者、新闻学等与新闻事业有关的现代词汇提供了语源，是中国新闻史上值得记述的一件事情。"②"新闻"乃"新闻纸"之构词基础，并非"新闻纸"之简称。③

　　笔者以为，日本"新闻"的"报纸"义是沿用我国近代"新闻"报刊语义，既不是直接借自赵升的《朝野类要》，也不是日本借汉语原词对译西方概念，更不是"日语用汉字造的词"。众所周知，《天下新闻》（1828）是我国第一份以"新闻"命名的中文报刊，其"新闻"对译成西洋文字为"Gazette"，④翻译成日文则为"新闻纸"。实事求是而论，在19世纪初，我国"新闻"的内涵是不很确定的，它既可指奇闻逸事，也可指新近事实的报道，同时也可指刊登这些文字的报刊。作为标题，"新闻"的"报纸"义渐趋形成。如日本1867年以后翻刻我国的多种刊物，几乎都是以"新闻"标题，如译《六合丛谈》《遐迩贯珍》为《六合新闻》《遐迩新闻》等。⑤即便是日本自身创办的报刊，亦是如此。《横滨每日新闻》（1871）、《东京日日新闻》（1872）、《大阪新闻》（1872）、《读读新闻》（1874）、《朝日新闻》（1879）等，是其证。有意思的是，中国早期的"新闻"与"杂志"是不分的，而日本也是如此。难怪，实藤惠秀说，在接受西方文化方面，中国是日本的先辈，在新闻事业方面那更是遥遥领先。⑥

## 二　"新闻"与"消息"（news）

　　我国修订本《辞海》和《现代汉语词典》都将"消息"义列为"新闻"的第一义项，而日语中的"新闻"和"ニュース"（消息）则是两个很不相同的概念。也就是说现代中日"新闻"实同形而异义。说汉语"新闻"之"消息"义源自日本，实在令人有些费解。查《日本国语大辞

---

① 诸桥辙次：《大汉和辞典》卷5，大修馆书店1986年修订本，第642页。
② 方汉奇等：《中国新闻事业通史》第1卷，中国人民大学出版社1992年版，第104页。
③ 马西尼认为"新闻纸"是从"新闻"产生出来的一个仿译词，对译newspaper。参见《现代汉语词汇的形成》，第34页。
④ 实藤惠秀：《日本文化の支那への影响》，萤雪书院1940年版，第116页。
⑤ 实藤惠秀：《日本文化の支那への影响》，萤雪书院1940年版，第215页。
⑥ 实藤惠秀：《日本文化の支那への影响》，萤雪书院1940年版，第201页。

典》"新闻"词条，第一义项乃承我国唐宋语义，指新近听来的事情，新的风闻或话题，并举《日本风俗备考》中的"新闻奇见"为例，引《庆应再版英和对译辞书》"新闻""Guious"对译为证。然而因为日语有"新闻学""新闻社""新闻记者"等词，其"新闻"译为汉语也就是"新闻"，故《现代日汉大词典》"新闻"条下释语为"报纸，报，新闻"。①其实日语中的这些"新闻"并非中国人理解的"新闻"，而是泛指报纸等传播媒介。我们只要翻翻《日本国语大辞典》的有关解释就大为明白。然而当我们再查该辞典"ニュース"词条时，则发现其首例引坪内逍遥《当世书生气质》用语，而编者在"ニウス"（ニュース）与"シンブン"（新闻）之间画上了等号。再查小学馆《万有百科大事典》"新闻"条，其附1871年12月8日《横滨每日新闻》图录，知当日报纸有"西洋新闻"和"新闻告白"等专栏。"新闻告白"栏中又有"新闻纸の专务""新闻纸の仪"等语。②可见，在明治时期，日本"新闻"作为刊题，其义与"新闻纸"相当，而在具体的使用过程中，亦有可指"消息"者。需要说明的是这种用法也同样源自汉语。

如果说《天下新闻》（1828）作为刊题，其"新闻"近似于西语"Gazette"，那么，《东西洋考每月统记传》（1833）中的"新闻"栏目，则当与"news"相近。正如该刊《新闻纸略论》所言："其每月出一次者，亦有非纪新闻之事，乃论博学之文。"及至《中外新闻七日录》（1865），其"新闻"译为西语则同"news"③。而1872年的《香港中外新报》则设有"本港新闻""羊城新闻"等，其"新闻"的"消息"义已无用赘述了。更具说服力的是1893年我国创刊的《新闻报》，从刊题足见"新闻"与"报"分用划然。

总而言之，我国"新闻"确是一个"外来义兼汉语义的同形词"，④是中西方文化交流的产物。然而它并非来自日语，而是中国人自己用既有之词译示西方的新闻概念。如果要说中日两国在"新闻"一词上有什么联系的话，那就是日本不但继承了我国唐宋时"新闻"的古有之义，而且还借用了我国近代以来的外来新义；只是到了后来，日本是弃"news"（消息）而取"newspaper"（报纸），而中国则几乎与之相反。

① 宋文军等：《现代日汉大词典》，中国商务印书馆、日本小学馆1987年版。
② 《万有百科大事典》卷11，小学馆1982年第3版，第290页。
③ 实藤惠秀：《日本文化の支那への影响》，萤雪书院1940年版，第162页。
④ 牛角：《古代"新闻"辨义》，载《杭州大学学报》（哲学社会科学版）1998年第4期。

# "小说"一词的变迁*

"小说"之名实，鲁迅在《中国小说史略》一书中论述最为详备，而《汉语大词典》对"小说"的释义举证，则可说是一部微型的"中国小说史略"。然而，倘要寻求现代"小说"概念的源头，则无论是《中国小说史略》，还是《汉语大词典》，都很难找到确切的答案。

治文学者认为，小说的概念和地位之所以发生巨大的变化，乃是因为到了近代，西方的文学观念极大地影响着我国文坛。[1]诚然，梁启超极力提倡小说创作，既顺应了时代的发展潮流，也打破了古来轻视小说的传统观念，使"出于稗官，街谈巷语，道听途说"的"小说"为之一变。梁氏在《论小说与群治之关系》一文中说道："欲新一国之民，不可不先新一国之小说。故欲新道德，必新小说；欲新宗教，必新小说；欲新政治，必新小说；欲新风俗，必新小说；欲新学艺，必新小说；乃至欲新人心，欲新人格，必新小说。何以故？小说有不可思议之力支配人道故。"[2]然则，现代"小说"概念的衍生，是否与梁启超有关系？

众所周知，戊戌变法失败后，梁亡命东瀛。航海途中，偶翻日人小说《佳人之奇遇》，由于满纸汉字，梁氏当时虽还不识日文，却也能看个大概。抵日后，创办《清议报》（1898），发表《译印政治小说序》，翻译《佳人之奇遇》；继之，又创办《新小说》（1902），发表《论小说与群治之关系》。可见，"新小说"的兴起，不但与梁启超有关，而且与日本密不可分。

沈国威认为，"小说"是源自日本的外来概念词，最早当出现于黄遵宪笔下。[3]黄遵宪《日本杂事诗》初版于1879年，《日本国志》完成于

---

\* 本文原载《语文建设通讯》（中国香港）2002年第70期。

① 袁行霈：《中国文学概论》，高等教育出版社1990年版，第210页。

② 梁启超：《饮冰室合集》文集之十，第二册，中华书局1989年版，第6页。

③ 沈国威：《近代日中语汇交流史》，笠间书院1994年版，第121页。

1887年。考《日本国志》卷三十三，有"稗官小说""小说家""看小说作家书"等语。[①]然仅此定论，未免草率。小学馆《日本国语大辞典》"小说"条："坪内逍遥がノベルという概念を翻訳するために、'小说'という古语に新生命を与えたもの。/坪内逍遥因为翻译'ノベル'（novel）一词而给古之'小说'灌注了新的生命。"[②]《平凡社大百科事典》："英语の<ノベル>の译语として<小说>を采用したのは坪内逍遥であり/采用'小说'一词作为英语'ノベル'（novel）译词的是坪内逍遥"；又："坪内逍遥の《小说神髓》は、こうした中国的な'小说'概念と戏作文学との分裂を、西洋の'ノベル'の侧に引き寄せるかたちで统一しようとする试みであった。/坪内逍遥《小说神髓》，试图把中国既有的'小说'概念和戏作文学（日本江户后期的通俗小说）统一到'ノベル'（novel）这一西方的新概念上来。"[③]野口武彦《小说の日本语》也持此观点。[④]可见，沈氏定论"小说"源出日本，是有相当依据的。

坪内逍遥（1859—1935）是日本著名的作家和文学评论家，《小说神髓》著于1885年，是小说理论的里程碑，在日本具有深远影响。坪内认为，中国和日本的传统"小说"（セウセツ）概念与西欧的"ノベル"（novel）并非一物，表示要"我小说<セウセツ>の改良进步を今より次第に企图てつつ、竟には欧土の那<の>ベル<小说>を凌驾し/从此对我邦之小说逐渐进行改良，最后凌驾于西欧ノベル（小说）之上"，[⑤]因而大力主张反映人情、世态、风俗的写实主义，反对劝善惩恶的功利主义。从《小说神髓》来看，坪内一方面有意将古之"小说"视为"セウセツ"，将西方的"小说"视为"那<の>ベル"，以显示中西"小说"之异；另一方面，又谓"小说すなはち那ベル/小说即那ベル（novel）"，给传统"小说"加进了新的内涵。这大概就是《日本国语大辞典》《平凡社大百科事典》之立论所在吧。

或许有人要问，中西"小说"的差异到底是什么？西学东渐给既有之"小说"添进了些什么新的内容？

"小说"一词，最早见于《庄子》杂篇《外物》："饰小说以干

① 黄遵宪：《日本国志》，上海古籍出版社2001年版，第345页。

② 《日本国语大辞典》卷10，小学馆1984年版，第564页。

③ 《平凡社大百科事典》卷7，平凡社1985年版，第451、452页。

④ 野口武彦：《小说の日本语》，中央公论社1980年版，第110页。

⑤ 稻垣达郎：《坪内逍遥集》（明治文学全集16），筑摩书房1969年版，第4页。

县令，其于大达亦远矣。"是指那些偏颇琐屑的言论。至《汉书·艺文志》，则谓街谈巷语、道听途说之类，列于九流十家之末。后经六朝志怪小说、志人小说发展为唐代传奇，故事体小说始而兴盛。宋元时期，"小说"成为说话家数之一，多指篇制短小的话本，与长篇"讲史"相对，进而成了故事性文体的专称。到了明代，小说的概念为之一变，一些中长篇作品也称作小说，小说与平话、演义的区别渐趋消失，而话本则成了短篇小说的专名。近现代以来，"小说作为文学的一大样式，在话本小说、章回小说的基础上，并以外国小说为借鉴，加以发展，极为发达。它通过完整的故事情节和具体环境的描写，塑造多种多样的人物形象，广泛地反映社会生活"。①这种"以外国小说为借鉴"的成分就是文化交流与语言接触的结果，也就是现代"小说"的新内容。

在日本，坪内逍遥之前，对"小说"的理解，基本步趋汉语，如冈白驹《小说精言》（1743）、《小说奇言》（1753），泽田一斋《小说粹言》（1758）等；《小说神髓》发表后，日本文坛及社会对"小说"的理解则发生了深刻的变化。黄遵宪、梁启超在使用"小说"一词时，大概是受到日本的影响。然而，从语源的角度论，即使在日本，用"小说"对译"novel"的第一人也不是坪内逍遥。据《外来语の语源》，《附音插图英和字汇》（1873）中就收有"novel"的译语"小说"。②可见，日本学界对"小说"语源和"小说"文本的探究尚有疏忽，乃至误解。

我们知道，《华英字典》是近代第一位来华基督新教传教士、英国牧师马礼逊（Robert Morrison，1782—1834）历经十三年心血编撰而成的一部辞书。该辞书第三部为《英汉字典》，内容包括单词、惯用语等英汉对照，是中国英汉辞书之嚆矢。通读全书，我们发现马礼逊在1822年就已用古之"小说"对译"novels"，如将"Hearing of a few romances and novels forthwith think that they are true"译作"听些野史小说便真信了"。③又，马礼逊《广东省土话字汇》（1828）第二部分也见有这样一个条目："小说Small talk，novels"。④而卫三畏1844年在澳门出版的《英华韵府历阶》中，也用"小说"对译"NOVEL"。⑤

---

① 《汉语大词典（缩印本）》，汉语大词典出版社1997年版，第1431页。

② 吉泽典男、石绵敏雄：《外来语の语源》，角川书店1979年版，第419页。

③ 马礼逊：《华英字典》第三部《英汉字典》，1822年版，第295页。

④ 此引材料承蒙《语文建设通讯》编辑部赐告，谨谢。

⑤ 陈力卫：《从英华辞书看汉语中的日语借词》，载《原学》（第三辑），中国广播电视出版社1995年版。

　　可见，"小说"近现代概念的产生，定然是西学东渐、旧瓶装新酒的产物；《汉语大词典》举鲁迅《我怎么做起小说来》（1933）之用语以证，显然是太迟了。而最早将"novels"译作"小说"的，并不是日本人，也不是中国人，而是英国的传教士——马礼逊；作为旧词新用的"小说"，最早也不是出现于1885年的《小说神髓》，而是出现在1822年的《华英字典》。由于中国没有人深究它，日本人虽欲深究而又不得其实，因此，在文学文本研究和汉语词汇史研究方面才留下了这一小小的空白。

# "银行"探源*

　　"银行"一词出现于汉语辞书，大概始于1915年出版的《辞源》，谓"Bank"之译语：凡以存款、放债、汇兑为业，或兼事买卖金银、经理票券、典藏珍物，又或兑换纸币代理国库之出纳者，谓之银行。之后，《辞海》也收有"银行"，其释义和《辞源》一样，只是罗列西方的外来概念，没有寻求汉语的词源与词义。正是在这种背景下，1979年"银行"一词悄然从修订本《辞源》中退出，只作为现代经济术语编入《辞海》和《现代汉语词典》。事实上，王力先生早在1944年出版的《中国现代语法》中就已论及"银行"，认为这是日人"利用汉字"创造的"新名词"。[1]而1984年出版的《汉语外来词词典》也持相同观点，以为源出日语，对译"bank"，无古汉语来源。[2]

　　那么，"银行"到底是古汉语中的既有之词，还是日人创制的"和制汉语"？使之具有"bank"含义的到底是在中国，还是在日本？

　　关于第一个问题，诸桥辙次《大汉和辞典》（1959年初版、1986年修订版）似乎已经做了回答。该辞书认为，古之"银行"源出明代《杨升庵集》，意为从事金银买卖的"两替店"。其实，杨升庵（杨慎）所言并非"银行"，而是"金银行"；而"金银行"的源头不在明代，而是唐代。请看唐人常沂《灵鬼志·胜儿》中的文字记载：

　　　　吴泰伯祠，在苏阊门之西，每春秋季，市肆相率，合牢醴祈福于三让王，多图善马彩舆子女以献之。时乙丑春，有金银行首，纠合其徒，以轻绡画美人侍婢，捧胡琴以从。[3]

---

＊　本文原载《中国语文》2003年第3期。

①　王力：《中国现代语法》，商务印书馆1985年版，341页注释③。
②　刘正埮等：《汉语外来词词典》，上海辞书出版社1984年版，第391页。
③　（唐）常沂：《灵鬼志》，《丛书集成初编》第2700册，商务印书馆1960年补印本，第12页。

此处所言苏州金银行首领率诸业户祭祀吴泰伯庙之事，又见于《太平广记》，谓源于唐代李玫《纂异记》，其文字与上述引文大同小异。①《大汉和辞典》引杨慎所言——其时、其地、其人、其事皆与《灵鬼志》和《太平广记》同。可见，"金银行"作为对金银行业、行会的一种泛称，在唐代当十分流行。《大汉和辞典》以"金银行"释"银行"之源，未必妥当。而《汉语大词典》举《金瓶梅词话》"我便投在城内顾银铺，学会了此银行手艺"用语证明"银行"古有"制造银器的行业"之义，这在书证的时代上虽然与《大汉和辞典》相同，但例中的"银行"显然已经是一个独立的语词了。不过，"银行"一词见诸汉籍，绝非始于明代罢了。

据阮元《两浙金石记》载，元代延祐元年长兴州修建的东岳行宫碑上有"龙王司，银行吴永祥杨新"等文字，②这说明元代已有"银行"之说；而《景定建康志》言景定年间（1265）南京有座"东南佳丽楼"，楼址"在银行街，旧为赏心亭，其基久废"，③足见南宋银行业的兴盛。不过，"银行"一词，真正见诸文献，当始于北宋；而出现于蔡襄1057年所撰《教民十六事碑》中的"银行"，则大概属于最早的文献用例：

银行辄造吹（次）银出卖，许人造捉。④

由上可知，"银行"之称源远流长，只是古之"银行"不等于今之"银行"；今之"银行"，是西学东渐的产物，是中、日、欧文化交流与语言接触的结晶。

我们知道，"银行一词来源于拉丁文'banco'，原意是'柜台'"，而"最早以银行名称经营业务的是1580年建于意大利威尼斯的银行"，不过，"它还是一个具有高利贷性质的信用机构"，至1694年，英格兰银行的建立，乃开现代银行之先河。⑤据考，日本有"银行"之名，始于1872年11月公布的《国立银行条例》（日本第一家近代银行成

① （北宋）李昉等：《太平广记》卷二百八十《刘景复》，中华书局1961年版，第2235页。又，《纂异记》，《说郛》已收，然无《刘景复》等文字，上海古籍出版社1988年版。
② （清）阮元：《两浙金石记》，江苏广陵古籍刻印社1984年版，第631页。
③ 《景定建康志》，载《宋元地方志丛书》第二册，中国地方志研究会据嘉庆七年仿宋本重印本，第1003页。
④ （北宋）蔡襄：《蔡襄全集》，福建人民出版社1999年版，第807页。
⑤ 《中国大百科全书·经济学Ⅲ》，中国大百科全书出版社1988年版，第1151页。

立于1873年），之前或音译为"バンク"。①而我国的第一家民族资本银行——中国通商银行，建于1897年；"最早的国家银行是清朝政府1905年创办的户部银行"。②鉴此，马西尼先生说，"银行"一词属于"日语原语借词"，"1905年，'户布银行'的建立，宣告'银行'这词正式进入汉语词汇"。③

谓"银行"为"日语原语借词"，前文已证其非；谓"银行"的西方概念源出日本，同样属于误解。

据彭信威先生考证，1856年香港出版了《智环启蒙塾课初步》，其中"Bank noto"即译作"银行钱票"；而1866年香港出版的《英华字典》，其"Bank"的第一个译名也是"银行"。④可见，"银行"对译"Bank"，是古词新用、旧瓶装新酒的结果。从中日代表性辞书看，《汉语大词典》援引梁启超《变法通义》用例以证今日"银行"之义，略嫌其迟；《大汉和辞典》未有现代"银行"用例，小学馆《日本国语大辞典》虽有用例而显然在我国之后；《近现代汉语新词词源词典》则仅列"银行"古今释义而未见书证，留下缺憾⑤。总之，给古之"银行"灌输"Bank"之义，其时最迟在19世纪50年代，其地则在香港。之后，由香港传播国内及日本。请看洪仁玕《资政新篇》（1859）所言：

> 兴银行。倘有百万家财者，先将家赀契式禀报入库，然后准颁一百五十万银纸，刻以精细花草，盖以国印图章，或银货相易，或纸银相易。皆准每两取息三厘。或三四富民共请立，或一人请立，均无不可也。此举大利于商贾士民，出入便于携带，身有万金而人不觉，沉于江河，则损于一己而益于银行，财宝仍在也。即遇贼劫，亦难骤然拿去也。⑥

---

① 《平凡社大百科事典》第四卷，平凡社1984年版，第573页。

② 《中国大百科全书·经济学Ⅲ》，中国大百科全书出版社1988年版，第1151页。

③ 马西尼著：《现代汉语词汇的形成——十九世纪汉语外来词研究》，黄河清译，汉语大词典出版社1997年版，第115页。

④ 彭信威：《中国货币史》，上海人民出版社1988年版，第975页。

⑤ 香港中国语文学会：《近现代汉语新词词源词典》，汉语大词典出版社2001年版，第314页。

⑥ 扬州师范学院中文系：《洪仁玕选集》，中华书局1978年版，第14页。

# "广告"小考*

　　"广告"一词，出现于汉语辞书，大概始于1915年出版的《辞源》，谓"以其事布告于众也。如招贴及报纸所登告白之类。"

　　《现代广告学》认为，我国"广告"一语，最早见于1906年（光绪三十二年）清廷创刊的《政治官报章程》："如官办银行、钱局、工艺陈列各所、铁路矿务各公司及经农工商部注册之各实业，均准送报代登广告，酌照东西各国官报广告办理。""在此之前，没有'广告'一词。"①

　　真的"在此之前，没有'广告'一词"吗？

　　《申报》，创刊于1872年，该刊的早期广告多用"告白"标示，及至1901年，则"广告"不断。如该年10月18日、10月23日、11月23日就分别登载了"商务日报广告""上洋京口博文书局广告""汉口积庆堂傅庆生广告"以及"横滨正金银行上海分行新订章程广告"。1902年11月9日，上海作新社创刊了《大陆》杂志，这家杂志在每期扉页或插页上，也都刊登了"作新社新书广告""作新社最新出版广告"，专门介绍作新社编译、出版的各类图书。②

　　"广告"一词之所以能取代"告白"而流行我国，梁启超起过重要作用。他在1903年说过："西人商费最重广告，其甚者或一年总支数中，广告费居十之一焉。此皆竞争所生之果也。"③事实上，早在1898年12月23日（光绪二十四年十一月十一日），他和冯镜如等就在日本横滨创办了

---

＊　本文原载《中国语文》2004年第1期。

①　潘向光：《现代广告学》，杭州大学出版社1996年版，第1页。按，这是广告学界较为流行的看法。陈培爱：《中外广告史》，中国物价出版社1997年版，第43页；晃钢令等：《现代广告策略与艺术》，经济科学出版社1994年版，第1页均持此观点。

②　刘家林：《新编中外广告通史》，暨南大学出版社2000年版，第3页。

③　梁启超：《饮冰室合集》第二册，文集十四，中华书局1989年版，第49页。按，香港中国语文学会《近现代汉语新词词源词典》（汉语大词典出版社2001年版，第92页）引此作为现代"广告"用例，填补了《汉语大词典》缺证的空白。

《清议报》。该报在1899年4月30日（光绪二十五年己亥三月二十一日）出版的第十三期上，刊登了编者用日文写的"记事扩张卜广告募集"和"广告料"。显然，这里的"记事""扩张""募集""广告""料"等都是使用日语词汇，然而，此时此文的"广告"一词，则成了我国历史上现代"广告"的最早用例。[1]

也许因为梁启超是在日本用日语使用"广告"一词，所以广告学界、语言学界普遍认为"广告"源出日语。刘正埮等《汉语外来词词典》认为，"广告"是日人用以对译英语advertisement的一个外来词。[2]从日本出版的英和辞典来看，advertisement一词，1862年《英和对译袖珍辞书》译作"告げ知らせ"，1876年《英和俗语辞典》译为"ひけふだ"和"布告"，1892年《双解英和大辞典》才译成"广告""告条"。[3]潘向光先生说："像许多我国目前还在使用的词一样（如科技、组织等），'广告'一词，可能也是从日本汉字中直接取来的，据日本学者考证，约在公元1872—1877年（日本明治五年至十年）期间，日本就已使用'广告'这个词，这是明治维新发展资本主义的产物。"[4]日人铃木保良在《现代广告手册》也有考证，认为"广告"一词当最早出现于日本明治五年（1872），至明治二十年（1887）才被公认和流行开来。[5]那么，"广告"一词到底是日人用汉字创制的新词呢，还是利用我国既有之词对译西方的新概念？关于这一点，迄今没人作过深究。

《汉语大词典》"广告"词条，立有二义。第一义是"广泛地宣告"，举《辛亥革命 武昌起义清方档案》例："此时军电旁午，私电自有搁压，亦应由电局将此等情由，声明广告。"第二义为现代义，例缺。《近现代汉语新词词源词典》基本继承了《汉语大词典》的观点："原指广泛地宣告，后指向公众介绍商品、报道服务内容或文娱体育节目的一种宣传方式。"而对第二义项则补充了1903年梁启超笔下的用例。（见前文及附注）由于这两种意义的例证都出现于二十世纪初，所以很难理清二者之间的先后关系。考诸《大汉和辞典》（1986），"广告"条下也仅罗列

---

① 刘家林：《新编中外广告通史》，暨南大学出版社2000年版，第4页。

② 《汉语外来词词典》，上海辞书出版社1984年版，第126页。王立达也认为"广告"是"来自日语的借用语"，参看《现代汉语中从日语借来的词汇》，《中国语文》1958年第2期。

③ 吉泽典男、石绵敏雄：《外来语の语源》，角川书店1979年版，第20页。

④ 潘向光：《现代广告学》，杭州大学出版社1996年版，第3页。

⑤ 刘家林：《新编中外广告通史》，暨南大学出版社2000年版，第3页。

与《汉语大词典》相同的两个义项，并无任何书证。《日本国语大辞典》（1984）与之相比，虽有所进步，但由于例证所及利光鹤松、芥川龙之介、坪内逍遥、夏目漱石等作家的生活时代相去不远，因此据此要澄清"广告"的语义线索也是有困难的。不过，有一点可以肯定，活跃在现代媒体的"广告"定然是商品经济发展的产物，也融入了西方的新概念。而这个新概念的获得，首先是得益于古汉语中"广告"这一既有之词。请看《续高僧传》所言："又有厌割人世，生送深林，广告四部，望存九请，既失情投，俚俛从事，道俗赞善，傺从相催。"①这大概就是出现于我国唐代文献中的最早的"广告"用例。其本义即"广而告之"，原是一个偏正结构，即《汉语大词典》中"广告"的第一义项。日本人以之对译西方的新概念，近现代逆输入中国。这就是"广告"作为一个"回归借词"的基本面貌。

---

① 道宣：《续高僧传》卷29，上海古籍出版社1991年版，第360页。按，宋张杲：《医说》卷9亦有"广告"一词："（医）未至，连进三剂，遂能直；医到即愈矣。更不用大蒜柴汤。古人处方，神验类此，不可不广告人。二方在千金第三卷。"（文渊阁四库全书第742册，第205页。）

# "退婴" 探源*

"退婴"一词,《辞源》《辞海》《中文大辞典》《现代汉语词典》均未收录,唯《汉语大词典》有此溯源、释义及引证:

> 语出《老子》:"专气致柔,能婴儿乎?"王弼注:"专,任也。致,极也。言任自然之气,致至柔之和,能若婴儿之无所欲乎?"婴,一本作"㜣"。后以"退婴"谓像婴儿一样柔弱无争。含贬义。鲁迅《集外集拾遗·〈新俄画选〉小引》:"排外则易倾于慕古,慕古必不免于退婴,所以后来,艺术遂见衰落。"聂绀弩《鲁迅——思想革命与民族革命的倡导者》:"别的革命者的思想,往往局限于一定的时期,一定的境界,时过境迁,就褪色,退婴,乃至消失。"(p.6274)

倘若对以上文字细加分析,就不难发现其可疑之处甚多。试想,从《老子》到鲁迅,其间二千余年,典籍浩繁,"退婴"用例几近于无。莫非是鲁迅根据《老子》"婴儿"之语创造不成?孰不知鲁迅是绝"不生造除自己以外,谁也不懂的形容词之类"①。况且,从词汇的产生方式而言,虽有改变出典原有的语言形式,如截取、凝缩、变换等,却没有如此以"婴儿"为"退婴"语源之理。因此,从词源角度论,以为"专气致柔,能婴儿乎"能产生"退婴"一词,也令人难以置信。也许,编者认为"退婴"之"婴"与《老子》"婴儿"在语义或文化上有着源流关系吧。

那么,"退婴"一词起于何时?源出何方?颇疑这是一个外来词。考之刘正埮等《汉语外来词词典》,未有结果;而岑麒祥《汉语外来语词

---

* 本文原载《语言研究》2006年第1期。

① 参见鲁迅《二心集·答北斗杂志社问》,载《鲁迅全集》第4册,人民文学出版社1981年版,第364页。

典》则赫然收录。《汉语外来语词典》认为，"退婴"一词源出日语，为
"退缩、保守"之义，并举鲁迅《我们现在怎样做父亲》一文的"退婴"
用例："超越便须改变，所以子孙对于祖先的事，应该改变，'三年无改
于父之道可谓孝矣'，当然是曲说，是退婴的病根。"①是的，认为"退
婴"源出日语，不仅是《汉语外来语词典》，武殿勋、倪立民等也持此观
点。②倘若将这种解释用之于《汉语大词典》所引例证，则再贴切不过。
鲁迅《新俄画选小引》作于1930年，《我们现在怎样做父亲》作于1919
年，"退婴"一词大概是鲁迅20世纪初从日语中借用而来。③

　　日语中，"退婴"属于常用词，任何一本日本国语辞典或日汉词典都
有收录。小学馆《日本国语大辞典》卷六："退婴（たいえい）：しりご
みすること。ひきこもること。積極的に新しいものを取り入れていこう
とする意気ごみのないこと。/倒退。闭居不出。毫无积极进取之心。"④
考诸《国语大辞典》《学研国语大辞典》《讲谈社国语辞典》《广辞苑》
《广辞林》《岩波日中辞典》以及《大汉和辞典》⑤，其释义与《日本国
语大辞典》大致相同，乃"退缩""保守"之谓。从《日本国语大辞典》
所引用例看，该词大概出现于20世纪初。例如森鸥外《青年》（1911）
二三："卑怯らしく退婴<タイエイ〉の态度を见せることが、残念にな
るに极まっているからである。/表现出卑怯、退缩的态度，必定遗憾之
至。"夏目漱石《彼岸过迄·停留所》："至って退婴<タイエイ>主义の
男であった。/思想非常保守的一个男人。"或曰："退婴"当为"和制

① 岑麒祥：《汉语外来语词典》，商务印书馆1990年版，第372页。
② 武殿勋：《谈鲁迅作品中的日语词》，《山东师范大学学报》（哲学社会科学版）1981年
　　第5期。倪立民：《鲁迅著作中的日语外来词选释》，《杭州大学学报》（哲学社会科学
　　版）1986年第2期。
③ 鲁迅在其他文章中也使用过"退婴"一词，例如《集外集拾遗·〈梅斐尔德木刻士敏土之
　　图〉序言》："他以为在这书中，有两种社会底要素在相克，就是建设的要素和退婴，散
　　漫，过去的颓唐的力。"（《鲁迅全集》第7册，第362页）《坟·坚壁清野主义》："其
　　实，'坚壁清野'虽然是兵家的一法，但这究竟是退守，不是进攻。或者就因为这一点，
　　适与一般人的退婴主义相称，于是见得志同道合的罢。"（《鲁迅全集》第1册，第258
　　页。）然而，最早使用"退婴"一词的，大概应该是梁启超，他在《痛定罪言》（1915）
　　中说道：故在人则日日有从容进取之余裕，在我乃无尺寸可据以为退婴之资，此犹对一国
　　言也。假使其他诸国者，其余威尚能为此一国所敬惮，则吾之隐忧或且更大。（《饮冰室
　　文集之三十三》，中华书局1989年版，第3页。）
④ 《日本国语大辞典》，小学馆1980年版，第1229页。
⑤ 诸桥辙次：《大汉和辞典》，大修馆1986年版。

汉语"，是日人据既有汉字创制的一个新词。也许是这样，有些日语辞书对"退婴"之"婴"特作解释。藤堂明保《学研汉和大字典》："'婴'は、一定のわくで围んで、その外に出ないこと/'婴'即围绕在一定的范围之内，不出其外。"①《新明解国语辞典》："'婴'は守る意/'婴'之义为'守'"。②由此推论，梁启超、鲁迅使用之"退婴"，是受森鸥外、夏目漱石等影响。

　　然而，不能数典忘祖。"退婴"之源不在日语，而是最迟出现于宋代的近代汉语词汇③。请看《范香溪先生文集》（卷21）中的文献用例：

　　　　徽言拥帐下士，决命战门中，几百遇，所格杀甚众，左右死伤亦略尽。退婴牙城以守，虏攻不已，众蚁登。④

　　这就是"退婴"的语源所在。其后，《宋史·徐徽言传》亦记建炎二年（1128），徐徽言在金兵压城、城中水断、"人人惴忧""殒亡无日"之时，"与太原路兵马都监孙昂决战门中，所格杀甚众，退婴牙城以守。金人攻之不已，徽言置妻子室中，积薪自焚"。（p.23190）⑤至清代《山西通志》《陕西通志》，则皆承袭旧史，亦言忠烈徐徽言"退婴牙城以守"事迹。⑥显而易见，"退婴牙城以守"之句，源出《范香溪先生文集》，宋元以后凡言及徐徽言者，无不套用。然则，"退婴牙城以守"是什么意思呢？

　　《史记·春申君列传》："黄、济阳婴城而魏氏服。"张守节正义："故黄城在曹州考城县东。济阳故城在曹州宛句县西南。婴城，未详。"（p.2389）张守节"未详""婴城"，显然是误将"婴城"视作与黄城、济阳城齐名之城名。《战国策·秦策四》："小黄、济阳婴城，而魏氏服矣。"鲍彪注："婴，犹萦也，盖二邑环兵自守。"（p.389）《汉

① 藤堂明保：《学研汉和大字典》，学习研究社1978年版，第1313页。
② 金田一京助：《新明解国语辞典》，三省堂1991年版，第745页。
③ "退婴"，音读たいえい。一般来说，日语中的音读汉字词，大都借自汉语。
④ 此据《四部丛刊》所收上海涵芬楼景印常熟瞿氏铁琴铜剑楼藏明刊本。
⑤ 此据中华书局标点本。下引《史记》《汉书》《后汉书》《晋书》《新唐书》《明史》《清史稿》亦同。
⑥ 参见《山西通志》卷51《武事二·平阳府》、卷99《名宦》（文渊阁《四库全书》第543册666页、第545册第429页），《陕西通志》卷52《名宦》（文渊阁《四库全书》第554册第244页）。

书·蒯通传》："必将婴城固守，皆为金城汤池。"颜师古注："孟康曰：'婴，以城自绕。'"（p.2160）《后汉书·冯岑贾传》："公虽婴城固守，将何待乎？"李贤注："婴，绕也。谓以城自婴绕而守之。"（p.656）又《卓鲁魏刘传》："婴城者相望"，李贤注："婴城，言以城自婴绕。"（p.873）慧琳《一切经音义》十轮经卷第六："婴缠：《汉书》云'婴城固守'，音义云'以城自绕。'据义合作'萦缠'。《毛诗传》曰，萦，缠绕也，旋也，今经文从女作婴。女，孩子也，非此义。"（p.699）《说文·女部》："婴，颈饰也。从女賏，賏，其连也。"（p.262）段玉裁注："婴，绕也。各本作颈饰也，今正。贝部賏，颈饰也。婴与賏非一字，则解不应同。……凡史言婴城自守，皆谓以城围绕而守也。凡言婴儿，则嫛婗之转语。"（pp.621—622）可见，"婴城"之"婴"，乃"缠绕"之谓，非"婴儿"也。"婴城"亦非城名，乃"以城自绕"也。上揭"退婴牙城以守"，即谓"退而环绕牙城自守"也。

如此，《学研汉和大字典》之训释可谓有本有源。盖"婴城"之意在乎"守"，故又有"婴守"一词。《晋书·刘琨传》："婴守穷城，不得薪采，耕牛既尽，又乏田器。"（p.1680）《新唐书·李勉传》："于是希烈自将攻勉，勉气索，婴守累月，援莫至，哀兵万人溃围出，东保睢阳。"（p.4508）溯其源，"婴守"当源自"婴城而坚守"或"婴城固守"等语。《史记·郦生陆贾列传》："于是郦生乃夜见陈留令，说之曰：'夫秦为无道而天下畔之，今足下与天下从则可以成大功。今独为亡秦婴城而坚守，臣窃为足下危之。'"（p.2705）《后汉书·冯衍传》："以为伯玉闻此至言，必若刺心，自非婴城而坚守，则策马而不顾也。"（p.971）《新明解国语辞典》释"婴"为"守"，源头在此。

"退婴"又作"退撄"。郭沫若《十批判书·稷下黄老学派的批判》（1944）："只是老聃、杨朱本来是一种退撄的避世主义者，自己力求与现实脱离，故尔他们的学说不甚为世所重。"《洪波曲》（1948）第二章三："目前的局面是靠着争取得来的，虽然还不能满意，但我们还得努力争取，决不退撄。"《汉语大词典》引此二例谓"退撄"

犹"退婴"，这是对的。①《玉篇·手部》："撄，伊成切，结也。"
（p.121）《淮南子·缪称训》："勿扰勿撄，万物将自清。"高诱注：
"撄，缨。"（p.1252）《文选·孙绰〈游天台山赋〉》："方解缨
络，永托兹岭。"李善注："缨络，以喻世网也。《说文》曰：'婴，
绕也。'缨与婴通。"（p.164）显然，"撄""婴""缨"音同义通，
均有"环绕""缠绕"之义。然则，"退婴"何以作"退撄"？除上述
"婴""撄"通用外，还因为"婴城"又作"撄城"。《明史·云南土司
传》："时城中食少，士卒多病，寇至，都督谢熊、冯诚等撄城固守，贼
不能攻，遂远营为久困计。"（p.8064）《清史稿·洪秀全传》："城寇
被困久，以数千人撄城，植蔬种麦供军食，其守愈暇，频伤攻守军士。"
（p.12895）《万成传》："贼已至云梦，势必来德安，我惟撄城固守。
不能，则以死继之。"（p.13577）查考《大汉和辞典》《日本国语大辞
典》等，日语没有"退撄"一词。笔者以为，"退撄"乃"退婴"之异形
词，"退撄"之"撄"缘"撄城"而来，是郭沫若等创制的一个现代新
词。也许郭沫若等考虑到"退婴"之"婴"易生误解，循"撄城"之古例
于"婴"旁加形符以显之。②

    总之，"退婴"一词，古之辞书未载，《大汉和辞典》没有书证，
《日本国语大辞典》未溯其源，《汉语大词典》讹源谬释，《汉语外来语
词典》误谓日语词，流弊层出。③今得确诂，以为"退婴"源出汉语，流
经日本，最终"回归故里"。④如此，乃还"退婴"之本来面貌。

---

①  《汉语大词典》所引《十批判书·稷下黄老学派的批判》，文字上与《郭沫若全集·历史
   卷》（人民出版社1982年版，第161页。）稍有出入，今正之。又，郭沫若《青铜时代先
   秦天道观之发展》（1935）："明哲保身的意思是说要心地光明，同时要保存着自己的身
   体之有威仪，这被后世错解了，以为是图身体的安全，避免祸败。诗人的意思并不是那样
   退撄的。"（同上，第343页。）郭沫若《青铜时代·驳〈说儒〉》（1937）："这些铭
   辞正表现着一种积极进取的仁道，其操持是'夙夜敷求'，其目是'柔远能迩'，并不
   那么退撄。"（同上，第462页。）
②  周伯棣《中国财政思想史稿》（福建人民出版社1984年版）："老子是退撄的避世主义
   者，他主张'为无为，事无事，味无味。大小多少，抱怨以德。'"（第87页）这大概是
   受郭沫若《十批判书·稷下黄老学派的批判》等用语之影响。
③  笔者曾在《"退婴"与"素人"》等有关文章中讨论过"退婴"之源，以为日源外来词，
   非是。
④  日本缘古之"退婴"加以引申，郭沫若缘"退婴"或"撄城"创制"退撄"。无论是古词
   今用，还是日词中用，此二词均未进入《现代汉语词典》。其实，使用"退婴"者不在少
   数，网上搜索即知，建议现代汉语辞书将该词收入。

# 参考文献

岑麒祥:《汉语外来语词典》,商务印书馆1990年版。

武殿勋:《谈鲁迅作品中的日语词》,《山东师范大学学报》(哲学社会科学版)1981年第5期。

倪立民:《鲁迅著作中的日语外来词选释》,《杭州大学学报》(哲学社会科学版)1986年第2期。

《日本国语大辞典》,小学馆1980年版。

藤堂明保:《学研汉和大字典》,学习研究社1978年版。

诸桥辙次:《大汉和辞典》,大修馆1986年版。

金田一京助:《新明解国语辞典》,三省堂1991年版。

何华珍:《"退婴"与"素人"》,辞书研究2001年第2期。

# 引用文献

罗竹风等:《汉语大词典(缩印本)》,汉语大词典出版社1997年版。

诸祖耿:《战国策集注汇考》,江苏古籍出版社1985年版。

慧琳:《一切经音义》,上海古籍出版社1988年版。

许慎:《说文解字》,中华书局1963年版。

段玉裁:《说文解字注》,上海古籍出版社1988年版。

《宋本玉篇》,北京市中国书店1983年版。

萧统:《文选》,中华书局1997年版。

《尔雅·广雅·方言·释名》(清疏四种合刊),上海古籍出版社1989年版。

# 后　记

2020年12月，笔者与中国社会科学出版社签订了《东亚汉字词整理与研究》出版协议，希望在汉字文化圈汉字词研究领域做些探索。然因涉及面广，容量过大，有关书稿另有安排，故而今年年初改变计划，决定出版一本论文集。——这就是眼下的这本《东亚汉字和汉字词研究》。

笔者第一部书稿《日本汉字和汉字词研究》，2004年由中国社会科学出版社出版，转眼20年过去了。当年风华正茂，如今两鬓霜白，年届退休。从"日本"到"东亚"，从"汉字"到"汉字词"，《东亚汉字和汉字词研究》基本呈现了笔者求学拜师、教学相长的奋斗历程，也大致代表了30多年来的点滴收获。

文集从已发表的论文中选取40篇，除排版格式及个别修改外，内容观点一仍其旧。论文涉及东亚汉籍、汉字汉语、辞书编纂、语言接触、文化交流等相关领域，聚焦于汉字文化圈的汉字和汉字词问题，包括东亚汉字和汉字词研究的文献综述及价值研究、汉字在周边国家的传承与变异研究、古代汉字词和近现代汉字词的东亚交流研究等。

回顾过往，师恩永铭。从中师、电大、自考到硕士、博士、博士后，从中学教师到大学教授，任何一点进步都离不开老师的一路培养和教育。1994年9月，笔者考入杭州大学（现浙江大学）中文系汉语史专业研究生，承蒙业师俞忠鑫先生悉心指导，完成硕士论文《汉日语言对比的训诂学研究》，走上了中日汉字研究的学术道路。1999年9月，拜入张涌泉先生门下，幸蒙业师谆谆教诲，完成博士论文《日本汉字和汉字词汇研究》，为后续发展奠定基础。2003年12月，在王勇先生、张涌泉先生指导下，在浙江大学继续从事博士后研究，喜获中国博士后基金项目和国家社科基金项目立项，渐入门墙。2009年11月，幸承笹原宏之先生推介，获得日本学术振兴会（JSPS）项目资助，在早稻田大学进行了为期两年的合作研究。在日期间，寓目日本、朝—韩、越南、欧美等域外文献，扩大视野，提升境界，立意从事汉字域外传播研究。2011年11月回国之后，申报2012年度国家社科基金项目《汉字文化圈俗字比较研究》和教育部人文社科项目《俗字在域外的传播研究》，幸获立项，初步进入东亚汉字文化圈整体研究领域。2013年12月，黄德宽先生在其主持的国家社科基金重大项目《汉字发展通史》中，增列"域外汉字传播"子课题，委任笔者团队展开研究。从此，汉字域外传播研究、东亚汉字整体研究，几乎成为笔者朝夕不离的工作和生活，陪伴着度过"十年寒窗"。何其有幸！

教学相长，薪火共传。1997年7月硕士毕业后，笔者就职于浙江财经大学人文学院，与同事们共创专业和学科，从无到有，从小到大，享受着成功的喜悦。2007年9月，汉语言文字学硕士点招收首届研究生，设置"语言接触与比较"研究方向，讲授"语言接触研究导论""域外汉籍专题研究""汉语俗字研究"等课程，与团队学友朝夕相处，搜集域外文献，剪切东亚俗字，编纂汉字词表，探讨汉字汉语传播，共推学科发展。屈指算来，在浙江财经大学指导硕士生14届共35位（包括与其他老师合作培养5位），其中有6位同学分别考上了浙江大学、南京大学、郑州大学等高校博士研究生。近年出版的《俗字在域外的传播研究》《越南碑铭文献的文字学研究》《中日汉字词比较研究》等著作，均包含有金烨、李建斌、孔青青、甄周亚、刘正印、逯林威、方国平、高爱英、余园园、方文华等诸多学友的研究成果，其中《俗字在域外的传播研究》还获得了省级社科优秀成果二等奖。特别是2017年获得国家社科基金重大项目"越南汉字资源整理及相关专题研究"立项之后，在郑州大学招收了6名博士研究生（其中3名为浙江财经大学硕士毕业生）、10名硕士研究生，指导博士毕业论文《越南汉文写本俗字研究》（黄莹2022年）、《越南汉喃古辞书及所收字词研究》（陈德裕2023年）等，合作编纂《越喃汉英四文对照新辞典》（上海交通大学出版社2023年），拓展越南汉字研究新领域。得天下英才而教育之，何其快哉！

饮水思源，不忘来路。在此，我要感谢我的各位导师，各位师辈，感谢老师们的培育之恩；感谢陪伴前行的各位研究生学友，特别是在本论文集中与我合作发表的各位同学；感谢刊载拙文的中外学术刊物，感谢编辑先生为之付出的诸多辛劳；感谢国家社科基金、教育部社科基金及国际学术项目等提供的宝贵支持和帮助；感谢中国文字学会会长黄德宽先生拨冗题署，使拙稿增色添辉；感谢郑州大学文学院院长、汉字文明研究中心主任李运富先生；感谢浙江财经大学人文学院、郑州大学汉字文明研究中心的各位同事和朋友；感谢中国社会科学出版社的编校老师；感谢协助本论文集汇编的黄诗琴、丁鑫美、乔玉鑫、王明月、谢佳、王艳、赵家铭等同学；感谢其他给我提供过帮助和支持的所有同人！

2023年6月4日，书稿即将出版之际，家父溘然仙逝。谨以此著，感谢老人家的养育之恩，告慰父亲的在天之灵。

何华珍

2023年8月8日